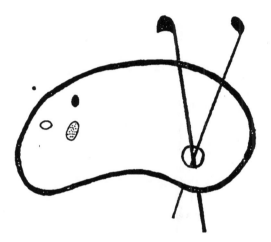

DEBUT D'UNE SERIE DE DOCUMENTS
EN COULEUR

PUBLICATIONS DE LA SOCIÉTÉ DES ÉTUDES JUIVES

ŒUVRES COMPLÈTES

DE

FLAVIUS JOSÈPHE

TRADUITES EN FRANÇAIS

SOUS LA DIRECTION DE

THÉODORE REINACH

Tome Cinquième

GUERRE DES JUIFS

LIVRES I-III

TRADUCTION DE

RENÉ HARMAND

AGRÉGÉ DE L'UNIVERSITÉ, PROFESSEUR AU LYCÉE DE NANCY

REVISÉE ET ANNOTÉE PAR

THÉODORE REINACH

MEMBRE DE L'INSTITUT

PARIS

ERNEST LEROUX, ÉDITEUR

28, RUE BONAPARTE, VIe

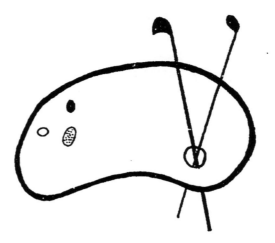

FIN D'UNE SERIE DE DOCUMENTS
EN COULEUR

ŒUVRES COMPLÈTES

DE

FLAVIUS JOSÈPHE

—— 1443

GUERRE DES JUIFS

VERSAILLES. — IMPRIMERIES CERF, 59, RUE DUPLESSIS

PUBLICATIONS DE LA SOCIÉTÉ DES ÉTUDES JUIVES

ŒUVRES COMPLÈTES

DE

FLAVIUS JOSÈPHE

TRADUITES EN FRANÇAIS

SOUS LA DIRECTION DE

THÉODORE REINACH

Tome Cinquième

GUERRE DES JUIFS

LIVRES I-III

TRADUCTION DE

RENÉ HARMAND

AGRÉGÉ DE L'UNIVERSITÉ, PROFESSEUR AU LYCÉE DE NANCY

REVISÉE ET ANNOTÉE PAR

THÉODORE REINACH

MEMBRE DE L'INSTITUT

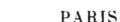

PARIS

ERNEST LEROUX, ÉDITEUR

28, RUE BONAPARTE, VIᵉ

1911

GUERRE DES JUIFS[1]

PRÉAMBULE

1. 1. La guerre que les Juifs engagèrent contre les Romains est la plus considérable, non seulement de ce siècle, mais, peu s'en faut, de toutes celles qui, au rapport de la tradition, ont surgi soit entre cités, soit entre nations. Cependant parmi ceux qui en ont écrit l'histoire, les uns, n'ayant pas assisté aux événements, ont rassemblé par ouï dire des renseignements fortuits et contradictoires, qu'ils ont

2. mis en œuvre à la façon des sophistes ; les autres, témoins des faits, les ont altérés par flatterie envers les Romains ou par haine envers les Juifs, et leurs ouvrages contiennent ici un réquisitoire, là un

---

1. Les notes de ce volume sont toutes, à moins d'avertissement spécial, dues à M. Th. Reinach.

3. panégyrique, jamais un récit historique exact. C'est pour cela que je
    me suis proposé de raconter en grec cette histoire, à l'usage de ceux qui
    vivent sous la domination romaine, traduisant l'ouvrage que j'ai com-
    posé auparavant dans ma langue maternelle[1] à l'usage des Barbares de
    l'intérieur. Mon nom est Josèphe, fils de Matthias, Hébreu de nation[2],
    originaire de Jérusalem, prêtre ; aux débuts j'ai moi-même pris part
    à la guerre contre les Romains ; les événements ultérieurs, j'y ai
    assisté par contrainte.

4. 2. Quand se produisit[3] le grand mouvement dont je viens de parler,
    les affaires des Romains étaient malades : chez les Juifs, le parti
    révolutionnaire profita de ces temps troublés pour se soulever[4], jouis-
    sant alors de la plénitude de ses forces et de ses ressources ; tel
    était l'excès des désordres, que les uns conçurent l'espoir de con-

5. quérir l'Orient, les autres la crainte d'en être dépouillés. En effet, les
    Juifs espérèrent que tous ceux de leur race, habitant au delà de l'Eu-
    phrate, se révolteraient avec eux ; d'autre part, les Romains étaient
    inquiets de l'attitude des Gaulois, leurs voisins ; la Germanie[5] ne de-
    meurait point en repos. Après la mort de Néron, la confusion régnait
    partout, beaucoup, alléchés par les circonstances, aspiraient au prin-
    cipat ; la soldatesque, séduite par l'espoir du butin, ne rêvait que

6. changements. — J'ai donc pensé que, s'agissant d'événements si consi-
    dérables, il était absurde de laisser la vérité s'égarer. Alors que les
    Parthes, les Babyloniens, les Arabes les plus éloignés, nos compa-

---

1. Non l'hébreu, mais l'araméen, qui était parlé ou compris par les Juifs et
par toutes les populations de la Syrie et de la Mésopotamie. Josèphe précise plus
loin, § 6, ce qu'il entend par les ἄνω βάρβαροι. Pour la rédaction grecque du
Bellum Josèphe eut des collaborateurs (C. *Apion*, I, § 50)

2. Les mots γένει Ἑβραῖος, omis par P. Eusèbe (et Niese), sont indispensables.

3. Les §§ 4 et 5 forment une grande parenthèse, peut-être ajoutée après coup,
et destinée à préciser l'immensité de la commotion visée au début ; le fil du
discours reprend au § 6.

4. Exposé tendancieux. Au moment où *éclata* l'insurrection juive (66) il n'y
avait aucun désordre dans l'Empire.

5. Par Κελτικόν, Josèphe, comme Dion Cassius et d'autres historiens grecs,
entend la Germanie opposée à la Gaule (Γαλάται) ; cf. *Ant.*, XIX, § 119. Les
troubles de la Gaule désignant la révolte de Vindex (68), les troubles de Germanie celle des Bataves (69).

triotes habitant au delà de l'Euphrate, les Adiabéniens savent exactement, grâce à mes recherches, l'origine de la guerre, les péripéties douloureuses qui en marquèrent le cours, enfin le dénouement, il ne faut pas que, en revanche, les Grecs et ceux des Romains qui n'ont pas pris part à la campagne continuent à ignorer tout cela parce qu'ils n'ont rencontré que flatteries ou fictions.

7. 3. Et cependant on ose donner le titre d'histoires à ces écrits qui, à mon avis, non seulement ne racontent rien de sensé, mais ne répondent pas même à l'objet de leurs auteurs. Voilà, en effet, des écrivains, qui, voulant exalter la grandeur des Romains, ne cessent de calomnier et

8. de rabaisser les Juifs : or, je ne vois pas en vérité comment paraîtraient grands ceux qui n'ont vaincu que des petits. Enfin, ils n'ont égard ni à la longue durée de la guerre, ni aux effectifs considérables de cette armée romaine, qui peina durement, ni à la gloire des chefs, dont les efforts et les sueurs devant Jérusalem, si l'on rabaisse l'importance de leur succès, tombent eux-mêmes dans le mépris [1].

9. 4. Cependant je ne me suis pas proposé de rivaliser avec ceux qui exaltent la gloire des Romains en exagérant moi-même celle de mes compatriotes : je raconte exactement les faits accomplis par les uns et par les autres ; quant à l'appréciation des événements, je ne pourrai m'abstraire de mes propres sentiments [2], ni refuser libre

10. cours à ma douleur pour gémir sur les malheurs de ma patrie. Que ce sont, en effet, les factions domestiques qui l'ont détruite, que ce sont les tyrans des Juifs qui ont attiré sur le Temple saint le bras des Romains, contraints et forcés, et les ravages de l'incendie, c'est ce dont Titus César, auteur de cette dévastation, portera lui-même témoignage, lui qui, pendant toute la guerre, eut pitié de ce peuple garrotté par les factieux, lui qui souvent différa volontairement la ruine de la ville, et, en prolongeant le siège, voulut fournir aux coupables l'oc-

11. casion de se repentir. On pourra critiquer les accusations que je dirige contre les tyrans et leur séquelle de brigands, les gémissements que je pousse sur les malheurs de ma patrie ; on voudra bien pourtant

1. Je lis avec Naber (*Adn. Crit.*) οἳ — ταπεινουμένου τοῦ κατορθώματος αὐτοὶ συνδοξοῦσιν (αὐτοῖς ἀδοξοῦσιν libb.).
2. Nous adoptons l'ingénieuse conjecture d'Holwerda : τῇ <ἰδίᾳ> καθέσει.

pardonner à ma douleur, fût-elle contraire à la loi du genre historique[1]. Car de toutes les cités soumises aux Romains, c'est la nôtre
qui s'est élevée au plus haut degré de prospérité pour retomber dans

12. le plus profond abîme de malheur. En effet, toutes les catastrophes
enregistrées depuis le commencement des siècles me paraissent, par
comparaison, inférieures aux nôtres[2], et comme ce n'est pas l'étranger
qui est responsable de ces misères, il m'a été impossible de retenir
mes plaintes. Ai-je affaire à un critique inflexible envers l'attendrisse-
ment? Qu'il veuille bien alors faire deux parts de mon ouvrage :
mettre sur le compte de l'histoire les faits, et sur celui de l'historien
les larmes.

13. 5. Maintenant, comment ne pas blâmer ces Grecs diserts qui, trouvant dans l'histoire contemporaine une série d'événements dont
l'importance éclipse complètement celle des guerres de l'antiquité, ne
s'érigent pas moins en juges malveillants des auteurs appliqués à
l'étude de ces faits. — auteurs aussi inférieurs à leurs critiques par
l'éloquence que supérieurs par le jugement, — tandis qu'eux-mêmes
s'appliquent à récrire l'histoire des Assyriens et des Mèdes sous prétexte

14. que les anciens écrivains l'ont médiocrement racontée? Et pourtant ils
le cèdent à ces derniers aussi bien sous le rapport du talent que sous
celui de la méthode : car les anciens, sans exception, se sont attachés à
écrire l'histoire de leur propre temps, alors que la connaissance directe
qu'ils avaient des événements donnait à leur récit la clarté de la vie, alors
qu'ils savaient qu'ils se déshonoreraient en altérant la vérité devant un

15. public bien informé. En réalité, livrer à la mémoire des hommes des
faits qui n'ont pas encore été racontés[3], rassembler pour la postérité
les événements contemporains, est une entreprise qui mérite à coup
sûr la louange et l'estime ; le vrai travailleur, ce n'est pas celui qui se
contente de remanier l'économie et le plan de l'ouvrage d'un autre,

---

1. Cf. infra, v. § 20 : ἀλλὰ καθεκτέον γὰρ καὶ τὰ πάθη τῷ νόμῳ τῆς γραφῆς, etc.

2. Whiston rapproche les termes presque analogues où l'Évangile annonce la
catastrophe qui fondit sur les Juifs (Math., xxiv, 21 ; Marc, xiii, 19 ; Luc, xxi,
24). C'est qu'en effet les Synoptiques ont été rédigés sous l'impression récente
de la ruine de Jérusalem.

3. Il faut lire, avec le correcteur de A, la traduction latine et Bernard : τὰ μὴ
προϊστορηθέντα.

mais celui qui raconte des choses inédites et compose avec une entière originalité tout un corps d'histoire. Pour moi, quoique étranger,
16. je n'ai épargné ni dépenses ni peines pour cet ouvrage, où j'offre aux Grecs et aux Romains le souvenir de faits mémorables ; tandis que les Grecs de naissance [1], si prompts à ouvrir leur bouche et à délier leur langue quand il s'agit de gains et de procès, s'agit-il, au contraire, d'histoire, où il faut dire la vérité et réunir les faits au prix de grands efforts, les voilà muselés et abandonnant à des esprits médiocres, mal informés, le soin de consigner les actions des grands capitaines. Apportons donc cet hommage à la vérité historique, puisque les Grecs la négligent.

17. 6. L'histoire ancienne des Juifs, qui ils étaient et comment ils émigrèrent d'Égypte, les pays qu'ils parcoururent dans leur marche errante, les lieux qu'ils occupèrent ensuite, et comment ils en furent déportés, tout ce récit je l'ai jugé inopportun à cette place, et d'ailleurs superflu, car, avant moi, beaucoup de Juifs ont raconté exactement l'histoire de nos pères, et quelques Grecs ont fait passer dans
18. leur langue ces récits, sans altérer sensiblement la vérité [2]. C'est donc à l'endroit où cesse le témoignage de ces historiens et de nos prophètes que je fixerai le début de mon ouvrage. Parmi les événements qui suivent je traiterai avec le plus de détail et de soin possibles ceux de la guerre dont je fus témoin ; quant à ceux qui précèdent mon temps, je me contenterai d'une esquisse sommaire.

19. 7. C'est ainsi que je raconterai brièvement comment Antiochus, surnommé Épiphane, après s'être emparé de Jérusalem par la force, occupa la ville trois ans et six mois jusqu'à ce qu'il fut chassé du

1. Tel est sûrement le sens de τοῖς γνησίοις opposé à ἀλλόφυλος. Comme il a été question précédemment de Grecs et de Romains, on pourrait croire que γνήσιο vise les deux nationalités, mais la suite du paragraphe montre que Josèphe a seulement en vue les Grecs.

2. Est-ce une allusion aux ouvrages de Démétrius, Philon l'Ancien et Eupolémos, sur le compte desquels Josèphe s'exprime ailleurs presque exactement dans les mêmes termes (C. Apion, I, § 218) : ὁ μέντοι Φαληρεὺς (!) Δημήτριος καὶ Φίλων ὁ πρεσβύτερος καὶ Εὐπόλεμος οὐ πολὺ τῆς ἀληθείας διήμαρτον ? Quoi qu'il en soit, Josèphe ne devait pas tarder à changer d'avis sur l'inutilité d'une nouvelle « Archéologie » juive.

pays par les fils d'Asmonée : ensuite, comment les descendants des
Asmonéens, se disputant le trône, entraînèrent dans leur querelle les
Romains et Pompée : comment Hérode, fils d'Antipater, mit fin à leur
20.   dynastie avec le concours de Sossius : comment le peuple, après la
mort d'Hérode, fut livré à la sédition sous le principat d'Auguste à
Rome, Quintilius Varus étant gouverneur du pays : comment la
guerre éclata la douzième année du principat de Néron, les événements qui se succédèrent sous le gouverneur Cestius, les lieux que
dans leur premier élan les Juifs occupèrent de vive force.

21.   8. Je dirai ensuite comment ils fortifièrent les villes voisines : comment Néron, ému des revers de Cestius et craignant une ruine
complète de l'empire, chargea Vespasien de la conduite de la guerre :
comment celui-ci, accompagné de l'aîné de ses fils, envahit le territoire des Juifs : avec quels effectifs, romains ou alliés, il se répandit
dans toute la Galilée[1] : comment il occupa les villes de cette province,
22.   les unes par force, les autres par composition. En cet endroit de
mon livre viendront des renseignements sur la belle discipline des
Romains à la guerre, sur l'entraînement de leurs légions, puis sur
l'étendue et la nature des deux Galilées, les limites de la Judée et les
particularités de ce pays, les lacs, les sources qu'on y trouve ; enfin,
pour chaque ville, je raconterai les misères de ceux qui y furent
pris, le tout avec exactitude, selon ce que j'ai vu ou souffert moi-
même. Car je ne cacherai rien de mes propres infortunes, puisqu'aussi bien je m'adresse à des gens qui les connaissent.

23.   9. Je raconte ensuite comment, au moment où déjà la situation des
Juifs périclitait, Néron mourut, et Vespasien, qui s'avançait vers Jérusalem, en fut détourné pour aller occuper la dignité impériale ; j'énu-
mère les présages qu'il obtint à ce sujet, les révolutions de Rome,
24.   les soldats le saluant malgré lui du titre d'empereur, puis, quand il
s'est rendu en Égypte pour mettre ordre dans l'empire, la Judée en
proie aux factions, des tyrans surgissant et luttant les uns contre les
autres.

---

1 Le texte des mss. ὅση τε χρώμενος Ῥωμαίων στρατιᾷ καὶ ὅσοι σύμμαχοι ἐκέπτησαν
εἰς ὅλην τὴν Γαλιλαίαν, est profondément altéré. Nous traduisons au jugé.

25.   10. Je montre alors Titus quittant l'Égypte et envahissant une
seconde fois notre contrée ; j'explique comment il rassembla ses
troupes, en quels lieux, en quel nombre ; dans quel état, à son arrivée, la discorde avait mis la ville ; toutes les attaques de Titus,
tous ses travaux d'approche, et, d'autre part, la triple enceinte de
nos murailles, leurs dimensions, la force de notre ville, la disposition
de l'enceinte sacrée et du Temple, leurs mesures et celles de l'autel,
26.   le tout avec exactitude ; je décris quelques rites usités dans nos fêtes,
les sept degrés de pureté [1], les fonctions des prêtres, leurs vêtements
et ceux du grand pontife, enfin le sanctuaire du Temple, le tout sans
rien omettre, sans rien ajouter aux détails pris sur le fait.

27.   11. Je dépeins ensuite la cruauté des tyrans contre des compatriotes,
contrastant avec les ménagements des Romains à l'égard d'étrangers ;
je raconte combien de fois Titus, désirant sauver la ville et le Temple,
invita les factions à traiter. Je classerai les souffrances et les misères du peuple, provenant soit de la guerre, soit des séditions, soit
28.   de la famine, et qui finirent par les réduire à la captivité. Je n'o-
mettrai ni les mésaventures des déserteurs, ni les supplices infligés
aux prisonniers ; je raconterai le Temple incendié malgré César, quels
objets sacrés furent arrachés des flammes, la prise de la ville entière,
les signes et les prodiges qui précédèrent cet événement ; la capture
des tyrans, le grand nombre des captifs vendus à l'encan, les desti-
29.   nées si variées qu'ils rencontrèrent ; puis la manière dont les Romains
étouffèrent les dernières convulsions de cette guerre et démolirent
les remparts des forteresses, Titus parcourant toute la contrée pour
l'organiser, enfin son départ pour l'Italie et son triomphe.

30.   12. Tel est l'ensemble des événements que je compte raconter et

---

1. Il faut entendre par là sans doute les zones successivement resserrées de la
ville sainte, dont l'accès n'était permis qu'à des personnes de plus en plus « pures »
au point de vue rituel. La Mischna (*Kélim*, I, 8) paraît bien énumérer sept zones
de ce genre : la ville, la colline du temple (avant-cour extérieure), le *hêl* (espace
au delà de la grille du temple), l'avant-cour des femmes, l'avant-cour des Israé-
lites, l'avant-cour des prêtres, le Saint des saints. Mais dans le passage assez
confus auquel Josèphe fait allusion (V, § 227 suiv.), on ne trouve pas d'énumération aussi précise. Cf. Olitzki, *Flavius Josephus und die Halacha*, I, p. 28
(Schürer, II, 273).

embrasser dans sept livres. Je ne laisserai à ceux qui connaissent les
faits et qui ont assisté à la guerre aucun prétexte de blâme ou d'accusation, — je parle de ceux qui cherchent dans l'histoire la vérité,
et non le plaisir. Et je commencerai mon récit par où j'ai commencé
le sommaire¹ qu'on vient de lire.

¹. Tel est sûrement le sens de τῶν κεφαλαίων, quoique le pluriel soit insolite.
Kohout l'a traduit exactement, mais non Whiston (*I will begin... with what
I call my first chapter !*). Le fait qui va être raconté immédiatement — l'intervention d'Antiochus Epiphane à Jérusalem — est effectivement celui qui est placé
plus haut (§ 19) en tête de cette espèce de table des matières.

LIVRE Ier

I

1. *Dissensions entre les nobles juifs. Antiochus Epiphane prend Jérusalem et interrompt le culte des sacrifices. — 2-3. Persécution religieuse. Soulèvement de Mattathias. — 4-6. Exploits et mort de Judas Macchabée.*

31. 1[1]. La discorde s'éleva parmi les notables juifs, dans le temps où

1. Cette section et les suivantes correspondent en gros à *Ant.*, XII, 5, mais la manière dont sont présentés les faits diffère beaucoup dans les deux ouvrages. On notera particulièrement les points suivants : 1° Le récit de *Guerre* ne nomme pas les « grands-prêtres » qui se disputaient le pouvoir, et ne se prononce pas sur leur parenté ; il attribue à Onias le rôle joué dans *Ant.* par Jason (XII, § 239 suiv.); 2° *Guerre* ne connaît qu'une occupation de Jérusalem par Antiochus, au lieu de deux (*Ant.*, § 246 et 248); 3° les sacrifices sont interrompus selon *Guerre* pendant trois ans et demi, selon *Ant.*, § 320, pendant juste trois ans ; 4° d'après *Ant.*, XII, § 237 et XIII, § 62, l'Onias qui fonde le temple en Égypte n'est pas un grand-prêtre dépossédé, mais le fils d'Onias III mort avant le commencement des discordes. En général, le récit de *Guerre* donne aux événements une tournure plus profane. Nous ne pouvons discuter ici la question de savoir lequel de ces deux récits est le plus rapproché de la vérité ; Josèphe lui-même, quand il a repris le tableau de ces faits dans les *Ant*, déclare surtout vouloir donner un récit « plus détaillé » (ἀκριβὲς) que dans son premier ouvrage, sans s'expliquer sur les contradictions. Quant à la source du récit de la *Guerre*, ici comme pour toute l'histoire des Hasmonéens, c'est incontestablement un historien grec (Nicolas de Damas, comme le prouvent les allusions répétées à Hérode?); certains détails (comme le dévouement d'Éléazar, § 42 suiv., si curieusement rabaissé) peuvent provenir de la tradition juive ; il paraît certain qu'en rédigeant ce chapitre, Josèphe n'a pas connu I *Macc.* (Cf. la liste des divergences dressée par G. Hœlscher *Die Quellen des Josephus für die Zeit vom Exil bis zum jüdischen Kriege* [Leipzig, 1904], p. 4-5.) Les erreurs sur la chronologie des Séleucides peuvent être imputées à son étourderie.

Antiochus Épiphane disputait la Cœlé-Syrie [1] à Ptolémée, sixième du nom. C'était une querelle d'ambition et de pouvoir, aucun des personnages de marque ne pouvant souffrir d'être subordonné à ses égaux. Onias, un des grands-prêtres, prit le dessus et chassa de la ville les

32. fils de Tobie : ceux-ci se réfugièrent auprès d'Antiochus et le supplièrent de les prendre pour guides et d'envahir la Judée. Le roi, qui depuis longtemps penchait vers ce dessein, se laisse persuader et, à la tête d'une forte armée, se met en marche et prend d'assaut la ville [2] ; il y tue un grand nombre des partisans de Ptolémée, livre la ville sans restriction au pillage de ses soldats, et lui-même dépouille le Temple et interrompt durant trois ans et six mois la célébration so-

33. lennelle des sacrifices quotidiens [3]. Quant au grand-prêtre Onias, réfugié auprès de Ptolémée, il reçut de ce prince un territoire dans le nome d'Héliopolis : là il bâtit une petite ville sur le plan de Jérusalem et un temple semblable au nôtre : nous reparlerons de ces événements en temps et lieu [4].

34.   2. Antiochus ne se contenta pas d'avoir pris la ville contre toute espérance, pillé et massacré à plaisir : entraîné par la violence de ses passions, par le souvenir des souffrances qu'il avait endurées pendant le siège, il contraignit les Juifs, au mépris de leurs lois nationales, à laisser leurs enfants incirconcis et à sacrifier des porcs sur

35. l'autel. Tous désobéissaient à ces prescriptions, et les plus illustres furent égorgés. Bacchidès, qu'Antiochus avait envoyé comme gouverneur militaire [5], exagérait encore par cruauté naturelle les ordres impies du prince ; il ne s'interdit aucun excès d'illégalité, outrageant individuellement les citoyens notables et faisant voir chaque jour à la nation tout entière l'image d'une ville captive, jusqu'à ce qu'enfin l'excès même de ses crimes excitât ses victimes à oser se défendre.

1. Nous lisons avec Aldrich : περὶ κοίλης (mss. ὅλης) Συρίας.

2. 170 69 av. J.-C.

3. Comme le rétablissement des sacrifices (§ 39) eut lieu en déc. 165, il en résulte que leur interruption daterait de juin 168.

4. *Infra*; VII, 10, 2.

5. La mention de Bacchidès est un anachronisme ; ce général n'entra en scène que beaucoup plus tard (*Ant.*, XII, § 393).

36.   3 [1]. Un prêtre, Matthias [2], fils d'Asamonée, du bourg de Modéin,
prit les armes avec sa propre famille, — il avait cinq fils, — et tua Bacchidès [3] à coups de poignard : puis aussitôt, craignant la multitude
37.   des garnisons ennemies, il s'enfuit dans la montagne [4]. Là beaucoup
de gens du peuple se joignirent à lui : il reprit confiance, redes-
cendit dans la plaine, engagea le combat, et battit les généraux d'Antiochus, qu'il chassa de la Judée. Ce succès établit sa puissance ; re-
connaissants de l'expulsion des étrangers, ses concitoyens l'élevèrent
au principat : il mourut en laissant le pouvoir à Judas, l'aîné de ses
fils [5].

38.   4 [6]. Celui ci, présumant qu'Antiochus ne resterait pas en repos,
recruta des troupes parmi ses compatriotes, et, le premier de sa nation,
fit alliance avec les Romains [7]. Quand Epiphane envahit de nouveau
39.   le territoire juif [8], il le repoussa en lui infligeant un grave échec. Dans
la chaleur de sa victoire, il s'élança ensuite contre la garnison de la
ville qui n'avait pas encore été expulsée. Chassant les soldats étrangers de la ville haute, il les refoula dans la ville basse, dans cette
partie de Jérusalem qu'on nommait Acra. Devenu maître du sanctuaire, il en purifia tout l'emplacement, l'entoura de murailles, fit fa-
briquer de nouveaux vases sacrés et les introduisit dans le temple,
pour remplacer ceux qui avaient été souillés, éleva un autre autel et
40.   recommença les sacrifices expiatoires [9]. Tandis que Jérusalem re-
prenait ainsi sa constitution sacrée, Antiochus mourut ; son fils Antiochus hérita de son royaume et de sa haine contre les Juifs [10].

1. Section 3 = *Ant.*, XII, 6.
2. Mattathias.
3. Apellès d'après *Ant.*, XII, § 270.
4. « Dans le désert », *Ant.*, § 271.
5. 167/6 av. J.-C. En réalité, Juda n'était pas l'aîné des cinq fils, mais le troisième (I *Macc.*, 2, 2).
6. Section 4 = *Ant.*, XII, 7 et XII, 9, 1-2.
7. Anachronisme. Ce traité (s'il est authentique ne se place que sous Démétrius (162-150). Cf. en dernier lieu Niese, *Eine Urkunde aus der Makkabæerzeit*
(Mélanges Noeldeke, p. 817 suiv.), qui place l'ambassade juive en 161.
8. Non pas Antiochus lui-même, mais ses généraux (Gorgias, Lysias).
9. Décembre 165 av. J.-C
10. 164/3 av. J.-C.

41. 5[1]. Ayant donc réuni cinquante mille fantassins, environ cinq mille cavaliers et quatre-vingts éléphants[2], il s'élance à travers la Judée vers les montagnes. Il prit la petite ville de Bethsoura[3], mais près du lieu appelé Bethzacharia, où l'on accède par un défilé étroit, Judas, avec

42. toutes ses forces, s'opposa à sa marche. Avant même que les phalanges eussent pris contact, Eléazar, frère de Judas, apercevant un éléphant, plus haut que tous les autres, portant une vaste tour et une armure dorée, supposa qu'il était monté par Antiochus lui-même ; il s'élance bien loin devant ses compagnons, fend la presse des ennemis, parvient

43. jusqu'à l'éléphant ; mais comme il ne pouvait atteindre, en raison de la hauteur, celui qu'il croyait être le roi, il frappa la bête sous le ventre, fit écrouler sur lui cette masse et mourut écrasé. Il n'avait réussi qu'à tenter une grande action et à sacrifier la vie à la gloire,

44. car celui qui montait l'éléphant était un simple particulier ; eût-il été Antiochus, l'auteur de cette audacieuse prouesse n'y eût gagné que de paraître chercher la mort dans la seule espérance d'un brillant succès.

45. Le frère d'Eléazar vit dans cet événement le présage de l'issue du combat tout entier. Les Juifs, en effet, combattirent avec courage et acharnement ; mais l'armée royale, supérieure en nombre et favorisée par la fortune, finit par l'emporter ; après avoir vu tomber un grand nombre des siens, Judas s'enfuit avec le reste dans la préfec-

46. ture de Gophna[4]. Quant à Antiochus, il se dirigea vers Jérusalem, y resta quelques jours, puis s'éloigna à cause de la rareté des vivres, laissant dans la ville une garnison qu'il jugea suffisante, et emmenant le reste de ses troupes hiverner en Syrie.

47. 6[5]. Après la retraite du roi, Judas ne resta pas inactif ; rejoint par de nombreuses recrues de sa nation, il rallia les soldats échappés à la défaite, et livra bataille près du bourg d'Adasa aux généraux d'Antiochus[6]. Il fit, dans le combat, des prodiges de valeur, tua un grand

---

1. Section 5 = *Ant.*, XII, 9, 3-7.
2. D'après *Ant.*, I, § 366, 100,000 fantassins, 20,000 chevaux, 32 éléphants.
3. Bethsoura ne fut prise qu'après la bataille, selon *Ant.*, § 376.
4. D'après *Ant.*, § 375 suiv., il se retire, au contraire, à Jérusalem et y soutient un siège qui se termine par une capitulation honorable.
5. Section 6 = *Ant.*, XII, 10 et 11.
6. En réalité : de Démétrius Soter.

nombre d'ennemis, mais périt lui-même [1]. Peu de jours après, son frère Jean tomba dans une embuscade des partisans d'Antiochus et périt également [2].

II

1. *Principat de Jonathan.* — 2. *Principat de Simon.* — 3-4. *Jean Hyrcan contre son beau-frère Ptolémée.* — 5. *Jean Hyrcan et Antiochus Sidétès.* — 6-8. *Succès et mérites de Jean Hyrcan.*

48.   1 [3]. Jonathas, son frère, qui lui succéda, sut se préserver des embûches des indigènes et affermit son pouvoir par son amitié avec les Romains : il conclut aussi un accord avec le fils d'Antiochus [4]. Malgré
49. tout, il ne put échapper à son destin. Car le tyran Tryphon, tuteur du fils d'Antiochus, et qui conspirait dès longtemps contre son pupille, s'efforçant de se débarrasser des amis du jeune roi, s'empara par trahison de Jonathas lorsque celui-ci, avec une suite peu nombreuse, fut venu a Ptolémaïs rencontrer Antiochus. Tryphon le charge de fers et part en campagne contre la Judée ; ensuite, repoussé par Simon, frère de Jonathas, et furieux de sa défaite, il met à mort son captif [5].

50.   2 [6]. Simon, qui conduisit les affaires avec énergie, s'empara de

1. Judas ne périt pas à la bataille d'Adasa (mars 161), mais à celle de Berzétho ou Elasa (?) (I *Macc.*, 9, 5), en septembre (? de la même année (*Ant.*, XII, § 430 ; I *Macc.*, 9, 3).
2. *Ant.*, XIII, 2.
3. Section 1 = *Ant.*, XIII. 1-6.
4. Jonathan a traité 1° avec Bacchidès, lieutenant de Démétrius Soter, 2° avec Alexandre Bala, prétendu fils d'Antiochus Epiphane, 3° avec Démétrius II Nicanor, 4° avec Antiochus VI Dionysos, fils de Bala. C'est probablement à ce dernier traité (*Ant.*, § 145 qu'il est fait ici allusion, malgré la qualification inexacte de Ἀντιόχου παῖδα donnée au roi. La correction Ἀντίοχον, proposée par Bernard, ne peut être admise en présence du § 49. Josèphe a visiblement confondu Antiochus VI avec Antiochus V.
5. 143 av. J.-C.
6. Section 2 = *Ant.*, XIII, 6, 7 à 7, 3.

Gazara, de Joppé, de Jamnia, villes du voisinage; et rasa la citadelle (Acra), après avoir réduit la garnison à capituler. Puis il se fit l'allié d'Antiochus [1] contre Tryphon, que le roi assiégeait dans la ville de
51. Dora avant de partir pour son expédition contre les Mèdes. Pourtant, il eut beau collaborer à la perte de Tryphon [2], il ne réussit pas à conjurer l'avidité du roi ; car Antiochus, peu de temps après, envoya Cendébée, son général, avec une armée pour ravager la Judée et
52. s'emparer de Simon. Celui-ci, malgré sa vieillesse, commença la guerre avec une ardeur juvénile ; il envoya en avant ses fils avec les hommes les plus vigoureux contre le général ennemi ; lui-même, pre-
53. nant une partie des troupes, attaqua sur un autre point. Il posta à diverses reprises des embuscades dans les montagnes et obtint l'avantage dans tous les engagements. Après ce brillant succès, il fut proclamé grand-prêtre et délivra les Juifs de la domination des Macédoniens, qui pesait sur eux depuis cent soixante-dix ans [3].
54. 3 [4]. Il mourut lui-même dans des embûches que lui dressa au cours d'un festin son gendre Ptolémée. Le meurtrier retint prisonniers la femme et deux des fils de Simon, et envoya des gens pour tuer le
55. troisième, Jean, surnommé Hyrcan. Le jeune homme, prévenu de leur approche, se hâta de gagner la ville, ayant toute confiance dans le peuple, qui gardait le souvenir des belles actions de ses ancêtres et haïssait les violences de Ptolémée. Cependant Ptolémée se hâta d'entrer lui aussi par une autre porte ; mais il fut repoussé par le peuple,
56. qui s'était empressé de recevoir Hyrcan. Il se retira aussitôt dans une des forteresses situées au-dessus de Jéricho, nommée Dagon. Hyrcan, succédant à son père dans la grande-prêtrise, offrit un sacrifice à

1. Antiochus VII Sidétès, frère de Démétrius II Nicanor.
2. 139/8 av. J.-C.
3. D'après la vulgate, Simon fut proclamé grand-prêtre immédiatement après la mort du grand-prêtre Jonathan, 143/2 av. J.-C. *Ant*., XIII, § 213. On voit que Josèphe, guidé par un historien grec, n'attribue aux premiers Asmonéens que le caractère de chefs militaires et profanes. — Par les « 170 ans de domination macédonienne », Josèphe entend tout simplement et à tort l'an 170 de l'ère des Séleucides. En réalité, la domination macédonienne durait depuis 190 ans.
4. Sections 3-4 = *Ant.*, XIII, 7, 4 à 8, 1. Les deux récits coïncident presque mot pour mot et dérivent donc d'une même source (païenne).

Dieu, puis se lança à la poursuite de Ptolémée pour délivrer sa mère
et ses frères.

57. 4. Il assiégea la forteresse. mais. supérieur sur tous les points. il
se laissa vaincre par son bon naturel. Lorsque Ptolémée se trouvait
vivement pressé, il faisait conduire sur la muraille, en un endroit
bien visible, la mère et les frères d'Hyrcan. les maltraitait et menaçait
58. de les précipiter en bas si Hyrcan ne s'éloignait sur-le-champ. Devant
ce spectacle, la colère d'Hyrcan cédait à la pitié et à la crainte. Mais
sa mère. insensible aux outrages et aux menaces de mort. tendait les
bras vers lui et le suppliait de ne pas se laisser fléchir par la vue de
l'indigne traitement qu'elle endurait. au point d'épargner cet impie ;
elle préférait à l'immortalité même la mort sous les coups de Ptolémée, pourvu qu'il expiât tous les crimes qu'il avait commis contre
59. leur maison. Jean. quand il considérait la constance de sa mère et
entendait ses prières. ne songeait plus qu'à l'assaut : mais quand il
la voyait frapper et déchirer, son cœur s'amollissait. et il était tout
60. entier à sa douleur. Ainsi le siège traîna en longueur. et l'année de
repos survint : car tous les sept ans les Juifs consacrent une année à
l'inaction comme ils font du septième jour de la semaine. Ptolémée.
délivré alors du siège. tua la mère et les frères de Jean et s'enfuit
auprès de Zénon. surnommé Cotylas. tyran de Philadelphie.

61. 5[1]. Antiochus. irrité du mal que lui avait causé Simon. fit une expédition en Judée. se posta devant Jérusalem et y assiégea Hyrcan.
Celui-ci fit ouvrir le tombeau de David. le plus riche des rois. en tira
une somme de plus de trois mille talents[2] et obtint d'Antiochus. au
prix de trois cents talents, qu'il levât le siège ; avec le reste de cet
argent. il commença à payer des troupes mercenaires qu'il fut le
premier des Juifs à entretenir.

62. 6[3]. Plus tard, Antiochus. parti en guerre contre les Mèdes, fournit

1. Section 5 = Ant., XIII, 8, 2-4.
2. 3,600 d'après le ms. M. — D'après le récit des Ant., § 249, Hyrcan n'ouvre
le tombeau de David qu'après le départ d'Antiochus ; mais un autre texte (Ant.,
VII, § 393) s'accorde avec Guerre.
3. Section 6 = Ant., XIII, 9, 1. — Il n'est pas exact, d'ailleurs, que l'entreprise
d'Hyrcan ait coïncidé avec l'expédition d'Antiochus Sidétès contre les « Mèdes »
(Parthes), expédition à laquelle prit part Hyrcan (Ant., XIII, § 250, d'après

à Hyrcan l'occasion d'une revanche. Celui-ci se jeta alors sur les
villes de Syrie, pensant, comme ce fut le cas, qu'il les trouverait dé-
63. pourvues de défenseurs valides. Il prit ainsi Médabé, Samaga et les
villes voisines, puis Sichem et Garizim ; en outre, il soumit la race
des Chuthéens, groupée autour du temple bâti à l'instar de celui de
Jérusalem. Il s'empara encore de diverses villes d'Idumée, en assez
grand nombre, notamment d'Adoréon [1] et de Marisa.

64.   7[2]. Il s'avança jusqu'à la ville de Samarie, sur l'emplacement de
laquelle est aujourd'hui Sébasté, bâtie par le roi Hérode. L'ayant
investie de toutes parts, il en confia le siège à ses fils Aristobule et
Antigone ; ceux-ci exercèrent une surveillance si rigoureuse que les
habitants, réduits à une extrême disette, se nourrirent des aliments
65. les plus répugnants [3]. Ils appelèrent à leur secours Antiochus, surnommé Aspendios [4]. Celui-ci répondit volontiers à leur appel, mais fut
vaincu par Aristobule. Poursuivi par les deux frères jusqu'à Scythopolis, il se sauva : ceux-ci, se retournant ensuite contre Samarie,
renfermèrent de nouveau le peuple dans ses murs : ils prirent la ville,
66. la détruisirent et réduisirent les habitants en esclavage. Poussant
leurs succès, sans laisser refroidir leur ardeur, ils s'avancèrent avec
leur armée jusqu'à Scythopolis, firent des incursions sur son territoire et livrèrent au pillage tout le pays en deçà du mont Carmel.

67.   8[5]. Les prospérités de Jean et de ses fils provoquèrent dans le
peuple la jalousie, puis la sédition; un grand nombre de citoyens, après
avoir conspiré contre eux, continuèrent à s'agiter jusqu'au jour où leur

Nicolas). Cette expédition eut lieu en 130/129 ; les entreprises d'Hyrcan commencèrent après la mort de Sidétes (129). Remarquons que l'expression « Mèdes »
employée ici et au § 51 peut faire douter que Nicolas soit ici la source directe
de Josèphe.

  1. *Adora* des *Ant.*, § 257.
  2. Section 7 = *Ant.*, XIII, 10, 1-3
  3. Nous lisons avec Naber ἀηδέστατων [mss. ηδεστατων], quoique *Ant.*, § 276,
aient ἡδέων.
  4. Antiochus Aspendios ou d'Aspendos est Antiochus VIII Grypos, fils de
Démétrius II (avènement en 123/2). Mais les *Ant.*, § 277, nomment ici à sa place,
et probablement avec raison, son frère utérin Antiochus IX Cyzicène, fils d'Antiochus Sidétès, qui lui disputa la Syrie à partir de 114 av. J.-C.
  5. Section 8 = *Ant.*, XIII, 10, 5-6. La fin est presque identique dans les deux

ardeur les jeta dans une guerre ouverte, où les rebelles succombèrent.

68. Jean passa le reste de sa vie dans le bonheur, et après avoir très sagement gouverné pendant trente-trois ans entiers [1], il mourut en laissant cinq fils. Il avait goûté la véritable félicité, et rien ne permit d'accuser la fortune à son sujet. Il fut le seul à réunir trois grands avantages : le gouvernement de sa nation, le souverain pontificat et

69. le don de prophétie. En effet, Dieu habitait dans son cœur, si bien qu'il n'ignora jamais rien de l'avenir : ainsi il prévit et annonça que ses deux fils aînés ne resteraient pas maîtres des affaires. Il vaut la peine de raconter leur fin et de montrer combien ils déchurent du bonheur de leur père.

III [2]

1. Avènement d'Aristobule. Ses premiers actes. — 2-4. Meurtre de son frère Antigone. — 5. Prédiction de Judas l'Essénien. — 6. Fin d'Aristobule.

70. 1. Après la mort d'Hyrcan, Aristobule, l'aîné de ses fils, transforma le principat en royauté ; il fut le premier à ceindre le diadème, quatre cent soixante-et-onze ans [3] et trois mois après que le peuple, délivré

71. de la captivité de Babylone, fut revenu en Judée. Parmi ses frères, il s'associa, avec des honneurs égaux aux siens, le puîné Antigone, pour lequel il paraissait avoir de l'affection ; les autres furent, par son ordre, emprisonnés et chargés de liens. Il fit enchaîner aussi sa mère, qui lui

---

1. 31 selon *Ant.*, § 299 (30 selon *Ant.*, XX, § 240). Hyrcan est mort en 105 ou 104 av. J.-C.

2. Chapitre III = *Ant.*, XIII, 11. Les deux récits sont presque identiques et copient le même original, mais les renseignements précis de *Ant.*, § 319, sur les conquêtes d'Aristobule manquent ici.

3. 481 d'après *Ant.*, § 301. Ces deux chiffres sont également erronés, mais celui des *Ant.* s'accorde mieux avec la chronologie de Josèphe fondée sur la prophétie de Daniel : il compte 490 ans (70 semaines d'années) entre la destruction du Temple par les Chaldéens et la mort de Judas Macchabée (d'après lui, 150 av. J.-C.). Cf. Destinon, *Chronologie des Josephus* (Kiel, 1880, prog.), p. 31.

disputait le pouvoir et à qui Jean avait tout légué par testament; il poussa la cruauté jusqu'à la faire mourir de faim dans sa prison.

72.　2. Il fut puni de ces iniquités dans la personne de son frère Antigone, qu'il aimait et avait associé à la royauté; car il le tua lui aussi sur des calomnies que forgeaient de perfides courtisans. Tout d'abord Aristobule avait refusé toute créance à leurs propos, parce qu'il chérissait son frère et attribuait à l'envie la plupart de ces imputations. Mais

73.　un jour qu'Antigone revint d'une expédition en un brillant appareil, pour assister à la fête solennelle où l'on élève à Dieu des tabernacles, il se trouva qu'Aristobule était malade en ce temps-là. Antigone, à la fin de la solennité, monta au Temple, entouré de ses hommes d'armes, avec la pompe la plus magnifique, et pria Dieu surtout

74.　pour son frère. Les méchants coururent alors auprès du roi, lui dépeignirent le cortège d'hoplites, l'assurance d'Antigone trop grande pour un sujet; ils dirent qu'Antigone revenait avec une très nombreuse armée pour mettre son frère à mort, qu'il ne se résignait pas à n'avoir que les honneurs de la royauté quand il pouvait obtenir le pouvoir lui-même.

75.　3. Peu à peu Aristobule ajouta foi malgré lui à ces discours. Préoccupé à la fois de ne pas dévoiler ses soupçons et de se prémunir contre un danger incertain, il fit poster ses gardes du corps dans un souterrain obscur — il demeurait dans la tour nommée d'abord Baris, depuis Antonia — et ordonna d'épargner Antigone, s'il était sans armes, de le tuer, s'il se présentait tout armé. Il envoya même

76.　vers lui pour l'avertir de ne pas prendre ses armes. Cependant la reine se concerta très malicieusement avec les perfides, à cette occasion : on persuada aux messagers de taire les ordres du roi et de dire, au contraire, à Antigone que son frère savait qu'il s'était procuré en Galilée de très belles armes et un équipement militaire; que la maladie l'empêchait d'aller examiner tout le détail de cet appareil; « mais, puisque tu es sur le point de partir, il aurait un très grand plaisir à te voir dans ton armure ».

77.　4. En entendant ces paroles, comme il n'y avait rien dans les dispositions de son frère qui pût lui faire soupçonner un piège, Antigone revêtit ses armes et partit comme pour une parade. Arrivé dans le passage obscur, appelé la tour de Straton, il y fut tué par les gardes du corps. Preuve certaine que la calomnie brise tous les liens de l'affection et de la nature, et qu'aucun bon sentiment n'est assez fort pour résister durablement à l'envie.

78.   5. On admirera dans cette affaire la conduite d'un certain Judas, Essénien de race. Jamais ses prédictions n'avaient été convaincues d'erreur ou de mensonge. Quand il aperçut à cette occasion Antigone qui traversait le Temple, il s'écria, en s'adressant à ses familiers, — car il avait autour de lui un assez grand nombre de disciples — :

79. « Hélas ! Il convient désormais que je meure, puisque l'esprit de vérité m'a déjà quitté et qu'une de mes prédictions se trouve démentie. Car il vit, cet Antigone, qui devait être tué aujourd'hui. Le lieu marqué pour sa mort était la tour de Straton : elle est à six cents stades d'ici, et voici déjà la quatrième heure du jour ; le temps écoulé rend impos-

80. sible l'accomplissement de ma prophétie. » Cela dit, le vieillard resta livré à une sombre méditation ; mais bientôt on vint lui annoncer qu'Antigone avait été tué dans un souterrain appelé aussi tour de Straton, du même nom que portait la ville aujourd'hui appelée Césa-rée-sur-mer. C'est cette équivoque qui avait troublé le prophète.

81.   6. Le remords de ce crime aggrava la maladie d'Aristobule. Il se consumait, l'âme sans cesse rongée par la pensée de son meurtre. Enfin cette immense douleur déchirant ses entrailles, il se mit à vomir le

82. sang en abondance ; or, comme un des pages de service enlevait ce sang, la Providence divine voulut qu'il trébuchât au lieu ou Antigone avait été égorgé et qu'il répandît sur les traces encore visibles de l'assassinat le sang du meurtrier. Les assistants poussèrent une grande clameur, croyant que le page avait fait exprès de répandre là sa

83. sanglante libation. Le roi entend ce bruit et en demande la cause, et comme personne n'ose répondre, il insiste d'autant plus pour savoir. Enfin ses menaces et la contrainte arrachent la vérité. Alors, ses yeux se remplissent de larmes, il gémit avec le peu de force qui

84. lui reste et dit : « Ainsi donc je ne devais pas réussir à soustraire mes actions coupables à l'œil puissant de Dieu, et me voici poursuivi par un prompt châtiment pour le meurtre de mon propre sang. Jusques à quand, corps impudent, retiendras-tu mon âme, due à la

malédiction d'un frère et d'une mère? Jusques à quand leur distillerai-je mon sang goutte à goutte? Qu'ils le prennent donc tout entier et que Dieu cesse de les amuser en leur offrant en libation des parcelles de mes entrailles! » En disant ces mots, il expira soudain, après un règne qui n'avait duré qu'un an [1].

IV

1. *Avènement d'Alexandre Jannée.* — 2-4. *Premières guerres ; révolte des Juifs.* — 5-6. *Lutte contre Démétrius l'Intempestif. Atroces exécutions.* — 7-8. *Dernières guerres. Mort du roi.*

85. 1 [2]. La veuve d'Aristobule [3] fit sortir de prison les frères du roi et mit sur le trône l'un d'eux. Alexandre, qui paraissait l'emporter par l'àge et la modération du caractère. Mais à peine arrivé au pouvoir, Alexandre tua l'un de ses frères qui visait au trône; le survivant, qui aimait à vivre loin des affaires publiques, fut traité avec honneur.

86. 2 [4]. Il livra aussi bataille à Ptolémée Lathyre, qui avait pris la ville d'Asochis; il tua un grand nombre d'ennemis, mais la victoire resta du côté de Ptolémée. Quand celui-ci, poursuivi par sa mère Cléopâtre, s'en retourna en Egypte [5], Alexandre assiégea et prit Gadara et Amathonte, la plus importante des forteresses sises au-delà du Jourdain, et qui renfermait les trésors les plus précieux de Théodore, fils de

87. Zénon. Mais Théodore, survenant à l'improviste, reprit ses biens, s'empara aussi des bagages du roi et tua près de dix mille Juifs. Cependant Alexandre ne se laissa pas ébranler par cet échec; il se tourna

1. La mort d'Aristobule se place en 103 av. J.-C.

2. Section 1 = *Ant.*, XIII, 12, 1.

3. Salomé dite Alexandra (*Ant.*, § 320). Ni ici ni dans les *Antiquités*, Josèphe ne dit explicitement qu'elle épousa Alexandre Jannée.

4. Section 2 = *Ant.*, XIII, 12,2 à 13,3. Hœlscher (*op. cit.* p. 15) a démontré très ingénieusement que les parties communes de ces deux récits remontent à Nicolas (nommé, à côté de Strabon, *Ant.* § 347).

5. Erreur de Josèphe. Ptolémée Lathyre, chassé d'Egypte par sa mère, régnait à Chypre, et c'est là qu'il se retira après sa campagne de Palestine.

vers le littoral et y enleva Raphia, Gaza et Anthédon, ville qui reçut ensuite du roi Hérode le nom d'Agrippias.

88.   3 [1]. Après qu'il eut réduit ces villes en esclavage, les Juifs se soule - vèrent à l'occasion d'une fête ; car c'est surtout dans les réjouissances qu'éclatent chez eux les séditions. Le roi n'eût pas, ce semble, triomphé de la révolte, sans l'appui de ses mercenaires. Il les recrutait parmi les Pisidiens et les Ciliciens ; car il n'y admettait pas de Syriens,

89. à cause de leur hostilité native contre son peuple. Il tua plus de six mille insurgés, puis s'attaqua à l'Arabie ; il y réduisit les pays de Galaad et de Moab, leur imposa un tribut et se tourna de nouveau contre Amathonte. Ses victoires frappèrent de terreur Théodore ; le roi trouva la place abandonnée et la démantela.

90.   4. Il attaqua ensuite Obédas, roi d'Arabie, qui lui tendit une embus- cade dans la Gaulanitide ; il y tomba et perdit toute son armée, jetée dans un profond ravin et écrasée sous la multitude des chameaux. Alexandre se sauva de sa personne à Jérusalem, et la gravité de son désastre excita à la révolte un peuple qui depuis longtemps le haïs-

91. sait. Cette fois encore, il fut le plus fort ; dans une suite de combats, en six ans, il fit périr au moins cinquante mille Juifs. Ses victoires, qui ruinaient son royaume, ne lui causaient d'ailleurs aucune joie ; il posa donc les armes et recourut aux discours pour tâcher de ramener

92. ses sujets. Ceux-ci ne l'en haïrent que davantage pour son repentir et l'inconstance de sa conduite. Quand il voulut en savoir les motifs et demanda ce qu'il devait faire pour les apaiser : « Mourir », lui répon- dirent-ils, et encore c'est à peine si, à ce prix, ils lui pardonneraient tout le mal qu'il leur avait fait. En même temps, ils invoquaient le secours de Démétrius surnommé l'Intempestif. L'espérance d'une plus haute fortune fit répondre ce prince avec empressement à leur appel ; il amena une armée, et les Juifs se joignirent à leurs alliés près de Sichem.

93.   5 [2]. Alexandre les reçut à la tête de mille cavaliers et de huit mille mercenaires à pied ; il avait encore autour de lui environ dix mille Juifs

1. Sections 3 et 4 = *Ant.*, XIII, 13, 5.
2. Sections 5 et 6 = *Ant.*, XIII, 14, 1-2.

restés fidèles. Les troupes ennemies comprenaient trente mille cavaliers et quatorze mille fantassins [1]. Avant d'en venir aux mains, les
deux rois cherchèrent par des proclamations à débaucher récipro-
quement leurs adversaires : Démétrius espérait gagner les mercenaires

94. d'Alexandre, Alexandre les Juifs du parti de Démétrius. Mais comme
ni les Juifs ne renonçaient à leur ressentiment, ni les Grecs à la foi

95. jurée, il fallut enfin trancher la question par les armes. Démétrius
l'emporta, malgré les nombreuses marques de force d'âme et de corps
que donnèrent les mercenaires d'Alexandre. Cependant l'issue finale
du combat trompa l'un et l'autre prince. Car Démétrius, vainqueur, se
vit abandonné de ceux qui l'avaient appelé : émus du changement de
fortune d'Alexandre, six mille Juifs le rejoignirent dans les montagnes où il s'était réfugié. Devant ce revirement, jugeant que dès lors
Alexandre était de nouveau en état de combattre et que tout le peuple
retournait vers lui, Démétrius se retira.

96.   6. Cependant, même après la retraite de ses alliés, le reste de la
multitude ne voulut pas traiter ; ils poursuivirent sans relâche la guerre
contre Alexandre, qui enfin, après en avoir tué un très grand nombre,
refoula les survivants dans la ville de Bémésélis [2] ; il s'en empara et

97. emmena les défenseurs enchaînés à Jérusalem. L'excès de sa fureur
porta sa cruauté jusqu'au sacrilège. Il fit mettre en croix au milieu de
la ville huit cents des captifs et égorger sous leurs yeux leurs femmes
et leurs enfants ; lui-même contemplait ce spectacle en buvant,

98. étendu parmi ses concubines. Le peuple fut saisi d'une terreur si forte
que huit mille Juifs, de la faction hostile, s'enfuirent, la nuit suivante,
du territoire de la Judée : leur exil ne finit qu'avec la mort d'Alexandre.
Quand il eut par de tels forfaits tardivement et à grand'peine assuré la
tranquillité du royaume, il posa les armes.

99.   7 [3]. Son repos fut de nouveau troublé par les entreprises d'Antiochus, surnommé Dionysos, frère de Démétrius et le dernier des
Séleucides. Comme ce prince partait en guerre contre les Arabes,

1. Ces chiffres sont plus probables que ceux d'*Ant*, § 377 (Alexandre : 6,200
mercenaires, 20.000 Juifs ; Démétrius : 3,000 chevaux, 40,000 fantassins).
2. *Béthomé* d'après *Ant.*, § 380.
3. Section 7 = *Ant.*, XIII, 15, 1.

Alexandre, effrayé de ce projet, tira un fossé profond entre les collines au-dessus d'Antipatris et la plage de Joppé ; devant le fossé il fit élever une haute muraille garnie de tours de bois, de manière à

100. barrer le seul chemin praticable. Cependant il ne put arrêter Antiochus ; celui-ci incendia les tours, combla le fossé, et força le passage avec son armée ; toutefois ajournant la vengeance qu'il eût pu tirer de cette tentative d'obstruction, il s'avança à marches forcées contre les

101. Arabes. Le roi des Arabes, se retirant d'abord vers des cantons plus favorables au combat, fit ensuite brusquement volte-face avec sa cavalerie, forte de dix mille chevaux, et tomba sur l'armée d'Antiochus en désordre. La bataille fut acharnée ; tant qu'Antiochus vécut, ses troupes résistèrent, même sous les coups pressés des Arabes, qui les

102. décimaient. Quand il tomba mort, après s'être exposé continuellement au premier rang pour soutenir ceux qui faiblissaient, la déroute devint générale. La plupart des Syriens succombèrent sur le champ de bataille ou dans la retraite : les survivants se réfugièrent dans le bourg de Cana, mais, dépourvus de vivres, ils périrent, à l'exception d'un petit nombre.

103.   8 [1]. Sur ces entrefaites, les habitants de Damas, par haine de Ptolémée, fils de Mennéos, appelèrent Arétas [2] et l'établirent roi de Cœlé-Syrie. Celui-ci fit une expédition en Judée, remporta une victoire

104. sur Alexandre et s'éloigna après avoir conclu un traité. De son côté, Alexandre s'empara de Pella et marcha contre Gerasa, convoitant de nouveau les trésors de Théodore. Il cerna les défenseurs par un triple

105. retranchement et, sans combat, s'empara de la place. Il conquit encore Gaulana, Séleucie et le lieu dit « Ravin d'Antiochus » ; puis il s'empara de la forte citadelle de Gamala, dont il chassa [3] le gouverneur, Démétrius, objet de nombreuses accusations. Enfin il revint en Judée,

106. après une campagne de trois ans. Le peuple l'accueillit avec joie à cause

1. Section 8 = *Ant.*, XIII, 15, 2-5.
2. Ptolémée était dynaste de Chalcis, Arétas est le roi des Arabes (Nabatéens) dont il vient d'être question.
3. La leçon de la plupart des mss. (παραλύσας) signifierait que Alexandre acquitta Démétrius. Mais d'après *Ant.*, § 394, Démétrius fut, au contraire, *dépouillé* περιέδυσεν. On doit donc soupçonner ici une faute de texte : probablement il faut lire καταλύσας, qui a d'ailleurs peut-être le sens de « faire mourir ».

de ses victoires ; mais la fin de ses guerres fut le commencement de sa
maladie. Tourmenté par la fièvre quarte, on crut qu'il vaincrait le
mal en reprenant le soin des affaires. C'est ainsi que, se livrant à
d'inopportunes chevauchées, contraignant son corps à des efforts qui
dépassaient ses forces, il hâta son dernier jour. Il mourut dans l'agitation et le tumulte des camps, après un règne de vingt-sept ans [1].

V

*1-2. Avènement d'Alexandra. Domination des Pharisiens. — 3. Per-
sécution des conseillers de Jannée. Politique étrangère. —
4. Révolte d'Aristobule. Mort d'Alexandra.*

107.   1 [2]. Alexandre légua le royaume à sa femme Alexandra, persuadé
que les Juifs recevraient son autorité plus favorablement qu'aucune
autre, parce que, très éloignée de sa cruauté, elle s'était opposée aux
108. violences du roi, de manière à se concilier l'affection du peuple. Cet
espoir ne fut pas trompé, et cette faible femme se maintint au
pouvoir, grâce à sa réputation de piété. Elle observait, en effet,
exactement les traditions nationales et ôtait leur charge à ceux qui
109. transgressaient les lois religieuses. Des deux fils qu'elle avait eus
d'Alexandre, elle éleva l'aîné, Hyrcan, à la dignité de grand-prêtre,
en considération de son âge, et aussi de son caractère, trop indolent
pour s'immiscer dans les affaires d'Etat ; quant au cadet, Aristobule,
tempérament bouillant, elle le retint dans une condition privée.
110.   2. On vit collaborer à son gouvernement les Pharisiens, secte juive
qui passe pour être la plus pieuse de toutes et pour interpréter les
111. lois avec le plus d'exactitude. Alexandra leur accorda un crédit particulier dans son zèle passionné pour la divinité. Mais bientôt les

1. 77 ou 76 av. J.-C.
2. Sections 1 à 4 = *Ant.*, XIII, 16.

Pharisiens s'insinuèrent dans l'esprit confiant de cette femme et gouvernèrent toutes les affaires du royaume, bannissant ou rappelant, mettant en liberté ou en prison selon ce qui leur semblait bon. D'une façon générale, les avantages de la royauté étaient pour eux, les

112. dépenses et les dégoûts pour Alexandra. Elle était d'ailleurs habile à conduire les affaires les plus importantes ; par des levées de troupes continuelles elle parvint à doubler l'effectif de l'armée et recruta des troupes mercenaires en grand nombre, destinées non seulement à tenir en bride son propre peuple [1], mais encore à se faire craindre des princes étrangers. Cependant, si elle était la maîtresse des autres, les Pharisiens étaient ses maîtres à leur tour.

113.   3. C'est ainsi qu'ils firent mourir un homme de marque, Diogène, qui avait été l'ami d'Alexandra : ils l'accusaient d'avoir conseillé au roi la mise en croix des huit cents Juifs. Ils pressaient aussi Alexandra de frapper d'autres notables qui avaient excité le prince contre ces rebelles. Et comme elle cédait toujours, par crainte religieuse, ils

114. tuaient ceux qu'ils voulaient. Les plus éminents des citoyens, ainsi menacés, cherchèrent un refuge auprès d'Aristobule. Celui-ci conseilla à sa mère d'épargner leur vie en considération de leur rang, mais de les bannir de la cité, si elle les croyait fautifs. Les suspects obtinrent ainsi

115. la vie sauve et se dispersèrent dans le pays [2]. Cependant Alexandra envoya une armée à Damas, sous prétexte que Ptolémée continuait à pressurer la ville ; l'expédition revint sans avoir rien accompli

116. de remarquable. D'autre part, elle gagna par une convention et des présents Tigrane, roi d'Arménie, qui campait avec ses troupes devant Ptolémaïs et y assiégeait Cléopâtre [3]. Il se hâta de partir, rappelé par les troubles de son royaume, où Lucullus venait de faire invasion.

117.   4. Sur ces entrefaites Alexandra tomba malade, et Aristobule, le

---

1. Quoique le sens actif de « dominer » (avec l'accusatif du régime) ne soit pas attesté pour le moyen κρατύνομαι, nous ne croyons pas que la phrase comporte une autre traduction.

2. D'après *Ant.*, § 417, ils furent préposés à la garde des places-fortes de moindre importance, ce qui explique la facilité avec laquelle Aristobule s'en empara (§ 117).

3. Cléopâtre Séléné, fille de Ptolémée Physcon, et veuve de plusieurs rois Séleucides. Ces événements se placent en 70 av. J.-C.

plus jeune de ses fils, saisit l'occasion avec ses amis[1], qui étaient nombreux et tout dévoués à sa personne, en raison de son naturel

118. ardent. Il s'empara de toutes les places-fortes, et, avec l'argent qu'il y trouva, recruta des mercenaires et se proclama roi. Les plaintes d'Hyrcan émurent la compassion de sa mère, qui enferma la femme et les fils d'Aristobule dans la tour Antonia ; c'était une citadelle adjacente au flanc nord du temple, nommée autrefois Baris, comme je l'ai déjà dit[2], et qui changea de nom au temps de la suprématie d'Antoine, comme Auguste (Sébastos) et Agrippa donnèrent leur nom

119. aux villes de Sébasté et d'Agrippias. Cependant, avant d'avoir eu le temps de faire expier à Aristobule la déposition de son frère, Alexandra mourut après un règne de neuf années[3].

VI

1. *Hyrcan II abdique en faveur d'Aristobule II.* — 2-3. *Antipater et Arétas cherchent à rétablir Hyrcan. Intervention de Scaurus.* — 4-6. *Négociations des deux frères avec Pompée. Sa marche sur Jérusalem.*

120. 1[4]. Hyrcan était l'héritier universel de sa mère, qui lui avait même de son vivant remis le sceptre ; mais il était bien inférieur à Aristobule par la capacité et le courage. Dans la bataille livrée à Jéricho pour décider de l'empire, Hyrcan fut abandonné par la plupart de ses soldats, qui passèrent du côté d'Aristobule ; avec ceux qui lui restèrent,

121. il courut chercher un refuge dans la tour Antonia. Il y trouva de précieux otages de son salut, la femme et les enfants d'Aristobule ; mais avant d'en venir à des maux irréparables, les deux frères se réconcilièrent à condition qu'Aristobule exercerait la royauté, et que Hyrcan,

1. Je lis οἰκείων avec Herwerden et Naber, au lieu de οἰκετῶν.
2. *Supra*, § 75.
3. 69 av.-J.-C. (Josèphe lui-même, *Ant.*, XIV, § 4, indique la date 69.
4. Section 1 = *Ant.*, XIV, 1, 2.

122. renonçant au pouvoir [1], jouirait des honneurs dus au frère du roi. Cet accord se fit dans le Temple, en présence du peuple ; ils s'embrassèrent affectueusement et échangèrent leurs demeures : Aristobule s'établit au palais, et Hyrcan dans la maison d'Aristobule.

123. 2 [2]. Tous les adversaires d'Aristobule furent frappés de crainte devant son triomphe inattendu, mais surtout Antipater, qu'une haine profonde séparait de lui depuis longtemps. Iduméen de naissance, l'éclat de ses ancêtres, ses richesses et d'autres avantages lui

124. donnaient le premier rang dans sa nation. Il persuada Hyrcan de chercher un refuge auprès du roi d'Arabie, Arétas, pour revendiquer ensuite le pouvoir ; en même temps il pressa Arétas d'accueillir Hyrcan et de le rétablir sur le trône ; sans cesse il dénigrait le caractère d'Aristobule et lui faisait l'éloge d'Hyrcan [3] : ne convenait-il pas au souverain d'un si brillant royaume de prendre en main la défense des opprimés ? or, c'était bien un opprimé, puisqu'il était dépouillé d'un trône

125. que lui conférait son droit d'aînesse. Après avoir ainsi travaillé l'un et l'autre, Antipater, une nuit, enlève Hyrcan de Jérusalem et s'évade avec lui ; courant sans relâche, il parvient jusqu'à la ville de

126. Pétra, capitale du royaume d'Arabie. Là, il remet Hyrcan aux mains d'Arétas et, à force de prières et de présents, il gagne ce prince et le décide à fournir les forces nécessaires pour rétablir Hyrcan. Arétas arma, tant fantassins que cavaliers, cinquante mille hommes [4]. Aristobule ne put résister ; vaincu dès la première rencontre, il s'en-

127. ferma dans Jérusalem. La ville allait être emportée de vive force, lorsque Scaurus, général romain, survenant dans cette situation critique, fit lever le siège. Envoyé d'Arabie en Syrie par le grand Pompée, qui était alors en guerre avec Tigrane, il avait atteint Damas, où il trouva Métellus et Lollius qui venaient de s'en emparer [5] ; il les fit partir [6], et, apprenant les événements de Judée, se rendit en toute hâte dans ce pays pour profiter d'une telle aubaine.

1. ἐκστάντα τῆς ἀρχῆς Holwerda ; ἄλλης mss.
2. Sections 2-3 = Ant., XIV, 1, 3 à 2. 3.
3. Nous supprimons avec Holwerda, Naber, etc., les mots παρχνει ται.
4. D'après Ant., XIV, § 19, la cavalerie seule comptait 50,000 hommes !
5. 65 av. J.-C.
6. Les mots obscurs τούτους μεταστήσας manquent dans les Ant., § 29.

128. 3. Quand il fut arrivé sur le territoire juif, les deux frères lui adressèrent aussitôt des députés, chacun d'eux implorant son secours. Trois cents talents [1], offerts par Aristobule, l'emportèrent sur la justice ; à peine Scaurus les eut-il reçus qu'il envoya un héraut à Hyrcan et aux Arabes, les menaçant, s'ils ne levaient le siège, de la colère des Ro-

129. mains et de Pompée. Arétas, frappé de terreur, évacua la Judée et se

130. retira à Philadelphie, pendant que Scaurus retournait à Damas. Aristobule, non content de son propre salut, ramassa toutes ses troupes, poursuivit les ennemis, les attaqua non loin du lieu dit Papyron, et en tua plus de six mille ; parmi les morts se trouvait le frère d'Antipater, Phallion.

131. 4 [2]. Privés du secours des Arabes, Hyrcan et Antipater tournèrent leurs espérances du côté opposé. Quand Pompée, abordant la Syrie, fut arrivé à Damas [3], ils cherchèrent un refuge auprès de lui ; outre des présents [4], ils apportaient encore pour leur défense les mêmes raisons dont ils s'étaient servis auprès d'Arétas, suppliant Pompée de détester la violence d'Aristobule et de ramener sur le trône celui que

132. son caractère et son âge en rendaient digne. Cependant Aristobule ne montra pas moins d'empressement ; le succès de ses dons à Scaurus lui donnait confiance, et il parut devant Pompée dans l'appareil le plus magnifiquement royal. Toutefois, méprisant la bassesse et ne souffrant pas de se laisser imposer, même par intérêt, une servilité indigne de son rang, il partit brusquement de la ville de Dion [5].

133. 5. Irrité de cette conduite et cédant aux supplications d'Hyrcan et de ses amis, Pompée marcha en hâte contre Aristobule, prenant avec lui les troupes romaines et un fort contingent d'auxiliaires syriens.

134. Il avait dépassé Pella et Scythopolis et atteint Corées, où commence le territoire de Judée pour ceux qui se dirigent vers l'intérieur, lorsqu'il

---

1. Quatre cents d'après *Ant.*, § 30, qui suit ici une autre source.
2. Sections 4-6 = *Ant.*, XIV, 3 à 4, 1.
3. Printemps 63 av. J.-C.
4. Les mots ὅιχα δωρεῶν sont équivoques ; ils peuvent se traduire soit « sans apporter de présents » ou, au contraire, « sans parler des présents qu'ils apportèrent ». Ce dernier sens, plus alexandrin, est aussi plus vraisemblable.
5. Je lis avec Spanheim ἀπὸ Δίου (mss. διός) πόλεως. D'après *Ant.*, § 47, Aristobule serait, au contraire, parti (de Damas) pour se rendre à Dion.

apprit qu'Aristobule s'était enfui à Alexandrion, place somptueuse-
ment fortifiée et située sur une haute montagne ; il lui envoya par des
135. messagers l'ordre d'en descendre. Aristobule, devant cette invitation
trop impérieuse, était disposé à risquer le combat plutôt que d'obéir,
mais il voyait la multitude effarée, ses amis le pressaient de considérer la puissance invincible des Romains. Il se laissa persuader et
descendit auprès de Pompée; puis, après avoir justifié longuement
136. devant lui son titre royal, il remonta dans son château. Il en sortit
une seconde fois sur l'invitation de son frère, plaida sa cause contra-
dictoirement avec lui, puis repartit sans que Pompée y mît obstacle.
Balancé entre l'espérance et la crainte, tantôt il descendait dans l'espoir d'émouvoir Pompée et de le décider à lui livrer le pouvoir, tantôt
il remontait dans sa citadelle, craignant de ruiner son propre prestige.
137. Enfin Pompée lui intima l'ordre d'évacuer ses forteresses, et comme il
savait qu'Aristobule avait enjoint aux gouverneurs de n'obéir qu'à des
instructions écrites de sa main, il le contraignit de signifier à chacun
d'eux un ordre d'évacuation ; Aristobule exécuta ce qui lui était prescrit, mais, pris d'indignation, il se retira à Jérusalem pour préparer
la guerre contre Pompée.
138. 6. Alors celui-ci, sans lui laisser de temps pour ses préparatifs, le
suivit à la piste. Ce qui hâta encore plus sa marche, ce fut la nouvelle de la mort de Mithridate; il l'apprit près de Jéricho, la contrée
la plus fertile de toute la Judée, qui produit en abondance le palmier
et le baumier; pour recueillir le baume, on pratique dans les troncs
avec des pierres tranchantes des incisions qui le laissent distiller goutte
139. à goutte. Après avoir campé dans cette localité une seule nuit, Pompée
dès l'aurore s'avança rapidement contre Jérusalem. Epouvanté à son
approche, Aristobule se présente en suppliant, et par la promesse qu'il
lui fait de livrer la ville et sa propre personne, il adoucit la colère de
140. Pompée. Cependant il ne put exécuter aucun de ses engagements, car
lorsque Gabinius, envoyé pour prendre livraison de l'argent, se présenta, les partisans d'Aristobule refusèrent même de l'admettre dans
la ville.

VII

1-3. Siège de Jérusalem par Pompée. — 4-6. Prise du Temple et massacres. Hyrcan redevient grand-prêtre. La Judée tributaire. — 7. Distribution des territoires enlevés aux Juifs. Aristobule emmené captif à Rome.

141.   1 [1]. Indigné de ces procédés, Pompée retint sous bonne garde Aristobule et se dirigea vers la ville pour examiner de quel côté il pouvait l'attaquer. Il observa que la solidité des murailles les rendait inabordables, qu'elles étaient précédées d'un ravin d'une profondeur effrayante, que le Temple ceint par ce ravin était lui-même très solidement fortifié et pouvait fournir, après la prise de la ville, une seconde ligne de défense aux ennemis.

142.   2. Pendant que son indécision se prolongeait, la sédition éclata dans Jérusalem ; les partisans d'Aristobule voulaient combattre et délivrer le roi, ceux d'Hyrcan conseillaient d'ouvrir les portes à Pompée ; ce dernier parti était grossi par la crainte qu'inspirait le bel ordre de

143. l'armée romaine. Le parti d'Aristobule, ayant le dessous, se retira dans le Temple, coupa le pont qui le joignait à la ville et se prépara à lutter jusqu'au dernier souffle. Le reste de la population reçut les Romains dans la ville et leur livra le palais royal. Pompée envoya des troupes

144. pour l'occuper, sous la conduite d'un de ses lieutenants, Pison ; celui-ci distribua des postes dans la ville, et comme il ne put, par ses discours, amener à composition aucun de ceux qui s'étaient réfugiés dans le Temple, il disposa pour l'attaque tous les lieux d'alentour ; dans ce travail Hyrcan et ses amis l'assistèrent avec zèle de leurs conseils et de leurs bras.

145.   3. Pompée lui-même combla sur le flanc Nord le fossé et tout le ravin, en faisant apporter des matériaux par l'armée. Il était difficile

---

1. Sections 1-7 = *Ant.*, XIV, 4, 2-5. Le récit de *Guerre* est par moments plus détaillé que celui des *Antiquités*.

de remplir cette immense profondeur, d'autant plus que les Juifs, du haut du Temple, s'efforçaient par tous les moyens d'écarter les

146. travailleurs. Les efforts des Romains fussent restés infructueux, si Pompée n'avait profité du septième jour de la semaine, où, par religion, les Juifs s'abstiennent de tout travail manuel; il parvint ainsi à élever le remblai, en interdisant cependant aux soldats tout acte d'hostilité ouverte, car le jour du Sabbat, les Juifs ont le droit de défendre leur

147. vie, mais rien de plus. Le ravin une fois comblé, Pompée dressa sur le remblai de hautes tours, fit avancer les machines amenées de Tyr, et les essaya contre les murailles. Des balistes faisaient reculer ceux qui d'en haut s'opposaient aux progrès des Romains. Cependant les tours des assiégés, qui étaient, dans ce secteur, d'une grandeur et d'un travail remarquables, résistèrent très longtemps.

148. 4. Pendant que les Romains supportaient des fatigues épuisantes, Pompée eut occasion d'admirer en général l'endurance des Juifs et surtout la constance avec laquelle ils ne négligeaient aucun détail du culte, même enveloppés d'une grêle de traits. Comme si une paix profonde régnait dans la cité, les sacrifices, les purifications de chaque jour, tous les détails du culte s'accomplissaient exactement en l'honneur de Dieu; le jour même de la prise du Temple, quand on les massacrait auprès de l'autel, les Juifs n'interrompirent pas les cérémonies journalières

149. prescrites par la loi. Ce fut le troisième mois du siège[1] que les Romains, ayant réussi à grand'peine à renverser une des tours, s'élancèrent dans le Temple. Le premier qui osa franchir le mur fut le fils de Sylla, Faustus Cornelius; après lui vinrent deux centurions, Furius et Fabius. Suivis chacun de leur troupe, ils cernèrent de toutes parts les Juifs et les taillèrent en pièces, soit qu'ils cherchassent un refuge dans l'enceinte sacrée, soit qu'ils opposassent quelque résistance.

150. 5. Alors bon nombre de prêtres, voyant les ennemis s'élancer le glaive à la main, demeurèrent impassibles dans l'exercice de leur ministère et se laissèrent égorger, tandis qu'ils offraient les libations et l'encens; ils mettaient ainsi le culte de la divinité au-dessus de leur propre salut. La plupart furent massacrés par leurs concitoyens de la

---

1. *Ant.* 66 ajoute « le jour du jeûne » (sabbat selon les uns, *Kippour* selon d'autres), la date Ol. 179 et le consulat.

faction adverse ou se jetèrent en foule dans les précipices ; quelques-uns, se voyant perdus sans ressources, brûlèrent dans leur fureur les constructions voisines de l'enceinte et s'abîmèrent dans les flammes.

151. Il périt en tout douze mille Juifs ; les Romains eurent très peu de morts, mais un assez grand nombre de blessés.

152. 6. Dans ce déluge de calamités, rien n'affligea aussi vivement la nation que de voir dévoilé au regard des étrangers le lieu saint, jusque-là invisible. Pompée entra, en effet, avec sa suite dans le sanctuaire, dans la partie où seul le grand-prêtre avait le droit de pénétrer ; il y contempla les objets sacrés : le candélabre, les lampes, la table, les vases à libations, les encensoirs, le tout en or massif, quantité d'aromates accumulés et le trésor sacré, riche d'environ deux mille talents.

153. Cependant il ne toucha ni ces objets ni rien autre du mobilier sacré, et, le lendemain de la prise du Temple, il ordonna aux gardiens de purifier l'enceinte sacrée et de recommencer les sacrifices accoutumés. Il réintégra Hyrcan dans ses fonctions de grand-prêtre, parce qu'il lui avait témoigné beaucoup de zèle pendant le siège et surtout avait détaché nombre d'habitants de la campagne, qui désiraient prendre les armes pour Aristobule ; grâce à cette conduite, digne d'un sage général, il gagna le peuple par la bienveillance plutôt que par la terreur.

154. Parmi les prisonniers se trouvait le beau-père d'Aristobule, qui était en même temps son oncle [1]. Ceux des captifs qui avaient le plus activement favorisé la guerre furent condamnés à périr sous la hache. Faustus et ceux qui s'étaient avec lui distingués par leur valeur obtinrent de brillantes récompenses ; le pays et Jérusalem furent frappés d'un tribut.

155. 7. Pompée enleva aux Juifs toutes les villes de Cœlé-Syrie que ce peuple avait conquises, plaça ces villes sous l'autorité du gouverneur romain préposé à cette région, et renferma ainsi les Juifs dans leurs propres limites.

156. Il releva de ses ruines la ville de Gadara, détruite par les Juifs, pour complaire à l'un de ses affranchis, Démétrius, qui était de Gadara. Il affranchit aussi du joug des Juifs les villes de l'intérieur, qu'ils n'avaient pas eu le temps de ruiner, Hippos, Scythopolis, Pella [2],

1. Il s'appelait Absalon (.Ant. 71).
2. Et Dion (Ant. 75).

Samarie, Marissa, puis encore Azotos, Jamnée, Aréthuse. et, sur le littoral. Gaza, Joppé, Dora, et la ville qu'on appelait jadis Tour de Straton et qui, plus tard, réédifiée et ornée de constructions splendides par Hérode, prit le nom nouveau de Césarée. Toutes ces villes, restituées à leurs légitimes habitants, furent rattachées à la province de Syrie. Il la confia. avec la Judée et tout le pays jusqu'à l'Egypte et l'Euphrate, à l'administration de Scaurus, qui commanda deux légions; lui-même se hâta vers Rome à travers la Cilicie. emmenant prisonniers Aristobule et sa famille. Ce prince avait deux filles et deux fils, dont l'aîné, Alexandre, s'évada en route: le cadet, Antigone, et ses sœurs furent conduits à Rome.

157.

158.

VIII

1. *Scaurus contre Arétas.* — *2-5. Gouvernement de Gabinius. Révolte et défaite d'Alexandre. Constitution aristocratique octroyée à la Judée.* — *6. Révolte et défaite d'Aristobule.* — *7. Nouvelle tentative d'Alexandre.* — *8-9. Crassus et Cassius. Pillage du Temple. Puissance d'Antipater.*

159.

1[1]. Cependant Scaurus avait envahi l'Arabie. Les difficultés du terrain le firent échouer devant Pétra; il se mit alors à ravager le territoire environnant, mais il en résulta pour lui de nouvelles et graves souffrances, car son armée fut réduite à la disette. Hyrcan la soulagea. en faisant amener des vivres par Antipater. Comme celui-ci avait des relations d'amitié avec Arétas, Scaurus l'envoya auprès de ce roi pour le décider à acheter la paix. L'Arabe se laissa persuader : il donna trois cents talents : à ces conditions, Scaurus évacua l'Arabie avec son armée.

160.

2[2]. Alexandre, celui des fils d'Aristobule qui s'était échappé des

---

1. Section 1 = *Ant.*, XIV, 5, 1.
2. Sections 2-5 = *Ant.*, XIV, 5, 2-4.

mains de Pompée, avait peu à peu rassemblé des troupes considérables et causait de graves ennuis à Hyrcan en parcourant la Judée. On pouvait croire qu'il renverserait bientôt ce prince ; déjà même, s'approchant de la capitale, il poussait la hardiesse jusqu'à vouloir

161. relever les murs de Jérusalem détruits par Pompée [1]. Heureusement Gabinius, envoyé en Syrie comme successeur de Scaurus [2], se distingua par divers actes d'énergie et marcha contre Alexandre. Celui-ci, pris de crainte à son approche, réunit une grosse armée — dix mille fantassins et quinze cents cavaliers — et fortifia les places avantageusement situées d'Alexandreion, d'Hyrcaneion et de Machérous, près des montagnes d'Arabie.

162. 3. Gabinius lança en avant Marc Antoine avec une partie de son armée ; lui-même suivit avec le gros. Le corps d'élite que conduisait Antipater et le reste des troupes juives sous Malichos et Pitholaos firent leur jonction avec les lieutenants de Marc Antoine ; tous marchèrent ensemble à la rencontre d'Alexandre. Peu de temps après

163. survint Gabinius lui-même avec la lourde infanterie. Sans attendre le choc de toutes ces forces réunies, Alexandre recula ; il approchait de Jérusalem quand il fut forcé d'accepter le combat ; il perdit dans la bataille six mille hommes, dont trois mille morts et trois mille prisonniers, et s'enfuit avec le reste à Alexandreion.

164. 4. Gabinius le poursuivit jusqu'à cette place. Il trouva un grand nombre de soldats campés devant les murs ; il leur promit le pardon, essayant de les gagner avant le combat. Mais comme leur fierté repoussait tout accommodement, Gabinius en tua beaucoup et rejeta

165. le reste dans la forteresse. Ce fut dans ce combat que se distingua le général Marc Antoine ; il montra toujours et partout sa valeur, mais jamais elle ne fut si éclatante. Laissant un détachement pour réduire la garnison, Gabinius parcourut lui-même la contrée, réorganisant les villes qui n'avaient pas été dévastées, relevant celles qu'il trouva

166. en ruines. Ainsi se repeuplèrent, d'après ses ordres, Scythopolis,

---

1. Quoique la construction soit équivoque, il est évident qu'il s'agit d'Alexandre, non d'Hyrcan. Voir la note sur *Ant.*, XIV, § 82.

2. Inexact ; dans l'intervalle, la Syrie avait eu deux gouverneurs, Marcius Philippus et Lentulus Marcellinus (Appien, *Syr.*, 51).

marie, Anthédon, Apollonia, Jamnée, Raphia, Marisa, Adoréos [1], Gamala, Azotos, et d'autres encore; partout les colons affluaient avec empressement.

167. 5. Cette opération terminée, Gabinius revint contre Alexandreion et pressa le siège avec tant de vigueur qu'Alexandre, désespérant du succès, lui envoya un héraut : il demandait le pardon de ses fautes et livrait les places qui lui restaient, Hyrcaneion et Machérous;

168. enfin il remit Alexandreion même. Gabinius, sur les conseils de la mère d'Alexandre, détruisit de fond en comble toutes ces places, pour qu'elles ne pussent servir de base d'opération dans une nouvelle guerre. Cette princesse demeurait auprès de Gabinius, qu'elle cherchait à se concilier par sa douceur, craignant pour les prisonniers de

169. Rome, son époux et ses autres enfants. Ensuite Gabinius ramena Hyrcan à Jérusalem, lui confia la garde du Temple et remit le reste

170. du gouvernement entre les mains des grands. Il divisa tout le pays en cinq ressorts dont les sénats [2] devaient siéger respectivement à Jérusalem, à Gazara, à Amathonte, à Jéricho, et à Sepphoris, ville de Galilée. Les Juifs, délivrés de la domination d'un seul, accueillirent avec joie le gouvernement aristocratique.

171. 6 [3]. Peu de temps après, Aristobule lui-même s'échappa de Rome et suscita de nouveaux troubles. Il rassembla un grand nombre de Juifs, les uns avides de changement, les autres depuis longtemps dévoués à sa personne. Il s'empara d'abord d'Alexandreion et commençait à en relever les murs, quand Gabinius envoya contre lui une

172. armée commandée par Sisenna, Antoine et Servilius [4]; à cette nouvelle, il se réfugia à Machérous, renvoya la foule des gens inutiles et ne retint que les hommes armés au nombre de huit mille environ; parmi eux se trouvait Pitholaos, qui commandait en second à Jéru-

---

1. *Dora* (par erreur) dans les mss. des *Ant.*, § 88. Pour la différence des deux listes, voir ma note *ad locum*.

2. Le mot συνόδους des mss. est inadmissible, comme le prouvent les neutres qui suivent (τὸ μὲν — τὸ δὲ, etc.) : il faut le corriger en συνέδρια comme dans *Ant.*, § 91. — Au lieu de Gazara, les mss. (ici et dans *Ant.*) ont *Gadara*.

3. Section 6 = *Ant.*, XIV, 6, 1.

4. *Servilius* d'après *Ant.*, § 92, et la plupart des mss. de *Guerre*; *Servianus* ερουχνῶ) d'après le ms. P et Syncelle. Niese et Naber préfèrent cette dernière leçon :

salem et avait fait défection avec mille hommes. Les Romains le
suivirent à la piste. Dans la bataille qui se livra, les soldats d'Aristobule résistèrent longtemps et combattirent avec courage ; mais enfin,
ils furent enfoncés par les Romains : cinq mille hommes tombèrent,
deux mille environ se réfugièrent sur une éminence ; les mille qui
restaient, conduits par Aristobule, se frayèrent un chemin à travers

173. l'infanterie romaine et se jetèrent dans Machérous. Le roi campa le
premier soir sur les ruines de cette ville, nourrissant l'espoir de rassembler une autre armée, si la guerre lui en laissait le temps, et
élevant autour de la place de méchantes [1] fortifications ; mais quand
les Romains l'attaquèrent, après avoir résisté pendant deux jours
au-delà de ses forces, il fut pris. On l'amena, chargé de fers, auprès de
Gabinius, avec son fils Antigone qui s'était enfui de Rome avec lui.

174. Gabinius le renvoya de nouveau à Rome. Le Sénat retint Aristobule
en prison, mais laissa rentrer [2] ses enfants en Judée, car Gabinius
expliqua dans ses lettres qu'il avait accordé cette faveur à la femme
d'Aristobule en échange de la remise des places-fortes [3].

175. 7 [4]. Comme Gabinius allait entreprendre une expédition contre les
Parthes, il fut arrêté dans ce dessein par Ptolémée [5]. Des bords de
l'Euphrate, il descendit vers l'Egypte. Il trouva, pendant cette campagne, auprès d'Hyrcan et d'Antipater toute l'assistance nécessaire.
Argent, armes, blé, auxiliaires, Antipater lui fit tout parvenir ; il lui
gagna aussi les Juifs de cette région, qui gardaient les abords de Péluse,

176. et leur persuada de livrer passage aux Romains. Cependant le reste de
la Syrie profita du départ de Gabinius pour s'agiter. Alexandre, fils
d'Aristobule, souleva de nouveau les Juifs ; il leva une armée très

177. considérable et fit mine de massacrer tous les Romains du pays. Ces
événements inquiétèrent Gabinius, qui, à la nouvelle des troubles,
s'était hâté de revenir d'Egypte : il envoya Antipater auprès de

---

1. κακῶς ὠχύρου ; la vieille version latine (*bene munire — sperabit*) conduirait à
la leçon καλῶς et à un tout autre sens.
2. διῆκεν (Destinon, Henri Weil), non διῆγεν, leçon des mss.
3. 56 av. J.-C.
4. Section 7 = *Ant.*, XIV, 6, 2-4.
5. Ptolémée Aulète, roi d'Egypte, chassé par ses sujets, persuada Gabinius,
à prix d'or, de le restaurer (55 av. J.-C.).

quelques-uns des mutins et les fit rentrer dans le devoir. Mais il en resta trente mille avec Alexandre, qui brûlait de combattre. Gabinius marcha donc au combat; les Juifs vinrent à sa rencontre, et la bataille eut lieu près du mont Itabyrion ; dix mille Juifs périrent, le reste se

178. débanda. Gabinius retourna à Jérusalem et y réorganisa le gouvernement sur les conseils d'Antipater. De là il partit contre les Nabatéens qu'il vainquit en bataille rangée ; il renvoya aussi secrètement deux exilés Parthes, Mithridate et Orsanès, qui s'étaient réfugiés auprès de lui, tout en déclarant devant les soldats qu'ils s'étaient évadés [1].

179. 8 [2]. Cependant Crassus vint pour lui succéder dans le gouvernement de la Syrie. Avant d'entreprendre son expédition contre les Parthes, il mit la main sur l'or que renfermait le Temple de Jérusalem et emporta même les deux mille talents auxquels Pompée n'avait pas touché. Il franchit l'Euphrate et périt avec toute son armée; mais ce n'est pas le lieu de raconter ces événements.

180. 9. Après la mort de Crassus, les Parthes s'élançaient pour envahir la Syrie, mais Cassius, qui s'était réfugié dans cette province, les repoussa. Ayant ainsi sauvé la Syrie, il marcha rapidement contre les Juifs, prit Tarichées, où il réduisit trente mille Juifs en esclavage, et mit à mort Pitholaos, qui cherchait à réunir les partisans d'Aristo-

181. bule : c'est Antipater qui lui conseilla cette exécution. Antipater avait épousé Kypros, femme d'une noble famille d'Arabie ; quatre fils naquirent de ce mariage — Phasaël, Hérode, qui fut roi, Joseph, Phéroras — et une fille, Salomé. Il s'était attaché les puissants de partout par les liens de l'amitié et de l'hospitalité ; il avait gagné surtout la faveur du roi des Arabes, par son alliance matrimoniale, et c'est à lui qu'il confia ses enfants quand il engagea la guerre contre Aristobule.

182. Cassius, après avoir contraint par un traité Alexandre à se tenir en repos, se dirigea vers l'Euphrate pour empêcher les Parthes de franchir le fleuve ; ce sont des événements dont nous parlerons ailleurs [3].

1. Détail complètement étranger à l'histoire juive et qui suffirait à prouver que Josèphe copie, en l'abrégeant, une histoire générale.

2. Sections 8 et 9 = *Ant.*, XIV, 7, 1-8.

3. Phrase copiée sans réflexion dans Nicolas ? Nulle part « ailleurs » dans la *Guerre* on ne trouve le récit de ces événements. Dans le passage correspondant des *Ant.* (§ 122) on lit : « comme d'autres l'ont raconté » (ὡς καὶ ὑπ' ἄλλων δεδήλωται).

IX

1-2. Mort d'Aristobule et d'Alexandre. — 3-5. Services rendus par Antipater à César en Egypte.

183.   1 [1]. Quand Pompée se fut enfui avec le Sénat romain au-delà de la mer Ionienne [2]. César, maître de Rome et de l'Empire, mit en liberté Aristobule. Il lui confia deux légions et le dépêcha en Syrie, espérant,

184.   par son moyen, s'attacher facilement cette province et la Judée. Mais la haine prévint le zèle d'Aristobule et les espérances de César. Empoisonné par les amis de Pompée, Aristobule resta, pendant longtemps, privé de la sépulture dans la terre natale. Son cadavre fut conservé dans du miel, jusqu'au jour où Antoine l'envoya aux Juifs pour être enseveli dans le monument de ses pères.

185.   2. Son fils Alexandre périt aussi à cette époque : Scipion [3] le fit décapiter à Antioche, sur l'ordre de Pompée, après l'avoir fait accuser devant son tribunal pour les torts qu'il avait causés aux Romains. Le frère et les sœurs d'Alexandre reçurent l'hospitalité de Ptolémée, fils de Mennæos, prince de Chalcis dans le Liban. Ptolémée leur avait envoyé à Ascalon son fils Philippion, et celui-ci réussit à enlever à la femme d'Aristobule Antigone et les princesses, qu'il ramena auprès

186.   de son père. Epris de la cadette, Philippion l'épousa, mais ensuite son père le tua pour cette même princesse Alexandra, qu'il épousa à son tour. Depuis ce mariage il témoigna au frère et à la sœur beaucoup de sollicitude.

187.   3 [4]. Antipater, après la mort de Pompée [5], changea de parti et fit la

----

1. Sections 1 et 2 = *Ant.*, XIV, 7, 4.
2. 49 av. J.-C.
3. Q Cæcilius Metellus Scipio, beau-père de Pompée et gouverneur de Syrie.
4. Sections 3 à 5 = *Ant.*, XIV, 8, 1-3.
5. 48 av. J.-C.

cour à César. Quand Mithridate de Pergame, conduisant une armée
en Egypte, se vit barrer le passage de Péluse et dut s'arrêter à Ascalon, Antipater persuada aux Arabes dont il était l'hôte de lui prêter
assistance ; lui-même rejoignit Mithridate avec trois mille fantassins
188. juifs armés. Il persuada aussi les personnages les plus puissants de
Syrie de seconder Mithridate, à savoir [1] Ptolémée du Liban et
Jamblique. Par leur influence les villes de la région contribuèrent avec
189. ardeur à cette guerre. Mithridate, puisant une nouvelle confiance dans
les forces amenées par Antipater, marcha sur Péluse et, comme on
refusait de le laisser passer, assiégea la ville. A l'assaut, Antipater
s'acquit une gloire éclatante ; car il fit une brèche dans la partie de la
muraille en face de lui et, suivi de ses soldats, s'élança le premier
dans la place.

190.   4. C'est ainsi que Péluse fut prise. L'armée, en continuant sa
marche, fut encore arrêtée par les Juifs égyptiens qui habitaient le
territoire dit d'Onias. Cependant Antipater sut les persuader, non
seulement de ne faire aucune résistance, mais encore de fournir des
subsistances à l'armée. Dès lors ceux de Memphis [2] ne résistèrent pas
191. davantage et se joignirent de leur plein gré à Mithridate. Celui-ci,
qui avait fait le tour du Delta, engagea le combat contre le reste des
Egyptiens au lieu appelé « camp des Juifs ». Dans cet engagement, il
courait de grands risques avec toute son aile droite, quand Antipater,
192. en longeant le fleuve, vint le dégager ; car celui-ci, avec l'aile
gauche, avait battu les ennemis qui lui étaient opposés ; tombant
alors sur ceux qui poursuivaient Mithridate, il en tua un grand nombre
et poussa si vivement le reste qu'il s'empara de leur camp. Il ne
perdit que quatre-vingts [3] des siens ; Mithridate dans sa déroute en

---

1. τόν τ' ἔποιχον τοῦ Λιβάνου. Si l'on acceptait la conjecture d'Aldrich (τῶν τ
ἐποίχων), il faudrait traduire : « les plus puissants de la Syrie... et, parmi les
dynastes du Liban, Ptolémée et Jamblique ». Il s'agit de Ptolémée, fils de Sohémos, non de Ptolémée, fils de Mennæos. Cf. ma note sur *Ant.*, § 129.

2. Peut-être les Iduméens, qui formaient à Memphis une importante colonie.
dont un décret s'est récemment retrouvé (Dittenberger, *Orientis græci inscr.*,
n° 747). Antipater, leur compatriote, dut les gagner sans peine. Mais il peut
s'agir aussi des Juifs de Memphis ou des habitants de cette ville en général.

3. 40 (ou 50) d'après *Ant.*, § 135.

avait perdu huit cents. Sauvé contre son espérance, Mithridate porta
auprès de César un témoignage sincère de la brillante valeur d'Antipater.

193.   5. César, par ses louanges et par ses promesses, stimula Antipater à courir de nouveaux dangers pour son service. Il s'y montra le
plus hardi des soldats, et, souvent blessé, portait presque sur tout son
194.   corps les marques de son courage. Puis, quand César eut mis ordre
aux affaires d'Egypte et regagna la Syrie, il honora Antipater du titre
de citoyen romain et de l'exemption d'impôts. Il le combla aussi de
témoignages d'honneur et de bienveillance, qui firent de lui un objet
d'envie; c'est aussi pour lui complaire que César confirma Hyrcan
dans sa charge de grand-prêtre.

X

1-3. *Plaintes d'Antigone contre Antipater ; César décide en faveur
de ce dernier.* — 4. *Antipater gouverne la Judée sous le nom
d'Hyrcan.* — 5-9. *Exploits, procès, exil et retour d'Hérode.* —
10. *Guerre d'Apamée.*

195.   1 [1]. Vers le même temps se présenta devant César Antigone, fils
d'Aristobule, et son intervention eut pour effet inattendu d'avancer la
fortune d'Antipater. Antigone aurait dû se contenter de pleurer sur la
mort de son père, empoisonné, semble-t-il, à cause de ses dissenti-
ments avec Pompée, et de flétrir la cruauté de Scipion envers son frère,
196.   sans mêler à ses plaintes aucun sentiment de haine. Loin de là, il osa
encore venir en personne accuser Hyrcan et Antipater : ils l'avaient,
disait-il, au mépris de tout droit, chassé, lui, ses frères et sœurs, de
toute leur terre natale; ils avaient, dans leur insolence, accablé le
peuple d'injustices; s'ils avaient envoyé des secours en Egypte, ce

---

1. Sections 1-3 = *Ant.*, XIV, 8, 4-5. (Le récit de *Guerre* est plus développé.)

n'était pas par bienveillance pour César, mais par crainte de voir renaître de vieilles querelles et pour se faire pardonner leur amitié envers Pompée.

197. 2. En réponse, Antipater, arrachant ses vêtements, montra ses nombreuses cicatrices. « Son affection pour César, dit-il, point n'est besoin de la prouver par des paroles ; tout son corps la crie, gardât-
198. il le silence. Mais l'audace d'Antigone le stupéfait. Quoi ! le fils d'un ennemi des Romains, d'un fugitif de Rome, lui qui a hérité de son père l'esprit de révolution et de sédition, ose accuser les autres devant le général romain et s'efforce d'en obtenir quelque avantage, quand il devrait s'estimer heureux d'avoir la vie sauve ! D'ailleurs, s'il recherche le trône, ce n'est pas le besoin qui l'y pousse ; ce qu'il désire plutôt, c'est de pouvoir, présent de sa personne, semer la sédition parmi les Juifs et user de ses ressources contre ceux qui les lui ont fournies. »

199. 3. Après avoir entendu ce débat, César déclara qu'Hyrcan méritait mieux que tout autre le grand pontificat et laissa à Antipater le droit de choisir la dignité qu'il voudrait. Celui-ci déclara s'en rapporter à son bienfaiteur du soin de fixer l'étendue du bienfait ; il fut alors nommé procurateur de toute la Judée. Il obtint de plus l'autorisation de relever
200. les murailles détruites de sa patrie. César expédia ces décisions à Rome pour être gravées au Capitole comme un monument de sa propre justice et du mérite d'Antipater.

201. 4[1]. Antipater, après avoir accompagné César jusqu'aux frontières de Syrie, revint à Jérusalem. Son premier soin fut de relever les murs de la capitale, que Pompée avait abattus, et de parcourir le pays pour apaiser les troubles, usant tour à tour de menaces et de conseils. En s'attachant à Hyrcan, disait-il, ils vivront dans l'abondance et dans la tranquillité et jouiront de leurs biens au sein de la paix
202. commune ; s'ils se laissent, au contraire, séduire par les vaines promesses de gens qui, dans l'espoir d'un avantage personnel, trament des changements, ils trouveront dans Antipater un maître au lieu d'un protecteur, dans Hyrcan un tyran au lieu d'un roi, dans les

1. Sections 4-9 = *Ant.*, XIV, 9.

Romains et dans César des ennemis au lieu de chefs et d'amis ; car
ceux-ci ne laisseront pas chasser du pouvoir celui qu'ils y ont eux-
203. mêmes installé. En même temps, il s'occupa lui-même d'organiser le
pays, car il ne voyait chez Hyrcan qu'inertie et faiblesse indignes d'un
roi [1]. Il donna à son fils aîné Phasaël le gouvernement de Jérusalem
et des alentours ; il envoya Hérode, le second, avec des pouvoirs égaux
en Galilée, malgré son extrême jeunesse.

204.   5. Hérode, doué d'un naturel entreprenant, trouva bientôt matière
à son énergie. Un certain Ezéchias, chef de brigands, parcourait à la
tête d'une grosse troupe les confins de la Syrie ; Hérode s'empara de
205. sa personne et le mit à mort avec un bon nombre de ses brigands. Ce
succès fit le plus grand plaisir aux Syriens. Dans les bourgs, dans les
villes, les chansons célébraient Hérode comme celui qui assurait
par sa présence la paix et leurs biens. Cet exploit le fit aussi connaître
206. à Sextus César, parent du grand César et gouverneur de Syrie.
Phasaël, de son côté, par une noble émulation, rivalisait avec le bon
renom de son frère ; il sut se concilier la faveur des habitants de
Jérusalem et gouverner en maître la ville sans commettre aucun excès
207. fâcheux d'autorité. Aussi le peuple courtisait Antipater comme un
roi : tous lui rendaient des honneurs comme s'il eût été le maître
absolu ; cependant il ne se départit jamais de l'affection ni de la fidélité qu'il devait à Hyrcan.

208.   6. Mais il est impossible dans la prospérité d'éviter l'envie. Déjà
Hyrcan se sentait secrètement mordu par la gloire de ces jeunes
gens ; c'étaient surtout les succès d'Hérode qui l'irritaient, c'étaient
les messagers se succédant sans relâche pour raconter ses hauts faits.
Il ne manquait pas non plus de médisants à la cour, pour exciter les
soupçons du prince, gens qui avaient trouvé un obstacle dans la
209. sagesse d'Antipater ou de ses fils. Hyrcan, disaient-ils, avait abandonné
à Antipater et à ses fils la conduite des affaires ; lui-même restait inactif,
ne gardant que le titre de roi sans pouvoir effectif. Jusqu'à quand persé-
vérerait il dans son erreur de nourrir des rois contre lui ? Déjà ses

_____

1. Terme impropre, qui revient plusieurs fois ici et dans *Ant.*, XIV, 9. Hyrcan
n'avait que le titre d'*ethnarque.*

ministres ne se contentent plus du masque de procurateurs : ils se
déclarent ouvertement les maîtres, ils le mettent entièrement de côté,
puisque, sans avoir reçu ni ordre ni message d'Hyrcan, Hérode a,
au mépris de la loi juive, fait mourir un si grand nombre de personnes ; s'il n'est pas roi, s'il est encore simple particulier, Hérode
doit comparaître en justice et se justifier devant le prince et les lois
nationales, qui interdisent de tuer un homme sans jugement.

210.   7. Ces paroles peu à peu enflammaient Hyrcan ; sa colère finit par
éclater, et il cita Hérode en justice. Celui-ci, fort des conseils de son
père et s'appuyant sur sa propre conduite, se présenta devant le
tribunal, après avoir préalablement mis bonne garnison en Galilée. Il
marchait suivi d'une escorte suffisante [1], calculée de manière à éviter
d'une part l'apparence de vouloir renverser Hyrcan avec des forces
211.   considérables, et d'autre part le danger de se livrer sans défense à
l'envie. Cependant Sextus César, craignant que le jeune homme, pris
par ses ennemis, n'éprouvât quelque malheur, manda expressément
à Hyrcan qu'il eût à absoudre Hérode de l'accusation de meurtre.
Hyrcan, qui d'ailleurs inclinait à cette solution, car il aimait Hérode,
rendit une sentence conforme [2].

212.   8. Cependant Hérode, estimant que c'était malgré le roi qu'il avait
évité la condamnation, se retira à Damas auprès de Sextus et se
mit en mesure de répondre à une nouvelle citation. Les méchants
continuaient à exciter Hyrcan, disant qu'Hérode avait fui par colère et
qu'il machinait quelque chose contre lui. Le roi les crut, mais il ne
213   savait que faire, voyant son adversaire plus fort que lui. Lorsque ensuite Sextus nomma Hérode gouverneur [3] de Cœlé-Syrie et de Samarie,
formidable à la fois par la faveur du peuple et par sa puissance propre,
il inspira une extrême terreur à Hyrcan, qui s'attendait dès lors à le
voir marcher contre lui à la tête d'une armée.

214.   9. Cette crainte n'était que trop fondée. Hérode, furieux de la

1. Nous lisons avec Destinon μετ' ἀρχετοῦ (mss. μετὰ καρτεροῦ) στίφους.
2. D'après le récit des *Ant.*, § 177, Hyrcan ne rendit pas une sentence d'acquittement, mais d'ajournement, qui permit à Hérode de s'évader.
3. στρατηγός, encore un terme impropre ; Hérode n'était sans doute que procurateur. Cf. § 225 *infra*.

nace que ce procès avait suspendue sur sa tête, rassembla une armée
et marcha sur Jérusalem pour déposer Hyrcan. Il aurait exécuté ce
dessein incontinent, si son père et son frère n'étaient venus au-devant
de lui et n'avaient arrêté son élan ; ils le conjurèrent de borner sa
défense à la menace, à l'indignation, et d'épargner le roi sous le règne
duquel il était parvenu à une si haute puissance. Si, disent-ils, il a
raison de s'indigner d'avoir été appelé au tribunal, il doit, d'autre part,
se réjouir de son acquittement ; s'il répond par la colère à l'injure, il

215. ne doit pas répondre par l'ingratitude au pardon. Et s'il faut estimer
que les hasards de la guerre sont dans la main de Dieu, un acte injuste
prévaudra sur la force d'une armée : aussi ne doit-il pas avoir une
confiance absolue dans la victoire, puisqu'il va combattre contre son
roi et son ami, qui fut souvent son bienfaiteur et ne lui a été hostile
que le jour où, cédant à de mauvais conseils, il l'a menacé d'une
ombre d'injustice. Hérode se laissa persuader par ces avis, pensant
qu'il suffisait à ses espérances d'avoir fait devant le peuple cette mani-
festation de sa puissance.

216.   10 [1]. Sur ces entrefaites, des troubles et une véritable guerre civile
éclatèrent à Apamée, entre les Romains. Cécilius Bassus, par attachement pour Pompée, assassina Sextus César [2] et s'empara de son
armée ; les autres lieutenants de César, pour venger ce meurtre, atta-

217. quèrent Bassus avec toutes leurs forces. Antipater, dévoué aux deux
Césars, le mort et le vivant, leur envoya des secours sous ses deux
fils. Comme la guerre traînait en longueur, Murcus fut envoyé d'Italie
pour succéder à Sextus.

---

1. Section 10 = *Ant.*, XIV, 11, 1.
2. 46 av. J.-C.

XI

1-2. Guerre civile. Cassius en Syrie; ses exactions. — 3-4. Antipater assassiné par Malichos. — 5-8. Hérode tire vengeance de Malichos.

218.   1 [1]. A cette époque éclata entre les Romains la grande guerre, après que Brutus et Cassius eurent assassiné César, qui avait occupé le pouvoir pendant trois ans et sept mois [2]. Une profonde agitation suivit ce meurtre ; les citoyens les plus considérables se divisèrent ; chacun, suivant ses espérances particulières, embrassait le parti qu'il croyait avantageux. Cassius, pour sa part, se rendit en Syrie afin d'y prendre
219. le commandement des armées réunies autour d'Apamée. Là il réconcilia Bassus avec Murcus et les légions séparées, fit lever le siège d'Apamée, et, se mettant lui-même à la tête des troupes, parcourut les villes en levant des tributs avec des exigences qui dépassaient leurs ressources.

220.   2. Les Juifs reçurent l'ordre de fournir une somme de sept cents talents. Antipater, craignant les menaces de Cassius, chargea ses fils et quelques-uns de ses familiers, entre autres Malichos, qui le haïssait, de lever promptement cet argent, chacun pour sa portion, — à tel point
221. les talonnait la nécessité ! Ce fut Hérode qui, le premier, apaisa Cassius, en lui apportant de Galilée sa contribution, une somme de cent talents ; il devint par là son intime ami ; quant aux autres, Cassius leur reprocha leur lenteur et fit retomber sa colère sur les villes mêmes.
222. Après avoir réduit en servitude Gophna, Emmaüs et deux autres villes de moindre importance [3], il s'avançait dans le dessein de mettre à mort Malichos pour sa négligence à fournir le tribut, mais Antipater [4]

---

1. Sections 1-4 = *Ant.*, XIV, 11, 2-4 (§ 281).
2. Trois ans et six mois d'après *Ant.*, § 270. Si l'on compte depuis Pharsale (9 août 48) jusqu'au 15 mars 44, le chiffre de 7 mois est plus exact.
3. Lydda et Thamna (*Ant.*, § 275).
4. Hyrcan, d'après *Ant.*, § 276 ; Antipater n'aurait servi que d'intermédiaire.

prévint la perte de Malichos et la ruine des autres villes en calmant Cassius par le don de cent talents.

223.   3. Cependant, après le départ de Cassius, Malichos, loin de savoir gré à Antipater de ce service, machina un complot contre celui qui l'avait sauvé à plusieurs reprises, brûlant de supprimer l'homme qui s'opposait à ses injustices. Antipater, craignant la force et la scélératesse de ce personnage, passa le Jourdain pour rassembler une armée **224.** et déjouer le complot. Malichos, quoique pris sur le fait, sut à force d'impudence gagner les fils d'Antipater : Phasaël, gouverneur de Jérusalem et Hérode, commandant de l'arsenal, ensorcelés par ses excuses et ses serments, consentirent à lui servir de médiateurs auprès de leur père. Une fois de plus Antipater le sauva, en apaisant Murcus, gouverneur de Syrie, qui voulait mettre à mort Malichos comme factieux.

225.   4. Quand le jeune César et Antoine ouvrirent les hostilités contre Cassius et Brutus, Cassius et Murcus levèrent une armée en Syrie, et comme Hérode paraissait leur avoir rendu de grands services dans cette opération, ils le nommèrent alors procurateur de la Syrie entière [1] en lui donnant de l'infanterie et de la cavalerie; Cassius lui promit **226.** même, une fois la guerre terminée, de le nommer roi de Judée. La puissance du fils et ses brillantes espérances amenèrent la perte du père. Car Malichos, inquiet pour l'avenir, corrompit à prix d'argent un des échansons royaux et fit donner du poison à Antipater. Victime de l'iniquité de Malichos, Antipater mourut en sortant de table [2]. C'était un homme plein d'énergie dans la conduite des affaires, qui fit recouvrer à Hyrcan son royaume et le garda pour lui.

227.   5 [3]. Malichos, voyant le peuple irrité par le soupçon du crime, l'apaisa par ses dénégations et, pour affermir son pouvoir, leva une troupe de soldats. En effet, il pensait bien qu'Hérode ne se tiendrait pas en repos; celui-ci parut bientôt à la tête d'une armée pour **228.** venger son père. Cependant Phasaël conseilla à son frère de ne pas

---

1. De la Cœlé-Syrie seulement, d'après *Ant.*, § 280, ce qui est plus vraisemblable. Aux troupes confiées à Hérode, le texte d'*Ant.* ajoute des navires.
2. Printemps 43 av. J.-C.
3. Sections 5-8 = *Ant.*, XIV, 11, 4 (§ 282) à 6.

attaquer ouvertement leur ennemi, dans la crainte d'exciter des séditions parmi la multitude. Hérode accepta donc pour le moment la justification de Malichos et consentit à l'absoudre du soupçon; puis il célébra avec une pompe éclatante les funérailles de son père [1].

229.   6. Il se rendit ensuite à Samarie, troublée par la sédition, et y rétablit l'ordre; puis il revint passer les fêtes à Jérusalem, suivi de ses soldats. Hyrcan, à l'instigation de Malichos, qui craignait l'entrée de ces troupes, le prévint par un message et lui défendit d'introduire des étrangers parmi le peuple qui se sanctifiait. Mais Hérode, dédaignant
230. le prétexte et l'auteur de l'ordre, entra de nuit dans la ville. Là-dessus Malichos se présenta encore une fois auprès de lui pour pleurer Antipater. Hérode lui répondit en dissimulant, tout en ayant peine à contenir sa colère. En même temps il adressa à Cassius des lettres où il déplorait la mort de son père; Cassius, qui haïssait d'ailleurs Malichos, lui répondit en l'engageant à poursuivre le meurtrier; bien plus, il manda secrètement à ses tribuns de prêter leur concours à Hérode pour une juste entreprise.

231.   7. Quand Cassius se fut emparé de Laodicée et vit arriver de tous les côtés les principaux du pays portant des présents et des couronnes, Hérode jugea le moment venu pour sa vengeance. Malichos avait conçu des soupçons; arrivé à Tyr, il résolut de faire échapper secrètement son fils, qu'on gardait alors en otage dans cette ville, et lui-même
232. se disposa à fuir en Judée. Le désespoir le poussa même à de plus vastes desseins; il rêvait de soulever la nation contre les Romains, pendant que Cassius serait occupé à la guerre contre Antoine, et se flattait d'arriver à la royauté, dès qu'il aurait sans peine renversé Hyrcan.

233.   8. Mais la destinée se rit de ses espérances. En effet, Hérode, devinant son intention, l'invita à souper avec Hyrcan; ensuite il appela un [2] de ses serviteurs qui se trouvait là et l'envoya, en apparence pour préparer le festin, en réalité pour prévenir les tribuns de disposer
234. une embuscade. Ceux-ci, se rappelant les ordres de Cassius, sortirent en armes sur le rivage de la mer, devant la ville; là ils entourèrent Malichos et le criblèrent de blessures mortelles. Saisi d'épouvante à

---

1. D'après *Ant.*, § 284, c'est Phasaël qui s'occupe de ce soin.
2. Quelques mss. (P, A) ont τινὰς: « quelques-uns de ses serviteurs »;

cette nouvelle, Hyrcan tomba d'abord évanoui ; quand il revint à lui,

235. non sans peine, il demanda à Hérode qui avait tué Malichos. Un des tribuns lui répondit : « Ordre de Cassius ». « Alors, répondit-il, Cassius m'a sauvé ainsi que ma patrie, puisqu'il a mis à mort celui qui tramait notre perte. » Hyrcan parlait-il ainsi du fond du cœur, ou acceptait-il par crainte le fait accompli, c'est un point douteux. Quoi qu'il en soit, c'est ainsi qu'Hérode se vengea de Malichos.

XII

1. *Révolte d'Hélix et du frère de Malichos.* — 2. *Rivalité d'Hérode et de Marion, tyran de Tyr.* — 3. *Victoire d'Hérode sur Antigone. Il épouse Mariamme.* — 4-5. *Antoine éconduit les ambassadeurs juifs ; Hérode et Phasaël nommés tétrarques.* — 6-7. *Massacre des députés juifs.*

236.   1 [1]. Cassius avait à peine quitté la Syrie qu'une nouvelle sédition éclata à Jérusalem. Un certain Hélix se mit à la tète d'une armée et se souleva contre Phasaël, voulant, à cause du châtiment infligé à Malichos, se venger d'Hérode sur la personne de son frère. Hérode se trouvait alors à Damas, près du général romain Fabius ; désireux de

237. porter secours à Phasaël, il fut retenu par la maladie. Cependant Phasaël, quoique laissé à ses seules forces, triompha d'Hélix et accusa Hyrcan d'ingratitude, pour avoir favorisé les desseins d'Hélix et laissé le frère de Malichos s'emparer d'un grand nombre de places et particulièrement de la plus forte de toutes, Masada.

238.   2. Mais rien ne pouvait garantir Hélix de l'impétuosité d'Hérode. Celui-ci, rendu à la santé, lui reprit les places-fortes et le fit sortir lui-même de Masada, en suppliant. Il chassa pareillement de Galilée Marion, tyran de Tyr, qui avait déjà pris possession de trois places ;

1. Sections 1-3 = *Ant.*, XIV, 11, 7 à 12, 1.

quant aux Tyriens, qu'il avait faits prisonniers, il les épargna tous ;
il y en eut même qu'il relâcha avec des présents, s'assurant ainsi à
239. lui-même la faveur des Tyriens et au tyran leur haine. Marion tenait
son pouvoir de Cassius, qui divisa la Syrie entière en tyrannies
de ce genre ; plein de haine contre Hérode, il ramena dans le pays
Antigone, fils d'Aristobule. Il se servit à cet effet surtout de Fabius,
qu'Antigone s'était concilié par des largesses et qui favorisa son
retour ; Ptolémée, beau-frère d'Antigone, fournissait à toutes les
dépenses.

240.   3. Hérode, s'opposant à leur marche, livra bataille à l'entrée du
territoire de la Judée et fut vainqueur. Antigone chassé, Hérode
revint à Jérusalem, où sa victoire lui valut la faveur générale ; ceux
même qui auparavant lui étaient hostiles s'attachèrent à lui, quand
241. un mariage le fit entrer dans la famille d'Hyrcan. Il avait d'abord
épousé une femme du pays, d'assez noble naissance, nommée Doris,
dont il eut un fils, Antipater ; maintenant il s'unit à la fille d'Alexandre,
fils d'Aristobule, et petite-fille d'Hyrcan, nommée Mariamme : il
devenait ainsi parent du prince.

242.   4 [1]. Lorsque, après avoir tué Cassius à Philippes [2], César et Antoine
retournèrent, l'un en Italie, l'autre en Asie, parmi les nombreuses
députations des cités, qui allèrent saluer Antoine en Bithynie,
se trouvèrent aussi des notables juifs, qui vinrent accuser Phasaël
et Hérode de s'être emparés du pouvoir par la violence et de
n'avoir laissé à Hyrcan qu'un vain titre. Hérode, présent à ces
attaques, sut se concilier par de fortes sommes d'argent la faveur
d'Antoine ; à son instigation, Antoine refusa même d'accorder
audience à ses ennemis, qui se virent congédiés.

243.   5 [3]. Bientôt après les notables juifs, au nombre de cent, se
rendirent de nouveau à Daphné d'Antioche auprès d'Antoine, déjà
asservi à l'amour de Cléopâtre ; ils mirent à leur tête les plus estimés
pour l'autorité et l'éloquence et dressèrent une accusation en règle
contre les deux frères. En réponse, Messalla présenta leur défense ;

1. Section 4 = *Ant.*, XIV, 12, 2.
2. Automne 42 av. J.-C.
3. Sections 5-7 = *Ant.*, XIV, 13, 1-2.

IV

244. et Hyrcan se plaça à côté de lui, en raison de son alliance matrimoniale avec les accusés. Après avoir entendu les deux parties, Antoine demanda à Hyrcan quels étaient les plus dignes du commandement : comme Hyrcan déclarait que c'était Hérode et son frère, Antoine s'en réjouit, en souvenir des anciens liens d'hospitalité qui l'unissaient à cette famille, car leur père, Antipater, l'avait reçu avec bienveillance quand il fit campagne en Judée avec Gabinius. En conséquence, il nomma les deux frères tétrarques et leur confia l'administration de toute la Judée.

245. 6. Les députés du parti adverse ayant manifesté leur irritation, Antoine fit arrêter et mettre en prison quinze d'entre eux et voulut même les faire mourir : il chassa le reste avec ignominie. Ces événements provoquèrent une agitation encore plus vive à Jérusalem Les habitants envoyèrent cette fois mille députés à Tyr, où séjournait Antoine, en route vers Jérusalem. Comme les députés menaient grand bruit, il leur envoya le gouverneur de Tyr, avec ordre de châtier ceux qu'il prendrait et de consolider l'autorité des tétrarques institués par lui.

246. 7. Déjà auparavant, Hérode accompagné d'Hyrcan s'était rendu sur le rivage ; là il exhorta longuement les députés à ne pas déchaîner la ruine sur eux-mêmes et la guerre sur leur patrie par une querelle inconsidérée. Mais cette démarche ne fit que redoubler leur fureur ; alors Antoine envoya contre eux son infanterie, qui en tua ou blessa un grand nombre ; Hyrcan accorda la sépulture aux morts et des

247. soins aux blessés. Malgré tout, ceux qui s'échappèrent ne se tinrent pas en repos[1] ; par les troubles qu'ils entretenaient dans la cité, ils irritèrent Antoine, au point qu'il se décida à faire exécuter les prisonniers.

---

1. *Ant.*, § 329, dit le contraire ἡσύχαζον).

XIII

1. *Les Parthes en Syrie.* — 2-3. *Pacoros attaque Jérusalem.* — 4-5. *Capture de Phasaël et d'Hyrcan.* — 6-8. *Fuite d'Hérode.* — 9-11. *Restauration d'Antigone. Mort de Phasaël.*

248. 1 [1]. Deux ans après [2], Barzapharnès, satrape des Parthes, occupa la Syrie avec Pacoros, fils du roi. Lysanias, qui avait hérité du royaume de son père Ptolémée, fils de Mennaios, persuada le satrape, en lui promettant mille talents et cinq cents femmes, de ramener sur le

249. trône Antigone et de déposer Hyrcan [3]. Gagné par ces promesses, Pacoros lui-même s'avança le long du littoral et enjoignit à Barzapharnès de faire route par l'intérieur des terres. Parmi les populations côtières, Tyr refusa le passage à Pacoros, alors que Ptolémaïs et Sidon lui avaient fait bon accueil. Alors le prince confia une partie de sa cavalerie à un échanson du palais qui portait le même nom que lui, et lui ordonna d'envahir la Judée pour observer l'ennemi et soutenir Antigone au besoin.

250. 2. Comme ces cavaliers ravageaient le Carmel, un grand nombre de Juifs se rallièrent à Antigone et se montrèrent pleins d'ardeur pour l'invasion. Antigone les dirigea vers le lieu appelé Drymos (la Chênaie) [4] dont ils devaient s'emparer. Ils y livrèrent bataille, repoussèrent les ennemis, les poursuivirent jusqu'à Jérusalem et, grossissant leurs rangs,

251. parvinrent jusqu'au palais. Hyrcan [5] et Phasaël les y reçurent avec une forte troupe. La lutte s'engagea sur l'agora; Hérode mit en fuite

---

1. Sections 1-11 = *Ant.*, XIV, 13, 3-10.
2. 40 av. J.-C.
3. D'après *Ant.*, § 331, cette promesse fut faite par Antigone lui-même. Voir d'ailleurs *infrà*, § 257.
4. Entre Tour de Straton (Césarée) et Jopé.
5. *Hérode*, d'après *Ant.*, § 335.

252. les ennemis, les cerna dans le Temple et établit dans les maisons voisines un poste de soixante hommes pour les surveiller. Mais le peuple, soulevé contre les deux frères, attaqua cette garnison et la fit périr dans les flammes. Hérode, exaspéré de cette perte, se vengea en chargeant le peuple et tuant un grand nombre de citoyens. Tous les jours de petits partis se ruaient les uns sur les autres : c'était une tuerie continuelle.

253. 3. Comme la fête de la Pentecôte approchait, tous les lieux voisins du Temple et la ville entière se remplirent d'une foule de gens de la campagne, armés pour la plupart. Phasaël défendait les murailles : Hérode, avec peu de soldats, le palais. Il fit une sortie vers le faubourg contre la multitude désordonnée des ennemis, en tua un grand nombre, les mit tous en fuite et les rejeta, les uns dans la ville, d'autres **254.** dans le Temple, d'autres dans le camp fortifié loin des murs. Là-dessus Antigone demanda que l'on introduisît Pacoros [1] comme médiateur de la paix. Phasaël, se laissant persuader, reçut le Parthe dans la ville et lui donna l'hospitalité. Accompagné de cinq cents cavaliers, il se présentait sous prétexte de mettre un terme aux factions, mais **255.** en réalité pour aider Antigone. Ses manœuvres perfides décidèrent Phasaël à se rendre auprès de Barzapharnès pour terminer la guerre, bien qu'Hérode l'en détournât avec insistance et l'engageât à tuer ce traître, au lieu de se livrer à ses ruses, car la perfidie, disait-il, est naturelle aux barbares. Cependant Pacoros, pour détourner le soupçon, partit aussi, emmenant avec lui Hyrcan et laissant auprès d'Hérode quelques-uns de ces cavaliers que les Parthes appellent Eleuthères (Libres) [2] : avec le reste il escortait Phasaël.

256. 4. Arrivés en Galilée, ils trouvèrent les indigènes en pleine défection et en armes : ils se présentèrent au satrape [3], qui dissimula adroitement sous la bienveillance la trame qu'il préparait : il leur donna des présents, puis, quand ils s'éloignèrent, leur dressa une embus-

---

1. L'échanson ou le prince ? Plutôt l'échanson, car le prince aurait pu traiter directement avec Phasaël.

2. Plus exactement : 200 cavaliers et 10 Eleuthères (*Ant.*, § 342). La majeure partie de l'armée parthe se composait d'esclaves (Justin, XLI, 2, 5).

3. Barzapharnès.

257. cade. Ils connurent le piège où ils étaient tombés lorsqu'ils se virent emmener dans une place maritime, nommée Ecdippa. Là ils apprirent la promesse faite à Pacoros de mille talents, et que, parmi ce tribut de cinq cents femmes qu'Antigone consacrait aux Parthes, se trou-

258. vaient la plupart des leurs; que les barbares surveillaient sans cesse leurs nuits; enfin qu'on les aurait déjà arrêtés depuis longtemps si l'on n'avait préféré attendre qu'Hérode fût pris à Jérusalem, pour éviter que la nouvelle de leur capture ne le mît sur ses gardes. Ce n'étaient déjà plus de vaines conjectures : déjà ils pouvaient voir des sentinelles qui les gardaient à quelque distance.

259. 5. Un certain Ophellias, que Saramalla, le plus riche Syrien de ce temps, avait informé de tout le plan du complot, insistait vivement auprès de Phasaël pour qu'il prît la fuite; mais celui-ci se refusait obstinément à abandonner Hyrcan. Il alla trouver le satrape et lui reprocha en face sa perfidie, le blâmant surtout d'agir ainsi par cupi-dité; il s'engageait d'ailleurs à lui donner plus d'argent pour son salut

260. qu'Antigone ne lui en avait promis pour sa restauration. Le Parthe répondit habilement et s'efforça de dissiper les soupçons par des protestations et des serments; puis il se rendit auprès de Pacoros [1]. Bientôt après les Parthes, qu'on avait laissés auprès de Phasaël et d'Hyrcan, les arrêtèrent comme ils en avaient l'ordre; les prison-niers les accablèrent de malédictions, flétrissant le parjure et la perfidie dont ils étaient victimes.

261. 6. Cependant l'échanson (Pacoros) envoyé contre Hérode s'ingé-niait à l'attirer par ruse hors du palais, pour s'emparer de lui comme il en avait reçu l'ordre. Hérode, qui dès l'abord se défiait des Barbares, avait encore appris que des lettres, qui lui donnaient avis de leur complot, étaient tombées aux mains des ennemis; il se refusait donc à sortir, malgré les assurances spécieuses de Pacoros, qui le pressait d'aller à la rencontre de ses messagers; car les lettres, disait-il, n'avaient pas été prises par les ennemis, elles ne par-laient pas de trahison, mais elles devaient le renseigner sur tout ce

262. qu'avait fait Phasaël. Mais Hérode avait appris d'une autre source la

1. Le prince royal et non, comme le veut Kohout, l'échanson.

captivité de son frère, et Mariamme, la fille [1] d'Hyrcan, la plus avisée des femmes, se rendit près de lui, pour le supplier de ne pas sortir ni de se fier aux Barbares, qui déjà machinaient ouvertement sa perte.

263. 7. Pendant que Pacoros et ses complices délibéraient encore comment ils exécuteraient secrètement leur complot, car il n'était pas possible de triompher ouvertement d'un homme aussi avisé, Hérode prit les devants, et, accompagné des personnes qui lui étaient les plus proches, partit de nuit, à l'insu des ennemis, pour l'Idumée.

264. Les Parthes, s'étant aperçus de sa fuite, se lancèrent à sa poursuite. Hérode mit en route sa mère, ses sœurs [2], sa fiancée, avec la mère de sa fiancée et son plus jeune frère [3]; lui-même avec ses serviteurs, par d'habiles dispositions, repoussa les Barbares, en tua un grand nombre dans leurs diverses attaques et gagna ainsi la forteresse de Masada.

265. 8. Il trouva dans cette fuite les Juifs plus incommodes que les Barbares, car ils le harcelèrent continuellement, et à soixante stades de Jérusalem lui présentèrent même le combat, qui dura assez longtemps. Hérode fut vainqueur et en tua beaucoup; plus tard, en souvenir de sa victoire, il fonda une ville en ce lieu, l'orna de palais somptueux, y éleva une très forte citadelle et l'appela de son propre

266. nom *Hérodion*. Cependant, au cours de sa fuite, il voyait chaque jour un grand nombre de partisans se joindre à lui. Arrivé à Thrésa, en Idumée, son frère Joseph le rejoignit et lui conseilla de se décharger de la plupart de ses compagnons, car Masada ne pouvait recevoir une telle multitude : ils étaient, en effet, plus de neuf mille.

267. Hérode se rangea à cet avis et dispersa à travers l'Idumée, après leur avoir donné un viatique, les hommes plus encombrants qu'utiles ; puis, gardant auprès de lui les plus robustes et les plus chéris, il se jeta dans la place. Après y avoir laissé huit cents hommes pour

---

1. Lapsus pour « petite-fille ». Dans *Ant.*, § 351, il est bien question de la fille d'Hyrcan, mais c'est Alexandra ἧς ἐγγεγύητο τὴν παῖδα), non Mariamme ; cette dernière version est plus vraisemblable.

2. Le texte a ici ἀδελφούς, mais *Ant.*, § 353, donne ἀδελφήν, que préfère Aldrich. Nous traduisons la leçon du Niese, τὰς ἀδελφάς.

3. Le plus jeune frère d'Hérode, non de Mariamme (qui n'en avait qu'un).

garder les femmes et des vivres suffisants pour soutenir un siège, lui-même gagna à marches forcées Pétra, en Arabie.

268. 9. Cependant les Parthes, restés à Jérusalem, se livrèrent au pillage ; ils envahirent les maisons des fugitifs et le palais, n'épargnant que les richesses d'Hyrcan, qui ne dépassaient pas trois cents talents ; ils ne trouvèrent pas chez les autres autant qu'ils espéraient, car Hérode, perçant depuis longtemps la perfidie des Barbares, avait fait transporter en Idumée ses trésors les plus précieux, et

269. chacun de ses amis en avait fait autant. Après le pillage, l'insolence des Parthes dépassa toute mesure : ils déchaînèrent sur tout le pays les horreurs de la guerre, sans l'avoir déclarée. Ils ruinèrent de fond en comble la ville de Marisa, et, non contents d'établir Antigone sur le trône, ils livrèrent à ses outrages Phasaël et Hyrcan enchaînés.

270. Antigone, quand Hyrcan se jeta à ses pieds, lui déchira lui-même [1] les oreilles avec ses dents, pour empêcher que jamais, même si une révolution lui rendait la liberté [2], il pût recouvrer le sacerdoce suprême ; car nul ne peut être grand-prêtre s'il n'est exempt de tout défaut corporel.

271. 10. Quant à Phasaël, son courage rendit vaine la cruauté du roi, car il la prévint en se brisant la tête contre une pierre, n'ayant à sa disposition ni ses bras ni un fer. Il mourut ainsi en héros, se montrant le digne frère d'Hérode et fit ressortir la bassesse d'Hyrcan : fin

272. digne des actions qui avaient rempli sa vie. D'après une autre version, Phasaël se serait remis de sa blessure, mais un médecin envoyé par Antigone, sous prétexte de le soigner, appliqua sur la plaie des médicaments toxiques et le fit ainsi périr. Quelque récit qu'on préfère, la cause de la mort n'en est pas moins glorieuse. On dit encore qu'avant d'expirer, il apprit d'une femme qu'Hérode s'était sauvé. « Maintenant, dit-il, je partirai avec joie, puisque je laisse vivant un vengeur pour punir mes ennemis. »

273. 11. Ainsi mourut Phasaël. Les Parthes, quoique déçus dans leur plus vif désir, celui de ravir des femmes, n'en installèrent pas moins

---

1. Ce détail atroce et suspect manque dans *Ant.*, § 366.
2. Nous lisons avec Niese : μηδὲ λυθείς (latin : *ne solutus quidem*), au lieu de la leçon des mss. : μηδὲ αὖθις.

Antigone comme maître à Jérusalem, et emmenèrent Hyrcan prisonnier en Parthyène.

XIV

1-3. Hérode, repoussé par le roi des Arabes Malichos, traverse l'Egypte et Rhodes et se rend à Rome. — 4. Antoine fait déclarer Hérode roi des Juifs par le Sénat.

274. 1 [1]. Cependant Hérode hâtait sa marche vers l'Arabie, croyant son frère encore vivant et pressé d'obtenir de l'argent du roi, seul moyen de sauver Phasaël en flattant la cupidité des Barbares. Au cas où l'Arabe, oubliant l'amitié qui l'unissait au père d'Hérode, lui refuserait par avarice un présent, il comptait du moins se faire prêter le prix de la
275. rançon, en laissant comme otage le fils du prisonnier: car il emmenait avec lui son neveu, enfant de sept ans. Il était d'ailleurs prêt à donner jusqu'à trois cents talents, en invoquant la caution des Tyriens qui s'offraient. Mais la destinée prévint son zèle, et la mort de Phasaël rendit vaine l'affection fraternelle d'Hérode. Au reste, il ne trouva pas
276. chez les Arabes d'amitié durable. Leur roi Malichos envoya au plus vite des messagers pour lui enjoindre de quitter son territoire, sous prétexte que les Parthes lui avaient mandé par héraut d'expulser Hérode de l'Arabie : en fait, il préférait ne pas s'acquitter des obligations qu'il avait contractées envers Antipater et se refusait décidément à fournir, en échange de tant de bienfaits, la moindre somme à ses fils malheureux. Ceux qui lui conseillèrent cette impudente conduite voulaient également détourner les dépôts confiés à eux par Antipater, et c'étaient les personnages les plus considérables de sa cour.

1. Sections 1-4 = *Ant.*, XIV, 14, 1-5.

277.   2. Hérode, trouvant les Arabes hostiles pour les raisons mêmes qui lui avaient fait espérer leur dévouement, donna aux envoyés la réponse que lui dicta sa colère et se détourna vers l'Egypte. Le premier soir, il campa dans un temple indigène, où il rallia ceux de ses compagnons qu'il avait laissés en arrière; le lendemain, il parvint

278.   à Rhinocouroura et y reçut la nouvelle de la mort de son frère. Il accorda le temps nécessaire à sa douleur, puis, secouant ses préoccupations[1], reprit sa marche. Le roi des Arabes, se repentant un peu tard, envoya en hâte des messagers pour rappeler celui qu'il avait offensé. Mais Hérode, les devançant, était déjà arrivé à Péluse. Là il se vit refuser le trajet par les navires qui stationnaient dans le port. Il alla donc trouver les commandants de la place, qui, en considération de sa renommée et de sa valeur, l'accompagnèrent jusqu'à Alexandrie.

279.   Arrivé dans cette ville, Cléopâtre le reçut avec éclat, espérant lui confier le commandement d'une expédition qu'elle préparait : mais il éluda les offres de la reine et, sans considérer la rigueur de l'hiver ni les troubles d'Italie, il s'embarqua pour Rome.

280.   3. Il faillit faire naufrage sur les côtes de Pamphylie : à grand'peine, après avoir jeté la plus grande partie de la cargaison, il put trouver un refuge dans l'île de Rhodes, fortement éprouvée par la guerre contre Cassius. Accueilli par ses amis Ptolémée et Sapphinias, il se fit cons-

281.   truire[2], malgré son dénuement, une très grande trirème. C'est sur ce bâtiment qu'il se rendit avec ses amis à Brindes, d'où il se hâta vers Rome. Il alla d'abord voir Antoine, confiant dans l'amitié qui l'unissait à son propre père ; il lui raconta ses malheurs et ceux de sa famille, et comment il avait laissé ses plus chers amis assiégés dans une citadelle, pour traverser la mer en plein hiver et venir se jeter à ses pieds.

282.   4. Antoine fut touché de compassion au récit de ces vicissitudes: le souvenir de la généreuse hospitalité d'Antipater, et, en général, le mérite du suppliant lui-même lui inspirèrent la résolution d'établir roi des Juifs celui qu'il avait auparavant lui-même fait tétrarque. Autant que son estime pour Hérode, il écouta sa haine contre Antigone, qu'il

1. Texte altéré.
2. Ou plutôt équiper (Ant., § 378).

283. considérait comme un fauteur de troubles et un ennemi de Rome. Il trouva César encore mieux disposé que lui ; ce dernier rappelait à sa mémoire les campagnes d'Egypte, dont Antipater avait partagé les fatigues avec son père, l'hospitalité et les continuelles marques d'amitié que celui-ci en avait reçues ; il considérait aussi le caractère 284. entreprenant d'Hérode. Il[1] rassembla donc le Sénat, auquel Messala et après lui Atratinus présentèrent Hérode ; ils exposèrent les services rendus par son père, la bienveillance du fils envers les Romains et dénoncèrent l'hostilité d'Antigone ; elle s'était déjà montrée à la promptitude avec laquelle il leur avait cherché querelle, mais plus encore à ce moment même, quand il prenait le pouvoir avec l'appui des Parthes, au mépris du nom romain. A ces paroles, le Sénat s'émut, et quand Antoine s'avança pour dire qu'en vue même de la guerre contre les Parthes, il était avantageux qu'Hérode fût roi, tous votèrent 285. dans ce sens. Le Sénat se sépara, et Antoine et César sortirent ayant Hérode entre eux ; les consuls et les autres magistrats les précédèrent au Capitole pour sacrifier et y consacrer le sénatus-consulte. Le premier jour du règne d'Hérode, Antoine lui offrit à dîner[2].

XV

1. *Siège de Masada par Antigone.* — 2. *Ventidius et Silo en Syrie.* — 3-4. *Arrivée d'Hérode. Prise de Joppé ; délivrance de Masada.* — 5-6. *Siège de Jérusalem par Hérode et Silo.*

286.   1[3]. Pendant ce temps, Antigone assiégeait les réfugiés de Masada. Bien pourvus de tout le reste, l'eau leur faisait défaut. Aussi Joseph,

1. On ne voit pas bien quel est le sujet du verbe : Antoine ou César Octavien. Dans *Ant.*, § 383, c'est Messala et Atratinus qui convoquent le Sénat, on ne sait à quel titre.

2. Fin 40 av. J.-C.

3. Sections 1-6 = *Ant.*, XIV, 14, 6 à 15, 3.

frère d'Hérode, résolut-il de fuir, avec deux cents compagnons, chez les Arabes, apprenant que Malichos s'était repenti de son injuste
287. conduite à l'égard d'Hérode. Au moment où il allait quitter la place, la nuit même du départ, la pluie tomba en abondance : les citernes se trouvèrent remplies, et Joseph ne jugea plus la fuite nécessaire. Dès ce moment la garnison prit l'offensive contre les soldats d'Antigone et, soit à découvert soit dans des embuscades, en tua un très grand nombre. Toutefois ses sorties ne furent pas toujours heureuses ; plus d'une fois, elle fut battue et repoussée.

288.   2. A ce moment Ventidius, général romain, qui avait été envoyé pour chasser les Parthes de Syrie, passa à leur poursuite en Judée, sous prétexte de secourir Joseph et sa troupe, mais en réalité pour
289. tirer de l'argent d'Antigone. Il campa donc tout près de Jérusalem et, quand il fut gorgé d'or, partit en personne avec la plus grande partie de son armée, laissant derrière lui Silo et quelques troupes ; il eût craint, en les emmenant toutes, de mettre son trafic en évidence. De son côté, Antigone, espérant que les Parthes lui fourniraient encore des secours, continuait néanmoins à flatter Silo, pour l'empêcher de déranger ses affaires.

290.   3. Mais déjà Hérode, après avoir navigué d'Italie à Ptolémaïs et rassemblé une armée assez considérable de compatriotes et d'étrangers, s'avançait contre Antigone à travers la Galilée, aidé de Ventidius et de Silo, que Dellius, envoyé par Antoine, avait décidés à ramener
291. Hérode. Ventidius était alors occupé à pacifier les villes troublées par les Parthes ; Silo séjournait en Judée, où il se laissait corrompre par Antigone. Cependant les forces d'Hérode n'étaient pas médiocres ; à mesure qu'il s'avançait, il voyait augmenter journellement l'effectif de son armée ; toute la Galilée, à peu d'exceptions près, se joignit à lui.
292. L'entreprise la plus pressante était celle de Masada, dont il devait avant tout faire lever le siège pour sauver ses proches ; mais on était arrêté par l'obstacle de Joppé. Cette ville était hostile, et il fallait d'abord l'enlever pour ne pas laisser derrière soi, en marchant sur Jérusalem, une place d'armes aux ennemis. Silo se joignit volontiers à Hérode, ayant trouvé là un prétexte à sa défection, mais les Juifs le poursuivirent et le serrèrent de près. Hérode avec une petite troupe court les

attaquer et les met bientôt en fuite, sauvant Silo, qui se trouvait en
mauvaise posture.

293.   4. Ensuite il s'empara de Joppé et se dirigea à marches forcées vers
Masada pour sauver ses amis. Les indigènes venaient à lui, entraînés
les uns par un vieil attachement à son père, d'autres par sa propre
renommée, d'autres encore par la reconnaissance pour les services du
père et du fils, le plus grand nombre par l'espérance qui s'attachait à un
roi d'une autorité déjà assurée : c'est ainsi que s'assemblait une
294.   armée difficile à battre[1]. Antigone essaya de l'arrêter dans sa marche
en plaçant des embuscades aux passages favorables, mais elles ne
causèrent aux ennemis que peu ou point de dommage. Hérode recouvra sans difficulté ses amis de Masada et la forteresse de Thrésa, puis
marcha sur Jérusalem : il fut rejoint par le corps de Silo et par un
grand nombre de citoyens de la ville, qu'effrayait la force de son
armée.

295.   5. Il posta son camp sur le flanc ouest de la ville. Les gardes placés
de ce côté le harcelèrent à coups de flèches et de javelots, tandis que
d'autres, formés en pelotons, dirigeaient de brusques sorties contre
ses avant-postes. Tout d'abord, Hérode fit promener un héraut autour
des murailles, proclamant qu'il venait pour le bien du peuple et le
salut de la cité, qu'il ne se vengerait pas même de ses ennemis
296.   déclarés et qu'il accorderait l'amnistie aux plus hostiles. Mais comme
les exhortations contraires des amis d'Antigone empêchaient les gens
d'entendre les proclamations et de changer de sentiment, Hérode
ordonna à ses soldats de combattre les ennemis qui occupaient les
murailles : en conséquence, ils tirèrent sur eux et les chassèrent
bientôt tous de leurs tours.

297.   6. C'est alors que Silo montra bien qu'il s'était laissé corrompre. A son
instigation, un grand nombre de soldats se plaignirent à grands cris
de manquer du nécessaire : ils réclamaient de l'argent pour acheter
des vivres et demandaient qu'on les emmenât prendre leurs quartiers
d'hiver dans des endroits favorables, car les environs de la ville
étaient vidés par les troupes d'Antigone qui s'y étaient déjà approvi-

---

1. Nous lisons avec Naber δυσνίκητος (mss. δυσκίνητος).

sionnées. Là-dessus il mit son camp en mouvement et fit mine de se
298. retirer. Hérode alla trouver les chefs, placés sous les ordres de Silo,
et aussi les soldats en corps, les suppliant de ne pas l'abandonner,
lui que patronnaient César, Antoine et le Sénat: il ferait, dès ce jour
299. même, cesser la disette. Après ces prières, il se mit lui-même en campagne dans le plat pays et ramena une assez grande abondance de
vivres pour couper tout prétexte à Silo: puis, voulant pour l'avenir
assurer le ravitaillement, il manda aux habitants de Samarie, qui
s'étaient déclarés pour lui, de conduire à Jéricho du blé, du vin,
300. de l'huile et du bétail. A cette nouvelle, Antigone envoya dans le
pays des messagers pour répandre l'ordre d'arrêter les convoyeurs
et de leur tendre des embûches. Les habitants obéirent, et une
grosse troupe d'hommes en armes se rassembla au-dessus de
Jéricho; ils se postèrent sur les montagnes, guettant les convois de
301. vivres. Cependant Hérode ne restait pas inactif: il prit dix cohortes,
dont cinq de Romains et cinq de Juifs, mêlées de mercenaires, avec
un petit nombre de cavaliers: à la tête de ce détachement il marcha
sur Jéricho. Il trouva la ville abandonnée et les hauteurs [1] occupées
302. par cinq cents hommes avec leurs femmes et leurs enfants; il les fit
prisonniers, puis les renvoya, tandis que les Romains envahissaient et
pillaient le reste de la ville, où ils trouvèrent des maisons remplies de
toutes sortes de biens. Le roi revint, laissant une garnison à Jéricho;
il envoya l'armée romaine prendre ses quartiers d'hiver dans des
contrées dont il avait reçu la soumission, Idumée, Galilée, Samarie.
De son côté, Antigone obtint, en achetant Silo, de pouvoir loger
une partie de l'armée romaine à Lydda: il faisait ainsi sa cour à
Antoine.

1. τὰ ἄκρα. On serait tenté de lire τὴν ἄκραν « la citadelle »; mais *Ant.*, § 410,
a aussi ἄκρα.

XVI

*1-3. Campagne d'Hérode en Idumée et en Galilée pendant l'hiver ;
défaite des brigands à Arbèles. — 4. Extermination des brigands
des cavernes. — 5. Nouveau soulèvement et châtiment de la
Galilée. — 6. Machaeras en Judée, son attitude équivoque. —
7. Hérode secourt Antoine au siège de Samosate.*

303.   1 [1]. Pendant que les Romains vivaient dans l'abondance et l'inaction, Hérode, toujours actif, occupait l'Idumée avec deux mille fantassins et quatre cents cavaliers, qu'il y envoyait sous son frère Joseph, pour prévenir toute nouvelle tentative en faveur d'Antigone. Lui-même cependant installait à Samarie sa mère et ses autres parents, qu'il avait emmenés de Masada : quand il eut pourvu à leur sûreté, il partit pour s'emparer des dernières forteresses de Galilée et en chasser les garnisons d'Antigone.

304.   2. Il arriva, malgré [de violentes chutes de neige, devant Sepphoris et occupa la ville sans combat, la garnison s'étant enfuie avant l'attaque. Là il laissa se refaire ses soldats, que l'hiver avait éprouvés, car il y trouva des vivres en abondance. Puis il partit relancer les brigands des cavernes, qui, ravageant une grande partie de la contrée, mal-

305.   traitaient les habitants autant que la guerre même. Il envoya en avant trois bataillons d'infanterie et un escadron de cavalerie au bourg d'Arbèles ; lui-même les y rejoignit le quarantième jour avec le reste de ses forces. Les ennemis ne se dérobèrent pas à l'attaque ; ils marchèrent en armes à sa rencontre, joignant à l'expérience

306.   de la guerre l'audace des brigands. Ils engagèrent donc la lutte et avec leur aile droite mirent en déroute l'aile gauche d'Hérode ; mais lui, pivotant vivement avec son aile droite qu'il commandait en

---

1. Sections 1-7 = *Ant.*, XIV, 15, 4-9.

personne, vint porter secours aux siens : non seulement il arrêta la
fuite de ses propres troupes, mais il s'élança encore contre ceux qui
les poursuivaient et contint leur élan jusqu'au moment où ils cédèrent
aux attaques de front et prirent la fuite.

307.   3. Hérode les poursuivit, en les massacrant, jusqu'au Jourdain ; un
grand nombre périt, le reste se dispersa au delà du fleuve. Ainsi la
Galilée fut délivrée de ses terreurs, sauf toutefois les brigands qui
restaient blottis dans les cavernes et dont la destruction demanda du
308. temps Hérode accorda donc d'abord à ses soldats le fruit de leurs
peines, distribuant à chacun d'eux cent cinquante drachmes d'argent
et aux officiers une somme beaucoup plus considérable ; puis il les
envoya dans leurs quartiers d'hiver. Il ordonna à Phéroras, le plus
jeune de ses frères, de pourvoir à leur approvisionnement [1] et de
fortifier Alexandreion [2]. Phéroras s'acquitta de cette double tâche.

309.   4. Dans le même temps, Antoine séjournait à Athènes [3], et Ventidius manda Silo et Hérode auprès de lui pour le seconder dans la
guerre contre les Parthes, les invitant à régler d'abord les affaires de
Judée. Hérode, sans se faire prier, lui envoya Silo, mais lui-même se
310. mit en campagne contre les brigands des cavernes. Ces cavernes
étaient situées sur le flanc de montagnes escarpées, inabordables de
toutes parts, n'offrant d'accès que par des sentiers étroits et tortueux ;
de front la roche plongeait dans des gorges profondes, dressant ses
pentes abruptes et ravinées. Longtemps le roi fut paralysé à la vue de
ces difficultés du terrain : enfin il imagina un stratagème très hasar-
311. deux. Il plaça ses soldats les plus vigoureux dans des coffres, qu'il fit
descendre d'en haut à l'aide de cordes et amena à l'entrée des cavernes ; ceux-ci massacraient alors les brigands et leurs enfants et
lançaient des brandons enflammés contre ceux qui se défendaient.
Hérode, voulant en sauver quelques-uns, les invita par la voix d'un
héraut à se rendre auprès de lui. Aucun n'obéit de son propre gré [4].

1. D'après *Ant.*, §418, Phéroras fut chargé de nourrir, non les soldats d'Hérode,
mais les Romains, qu'Antigone, au bout d'un mois, avait laissés à court.

2. Ou plutôt d'en relever les fortifications (*Ant.*, § 419).

3. Hiver 39-38 av. J.-C.

4. *Ant.*, §427, parle, au contraire, de nombreux cas de soumission.

et parmi ceux qui y furent contraints, beaucoup préférèrent la mort à
312. la captivité. C'est là qu'on vit un vieillard, père de sept enfants, tuer
ses fils qui, avec leur mère, le priaient de les laisser sortir et se
rendre à merci ; il les fit avancer, l'un après l'autre, et, se tenant à
l'entrée, les égorgea un à un. Du haut d'une éminence, Hérode
contemplait cette scène, profondément remué, et tendait la main
313. vers le vieillard pour le conjurer d'épargner ses enfants ; mais celui-
ci, sans s'émouvoir en rien de ces paroles, invectivant même l'ignoble
naissance d'Hérode, tua, après ses fils, sa femme, jeta les cadavres
dans le précipice et finalement s'y lança lui-même.

314.   5. Hérode se rendit ainsi maître des cavernes et de leurs habitants.
Après avoir laissé (en Galilée) sous les ordres de Ptolémée un détachement suffisant, à son avis, pour réprimer des séditions, il retourna
vers Samarie, menant contre Antigone trois mille hoplites et six
315. cents cavaliers. Alors, profitant de son absence, les fauteurs ordinaires de troubles en Galilée attaquèrent à l'improviste le général
Ptolémée et le tuèrent. Ensuite ils ravagèrent la contrée, trouvant un
316. refuge dans les marais et les places d'un accès difficile. A la nouvelle de ce soulèvement, Hérode revint en hâte à la rescousse ; il
massacra un grand nombre des rebelles, assiégea et prit toutes les
forteresses et imposa aux villes une contribution de cent talents pour
les punir de cette défection.

317.   6. Cependant, quand les Parthes eurent été chassés et Pacoros tué [1],
Ventidius, suivant les ordres d'Antoine, envoya comme auxiliaires
à Hérode, pour les opposer à Antigone, mille chevaux et deux légions ; leur chef était Machæras. Antigone écrivit lettres sur lettres à ce
général, le suppliant de l'aider plutôt lui-même, ajoutant force plaintes
sur la violence d'Hérode et les dommages qu'il causait au royaume ; il
318. y joignait des promesses d'argent. Machæras n'osait pas mépriser ses
instructions, et d'ailleurs Hérode lui donnait davantage ; aussi ne se
319. laissa-t-il pas gagner à la trahison [2] ; toutefois, feignant l'amitié, il
alla observer la situation d'Antigone, sans écouter Hérode, qui l'en
détournait. Or Antigone, qui avait devi.. ses intentions, lui interdit

1. 9 juin 38.
2. *Ant.*, § 435, est bien loin d'être aussi affirmatif.

l'entrée de la ville et du haut des murs le fit repousser comme un ennemi. Enfin, Machæras, tout confus, se retira à Emmaüs, auprès d'Hérode : rendu furieux par sa déconvenue, il tua sur son chemin tous les Juifs qu'il rencontrait, sans même épargner les Hérodiens, mais les traitant tous comme s'ils appartenaient à la faction d'Antigone.

320. 7. Hérode, fort mécontent, s'élança d'abord pour attaquer Machæras comme un ennemi, mais il maîtrisa sa colère et se rendit auprès d'Antoine pour dénoncer les procédés injustes de ce personnage. Celui-ci, ayant réfléchi sur ses fautes, courut après le roi et, à force de prières,
321. réussit à se réconcilier avec lui. Hérode n'en continua pas moins son voyage auprès d'Antoine. Apprenant que ce général assiégeait avec des forces considérables Samosate, importante place voisine de l'Euphrate, il pressa encore sa marche, voyant là une occasion favorable de montrer son courage et de se pousser dans l'amitié d'Antoine.
322. Son arrivée amena le dénouement du siège : il tua de nombreux ennemis et fit un butin considérable. De là deux résultats : Antoine, qui admirait depuis longtemps la valeur d'Hérode, s'affermit encore dans ce sentiment et accrut de toute manière ses honneurs et ses espérances de règne ; quant au roi Antiochus, il fut contraint de rendre Samosate.

XVII

323. 1. Pendant cette expédition, les affaires d'Hérode subirent un grave échec en Judée. Il y avait laissé son frère Joseph avec de pleins

1. Sections 1-9 = *Ant.*, XIV. 15, 10 à 16, 1.
IV

pouvoirs, mais en lui recommandant de ne rien entreprendre contre
Antigone jusqu'à son retour : car Machæras, à en juger d'après sa
conduite passée, n'était pas un allié sûr. Mais Joseph, dès qu'il sut
son frère assez loin, négligea cette recommandation et marcha vers

324. Jéricho avec cinq cohortes que Machæras lui avait prêtées ; son objet
était d'enlever le blé, car on était au fort de l'été. Sur la route il fut
attaqué par les ennemis qui s'étaient postés au milieu des montagnes
dans un terrain difficile ; il périt dans le combat après avoir montré
une brillante valeur, et tout le contingent romain fut détruit : ces
cohortes venaient d'être levées en Syrie, et on n'y avait pas mêlé de
ces « vieux soldats », comme on les appelle, qui auraient pu secourir
l'inexpérience des jeunes recrues [1].

325. 2. Antigone ne se contenta pas de la victoire ; il porta la fureur au
point d'outrager Joseph même après sa mort. Comme les cadavres
étaient restés en sa puissance, il fit couper la tête de Joseph, malgré
la rançon de cinquante talents que Phéroras, frère du défunt, lui

326. offrait pour la racheter. En Galilée, la victoire d'Antigone produisit
un si grand bouleversement que ceux des notables qui favorisaient
Hérode furent emmenés et noyés dans le lac (de Génésareth) par les
partisans d'Antigone. Il y eut aussi de nombreuses défections en
Idumée [2], où Machæras fortifiait à nouveau une place du nom de

327. Gittha. De tout cela, Hérode ne savait encore rien. Antoine, après la
prise de Samosate, avait établi Sossius gouverneur de Syrie ; il lui
ordonna de secourir Hérode contre Antigone et s'en retourna de sa
personne en Egypte [3]. Sossius envoya tout de suite deux légions pour
seconder Hérode ; lui-même suivit de près avec le reste de ses troupes.

328. 3. Tandis qu'Hérode était à Daphné, près d'Antioche, il eut un rêve
qui lui annonçait clairement la mort de son frère. Il sauta tout troublé
du lit au moment où entrèrent les messagers qui lui apprirent son
malheur. La douleur lui arracha quelques gémissements, puis il ajourna
la plupart des marques de deuil et se mit vivement en route contre ses

---

1. Mai 38 av. J.-C.
2. Cette leçon est préférable à celle d'*Ant.*, § 450, où on lit ἰουδαίας. Malheureusement le site de Gittha (Gath ?) est incertain.
3. C'est une erreur. Antoine se rendit alors à Athènes, où il passa l'hiver 38/37.

329. ennemis. Marchant a étapes forcées, il arriva au Liban, où il s'adjoignit comme auxiliaires huit cents montagnards et rallia une légion romaine. Puis, sans attendre le jour [1], il envahit la Galilée et refoula les ennemis, qui s'opposèrent à sa marche, dans la forteresse qu'ils

330. venaient de quitter. Il pressa la garnison par de fréquentes attaques, mais avant d'avoir pu la prendre, un orage terrible le força de camper dans les bourgades environnantes. Peu de jours après, la seconde légion prêtée par Antoine le rejoignit; alors les ennemis, que sa puissance effrayait, évacuèrent nuitamment la forteresse.

331.   4. Il continua sa marche rapide à travers Jéricho, ayant hâte de rejoindre les meurtriers de son frère. Dans cette ville il fut le héros d'une aventure providentielle : échappé à la mort par miracle, il y acquit la réputation d'un favori de la divinité. En effet, comme ce soir-là un grand nombre de magistrats soupaient avec lui, au moment où le repas venait de se terminer et tous les convives de partir, sou-

332. dain la salle s'écroula. Il vit là un présage à la fois de dangers et de salut pour la guerre future, et leva le camp dès l'aurore. Six mille ennemis environ, descendant des montagnes, escarmouchèrent avec son avant-garde. N'osant pas en venir aux mains avec les Romains, ils les attaquèrent de loin avec des pierres et des traits et leur blessèrent beaucoup de monde. Hérode lui-même, qui chevauchait devant le front des troupes, fut atteint d'un javelot au côté.

333.   5. Antigone, voulant se donner l'apparence non seulement de l'audace, mais encore de la supériorité du nombre, envoya contre Samarie Pappos, un de ses familiers, à la tête d'un corps d'armée, avec la mis-

334. sion de combattre Machæras. Cependant Hérode fit une incursion dans le pays occupé par l'ennemi, détruisit cinq petites villes, y tua deux mille hommes et incendia les maisons; puis il revint vers Pappos, qui campait près du bourg d'Isana [2].

335.   6. Tous les jours une foule de Juifs, venus de Jéricho même et du

1. La phrase οὖ περιμείνας ἡμέραν est équivoque (on pourrait entendre : sans tarder d'un jour), mais le sens résulte de *Ant.*, § 452, où l'on voit que la marche eut lieu de nuit.

2. Leçon de *Ant.*, § 457 *Bellum* donne Κανᾶ. Nous lisons avec Destinon ἐπὶ τὸν Πάππον (ou τὸ Πάππου στρατόπεδον?) au lieu de ἐπὶ τὸ στρατόπεδον des mss. C'est Pappos, en effet, qui était campé près d'Isana (*Ant.*, *ibid.*).

reste de la contrée, le rejoignaient, attirés à lui les uns par leur
haine d'Antigone, les autres par les succès d'Hérode, la plupart par
un amour aveugle du changement. Il brûlait de livrer bataille, et
Pappos, à qui le nombre et l'ardeur de ses adversaires n'inspiraient
336. aucune crainte, sortit volontiers à sa rencontre. Dans ce choc des
deux armées, le gros des troupes ennemies résista quelque temps,
mais Hérode, animé par le ressentiment[1] de la mort de son frère,
ardent à se venger des auteurs du meurtre, culbuta rapidement les
troupes qui lui faisaient face, et ensuite, tournant successivement ses
337. efforts contre ceux qui résistaient encore, les mit tous en fuite. Il y eut
un grand carnage, car les fuyards étaient refoulés dans la bourgade
d'où ils étaient sortis, tandis qu'Hérode, tombant sur leurs derrières,
les abattait en foule. Il les relança même à l'intérieur du village, où il
trouva toutes les maisons garnies de soldats et les toits mêmes char-
338. gés de tireurs. Quand il en eut fini avec ceux qui luttaient dehors,
Hérode, éventrant les habitations, en extrayait ceux qui s'y cachaient.
Beaucoup périrent en masse sous les débris des toits qu'il fit effon-
drer; ceux qui s'échappaient des ruines étaient reçus par les soldats
à la pointe de l'épée : tel fut l'amoncellement des cadavres que les
rues obstruées arrêtaient les vainqueurs. Les ennemis ne purent résis-
339. ter à ce coup; quand le gros de leur armée, enfin rallié, vit l'extermination des soldats du village, ils se dispersèrent. Enhardi par ce
succès, Hérode eût aussitôt marché sur Jérusalem, si une tempête
d'une extrême violence ne l'en avait empêché. Cet accident ajourna
la complète victoire d'Hérode et la défaite d'Antigone, qui songeait
déjà à évacuer la capitale.

340.   7. Le soir venu, Hérode congédia ses compagnons fatigués et les
envoya réparer leurs forces; lui-même, encore tout chaud de la lutte,
alla prendre un bain, comme un simple soldat, suivi d'un seul esclave.
Au moment d'entrer dans la maison de bain, il vit courir devant lui
un des ennemis, l'épée à la main, puis un second, un troisième, et
341. plusieurs à la suite. C'étaient des hommes échappés au combat, qui
s'étaient réfugiés, tout armés, dans les bains; ils s'y étaient cachés et

---

1. Les mss. ont les uns μῆνιν (colère), les autres μνήμην (souvenir).

s'étaient dérobés jusque-là aux poursuites ; quand ils aperçurent le
roi, anéantis par l'effroi, ils passèrent près de lui, en tremblant, quoiqu'il fût sans armes, et se précipitèrent vers les issues. Le hasard fit
que pas un soldat ne se trouva là pour les saisir. Hérode, trop heureux
d'en être quitte pour la peur, les laissa tous se sauver.

342.   8. Le lendemain, il fit couper la tête à Pappos, général d'Antigone,
qui avait été tué dans le combat, et envoya cette tête à son frère Phéroras, comme prix du meurtre de leur frère ; car c'était Pappos qui
343. avait tué Joseph. Quand le mauvais temps fut passé [1], il se dirigea sur
Jérusalem et conduisit son armée jusque sous les murs : il y avait
344. alors trois ans qu'il avait été salué à Rome du nom de roi. Il posa son
camp devant le Temple, seul côté par où la ville fût accessible ; c'est
là que Pompée avait naguère dirigé son attaque, quand il prit Jérusalem. Après avoir réparti son armée en trois corps [2] et coupé tous les
arbres des faubourgs, il ordonna d'élever trois terrasses et d'y dresser
des tours ; il chargea ses lieutenants les plus actifs de diriger ces travaux, et lui-même s'en alla à Samarie, rejoindre la fille d'Alexandre,
fils d'Aristobule, à qui, nous l'avons dit, il était fiancé. Il fit ainsi
de son mariage un intermède du siège, tant il méprisait déjà ses
adversaires.

345.   9. Après ses noces, il retourna à Jérusalem avec des forces plus
considérables encore. Il fut rejoint par Sossius, avec une forte
armée d'infanterie et de cavalerie ; il avait envoyé ces troupes en
avant par l'intérieur, tandis que lui-même cheminait par la Phénicie.
346. Quand furent concentrées toutes ces forces, qui comprenaient onze
légions d'infanterie et six mille chevaux, sans compter les auxiliaires
de Syrie, dont l'effectif était assez élevé, les deux chefs campèrent
près du mur nord. Hérode mettait sa confiance dans les décisions du
Sénat, qui l'avait proclamé roi, Sossius dans les sentiments d'Antoine,
qui avait envoyé son armée pour soutenir Hérode.

1. Printemps 37 av. J.-C.
2. Je lis avec Naber *Adn. critica* τρία (mss. ἔργα).

XVIII

1. Siège de Jérusalem. — 2. Prise de la ville: massacre et pillage. —
3. Hérode achète le Temple de la profanation: supplice d'Anti-
gone. — 4-5. Représailles d'Hérode. Exactions de Cléopâtre.

347.   1[1]. La multitude des Juifs enfermés dans la ville était agitée en
sens divers. Les plus faibles, agglomérés autour du Temple, se livraient
à des transports mystiques et débitaient force discours prophétiques
selon les circonstances[2]; les plus hardis formaient des compagnies qui
s'en allaient marauder; ils rançonnaient surtout les environs de la
ville et ne laissaient de nourriture ni pour les hommes ni pour les
348.   chevaux[3]. Quant aux soldats, les plus disciplinés étaient employés à
déjouer les attaques des assiégeants; du haut de la muraille, ils écar-
taient les terrassiers et imaginaient toujours quelque nouvel engin
pour combattre ceux de l'ennemi; c'est surtout dans les travaux de
mine qu'ils montraient leur supériorité.

349.   2. Pour mettre fin aux déprédations des brigands, le roi organisa
des embuscades, qui réussirent à déjouer leurs incursions; au manque
de vivres il remédia par des convois amenés du dehors; quant aux
combattants ennemis, l'expérience militaire des Romains assurait à
Hérode l'avantage sur eux, encore que leur audace ne connût point

1. Sections 1-3 = *Ant.*, XIV, 16, 2-4. Pour le supplice d'Antigone, cf. XV,
1, 2. On a remarqué avec raison que Josèphe s'exprime plus durement sur le
compte d'Antigone dans la *Guerre* que dans les *Antiquités*.

2. Le texte est douteux. Au lieu de εὐδαιμονία καὶ πολλὰ θειωδέστερον πρὸς τοὺς καιροὺς
ἐλογοποίει, texte raisonnable mss. P A) et qui correspond à la traduction latine,
d'autres mss. ont εὐδαίμονα καὶ πολλῷ θ. τὸν τελευτήσαντα π. τ. κ. ἐλ., c'est-à-
dire « proclamait le plus heureux et le plus pieux celui qui mourrait à propos »,
ce qui n'offre guère de sens.

3. Nous traduisons d'après le texte de Niese (P A M). La leçon d'autres manuscrits (L V R C) signifierait : « Puisqu'il n'était resté (dans la ville?) de nourriture
ni pour les hommes ni pour les chevaux. »

350. de bornes. S'ils évitaient d'attaquer les Romains en face et de courir à
une mort assurée [1], en revanche ils cheminaient par les galeries de
mines et apparaissaient soudain au milieu même des assiégeants;
avant même qu'une partie de la muraille fût ébranlée, ils en élevaient
une autre derrière; en un mot, ils n'épargnaient ni leurs bras ni les
ressources de leur esprit, bien résolus à tenir jusqu'à la dernière extré-
351. mité. Aussi, malgré l'importance des forces qui entouraient la ville,
ils supportèrent le siège pendant cinq mois [2] : enfin, quelques soldats
d'élite d'Hérode eurent la hardiesse d'escalader le mur et s'élancèrent
dans la ville: après eux montèrent des centurions de Sossius. D'a-
bord ils prirent le quartier voisin du Temple, et comme les troupes
débordaient de toutes parts, le carnage sévit sous mille aspects, car la
longueur du siège avait exaspéré les Romains, et les Juifs de l'armée
d'Hérode s'appliquaient à ne laisser survivre aucun de leurs adver-
352. saires. On égorgea les vaincus par monceaux dans les ruelles et les
maisons où ils se pressaient ou aux abords du Temple qu'ils cherchaient à gagner ; on n'épargna ni l'enfance ni la vieillesse ni la faiblesse du sexe; le roi eut beau envoyer partout des messagers exhorter à la clémence, les combattants ne retinrent point leurs bras, et,
comme ivres de fureur, firent tomber leurs coups sur tous les âges
353. indistinctement. Alors Antigone, sans considérer ni son ancienne fortune ni sa fortune présente, descendit de la citadelle (Baris) et se jeta
aux pieds de Sossius. Celui-ci, loin de s'apitoyer sur son infortune,
éclata de rire sans mesure et l'appela *Antigona;* cependant il ne le
traita pas comme une femme, qu'on eût laissée en liberté : Antigone
fut mis aux fers et placé sous une garde étroite.
354.   3. Hérode, vainqueur des ennemis, se préoccupa maintenant de
vaincre ses alliés étrangers. Les Gentils se ruaient en foule pour
visiter le Temple et les ustensiles sacrés du sanctuaire. Le roi exhortait, menaçait, quelquefois même mettait les armes à la main pour

---

    1. Nous traduisons selon le texte des mss. L V R C: les mss. P A donnent le
sens contraire : « ils attaquaient en face », etc.
    2. D'après *Ant*, § 487. Jérusalem fut prise « le 3e mois », mais le sens de cette
expression est controversé voir ma note sur ce passage.) La prise de la ville
paraît être de juin 37 av. J.-C. Dion la place à tort (XLIX, 22 en 38.

repousser les curieux, jugeant sa victoire plus fâcheuse qu'une défaite,
si ces gens étaient admis à contempler les choses dont la vue est
355.   interdite. Il s'opposa aussi dès lors au pillage de la ville, ne cessant
de représenter à Sossius que si les Romains dépouillaient la ville
de ses richesses et de ses habitants, ils ne le laisseraient régner que
sur un désert ; il ne voudrait pas, au prix du meurtre de tant de
356.   citoyens, acheter l'empire de l'univers. Sossius répliquant qu'il était
juste d'autoriser le pillage pour payer les soldats des fatigues du siège,
Hérode dit qu'il leur accorderait lui-même à tous des gratifications sur
son trésor particulier. Il racheta ainsi les restes de sa patrie et sut
remplir ses engagements. Chaque soldat fut récompensé largement,
les officiers à proportion, et Sossius lui-même avec une libéralité toute
357.   royale, en sorte que nul ne s'en alla dépourvu. Sossius, de son côté,
après avoir dédié à Dieu une couronne d'or, partit de Jérusalem
emmenant vers Antoine Antigone enchaîné. Celui-ci, attaché jusqu'au
bout à la vie par une misérable espérance, périt sous la hache, digne
châtiment de sa lâcheté.

358.   4¹. Le roi Hérode fit deux parts dans la multitude des citoyens de
la ville : ceux qui avaient soutenu ses intérêts, il se les concilia plus
étroitement encore en les honorant ; quant aux partisans d'Antigone,
il les extermina. Se trouvant bientôt à court d'argent, il fit monnayer
tous les objets précieux qu'il possédait, pour envoyer des subsides à
359.   Antoine et à son entourage. Cependant même à ce prix il ne s'assura
pas encore contre tout dommage ; car déjà Antoine, corrompu par
l'amour de Cléopâtre, commençait à se laisser dominer en toute
occasion par sa passion, et cette reine, après avoir persécuté son
propre sang au point de ne laisser survivre aucun membre de sa
360.   famille, s'en prenait désormais au sang des étrangers. Calomniant
les grands de Syrie auprès d'Antoine, elle lui conseillait de les
détruire, dans l'espoir de devenir facilement maîtresse de leurs
biens. Son ambition s'étendait jusqu'aux Juifs et aux Arabes, et elle
machinait sournoisement la perte de leurs rois respectifs, Hérode et
Malichos.

    1. § 358 = *Ant.*, XV, § 2 ; § 5-7. — § 359-361 = *Ant.*, § 88-95. — § 362 =
Ant., § 96 et 103. — § 363 = *Ant.*, § 104.

361.   5. Antoine n'accorda qu'une partie de ses désirs [1] : il jugeait sacrilège
de tuer des hommes innocents, des rois aussi considérables ; mais il
laissa se relâcher l'étroite amitié qui les unissait à lui [2] et leur enleva de grandes étendues de territoire, notamment le bois de palmiers
de Jéricho d'où provient le baume, pour en faire cadeau à Cléopâtre ;
il lui donna aussi toutes les villes situées en-deçà du fleuve Eleuthé-
362.   ros, excepté Tyr et Sidon [3]. Une fois mise en possession de toutes ces
contrées, elle escorta jusqu'à l'Euphrate Antoine, qui allait faire la
guerre aux Parthes, et se rendit elle-même en Judée par Apamée et
Damas. Là, par de grands présents, Hérode adoucit son inimitié et
reprit à bail pour une somme annuelle de deux cents talents les terres
détachées de son royaume ; puis il l'accompagna jusqu'à Péluse, en
363.   lui faisant sa cour de mille manières. Peu de temps après, Antoine
revint de chez les Parthes, menant prisonnier Artabaze, fils de Tigrane,
destiné à Cléopâtre, car il s'empressa de lui donner ce Parthe avec
l'argent et tout le butin conquis [4].

XIX

*1.-2. Guerre d'Hérode contre les Arabes. Vainqueur à Diospolis, il
est battu à Canatha. — 3. Tremblement de terre désastreux. —
4. Harangue d'Hérode à ses troupes. — 5.-6. Hérode, vainqueur
à Philadelphie, devient protecteur des Arabes.*

364.   1 [5]. Quand éclata la guerre d'Actium, Hérode se prépara à courir au
secours d'Antoine, car il était déjà débarrassé des troubles de Judée

---

1. μέχρι ou μέρει γοῦν τῶν προσταγμάτων ἐπινεύσας ou ἐπινεύσας). Texte et sens très
douteux.

2. Nous lisons avec la plupart des mss. τὸ δὲ τούτων ἔγγιον φίλος εἶναι (P A : φίλους
sans εἶναι διεκρούετο, mais non sans hésitation.

3. 36 av. J.-C.

4. 34 av. J.-C. Artabaze Artavasde était roi d'Arménie et nullement Parthe ;
Josèphe paraît le confondre avec son homonyme, roi des Mèdes.

5. Sections 1-6 = *Ant.*, XV, 5 (1-5). Nous avons déjà signalé la grande différence de la harangue d'Hérode dans les deux récits.

et s'était emparé de la forteresse d'Hyrcania, qu'occupait la sœur
365. d'Antigone. Mais Cléopâtre sut par ruse l'empêcher de partager les
périls d'Antoine ; car, complotant, comme nous l'avons dit, contre les
rois, elle persuada Antoine de confier à Hérode la guerre contre les
Arabes, espérant, s'il était vainqueur, devenir maîtresse de l'Arabie, s'il
était vaincu, de la Judée, et détruire ainsi les deux rois l'un par l'autre.

366. 2. Toutefois ces desseins tournèrent à l'avantage d'Hérode ; car
après avoir d'abord exercé des représailles sur ses ennemis, il ramassa un gros corps de cavalerie et le lança contre eux aux environs
de Diospolis ; il remporta la victoire, malgré une résistance opiniâtre. Cette défaite provoqua un grand mouvement parmi les Arabes ;
ils se réunirent en une foule innombrable autour de Canatha[1], ville de
367. Cœlé-Syrie, et y attendirent les Juifs. Hérode, arrivé avec ses troupes,
aurait voulu conduire les opérations avec prudence et ordonna aux
siens de fortifier leur camp. Mais cette multitude ne lui obéit pas ;
enorgueillie de sa récente victoire, elle s'élança contre les Arabes.
Elle les enfonça au premier choc et les poursuivit ; mais au cours
de cette poursuite, Hérode tomba dans un guet-apens. Athénion, l'un
des généraux de Cléopâtre, qui lui avait toujours été hostile, souleva
368. contre lui les habitants de Canatha[2]. Les Arabes, à l'arrivée de ce
renfort, reprennent courage et font volte-face. Rassemblant toutes
leurs forces dans un terrain rocheux et difficile, ils mettent en fuite les
troupes d'Hérode et en font un grand carnage. Ceux qui s'échappèrent
se réfugièrent à Ormiza ; mais les Arabes y cernèrent leur camp et le
prirent avec ses défenseurs.

369. 3. Peu de temps après ce désastre Hérode revint avec des secours,
trop tard pour y remédier. La cause de sa défaite fut l'insubordination
de ses lieutenants : sans ce combat improvisé, Athénion n'eût pas
trouvé l'occasion de sa perfidie. Cependant Hérode se vengea des Arabes
en ravageant encore à diverses reprises leur territoire, et leur rappela
370. ainsi par maints cuisants souvenirs[3] leur unique victoire. Tandis qu'il se

---

1. *Cana* dans *Ant.*, § 112. Peut-être *Canata* Kerak .
2. D'après *Ant.*, § 116, Athénion attaque lui-même « avec des troupes levées
dans le pays. »
3. ὡς ἀνακαλέσασθαι τὴν μίαν αὐτοῖς νίκην πολλάκις, sens un peu douteux.

défendait contre ses ennemis, une autre fatalité providentielle l'accabla dans la septième année de son règne, pendant que la guerre d'Actium battait son plein[1]. Au début du printemps, un tremblement de terre fit périr d'innombrables bestiaux et trente mille personnes : heureu-
371. sement l'armée ne fut pas atteinte, car elle campait en plein air. A ce moment l'audace des Arabes redoubla, excitée par la rumeur, qui grossit toujours les événements funestes. Ils s'imaginèrent que toute la Judée était en ruines et qu'ils s'empareraient d'un pays sans défen-seurs ; dans cette pensée ils l'envahirent, après avoir immolé les
372. députés que les Juifs leur avaient envoyés. L'invasion frappe de terreur la multitude, démoralisée par la grandeur de ces calamités successives ; Hérode la rassemble et s'efforce par ce discours de l'encourager à la résistance :

373.   4. « La crainte qui vous envahit à cette heure me paraît complète-ment dénuée de raison. Devant les coups de la Providence le décou-ragement était naturel ; devant l'attaque des hommes, ce serait le fait de lâches. Pour moi, bien loin de craindre l'invasion des ennemis succédant au tremblement de terre, je vois dans cette catastrophe une amorce dont Dieu s'est servi pour attirer les Arabes et les livrer à notre vengeance. S'ils nous attaquent, ce n'est pas, en effet, par confiance dans leurs armes ou leurs bras, mais parce qu'ils comptent sur le contre-coup de ces calamités naturelles ; or, trompeuse est l'espérance qui repose non sur notre propre force, mais sur le malheur
374. d'autrui. Ni la bonne ni la mauvaise chance n'est durable parmi les hommes, et l'on voit souvent la fortune changer de face : vous pouvez l'apprendre par votre propre exemple. Vainqueurs dans la première rencontre, nous avons vu ensuite les ennemis remporter l'avantage ; de même aujourd'hui, suivant toute vraisemblance, ils succomberont, alors qu'ils se flattent de triompher. Car l'excès de confiance rend imprudent, tandis que l'appréhension enseigne la précaution ; aussi
375. votre pusillanimité même raffermit ma confiance. Lorsque vous vous montriez pleins d'une hardiesse excessive, lorsque, dédaignant mes avis, vous vous élanciez contre les ennemis, Athénion trouva l'occa-

1. Printemps 31 av. J.-C. Josèphe compte ici par années *effectives* du règne d'Hérode, depuis l'année de la prise de Jérusalem (37, au printemps.

376. sion de sa perfidie ; maintenant, votre inertie et vos marques de découragement me donnent l'assurance de la victoire. Cependant cette disposition d'esprit ne convient que pendant l'attente[1] : dans l'action même, vous devez porter haut vos cœurs afin que les plus impies sachent bien que jamais calamité humaine ni divine ne pourra humilier le courage des Juifs, tant qu'ils auront un souffle de vie, que nul d'entre eux ne laissera avec indifférence ses biens tomber au pouvoir d'un Arabe, qu'il a tant de fois, pour ainsi dire, pu emmener

377. captif. Ne vous laissez pas davantage troubler par les mouvements de la matière brute, n'allez pas vous imaginer que le tremblement de terre soit le signe d'un autre malheur ; les phénomènes qui agitent les éléments ont une origine purement physique ; ils n'apportent aux hommes d'autres dommages que leur effet immédiat. Une peste, une famine, les agitations du sol peuvent être précédées elles-mêmes de quelque signe plus fugitif, mais ces catastrophes une fois réalisées sont limitées par leur propre étendue. Et, en effet, quels dommages plus considérables que ceux de ce tremblement de terre

378. pouvait nous faire éprouver l'ennemi[2], même victorieux ? En revanche, voici un prodige important qui annonce la perte de nos ennemis : il ne s'agit ni de causes naturelles, ni du fait d'autrui : contre la loi commune à tous les hommes, ils ont brutalement mis à mort nos ambassadeurs : voila les victimes couronnées[3] qu'ils ont offertes à Dieu pour obtenir le succès. Mais ils n'échapperont pas à son œil puissant, à sa droite invincible ; bientôt ils subiront le châtiment mérité, si, retenant quelque trace de la hardiesse de nos pères[4], nous

379. nous levons pour venger cette violation des traités. Marchons donc non pour défendre nos femmes, nos enfants, notre patrie en danger, mais pour venger nos députés assassinés. Ce sont eux qui conduiront nos armes mieux que nous, les vivants. Moi-même, je m'exposerai le premier au péril, pourvu que je vous trouve dociles, car, sachez-

---

1. μέχρι τοῦ μέλλειν, en donnant à μέχρι le sens de « tant que, jusqu'à la fin de ». On a proposé des corrections (πολεμεῖν ou μέλλειν πολεμεῖν).
2. Nous lisons avec Cocceius πολέμιος (mss. πολεμος).
3. κατέστειψαν, leçon du ms. (et de Naber), préférable à la vulgate κατέστρεψαν.
4. Texte altéré, nous traduisons par à peu près.

le bien, votre courage est irrésistible, si vous ne vous perdez vous-
mêmes par quelque témérité. »

380. 5. Ces paroles ranimèrent l'armée : quand Hérode la vit pleine
d'ardeur il offrit un sacrifice à Dieu, puis franchit le Jourdain avec
ses troupes. Il campa à Philadelphie près de l'armée ennemie et
commença à escarmoucher au sujet d'un château placé entre les deux
camps, avec le désir d'engager la bataille au plus vite. Les ennemis
381. avaient fait un détachement pour occuper ce poste : la troupe envoyée
par le roi les délogea promptement et tint fortement la colline.
Tous les jours Hérode amenait son armée, la rangeait en bataille et
provoquait les Arabes au combat ; mais nul d'entre eux ne sortait des
retranchements, car ils étaient saisis d'un profond abattement, et tout
le premier [1], le général arabe Elthémos restait muet d'effroi. Alors le
roi s'avança et commença à arracher les palissades du camp ennemi.
382. Les Arabes, contraints et forcés, sortirent enfin pour livrer bataille,
en désordre, les fantassins confondus avec les cavaliers. Supérieurs
en nombre aux Juifs, ils avaient moins d'enthousiasme ; pourtant le
désespoir même leur donnait quelque audace.

383. 6. Aussi, tant qu'ils tinrent bon, ils ne subirent que de faibles
pertes, mais dès qu'ils tournèrent le dos, les Juifs les massacrèrent en
foule : un grand nombre aussi s'entre-tuèrent en s'écrasant les uns
les autres. Cinq mille hommes tombèrent dans la déroute, le reste
de la multitude se hâta de gagner le camp fortifié et s'y s'enferma.
Hérode les entoura aussitôt et les assiégea : ils devaient nécessairement
succomber à un assaut, lorsque le manque d'eau et la soif précipitèrent
384. leur capitulation. Le roi reçut avec mépris leurs députés et, quoiqu'ils
offrissent une rançon de cinq cents talents, il les pressa encore
plus étroitement. Dévorés par la soif, les Arabes sortaient en foule
pour se livrer d'eux-mêmes aux Juifs. En cinq jours, on fit quatre
mille prisonniers ; le sixième jour, cédant au désespoir, le reste de la
multitude sortit au combat : Hérode fit face et en tua encore environ
385. sept mille. Après avoir, par ce coup terrible, repoussé les Arabes et
brisé leur audace, il acquit auprès d'eux tant de crédit que leur
nation le choisit pour protecteur.

1. πρὸ τοῦ πλήθους, sens douteux.

XX

1-2. Bataille d'Actium. Hérode confirmé dans son royaume par Octavien. — 3. Services rendus par Hérode à Octavien dans la campagne d'Égypte. Son territoire agrandi. — 4. Nouveaux agrandissements : Trachonitide, etc. .

386. 1 [1]. À peine ce danger disparu, il trembla bientôt pour son existence même ; et cela à cause de son amitié pour Antoine, que César venait de vaincre à Actium [2]. Il eut cependant plus de crainte que de mal ; car tant qu'Hérode restait fidèle à Antoine, César ne jugeait pas

387. celui-ci à sa merci [3]. Cependant le roi résolut d'aller au devant du péril ; il se rendit à Rhodes, où séjournait César, et se présenta devant lui sans diadème, dans le vêtement et l'attitude d'un simple particulier, mais gardant la fierté d'un roi : car, sans rien altérer de la vérité, il lui dit en face : « Fait roi par Antoine, César, j'avoue qu'en toute occasion j'ai cherché à le servir : je ne te cacherai même pas, que ma reconnaissance l'aurait suivi jusque sur les champs de bataille, si les Arabes ne m'en avaient empêché : cependant je lui ai envoyé des troupes dans la mesure de mes forces et des milliers de boisseaux de blé. Même après sa défaite d'Actium, je n'ai pas abandonné mon bienfaiteur ; ne pouvant plus être un allié utile, je

388. fus pour lui le meilleur des conseillers. Je lui représentai qu'il n'y avait qu'un seul remède à ses désastres : la mort de Cléopâtre ; elle tuée, je lui promettais mes richesses, mes remparts pour sa sûreté,

---

1. Sections 1-2 = *Ant.*, XV, 6, 1 et 6-7 jusqu'au § 196. À partir de cette époque, qui est celle de la consolidation définitive de la royauté d'Hérode, le récit de *Guerre* s'écarte de l'ordre chronologique suivi par les *Antiquités)* pour adopter un ordre méthodique. Il traite successivement : 1° des agrandissements territoriaux d'Hérode ch. xx ; 2° de ses constructions ch. xxi) ; 3° de ses affaires de famille (ch. xxii-xxxi) ; 4° de sa fin ch. xxxii-xxxiii . G. Hölscher (*Quellen des Josephus* etc., 1904, p. 27) a cherché à montrer que cet ordre méthodique reproduit la disposition de l'ouvrage de Nicolas de Damas.

2. 2 septembre 31 av. J.-C.

3. Forte exagération dont il n'y a pas trace dans les *Antiquités*.

mes troupes et moi-même, pour l'aider dans la guerre qu'il te
389. faisait. Mais les charmes de Cléopâtre et Dieu qui t'accorde l'empire
ont bouché ses oreilles. J'ai été vaincu avec Antoine, et quand tomba
sa fortune, j'ai déposé le diadème. Je suis venu vers toi, mettant dans
mon innocence l'espérance de mon salut, et présumant qu'on exami-
nera quel ami je fus et non pas de qui je l'ai été. »

390.   2. A cela César répondit : « Eh bien ! sois donc pardonné, et règne
désormais plus sûrement qu'autrefois. Car tu es digne de régner sur
391. beaucoup d'hommes, toi qui respectes l'amitié à ce point. Tâche de
garder la même fidélité à ceux qui sont plus heureux ; de mon côté,
la grandeur d'âme me fait concevoir les plus brillantes espérances.
Antoine a bien fait d'écouter les conseils de Cléopâtre plutôt que les
tiens : c'est à sa folie que je dois le gain de ton alliance. Tu inau-
gures déjà tes services, puisque, si j'en crois une lettre de Q. Didius[1],
392. tu lui as envoyé des secours contre les gladiateurs. Maintenant je veux
par un décret public confirmer ta royauté, et je m'efforcerai à l'avenir de te faire encore du bien, pour que tu ne regrettes pas Antoine. »

393.   3[2]. Ayant ainsi témoigné sa bienveillance au roi et placé le
diadème sur sa tête, il confirma ce don par un décret où il faisait
longuement son éloge en termes magnifiques. Hérode, après l'avoir
adouci par des présents, chercha à obtenir la grâce d'Alexas, un des
amis d'Antoine, venu en suppliant ; mais le ressentiment de César fut
le plus fort ; les nombreux et graves griefs qu'il avait contre Alexas
394. firent repousser cette supplique. Quand ensuite César se dirigea
vers l'Egypte à travers la Syrie, Hérode le reçut en déployant pour la
première fois un faste royal : il l'accompagna à cheval dans la revue
que César passa de ses troupes, près de Ptolémaïs ; il lui offrit un
festin à lui et à tous ses amis ; au reste de l'armée il fit faire bonne
395. chère de toute façon. Puis, quand les troupes s'avancèrent jusqu'à
Péluse à travers une région aride, il prit soin de leur fournir l'eau
en abondance, et de même au retour ; par lui, en un mot, l'armée ne
manqua jamais du nécessaire. César lui-même et les soldats esti-
maient que le royaume d'Hérode était bien étroit, en proportion des

1. Correction de Hudson (d'après Dion) au lieu de Βεντίδιος.
2. Section 3 = Ant., XV, 6, 7 depuis § 196] et 8, 3 § 215-217).

396. sacrifices qu'il faisait pour eux. Aussi, lorsque César parvint en Egypte, après la mort de Cléopâtre et d'Antoine, non seulement il augmenta tous les honneurs d'Hérode, mais il agrandit encore son royaume en lui rendant le territoire que Cléopâtre s'était approprié ; il y ajouta Gadara, Hippos et Samarie ; en outre, sur le littoral, Gaza,

397. Anthédon, Joppé et la Tour de Straton. Il lui donna, enfin, pour la garde de sa personne, quatre cents Gaulois qui avaient d'abord été les satellites de Cléopâtre. Rien n'excita d'ailleurs cette générosité comme la fierté de celui qui en était l'objet.

398.   4[1]. Après la première période Actiaque[2], l'empereur ajouta au royaume d'Hérode la contrée appelée Trachonitide et ses voisines, la Batanée et l'Auranitide. En voici l'occasion. Zénodore, qui avait loué le domaine de Lysanias, ne cessait d'envoyer les brigands de la Trachonitide contre les habitants de Damas. Ceux-ci vinrent se plaindre auprès de Varron, gouverneur de Syrie, et le prièrent d'exposer à César leurs souffrances ; quand l'empereur les apprit, il répondit par l'ordre d'exterminer ce nid de brigands. Varron se mit donc en campagne, nettoya le territoire de ces bandits et en déposséda Zénodore : c'est ce territoire que César donna ensuite à Hérode, pour empêcher que les brigands n'en fissent de nouveau leur place

399. d'armes contre Damas. Il le nomma aussi procurateur de toute la Syrie, quand, dix ans après son premier voyage, il revint dans cette province[3] : car il défendit que les procurateurs pussent prendre aucune décision sans son conseil. Quand enfin mourut Zénodore, il donna encore à Hérode tout le territoire situé entre la Trachonitide et la Galilée. Mais ce qu'Hérode appréciait au-dessus de ces avantages, c'est qu'il venait immédiatement après Agrippa dans l'affection de

400. César, après César dans celle d'Agrippa. Grâce à cette faveur, sa prospérité s'éleva au plus haut degré : son esprit croissait dans la même mesure et presque toute son ambition se tourna vers des œuvres de piété.

1. Section 4 = *Ant.*, XV, 10, 1 et 3.
2. 28-24 av. J.-C. Ce comput était sans doute destiné à remplacer celui des Olympiades.
3. 20 av. J.-C.

XXI

1. *Reconstruction par Hérode du Temple de Jérusalem: palais royal, tour Antonia.* — 2. *Fondation de Sébasté.* — 3. *Temple du Paneion.* — 4. *Constructions diverses en l'honneur d'Auguste.* — 5-7. *Port de Césarée.* — 8-9. *Jeux de Césarée. Fondation d'Agrippium (Anthédon), Antipatris, Cypros, Phasaëlis.* — 10. *Les deux Hérodium.* — 11-12. *Libéralités à des villes étrangères. Jeux olympiques.* — 13. *Portrait d'Hérode.*

401.   1[1]. Ce fut donc dans la quinzième année de son règne[2] qu'il fit rebâtir le Temple et renouveler les fortifications de l'espace environnant, porté au double de son étendue primitive. Ce fut une entreprise extrêmement coûteuse et d'une magnificence sans égale, comme l'attestent les grands portiques élevés autour du Temple et la citadelle qui le flanquait au nord : les portiques furent reconstruits de fond en comble, la citadelle restaurée avec une somptuosité digne d'un palais royal ; Hérode
402.   lui donna le nom d'Antonia, en l'honneur d'Antoine. Son propre palais, qu'il fit construire dans la partie haute de la ville, comprenait deux appartements très vastes et magnifiques, avec lesquels le Temple même ne pouvait soutenir la comparaison ; il les appela du nom de ses amis, l'un Césaréum, l'autre Agrippium.
403.   2[3]. D'ailleurs, il ne se contenta pas d'attacher à des palais le nom et la mémoire de ses protecteurs ; sa générosité s'exprima par la création de cités entières. Dans le pays de Samarie, il entoura une ville d'une magnifique enceinte de vingt stades, y introduisit six mille colons et leur attribua un territoire très fertile ; au centre de cette

1. § 401 = *Ant.*, XV, 11. — § 402 = *Ant.*, XV, 9, 3, § 318.
2. La dix-huitième 20/19 av. J.-C.) d'après *Ant.*, § 380, indication qui paraît préférable. La date est celle du commencement des travaux.
3. Section 2 = *Ant.*, XV, 8, 5, § 296-298 ; mais le texte de *Guerre* donne des détails nouveaux. Date : 25 av. J.-C.

fondation, il éleva un très grand temple dédié à l'empereur, l'entoura d'un enclos réservé de un stade et demi [1] et nomma la ville Sébasté. Les habitants reçurent une constitution privilégiée.

404.   3 [2]. Quand plus tard l'empereur lui fit présent de nouveaux territoires, Hérode lui dédia là aussi un temple de marbre blanc près des

405. sources du Jourdain, au lieu appelé Paneion. Une montagne y dresse son sommet à une immense hauteur [3] et ouvre dans la cavité de son flanc un antre obscur, où plonge jusqu'à une profondeur inaccessible un précipice escarpé : une masse d'eau tranquille y est enfermée, si énorme qu'on a vainement essayé par des sondages d'atteindre le

406. fond. De cet antre, au pied de la montagne, jaillissent extérieurement les sources qui, suivant l'opinion de plusieurs, donnent naissance au Jourdain ; nous en parlerons avec plus de précision dans la suite [4].

407.   4 [5]. A Jéricho encore, entre la citadelle de Cypros [6] et l'ancien palais, le roi fit construire de nouvelles habitations plus belles et mieux aménagées pour la réception des hôtes ; il leur donna le nom de ces mêmes amis [7]. En un mot, il n'y eut pas dans son royaume un lieu approprié où il ne laissât quelque marque d'hommage envers César. Après avoir rempli de temples son propre territoire, il fit déborder sur la province entière sa dévotion à l'empereur et fonda des temples de César dans plusieurs cités.

408.   5 [8]. Il remarqua parmi les cités du littoral une ville appelée Tour de Straton, alors en pleine décadence, mais qu'une situation favorable recommandait à sa libéralité. Il la reconstruisit tout entière en pierre blanche, l'orna des palais les plus magnifiques et y déploya plus que

409. partout ailleurs la naturelle grandeur de son génie. Tout le littoral

---

1. Les mss. (sauf le Lugd.) ont ici τριῶν ἡμισταδίων : dans le passage parallèle (*Ant.*, XV, § 298), τριῶν ἥμισυ σταδίων. Le sens ne paraît pas douteux, malgré les traducteurs ; un téménos d'un rayon de un stade était déjà considérable.

2. Section 3 = *Ant.*, XV, 10, 3, § 363-364 moins détaillé).

3. Le mont Hermon (2,860 mètres).

4. V. *in, ,* III, § 509 suiv.

5. Section 4. Pas de parallèle exact dans *Ant.* (Pour les *Cæsarea* provinciaux, cf. cependant *Ant.*, XV, § 328 suiv.).

6. Elle avait été bâtie par Hérode en l'honneur de sa mère : *infra*, § 417.

7. César (Auguste) et Agrippa.

8. Sections 5-7 (construction de Césarée) = *Ant.*, XV, 9, 6.

entre Dora et Joppé, à égale distance desquelles se trouve cette ville,
est dépourvu de ports : aussi tous les navigateurs qui longent la Phénicie
pour se rendre en Égypte jetaient-ils l'ancre au large sous la menace du
vent du sud-ouest ; car, même quand il souffle modérément, le flot se
soulève à une telle hauteur contre les falaises que son reflux entretient
410. à une grande distance la fureur de la mer. Le roi, par sa prodigue
magnificence, triompha de la nature, construisit un port plus grand
que le Pirée et pratiqua dans ses recoins d'autres mouillages pro-
fonds.

411.   6. Bien que le terrain contrariât tous ses projets, il combattit si bien
les obstacles, qu'il garantit contre les attaques de la mer la solidité de
ses constructions, tout en leur donnant une beauté qui éloignait
toute idée de difficulté. En effet, après avoir mesuré pour le port la
superficie que nous avons indiquée, il fit immerger dans la mer, jusqu'à une profondeur de vingt brasses, des blocs de pierre dont la
plupart mesuraient cinquante pieds de longueur, neuf de hauteur et
dix de largeur[1] ; quelques-uns même étaient plus grands encore.

412. Quand le fond eut été ainsi comblé, il dressa sur ces assises, au-dessus de l'eau, un môle large[2] de deux cents pieds : la moitié, cent
pieds, servait à recevoir l'assaut des vagues, — d'où son nom de
« brise-lames » — le reste soutenait un mur de pierre, qui faisait tout
le tour du port ; de ce mur surgissaient, de distance en distance, de
hautes tours dont la plus grande et la plus magnifique fut appelée
Drusion, du nom du beau-fils de l'empereur.

413.   7. Il ménagea dans le mur un grand nombre de chambres voûtées,
où s'abritaient les marins qui venaient jeter l'ancre : toute la terrasse
circulaire, courant devant ces arcades, formait un large promenoir pour
ceux qui débarquaient. L'entrée du port s'ouvrait au nord, car, dans
ces parages, c'est le vent du nord qui est, de tous, le plus favorable.
Dans la passe on voyait de chaque côté trois colosses, étayés sur des
colonnes ; ceux que les navires entrants avaient à bâbord s'élevaient
sur une tour massive, ceux à tribord sur deux blocs de pierre dressés

1. 18 selon *Ant.*, § 334.
2. Dans notre traduction de *Ant.* § 335, *longueur* est une faute d'impression
pour *largeur*.

et reliés entre eux, dont la hauteur dépassait celle de la tour vis-à-vis.

414. Adjoignant au port on voyait des édifices construits eux aussi en
pierre blanche, et c'était vers le port que convergeaient les rues de la
ville, tracées à des intervalles égaux les unes des autres. En face de
l'entrée du port s'élevait sur une éminence le temple d'Auguste [1],
remarquable par sa beauté et sa grandeur ; il renfermait une statue
colossale de l'empereur, qui ne le cédait point à celle du Zeus d'Olympie
dont elle était inspirée, et une statue de Rome, semblable à celle
d'Héra, à Argos. Hérode dédia la ville à la province, le port à ceux
qui naviguaient dans ces parages, à César la gloire de cette fondation ;
aussi donna-t-il à la cité le nom de Césarée.

415.   8 [2]. Le reste des constructions, l'amphithéâtre, le théâtre, les places
publiques, furent dignes du nom de cette ville. Hérode y institua aussi
des jeux quinquennaux [3], également dénommés d'après l'empereur ;
il les inaugura lui-même, dans la 192e Olympiade [4], en proposant des
prix magnifiques : non-seulement les vainqueurs, mais encore ceux
qui venaient au second et au troisième rang prenaient part aux lar-
416. gesses royales. Il releva encore Anthédon, ville du littoral, qui avait
été ruinée au cours des guerres, et lui donna le nom d'Agrippium [5] ;
dans l'excès de son affection pour Agrippa, il fit graver le nom de ce
même ami sur la porte qu'il éleva dans le Temple [6].

417.   9 [7]. Hérode, qui aimait ses parents autant que fils au monde,
consacra à la mémoire de son père une cité dont il choisit l'emplacement dans la plus belle plaine de son royaume, abondante en
cours d'eau et en arbres ; il lui donna le nom d'Antipatris. Au-dessus
de Jéricho, il entoura de murailles un lieu remarquable par sa
forte position et sa beauté, et l'appela Cypros du nom de sa mère.

1. Plus exactement : de *Rome* et d'Auguste cf. Suétone, *Aug.*, 52.
2. Section 8, § 415 = *Ant.*, XVI, 5, 1, § 136-138. — Le § 416 n'a pas de parallèle dans les *Antiquités*, quoi qu'en disent les éditeurs.
3. C'est-à-dire célébrés tous les quatre ans.
4. Plus exactement, la 3e année de cette Olympiade, 10 av. J.-C.
5. Agrippias, d'après *Ant.*, XIII, § 357.
6. De Jérusalem. Le Temple d'Hérode comportait de nombreuses portes, les
unes donnant accès à la cour extérieure, les autres à la cour intérieure ; on ignore
de quelle porte il s'agit ici.
7. Section 9 = *Ant.*, XVI, 5, 2.

418. Celui de son frère Phasaël fut attribué à une tour de Jérusalem, dont nous dirons dans la suite [1] la structure et la somptueuse grandeur. Il nomma encore Phasaëlis une autre ville qu'il fonda dans la vallée, au nord de Jéricho.

419. 10 [2]. Ayant ainsi transmis à l'immortalité ses parents et ses amis, il n'oublia pas le souci de sa propre mémoire. C'est ainsi qu'il renouvela les fortifications d'une place située dans la montagne, du côté de l'Arabie, et l'appela de son propre nom, Hérodium. Une colline artificielle en forme de mamelon, à soixante stades de Jérusalem, reçut

420. le même nom, mais fut embellie avec plus de recherche. Hérode entoura le sommet de la colline d'une couronne de tours rondes et accumula dans l'enceinte les palais les plus somptueux ; non seulement l'aspect des constructions, à l'intériéur, était superbe, mais les richesses étaient répandues à profusion sur les murs extérieurs, les créneaux et les toits. Il fit venir à grands frais de loin des eaux abondantes et assura l'accès du palais par un escalier de deux cents degrés de marbre d'une blancheur éclatante, car la colline était assez haute

421. et tout entière faite de main d'homme. Au pied du coteau, il bâtit un autre palais pouvant abriter un mobilier et recevoir ses amis. Par la plénitude des ressources, cette enceinte fortifiée paraissait être une ville : par ses dimensions, c'était un simple palais.

422. 11 [3]. Après tant de fondations, il témoigna encore sa générosité à un grand nombre de villes étrangères. Il construisit, en effet, des gymnases à Tripolis, à Damas et à Ptolémaïs, une muraille à Byblos, des exèdres, des portiques, des temples et des marchés à Béryte et à Tyr, des théâtres à Sidon et à Damas ; à Laodicée sur mer, un aqueduc ; à Ascalon, des bains, de somptueuses fontaines, des colonnades admirables pour la beauté et les dimensions ; d'autres cités furent

423. embellies de parcs et de prairies. Beaucoup de villes, comme si elles

1. *Infrà,* V, § 166-169.

2. Section 10 = *Ant.,* XV, 9, 4, § 323-325. Le premier Hérodium, sur la frontière d'Arabie, paraît être mentionné *Ant.,* XVI, § 14. Le site en est inconnu ; l'identité avec Machérous, proposée par Schlatter, est sans vraisemblance.

3. Section 11 = *Ant.,* XVI, 5, 3, § 146-148. (Pour les présents d'Hérode à Samos, cf. XVI, § 24. Le texte de *Guerre* est ici plus complet et paraît reproduire littéralement un développement oratoire de Nicolas

eussent été associées à son royaume, reçurent de lui des territoires ; d'autres, comme Cos, obtinrent des gymnasiarchies annuelles à perpétuité, assurées par des rentes constituées, afin de n'être jamais privées de cet honneur. Il distribua du blé à tous ceux qui en avaient besoin ; il fournit aux Rhodiens à diverses reprises [1] de fortes sommes destinées à des constructions navales, et quand leur Pythion fut incendié, il le fit reconstruire plus magnifiquement à ses frais.

424.

Faut-il rappeler ses présents aux Lyciens [2] et aux Samiens, et ces marques de générosité qu'il répandit dans l'Ionie entière suivant les besoins de chacun ? Les Athéniens, les Lacédémoniens, les habitants de Nicopolis, de Pergame en Mysie, ne sont-ils pas comblés des offrandes d'Hérode ? Et la grande rue d'Antioche de Syrie, qu'on évitait à cause de la boue, n'est-ce pas lui qui l'a pavée en marbre poli sur une longueur de vingt stades, lui qui l'a ornée d'un portique de même longueur pour abriter les promeneurs contre la pluie ?

425.

12 [3]. Tous ces dons, dira-t-on, n'intéressaient que chacun des peuples particuliers ainsi gratifiés : les largesses qu'il fit aux Eléens ne sont pas seulement un présent commun à la Grèce entière, mais à tout l'univers où se répand la gloire des jeux olympiques. En voyant ces jeux déchus par l'absence de ressources et cet unique reste de l'ancienne Grèce tombant en ruine, non seulement il se laissa nommer agonothète pour la période quinquennale qui commençait au moment où, faisant voile vers Rome, il passa par là [4], mais il constitua encore, au profit de la fête, des revenus perpétuels qui devaient à jamais conserver sa mémoire parmi les agonothètes futurs [5].

426.

427.

428.

Je n'en finirais pas de passer en revue les dettes et les impôts qu'il

1. Nous lisons avec Destinon πολλὰ au lieu de πολλαχοῦ.

2. Destinon propose Χίοις au lieu de Λυκίοις parce qu'il est question ailleurs *Ant.*, XVI, § 18 suiv de différentes libéralités d'Hérode envers Chios.

3. Section 12, § 426-427 = *Ant.*, XVI, 5, 3, § 149. Le § 428 n'a pas de parallèle.

4. Il ne s'agit sûrement pas (comme le croit Kohout) du premier voyage d'Hérode à Rome, mais du second (12 av. J.-C.) ou du troisième, dont la date est incertaine. Cf. Schürer, I [3], p. 373.

5. Nous lisons ὡς μηδέποτ' ἀγωνοθετοῦντας (Naber : ἀγωνοθετοῦσιν ; mss. : ἀγωνοθετοῦσαν) τὴν αὐτοῦ μνήμην ἀπολιπεῖν (Niese ; mss. : ἐπιλιπεῖν). Mais le texte est incertain. Dans le texte parallèle des *Ant.*, XVI, § 149, il est question d'une agonothésie perpétuelle qui lui fut conférée par les Eléens.

prit à sa charge : c'est ainsi qu'il allégea les contributions annuelles
des habitants de Phasélis [1], de Balanéa [2], des petites villes de Cilicie.
Il dut souvent mettre un frein à sa générosité, par crainte d'exciter
l'envie et de paraître poursuivre un but trop ambitieux en faisant
plus de bien aux villes que leurs propres maîtres.

429.   13 [3]. Il était servi par une constitution physique en rapport avec
son génie. Il excella toujours à la chasse, où il se distingua surtout
par son expérience de cavalier ; en un seul jour il terrassa quarante
bêtes sauvages, car le pays nourrit des sangliers, et foisonne surtout
430. de cerfs et d'ânes sauvages. Il fut aussi un soldat irrésistible. Souvent, dans les exercices du corps, il frappa d'étonnement les spectateurs à le voir jeter le javelot si juste et tirer de l'arc avec tant
de précision. Mais outre les avantages de l'esprit et du corps, il eut
encore pour lui la bonne fortune : il fut rarement battu à la guerre ;
ses échecs ne furent-ils pas de sa faute, mais dus à la trahison, ou à
l'ardeur téméraire de ses soldats.

XXII

1. *Malheurs domestiques d'Hérode. Exil d'Antipater, supplice d'Hyrcan.* — 2. *Enfants d'Hérode. Mort de Jonathas (Aristobule).* —
3-5. *Supplice de Mariamme.*

431.   1 [4]. Cependant la prospérité extérieure d'Hérode fut empoisonnée
de chagrins domestiques par le sort jaloux ; l'origine de ses infor-
432. tunes fut la femme qu'il aimait le plus. Arrivé au pouvoir, il avait

1. Il faut lire ainsi avec le Laurentianus et Niese ; les autres mss. ont Φασαη-
λίταις. Il y avait bien une ville de ce nom *suprà*, § 418, mais en Palestine, et ici
il est question uniquement de villes étrangères. Phasélis est en Lycie.
2. Sur la côte syrienne, entre Laodicée et Aradus.
3. Section 13. Pas de parallèle dans les *Antiquités*. Pour la « chance » d'Hérode, cf. cependant *Ant.*, XVII, § 191.
4. Section 1, § 431-2, pas de parallèle exact dans *Ant.* — § 433-4 = *Ant.*, XV,
2, 1-4 ; 6, 1-4.

répudié l'épouse qu'il s'était donnée dans une condition privée,
Doris, originaire de Jérusalem, et pris pour nouvelle compagne
Mariamme, fille d'Alexandre, fils d'Aristobule : ce fut elle qui jeta le
trouble dans sa maison. Ce trouble commença de bonne heure, mais
433. s'aggrava surtout après le retour d'Hérode de Rome. Tout d'abord
il chassa de la capitale le fils qu'il avait eu de Doris, Antipater,
à cause des enfants que lui avait donnés Mariamme ; il ne l'au-
torisa à y paraître que pour les fêtes. Ensuite il mit à mort, sous
le soupçon d'un complot, Hyrcan, grand-père de sa femme, qui
était revenu de chez les Parthes auprès de lui[1]. On a vu que Barzapharnès, lorsqu'il envahit la Syrie, avait emmené Hyrcan prisonnier ; mais les Juifs qui habitaient au delà de l'Euphrate obtin-
434. rent, à force de larmes, sa mise en liberté. S'il avait suivi leur
conseil de ne pas rentrer auprès d'Hérode, il aurait évité sa fin
tragique : le mariage de sa petite-fille fut l'appât mortel qui le
perdit. Il vint, confiant dans cette alliance et poussé par un ardent
désir de revoir sa patrie. Hérode fut exaspéré, non pas que le
vieillard aspirât à la royauté, mais parce qu'elle lui revenait de
droit.

435.   2[2]. Hérode eut cinq enfants de Mariamme, deux filles[3] et trois
fils. Le plus jeune de ceux-ci fut élevé à Rome et y mourut ; les
deux aînés[4] reçurent une éducation royale, à cause de l'illustre naissance de leur mère et parce qu'ils étaient nés après l'avènement
436. d'Hérode au trône. Plus que tout cela, ils avaient pour eux l'amour
d'Hérode envers Mariamme, amour de jour en jour plus passionné,
au point même de le rendre insensible aux chagrins que lui causait
l'aimée : car l'aversion de Mariamme pour lui égalait son amour
437. pour elle. Comme les événements donnaient à Mariamme de justes
motifs de haine, et l'amour de son mari le privilège de la franchise,
elle reprochait ouvertement à Hérode sa conduite envers son aïeul

---

1. 31/30 av. J.-C.
2. Section 2, § 435, pas de parallèle. — § 436 = *Ant.*, XV, 7, 1-2; § 437
mort de Jonathan Aristobule) = XV, 3, 3.
3. Salampsio et Cypros.
4. Alexandre et Aristobule.

Hyrcan et son frère Jonathas [1] ; car il n'avait pas même épargné cet enfant : investi à l'âge de dix-sept ans des fonctions de grand-prêtre, il avait été mis à mort, aussitôt après son entrée en charge; son crime fut qu'un jour de fête, comme, revêtu de la robe du sacerdoce, il montait à l'autel, le peuple assemblé en foule s'était mis à pleurer. Là-dessus Hérode le fit partir de nuit pour Jéricho, où, sur l'ordre du roi, les Gaulois [2] le plongèrent dans une piscine et le noyèrent.

438.   3 [3]. Pour ces motifs Mariamme harcelait Hérode de ses reproches, poursuivant même de ses outrages la mère et la sœur du roi. Comme la passion d'Hérode continuait à le paralyser, ces deux femmes, bouillantes d'indignation, dirigèrent contre la reine la calomnie qui

439. devait à leurs yeux toucher le plus vivement Hérode : l'adultère. Parmi tant d'inventions qu'elles imaginèrent pour le persuader, elles accusèrent Mariamme d'avoir envoyé son portrait à Antoine, en Égypte, et d'avoir poussé l'excès de son impudeur jusqu'à se montrer, absente, à un homme passionné pour le sexe et assez puissant pour la prendre

440. de force. Cette accusation frappa Hérode comme un coup de tonnerre : l'amour allumait sa jalousie; il se représentait avec quelle habileté Cléopâtre s'était débarrassée du roi Lysanias et de l'Arabe Malichos [4]; il se vit menacé non seulement de perdre son épouse mais la vie.

441.   4 [5]. Comme il devait partir en voyage, il confia sa femme à Joseph, mari de Salomé sa sœur, personnage fidèle et dont cette alliance lui garantissait l'affection; il lui donna en secret l'ordre de mettre à mort

1. Il est appelé *Aristobule* dans les *Antiquités*; il portait sans doute deux noms, comme plusieurs princes juifs de cette époque.

2. Anachronisme, car l'événement est d'octobre 35, et Hérode n'a eu de garde gauloise qu'après la mort de Cléopâtre, en 30 (*Ant.*, XV, § 217).

3. Section 3 = *Ant.*, XV, 2, 6; mais il n'y est pas dit qu'Hérode ait connu l'envoi du portrait. L'affaire paraît être de 35 av. J.-C.

4. L'exécution de Lysanias tombe bien en 36 (cf. *Ant.*, XV, § 92), mais Malichos vivait encore en 31 av. J.-C. et il n'y a pas apparence que Cléopâtre l'ait jamais fait mourir.

5. Sections 4-5 = *Ant.*, XV, 3, 5-9 ; 7, 3-5. Mais dans le récit des *Ant.* on distingue : 1° l'indiscrétion de Joseph se place en 34, lors d'un voyage d'Hérode auprès d'Antoine, et n'est suivie que de l'exécution du coupable ; 2° une seconde indiscrétion, commise par Soaimos en 29 (après le voyage d'Hérode auprès d'Auguste), est suivie du supplice de la reine. Sur cette contradiction cf. ma note sur *Ant.*, XV, § 239.

la reine, si Antoine le tuait lui-même. Là–dessus Joseph, sans aucune
mauvaise intention, mais pour donner à la reine une idée de l'amour
du roi, qui ne pouvait souffrir d'être séparé d'elle, même dans la
442. mort, révéla ce secret à Mariamme. Quand Hérode revint, il fit à
Mariamme, dans l'effusion de leurs entretiens, mille serments de son
affection, l'assurant qu'il n'aimerait jamais une autre femme. Alors la
reine : « Tu l'as bien montré cet amour, dit-elle, par l'ordre que tu as
donné à Joseph de me tuer. »

443.   5. En entendant ce propos, Hérode devint comme fou : il s'écria
que Joseph n'aurait jamais trahi à la reine sa mission, s'il ne l'avait
d'abord séduite. Égaré par le chagrin, il s'élança du lit et courut
çà et là dans le palais. Salomé, sa sœur, saisit cette occasion d'en-
foncer ses calomnies et fortifia les soupçons du roi contre Joseph.
Affolé par l'excès de sa jalousie, il donna aussitôt l'ordre de les tuer
444. tous les deux. Le regret suivit de près cette explosion de douleur, et
quand la colère fut tombée, l'amour se ralluma de nouveau. Telle
était l'ardeur de sa passion qu'il ne pouvait croire sa femme morte ;
dans son égarement[1] il lui parlait comme si elle respirait ; et quand
enfin le temps lui eut fait comprendre sa perte, son deuil égala
l'amour que vivante elle lui avait inspiré.

XXIII

1-2. Hostilité des fils de Mariamme envers Hérode. Rappel et in-
trigues d'Antipater. — 3. Procès des fils de Mariamme devant
Auguste ; réconciliation générale. — 4. Visite chez Archélaüs de
Cappadoce. — 5. Hérode proclame ses trois fils héritiers de sa
couronne ; son discours au peuple.

445.   1[2]. Les fils de Mariamme héritèrent du ressentiment de leur mère.

1. ὑπὸ δὲ κακώσεως, texte altéré.
2. Section 1 = *Ant.*, XVI, 1, 2 : 3, 1-3 (jusqu'au § 80). Le retour des princes
en Judée est de 22 av. J.-C., le rappel d'Antipater de l'an 14. On notera que dans
tout le récit de *Bellum*, Alexandre est mis en vedette plus que son frère.

Réfléchissant au crime de leur père, ils le regardaient comme un ennemi, cela dès le temps où ils faisaient leur éducation à Rome, et plus encore après leur retour en Judée: cette disposition ne fit que 446. croître chez eux avec les années. Quand ils furent en âge de se marier et qu'ils épousèrent, l'un la fille de sa tante Salomé, l'accusatrice de leur mère, l'autre [1] la fille du roi de Cappadoce, Archélaüs, 447. leur haine se doubla de franc parler. Leur audace fournit un aliment à la calomnie, et dès lors certaines gens firent entendre clairement au roi que ses deux fils conspiraient contre lui, que même celui qui avait épousé la fille d'Archélaüs, comptant sur le crédit de son beau-père, se préparait à fuir pour aller accuser Hérode 448. devant l'empereur. Le roi, saturé de ces calomnies, fit alors revenir le fils de Doris, Antipater, pour lui servir de rempart contre ses autres fils et commença à lui marquer sa préférence de mille manières.

449. 2[2]. Ce changement parut intolérable aux fils de Mariamme. Devant la faveur croissante de ce fils d'une mère bourgeoise, la fierté de leur sang ne put maîtriser son indignation ; à chacun des affronts 450. qu'ils recevaient, leur ressentiment éclatait. Pendant que leur opposition s'accentuait chaque jour, Antipater se mit à intriguer de son côté, montrant une habileté consommée à flatter son père. Il forgeait contre ses frères des calomnies variées. répandant les unes lui-même, laissant propager les autres par ses confidents, jusqu'au point de 451. ruiner complètement les espérances de ses frères à la couronne. En effet, il fut déclaré héritier du trône à la fois dans le testament de son père et par des actes publics : quand il fut envoyé en ambassadeur vers César [3]. son équipage fut celui d'un roi ; il en avait les ornements et le cérémonial, excepté le diadème. Avec le temps il fut assez fort pour ramener sa mère dans le lit de Mariamme ; usant alors contre ses frères d'une arme double, la flatterie et la calomnie, il travailla l'esprit du roi jusqu'à lui faire projeter leur supplice.

1. Alexandre.
2 Section 2 = *Ant.*, XVI, 3, 3 (§ 81-86) ; 4, 1 (§ 87-89).
3. 13 av. J.-C.

452. 3 ¹. Le père traîna l'un d'eux, Alexandre, à Rome, et l'accusa devant César d'avoir tenté de l'empoisonner. Le prince, trouvant enfin l'occasion d'exprimer librement ses plaintes et ayant devant lui un juge plus (impartial?) qu'Antipater et de sens plus rassis qu'Hérode ², eut cependant la modestie de voiler les fautes de son père,

453. mais réfuta avec force les calomnies dont il était l'objet. Puis il démontra de la même manière l'innocence de son frère, qui partageait ses périls, et se plaignit de la scélératesse d'Antipater et de l'ignominie où tous deux étaient plongés. Il trouvait un secours à la fois dans la pureté de sa conscience et dans la force de ses discours ; il

454. avait, en effet, un grand talent de parole. Quand, à la fin, il déclara que leur père pouvait les mettre à mort, s'il tenait l'accusation pour fondée, il arracha des larmes à tous les assistants. L'empereur touché s'empressa d'absoudre les accusés et de les réconcilier aussitôt avec Hérode. Les conditions de l'accommodement furent que les princes obéiraient en tout à leur père et que le roi serait libre de léguer la couronne à qui bon lui semblerait.

455. 4 ³. Après cette décision, le roi quitta Rome, écartant, semblait-il, ses accusations contre ses fils, mais non ses soupçons. Car Antipater, instigateur de sa haine, l'accompagnait, tout en n'osant pas manifester ouvertement son inimitié, par crainte de l'auteur de la réconciliation.

456. Quand le roi, en longeant le littoral de la Cilicie, aborda à Elaioussa, Archélaüs les reçut aimablement à sa table ; il félicita son gendre de son acquittement et se réjouit de voir le père et les fils réconciliés ; il s'était d'ailleurs empressé d'écrire à ses amis de Rome pour les prier de prêter assistance à Alexandre dans son procès. Il accompagna ses hôtes jusqu'à Zéphyrion et leur fit des présents dont la valeur montait à trente talents.

457. 5 ⁴. Arrivé à Jérusalem, Hérode assembla le peuple et, lui présen-

---

1. Section 3 = *Ant.*, XVI, 4, 1 (depuis § 90)-5. Il résulte de ce récit détaillé que le frère utérin d'Alexandre (Aristobule) et Antipater assistaient au procès, qui eut lieu non à Rome, mais à Aquilée 11 av. J.-C.?).

2. δικαστὴν ἐμπειρότερον (libri ἐμπειρότατον) Ἀντιπάτρου καὶ Ἡρώδου φρονιμώτερον. Texte bizarre, sûrement altéré.

3. Section 4 = *Ant.*, XVI, 4, 5, § 127 ; 6, § 131. Le récit de *Guerre* est ici plus détaillé (lettres d'Archélaüs à Rome, chiffre des présents, etc.).

4. Section 5 = *Ant.*, XVI, 4, 5, § 132-135 (version beaucoup plus abrégée).

tant ses trois fils, s'excusa de son voyage, puis adressa de longs remerciements à Dieu, mais aussi à César, qui avait rétabli sa maison ébranlée et assuré à ses fils un bien plus précieux que la royauté : la concorde.

458.   « Cette concorde, dit-il, j'en resserrerai les liens moi-même, car l'empereur m'a institué maître du royaume et arbitre de ma succession. Or, considérant à la fois mon intérêt et ma reconnaissance pour son bienfait, je proclame rois mes trois fils que voici, et je demande à Dieu d'abord, à vous ensuite, de confirmer mon suffrage. Ils ont droit à ma succession, l'un par son âge, les autres par leur naissance : et l'étendue de mon royaume suffirait même à un plus

459. grand nombre. Ceux donc que César a réconciliés, que leur père exalte, à votre tour respectez-les, décernez-leur des honneurs qui ne soient ni injustes, ni inégaux, mais proportionnés à l'âge de chacun, car en honorant quelqu'un au delà du droit que lui confèrent les années, on

460. le réjouit moins qu'on n'attriste celui qu'on néglige. Je choisirai avec soin les conseillers intimes [1] qui devront vivre auprès de chacun d'eux, et je les instituerai garants de leur bonne intelligence, sachant bien que les factions et les rivalités des princes ont leur source dans la méchanceté de leurs amis, comme leur concorde dans la vertu

461. de ceux-ci. D'ailleurs j'exige non seulement de ces confidents, mais encore des chefs de mon armée, qu'ils mettent jusqu'à nouvel ordre leurs espérances en moi seul : ce n'est pas la royauté, ce sont les honneurs royaux seulement que je décerne à mes fils : ils jouiront ainsi des agréments du pouvoir, comme s'ils étaient les maîtres, mais c'est sur moi que retombera le poids des affaires, quand même je ne le vou-

462. drais pas. Au reste, considérez tous mon âge, la conduite de ma vie, ma piété. Je ne suis pas assez vieux pour qu'on puisse escompter ma mort à bref délai, ni adonné aux plaisirs qui sapent la jeunesse même : j'ai honoré assez la divinité pour pouvoir espérer le plus long terme

463. de l'existence. Quiconque fera donc la cour à mes fils, en vue de ma perte, encourra mon châtiment comme coupable envers eux-mêmes. Car ce n'est pas la jalousie envers ces enfants, sortis de moi, qui me

---

1. συγγενεῖς καὶ φίλους, terme technique de la hiérarchie de cour hellénistique.

464. fait limiter les hommages qu'on leur adresse, c'est la conviction que l'excès de flatterie encourage la jeunesse à la témérité. Si donc chacun de ceux qui approchent mes fils se persuade bien que, vertueux, il s'assurera ma reconnaissance, que, factieux, il perdra sa méchanceté même auprès de celui qu'il flattera, je pense qu'ils prendront tous à cœur mes intérêts, je veux dire ceux de mes fils ; car il est bon pour eux que je règne et bon pour moi qu'ils s'entendent entre eux.

465. Quant à vous, mes chers fils, considérez les liens sacrés de la nature, qui maintiennent l'affection même entre les bêtes sauvages. Considérez César, auteur de notre réconciliation, considérez moi-même qui conseille là où je pourrais ordonner, et restez frères. Je vous donne, dès ce moment, la robe et les honneurs des rois : je prie Dieu de confirmer mon jugement, si vous restez unis. »

466. A ces mots, il embrassa cordialement chacun de ses fils, et renvoya la multitude : les uns appuyaient de leurs vœux ses paroles, tandis que ceux qui désiraient un changement feignaient de ne les avoir pas même entendues.

XXIV

1. *Intrigues et calomnies d'Antipater contre les fils de Mariamme.* — 2. *Toute-puissance d'Antipater ; arrogance de Glaphyra.* — 3. *Plaintes de Salomé contre Aristobule.* — 4. *Essai de conciliation tenté par Hérode.* — 5-6. *Fautes et pardon de Phéroras et de Salomé.* — 7. *Alexandre dénoncé par ses eunuques.* — 8. *Son arrestation.*

467. 1 [1]. Cependant les trois frères, en se séparant, emportaient la discorde attachée à leurs cœurs. Alexandre et Aristobule, redoublant de défiance, s'affligeaient de voir Antipater confirmé dans ses privilèges

---

1. Sections 1-2 = *Ant.*, XVI, 7, 2.

d'aîné; Antipater en voulait à ses frères de prendre rang même après
168. lui. Toutefois, ce dernier, d'un caractère très artificieux, savait garder
le silence et, usant d'une extrême adresse, dissimulait la haine qu'il
portait à ses frères : ceux-ci, au contraire, enflés de leur noble
naissance, avaient toutes leurs pensées sur les lèvres. Beaucoup de
gens s'ingénièrent à les exciter, un plus grand nombre s'insinuè-
169. rent dans leur amitié pour les espionner. Tout ce qui se disait dans
l'entourage d'Alexandre était bientôt connu d'Antipater et passait
d'Antipater à Hérode, non sans amplifications. Le jeune prince ne
pouvait ouvrir la bouche sans être incriminé, tant la calomnie savait
travestir le sens de ses paroles ; parlait-il avec un peu de liberté,
170. les moindres bagatelles devenaient des énormités. Antipater glissait
sans cesse auprès de lui des agents provocateurs, pour que ses mensonges eussent un fond de vérité : de la sorte, parmi tant de médisances, un seul trait bien établi donnait créance au reste. Quant à
ses propres amis, ou bien ils étaient de leur nature impénétrables,
ou bien il obtenait d'eux, à force de présents, qu'ils ne divulgassent
aucun secret. On aurait donc pu, sans se tromper, appeler la vie
d'Antipater tout entière un mystère de perversité [1]. Corrompant à
prix d'argent les familiers d'Alexandre ou les gagnant par des flatteries, son moyen à tout faire [2], il les changeait en traîtres, qui
171. espionnaient tous les actes, toutes les paroles de son frère. Avec
l'habileté d'un prudent machiniste, il savait amener ses calomnies
aux oreilles d'Hérode par des voies artificieuses; lui-même jouait
le personnage d'un véritable frère, laissant à d'autres celui de dénon-
ciateur. Alors, dès qu'on lançait quelque accusation contre Alexandre,
il survenait comme par hasard, prenait sa défense et démolissait
d'abord les méchants propos, mais, ensuite, il les relevait à loisir,
172. et excitait contre lui la colère du roi. Toute la conduite de son frère
était ramenée à un complot, tout convergeait à faire croire qu'il
épiait l'occasion de tuer son père; et rien ne donnait crédit à la

---

1. μυστήριον κακίας. Cette expression a été contestée (Herwerden lit ἐργαστήριον),
mais, comme l'a fait observer Kohout, elle se trouve aussi dans la 2ᵉ Épître aux
Thessaloniens, II, 7.

2. αἷς πάντα κατειργάσατο, texte douteux.

calomnie comme les plaidoyers mêmes d'Antipater pour Alexandre.

473. 2. Exaspéré par ces artifices, Hérode retranchait chaque jour quelque chose de son affection pour les jeunes princes et le reportait sur Antipater : les familiers du palais inclinèrent dans le même sens, les uns de leur plein gré, les autres par ordre, tels que Ptolémée, le plus influent des amis d'Hérode, les frères du roi et toute sa famille. Antipater était tout-puissant, et, chose encore plus amère pour Alexandre, toute-puissante aussi la mère d'Antipater. Elle l'assistait de ses conseils dans tout ce qu'il tramait contre les deux frères, et, plus dure qu'une marâtre, elle haïssait ces fils de reine plus que des beaux-fils ordinaires.

474. Tout le monde, donc, sur les espérances qu'il inspirait, faisait sa cour à Antipater ; tous étaient poussés à la désertion par les ordres mêmes du roi qui avait défendu à ses plus chers amis de fréquenter Alexandre ou de lui témoigner de la sympathie. Hérode était, d'ailleurs, redouté non seulement par les gens de son royaume, mais encore par ses amis du dehors, car nul roi n'avait obtenu de César de pareilles prérogatives, jusqu'à pouvoir revendiquer ses sujets

475. fugitifs même dans une ville non soumise à son autorité. Quant aux jeunes princes, ignorant les calomnies dont ils étaient l'objet, ils s'y exposaient avec d'autant plus d'imprévoyance, car jamais leur père ne leur faisait ouvertement de reproches ; pourtant, peu à peu sa froideur les avertit, et son humeur de plus en plus revêche à proportion de son chagrin.

En outre, Antipater indisposa contre eux leur oncle paternel Phéroras et leur tante Salomé, qu'il excitait par des conversations inces-

476. santes, parce qu'il la savait de grand sens [1]. Glaphyra, épouse d'Alexandre, nourrissait la haine de Salomé, à force de vanter la lignée de sa noble famille ; elle se targuait d'être la souveraine de toutes les femmes du palais, puisqu'elle remontait par son père à

477. Téménos, par sa mère à Darius, fils d'Hystaspe [2]. En revanche, elle

---

1. Nous lisons avec Naber ὡς ἐν συνετήν οὖσαν mss. γαμετήν « comme si elle eût été sa femme »]. Il est bien question plus loin (§ 498) des relations coupables de Salomé avec un de ses neveux, mais c'était Alexandre, non Antipater.

2. Ces indications manquent dans le passage parallèle des *Antiquités*. Glaphyra se vantait de descendre de Téménos (fils d'Héracles), parce que son père

reprochait sans cesse la bassesse de leur naissance à la sœur d'Hérode et à ses femmes, qui toutes avaient été choisies pour leur beauté et non pour leur race. Ces femmes d'Hérode étaient en grand nombre, car la coutume nationale autorisait la polygamie chez les Juifs, et le roi s'y complaisait. L'arrogance de Glaphyra et ses injures faisaient de toutes ces femmes autant d'ennemies d'Alexandre.

478. 3¹. Aristobule lui-même, quoique gendre de Salomé, s'aliéna cette princesse déjà irritée par les mauvais propos de Glaphyra. Il ne cessait de reprocher à sa femme la bassesse de sa naissance, disant qu'il avait épousé une femme du peuple et son frère Alexandre une prin-

479. cesse. La fille de Salomé vint tout en pleurs rapporter ces reproches à sa mère : elle ajouta qu'Alexandre avait même menacé, une fois roi, de réduire les mères de ses autres frères à tisser la toile, comme des esclaves, et de faire des princes eux-mêmes de simples greffiers de village, raillant ainsi le soin qu'on mettait à les instruire. Là-dessus, Salomé, ne pouvant maitriser son ressentiment, alla tout raconter à Hérode, qui ne devait que trop la croire du moment qu'elle attaquait

480 son propre gendre. Une autre calomnie s'ajouta a celle-ci pour allumer la colère du roi : il apprit que les princes invoquaient fréquemment le nom de leur mère et gémissaient en maudissant leur père; lorsque — et cela arrivait souvent — il donnait à ses nouvelles épouses des robes qui avaient appartenu à Mariamme, ils les menaçaient de les dépouiller bientôt de ces vêtements royaux pour leur faire porter des cilices².

481. 4³. Hérode, quoique ayant appris à craindre l'insolence des jeunes

---

Archélaüs rattachait sans doute sa généalogie aux rois Téménides de Macédoine (des emblèmes héracléens figurent sur ses monnaies); mais nous ne savons pas comment « par sa mère » elle prétendait descendre de Darius. Nous ignorons en effet qui était la femme d'Archélaüs : peut-être une petite-fille de Mithridate Eupator, dont on connaît les prétentions à une origine achéménide. Archélaüs lui-même descendait, ou prétendait descendre, il est vrai, d'un bâtard de Mithridate, mais ce n'est pas là une descendance κατὰ μητέρα pour Glaphyra. Quant à la mère d'Archélaüs, c'était une courtisane, maîtresse d'Antoine.

1. Section 3 = *Ant.*, XVI, 7, 3, § 197-204.

2. ἐκ τριχῶν. La conjecture ἐκ τρυχῶν (Niese) « de guenilles » s'appuie sur le texte parallèle *Ant.*, XVI, § 204, où les mss. ont τρυχέσιν, forme barbare qui paraît cacher τρύχεσιν.

3 Section 4 = *Ant.*, § 205.

IV

princes, ne renonça pas à tout espoir de les ramener dans la bonne
voie. Il les fit appeler au moment de s'embarquer pour Rome, leur
adressa en roi de brèves menaces, et en père de longs avertissements.
Il les exhorta à aimer leurs frères, promettant de pardonner leurs
482. fautes passées, si leur conduite s'amendait à l'avenir. Les jeunes
princes réfutèrent les attaques dont ils étaient l'objet, les déclarant
mensongères, et assurèrent que leurs actes confirmeraient leur déné-
gation ; ils ajoutèrent que cependant le roi devait aussi fermer la porte
aux médisances, en cessant d'y croire si facilement ; car il ne manque-
rait pas de calomniateurs tant que la calomnie trouverait quelqu'un
pour l'écouter.

483.   5[1]. Ces assurances persuadèrent promptement le cœur d'un père,
mais si les princes dissipèrent le danger pour le présent, ils conçurent
de nouveaux soucis pour l'avenir, car ils reconnurent alors l'inimitié
de Salomé et de leur oncle Phéroras. Tous deux étaient durs et malveillants, mais Phéroras le plus à redouter, car il partageait avec
Hérode tous les honneurs royaux, sauf le diadème. Il avait un revenu
personnel de cent talents et la jouissance de tout le territoire situé
au delà du Jourdain, qu'il avait reçu en don de son frère. Hérode
l'investit aussi du titre de tétrarque, après en avoir demandé la grâce
à César, et l'honora d'un hymen royal en l'unissant à la sœur de sa
propre femme[2]. Quand celle-ci mourut, le roi lui fiança l'aînée de
484. ses propres filles[3], avec une dot de trois cents talents. Mais Phéroras
se déroba à cette union royale, pour courir après une esclave qu'il
aimait. Hérode, irrité, maria sa fille à un de ses neveux, qui fut plus
tard tué par les Parthes[4] ; après quelque temps, il se relâcha de
son ressentiment et pardonna à Phéroras sa maladie amoureuse.

1. Section 5 = *Ant.*, XVI, 7, 3, § 194-196.
2. On ne sait pas son nom.
3. Salampsio, fille de Mariamme Ire. Il lui offrit ensuite sans plus de succès sa
seconde fille Cypros.
4. τῷ πρὸς Πάρθων ὕστερον ἀναιρεθέντι. Il s'agit (*Ant.*, XVI, § 196) d'un fils de
Phasaël, appelé comme son père (XVII, § 22). Nous n'apprenons rien ailleurs
sur la destinée de ce jeune prince ; aussi a-t-on supposé qu'il y a ici une
méprise ou une corruption de texte et que Josèphe a voulu dire : fils de Phasaël qui avait été tué précédemment (πρότερον?) par les Parthes (*supra*, I, § 271).

485. 6 [1]. Depuis longtemps, et du vivant même de la reine, Phéroras avait été accusé de comploter l'empoisonnement du roi, mais au moment où nous sommes [2], il survint un si grand nombre de dénonciateurs qu'Hérode, en dépit de sa grande affection pour son frère, finit par ajouter foi à leurs discours et prendre peur. Après avoir soumis à la question beaucoup de suspects, il en vint enfin aux amis de Phéroras.

486. Aucun de ceux-ci n'avoua explicitement le complot, mais ils dirent qu'après avoir enlevé sa maîtresse, Phéroras avait médité de fuir chez les Parthes, ayant pour confident de ce dessein et de cette fuite Costobaros auquel le roi avait uni sa sœur Salomé quand son premier

487. époux eut été mis à mort pour crime d'adultère. Salomé elle-même n'était pas épargnée par la calomnie : son frère Phéroras l'accusait d'avoir signé un engagement de mariage avec Sylléos, procurateur du roi des Arabes Obodas, ennemi juré d'Hérode. Quoique convaincue de cette faute et de toutes celles dont Phéroras l'accusait, elle obtint son pardon : quant à Phéroras lui-même, Hérode le déchargea des accusations dont il était l'objet.

488. 7 [3]. C'est sur Alexandre que se détourna la tempête domestique, c'est sur sa tête qu'elle s'abattit tout entière. Il y avait trois eunuques, particulièrement honorés du roi, comme l'indiquent les services dont ils étaient chargés : l'un versait le vin, l'autre servait le souper, le

489. troisième mettait le roi au lit et reposait à côté de lui. Alexandre avait, à grand prix, obtenu les faveurs de ces hommes. Sur une dénonciation, le roi les soumit à la torture et leur arracha des aveux ; ils confessèrent bien vite leurs relations avec Alexandre, mais révé-

490. lèrent aussi les promesses qui les y avaient amenés. Alexandre, racontaient-ils, les avait trompés, en leur disant : « Ne mettez pas

---

1. Section 6, § 485-486, pas de parallèle dans *Ant.*, qui raconte, en revanche, une autre mésaventure de Phéroras (XVI. 7. 4-5). — § 487 = *Ant.*, XVI, 7, 6.

2. τότε δέ (opposé à πάλαι μέν) ne comporte pas d'autre traduction. L'accusation portée contre Phéroras visait des faits anciens (puisque Costobaros a été mis à mort vers 24 av. J.-C., *Ant.*, XV, § 266). Mais elle a été *renouvelée* à l'époque dont il s'agit ici, 10 av. J.-C. C'est la seule manière de concilier les deux récits.

3. Section 7 = *Ant.*, XVI, 8, 1.

votre confiance dans Hérode, ce vieillard impudent [1] et qui se
teint les cheveux, à moins que cet artifice ne vous l'ait fait prendre
pour un jeune homme : c'est moi, Alexandre, qu'il faut considérer, moi
qui hériterai du trône, que mon père le veuille ou non ; j'aurai bientôt
fait de me venger de mes ennemis et de faire le bonheur et l'opulence
491. de mes amis, de vous entre tous. » Ils ajoutaient que, à l'en croire,
les grands faisaient secrètement leur cour à Alexandre et que les chefs
de l'armée et les commandants des régiments s'abouchaient avec lui
en cachette.

492.   8 [2]. Ces aveux effrayèrent tellement Hérode qu'il n'osa pas sur-le-
champ les publier ; mais il sema des espions nuit et jour, recueillit
tout ce qui se faisait ou se disait, et se hâta de faire mourir ceux
493. qui donnaient prise au soupçon. Le palais fut livré à une effroyable
anarchie. Chacun, au gré de ses rivalités ou de ses haines person-
nelles, forgeait des calomnies : beaucoup exploitaient contre leurs
ennemis la colère meurtrière du roi. Le mensonge trouvait incontinent
créance, le châtiment devançait la calomnie. L'accusateur d'hier
se voyait bientôt accusé et traîné au supplice avec celui qu'il avait
fait condamner : à tel point le danger de mort que croyait courir le
494. roi lui faisait abréger ses enquêtes. Il s'exaspéra tellement que
même ceux que nul n'accusait n'obtenaient plus de lui un regard
bienveillant, et qu'il maltraita durement ses propres amis : beaucoup
se virent interdire l'accès du palais ; ceux qu'épargnait son bras
495. étaient blessés par ses paroles. Au milieu des malheurs d'Alexandre,
Antipater revint à la charge et, faisant masse des favoris, ne recula
devant aucune calomnie. Le roi fut poussé à un tel degré de terreur
par les romans et les machinations d'Antipater qu'il se figurait voir
496. Alexandre se dresser devant lui l'épée à la main. Il le fit donc
arrêter à l'improviste et mettre en prison, puis procéda à la torture
des amis de ce prince. La plupart moururent en silence, sans
rien dire contre leur conscience ; quelques-uns se laissèrent arracher
par la douleur des aveux mensongers ; ils racontèrent qu'Alexandre,
de concert avec son frère Aristobule, complotait contre le roi et

1. ἀναιδεῖ. Peut-être ἀδρανεῖ (débile), comme le propose Naber.
2. Section 8 = *Ant.*, XVI, 8, 2 et 4.

497. qu'ils épiaient l'occasion de le tuer à la chasse, puis de s'enfuir à Rome. Ces récits avaient beau être invraisemblables et improvisés par la détresse : le roi prit plaisir à les croire et se consola d'avoir incarcéré son fils en s'imaginant l'avoir fait à bon droit.

XXV

1. *Mémoires justificatifs d'Alexandre. Visite de son beau-père Archélaüs.* — 2-5. *Archélaüs innocente Alexandre, obtient la grâce de Phéroras et réconcilie tout le monde.* — 6. *Présents offerts à Archélaüs par Hérode.*

498. 1[1]. Alexandre, jugeant impossible de changer les sentiments de son père, résolut d'aller au-devant du péril. Il composa alors contre ses ennemis quatre mémoires où il avouait le complot, mais désignait pour ses complices la plupart d'entre eux, surtout Phéroras et Salomé ; celle-ci, disait-il, avait même pénétré une nuit chez lui et l'avait,

499. contre son gré, forcé de partager sa couche. Hérode avait déjà entre les mains ces mémoires, terrible réquisitoire contre les plus grands personnages, quand Archélaüs arriva en toute hâte en Judée[2], craignant pour son gendre et sa fille. Il vint très habilement à leur aide et sut, par son artifice, détourner d'eux les menaces du roi.

500. Dès qu'il fut en présence d'Hérode : « Où est, s'écria-t-il, mon scélérat de gendre ? Où pourrai-je voir cette tête parricide, afin de la trancher de mes propres mains ? Avec ce bel époux, j'immolerai[3] aussi ma fille : si même elle n'a pas pris part au complot, il lui suffit d'avoir

501. épousé un pareil homme pour être souillée. Je m'étonne de ta longanimité. On a comploté ta mort, et Alexandre vit encore ! Pour moi, je suis venu en hâte de Cappadoce, croyant trouver le coupable depuis

1. Sections 1-6 = *Ant.*, XVI, 8, 5-6 (récit moins circonstancié).
2. Probablement en 9 av. J.-C.
3. προσθύσω Naber (προσθήσω mss).

longtemps châtié et seulement pour faire, de concert avec toi, une
enquête au sujet de ma fille, que je lui ai fiancée en considération
de ta grandeur Maintenant, je le vois, c'est sur tous deux que nous
devons délibérer : si ton cœur de père te rend trop faible pour punir
un fils perfide, mets ta main dans ma main et prenons la place l'un
de l'autre pour assouvir notre colère sur nos enfants. »

502.   2. Par ces protestations bruyantes, il gagna Hérode, bien que celui-ci
fût sur ses gardes [1]. Hérode lui donna donc à lire les mémoires
composés par Alexandre et, s'arrêtant après chaque chapitre, l'exa-
minait avec lui. Archélaüs y trouva l'occasion de développer son
stratagème et peu à peu retourna l'accusation contre ceux que le

503. prince y avait dénoncés et particulièrement contre Phéroras. Quand il
vit qu'il avait la confiance du roi : « Prenons garde, dit-il, que tous
ces méchants n'aient tramé un complot contre ce jeune homme et non
ce jeune homme contre toi. Et en effet je ne vois pas pour quel motif
il serait tombé dans un tel abîme de noirceur, — lui qui jouissait déjà
des honneurs royaux, qui avait l'espoir de succéder au trône, — si
certains personnages ne l'avaient séduit et n'avaient tourné vers le
mal la facilité de son âge: de telles gens n'égarent pas seulement les
jeunes hommes, mais encore des vieillards: ils renversent ainsi des
maisons très illustres, des royaumes entiers. »

504.   3. Hérode approuvait ces discours : peu à peu, il se relâchait de son
ressentiment contre Alexandre et s'animait contre Phéroras : car c'était
lui le vrai sujet des quatre mémoires Quand celui-ci eut observé la
versatilité du roi et la place prépondérante qu'Archélaüs avait su
prendre dans son affection, désespérant de se sauver par des moyens
honnêtes, il chercha le salut dans l'impudence : il abandonna Alexandre

505 et se plaça sous la protection d'Archélaüs. Le Cappadocien lui déclara
qu'il ne voyait pas moyen de tirer d'affaire un homme chargé de si
lourdes accusations, qui avait manifestement comploté contre le roi et
causé tous les malheurs actuels du jeune prince, à moins qu'il ne voulût
renoncer à sa scélératesse, à ses dénégations, confesser tous les méfaits qu'on lui reprochait et implorer le pardon d'un frère qui l'aimait;

---

1. παρατεταγμένον mss. Le ms. M a τεταραγμένον « troublé ».

dans ce cas, Archélaüs se disait prêt à l'assister de tout son pouvoir.

506. 4. Phéroras se rend à cet avis ; il se compose l'attitude la plus pitoyable, et vêtu de noir, tout en pleurs, se jette aux pieds d'Hérode, comme il l'avait fait bien des fois, en demandant son pardon. Il confesse qu'il n'est qu'un misérable, avoue tout ce qu'on lui reproche ; mais il déplore cet égarement d'esprit, ce délire qui a pour cause

507. son amour pour sa femme. Ayant ainsi déterminé Phéroras à devenir son propre accusateur et à témoigner contre lui-même, Archélaüs, à son tour, demanda grâce pour lui et chercha à calmer la fureur d'Hérode : il recourait à des exemples personnels : lui aussi avait souffert encore bien pis de la part de son frère [1], mais il avait fait passer avant la vengeance les droits de la nature : car dans un royaume, comme dans un corps massif, il y a toujours quelque membre qui s'enflamme à cause de sa pesanteur : et ce membre, il ne faut pas le retrancher, mais lui appliquer des remèdes plus bénins pour le guérir.

508. 5. A force de pareils discours, il réussit à apaiser Hérode envers Phéroras : lui-même affecta de rester indigné contre Alexandre, fit divorcer sa fille et déclara qu'il allait l'emmener : par là, il sut amener Hérode à l'implorer lui-même en faveur du jeune homme et à lui demander de nouveau la main de sa fille pour lui. Archélaüs, avec un grand accent de sincérité, répond qu'il lui remet sa fille pour l'unir à qui bon lui semble, sauf le seul Alexandre : car son plus cher désir

509. est de maintenir les liens de parenté qui les unissent. Le roi repartit que ce serait vraiment lui rendre son fils que de consentir à ne pas rompre le mariage, d'autant qu'ils avaient déjà des enfants et que le prince aimait beaucoup sa femme : si elle reste auprès de lui, elle lui inspirera le regret de ses fautes : si on la lui arrache, on le plongera dans un désespoir prêt à tous les excès, car un caractère bouillant

510. trouve un dérivatif dans les affections domestiques. Archélaüs se laissa fléchir à grand'peine, consentit à se réconcilier lui-même et réconcilia le père et le fils : il ajouta cependant qu'il fallait de toute nécessité envoyer Alexandre à Rome [2] pour causer avec César,

1. Personnage inconnu dans l'histoire.
2. D'après *Ant.*, XVI. § 270, c'est Hérode qui s'engage à faire le voyage de Rome pour informer Auguste.

car lui-même avait rendu compte de toute l'affaire à l'empereur.

511. 6. Tel fut le dénouement du stratagème par lequel Archélaüs assura le salut de son gendre ; après le raccommodement, le temps se passa en festins et mutuels témoignages d'affection. A son départ, Hérode lui offrit pour présents 70 talents, un trône d'or enrichi de pierreries, des eunuques et une concubine, du nom de Pannychis ; il gratifia

512. aussi ses amis, chacun selon son rang. De même, sur l'ordre du roi, tous les courtisans haut placés firent à Archélaüs des présents magnifiques. Hérode et les plus puissants personnages l'escortèrent jusqu'à Antioche.

XXVI[1]

513. 1[1]. Peu de temps après aborda en Judée un homme dont l'influence l'emporta de beaucoup sur les artifices d'Archélaüs, et qui non seulement ruina l'accommodement négocié par lui au profit d'Alexandre, mais décida la perte de ce prince. C'était un Lacédémonien, appelé Euryclès[2], que le désir immodéré du gain introduisit par malheur dans

514. le royaume, car la Grèce ne suffisait pas à ses besoins de luxe. Il vint, apportant à Hérode de magnifiques présents, amorce de ceux qu'il espérait en retour ; en effet, il en reçut de beaucoup plus considérables, mais ce don pur et simple lui paraissait sans valeur, s'il ne

---

1. Sections 1, 2 et 4 = *Ant.*, XVI, 10, 1, § 300-308.

2. C. Julius Euryclès, créé citoyen romain par Auguste et investi de la domination de Sparte, en reconnaissance de ses services dans la guerre contre Antoine. Pausanias décrit les somptueux monuments dont il avait embelli sa patrie.

515. trafiquait du royaume au prix du sang. Il circonvint donc le roi par ses flatteries, ses discours habiles et les éloges mensongers qu'il faisait de lui. Ayant vite percé à jour le caractère d'Hérode, il ne négligea aucune parole, aucune action pour lui plaire, et compta bientôt parmi ses principaux amis ; en effet, le roi et toute la cour prenaient plaisir à honorer particulièrement ce Spartiate, en considération de sa patrie [1].

516. 2. Quand il connut la pourriture de la maison royale, les différends des frères, les sentiments de leur père à l'égard de chacun d'eux, Euryclès commença par s'attacher Antipater par les liens d'hospitalité, puis feignit l'amitié pour Alexandre [2], prétendant faussement être lié de vieille date avec Archélaüs. Aussi fut-il bientôt accueilli comme un ami éprouvé, et Alexandre le mit aussi en rapport avec son

517. frère Aristobule. Prenant tour à tour tous les visages, il s'insinuait de façons diverses auprès de chacun : mais de préférence il se fit l'espion d'Antipater et le traître d'Alexandre. Au premier il faisait honte de négliger, lui l'aîné, les intrigues de ceux qui complotaient contre ses espérances ; à Alexandre, de laisser, lui fils et époux d'une princesse royale, succéder au trône un fils de bourgeoise, alors surtout qu'il

518. avait en Archélaüs un si solide appui. Le jeune prince, trompé par la liaison fictive d'Euryclès avec Archélaüs, croyait trouver en lui un conseiller digne de confiance. Aussi, sans rien déguiser, se plaignit-il à lui de la conduite d'Antipater ; d'ailleurs, disait-il, il n'était pas étonnant de voir Hérode, le meurtrier de leur mère, vouloir ravir, à son frère et à lui, la royauté qu'ils tenaient d'elle. Là-dessus, Euryclès feignit de

519. s'apitoyer et de partager sa douleur. Ses ruses arrachèrent à Aristobule des confidences semblables. Quand il eut ainsi extorqué aux deux frères des doléances contre le roi, il les alla rapporter à Antipater ; il y ajouta l'invention d'un complot des deux frères contre Antipater : peu s'en fallait, à l'en croire, qu'ils n'eussent déjà le glaive tiré contre lui. Largement payé pour ces rapports, il s'empressa

520. d'aller chanter la louange d'Antipater auprès de son père. Finalement,

1. Peut-être à cause de la prétendue parenté des Spartiates et des Juifs ; cf. *Ant.*, XII, 226.

2. φιλίᾳ δ' Ἀλέξανδρον ὑπεκρίνετο, texte corrompu.

se chargeant de l'entreprise de faire mourir Aristobule et Alexandre, il vint les accuser auprès d'Hérode. Admis en sa présence, il déclara qu'il venait lui apporter la vie pour prix de ses bienfaits, la lumière du jour en échange de son hospitalité. « Depuis longtemps, dit-il, Alexandre aiguise son fer et tend son bras contre toi : moi seul ai 521. retardé le coup en feignant de le favoriser. A en croire Alexandre, non content d'avoir régné sur un peuple auquel tu étais étranger, et, après le meurtre de leur mère, morcelé l'héritage de cette princesse, tu as désigné encore pour successeur un bâtard et livré [1] à ce fléau d'Anti- pater le royaume qu'ils tenaient de leurs aïeux. Il saura, ajoute-t-il, venger les mânes d'Hyrcan et de Mariamme, car il ne lui convient pas 522. de recueillir l'héritage d'un tel père, sans effusion de sang. Chaque jour multiplie ses motifs d'irritation, puisqu'aucun propos sorti de sa bouche n'échappe à la calomnie. Fait-on mention d'une illustre naissance ? son père l'outrage sans raison en disant : « Voilà bien notre Alexandre qui, seul, se croit noble et méprise son père pour la bassesse de sa naissance ! » A la chasse, se tait-il ? on est choqué. Fait-il l'éloge de 523. son père ? on veut y voir de l'ironie. Bref, en toute occasion, il trouve son père inflexible, réservant son affection au seul Antipater : aussi [2] mourra-t-il avec joie s'il échoue dans sa conjuration. S'il frappe, il trouvera des protecteurs puissants : d'abord son beau-père Archélaüs, auprès duquel il pourra se réfugier sans peine : ensuite César, qui 524. jusqu'à ce jour ignore le vrai caractère d'Hérode. On ne le verra pas, comme naguère, comparaître tout tremblant devant l'empereur, par crainte de son père présent à l'entretien, ni répondre seulement sur les crimes dont on l'accuse : il dénoncera hautement d'abord les malheurs du peuple, les impôts qui prennent tout aux pauvres gens jusqu'à la vie, puis la luxure et les crimes où se dissipe l'argent obtenu par le sang; il dira quels hommes s'engraissent à nos dépens, quelles 525. villes et à quel prix Hérode a comblées de ses faveurs. Là il appel- lera en témoignage son aïeul [3] et sa mère, il proclamera toutes les

---

1. τροτείνων. ou, en acceptant la conjecture προπίνων (Naber), « livré en buvant ».
2. Nous lisons avec Destinon δι' ὃ (mss. δι' ὅν).
3. Ou plutôt son bisaïeul (Hyrcan).

turpitudes du royaume et, cela faisant, on n'osera pas le condamner comme parricide. »

526. 3 [1]. Après avoir débité ces fables atroces contre Alexandre, Euryclès fit un magnifique éloge d'Antipater, qui seul aimait son père et, à ce titre, s'était opposé au complot jusqu'à ce jour. Le roi, mal remis de ses précédentes émotions, entra dans une colère implacable.

527. Antipater, saisissant à son tour l'occasion, envoya contre ses frères d'autres accusateurs, qui affirmaient que les princes avaient de secrets entretiens avec Jucundus et Tyrannus, naguère hipparques [2] dans l'armée du roi, mais qui, à la suite de quelques fautes, avaient dû quitter leurs charges. Cette nouvelle porta à son comble l'indignation d'Hérode, et il fit aussitôt mettre ces deux hommes à la torture.

528. Ils n'avouèrent aucun de leurs prétendus crimes [3], mais on produisit une lettre d'Alexandre adressée au gouverneur d'Alexandrion, l'invitant à les recevoir dans la place, lui et son frère Aristobule, quand ils auraient tué leur père, et à les fournir d'armes et d'autres ressources.

529. Alexandre déclara que c'était là un faux de Diophantos, secrétaire du roi, homme audacieux et habile à imiter tous les genres d'écriture : convaincu de nombreuses falsifications, il finit par être mis à mort pour un crime de ce genre. Quant au gouverneur, à qui on appliqua la torture, Hérode n'obtint de lui aucun aveu sur les faits allégués.

530. 4 [4]. Malgré la faiblesse des preuves ainsi obtenues, Hérode plaça ses fils sous une surveillance, tout en les laissant encore libres ; quant à Euryclès, le fléau de sa maison, le machinateur de toutes ces infamies, le roi l'appela son sauveur, son bienfaiteur, et lui fit don de cinquante talents. Celui-ci, devançant les nouvelles exactes de ses exploits, courut alors en Cappadoce, où il extorqua encore de l'argent à Archélaüs, en osant lui raconter qu'il avait réconcilié Hérode avec

531. Alexandre. De là, il partit pour la Grèce, où il employa l'argent mal acquis à des entreprises non moins mauvaises. Deux fois accusé

---

1. Section 3 = *Ant*. XVI, 10, 3-4.

2. *Ant*., XVI, 314, en fait des gardes du corps (σωματοφύλακες).

3. D'après *Ant*., 315 ils auraient fini par avouer qu'Alexandre les avait soudoyés pour tuer Hérode à la chasse.

4. Section 4 = *Ant*., XVI, 10, 1, § 309.

devant César de troubler la province d'Achaïe et de dépouiller les
villes, il dut s'exiler.

532.   5 ¹. C'est ainsi qu'Euryclès paya la peine de sa trahison envers
Alexandre et Aristobule. Il n'est pas sans intérêt d'opposer à la
conduite de ce Spartiate celle d'Euaratos de Cos. Ce personnage, venu
en Judée dans le même temps qu'Euryclès, comptait aussi parmi les
plus chers amis d'Alexandre; le roi l'ayant interrogé sur les accusations répandues par le Lacédémonien, il affirma sous serment qu'il
533.   n'avait rien entendu de pareil des jeunes princes. Cependant ce témoignage ne fut d'aucun secours aux infortunés, car Hérode ne prêtait
une oreille facile qu'aux médisances et n'accordait sa faveur qu'à ceux
qui partageaient sa crédulité et son indignation.

XXVII

1. *Dénonciation de Salomé. Les princes aux fers. Auguste donne
carte blanche à Hérode.*— 2-3. *Tribunal de Césarée: condamnation
des princes.* — 4-5. *Affaires du soldat Tiron et du barbier Tryphon.*
— 6. *Supplice des fils de Mariamme.*

534.   1 ². Salomé vint encore exaspérer la férocité d'Hérode contre ses
fils. Aristobule, dont elle était la belle-mère et la tante, voulant l'asso-
cier à leurs périls, lui manda avec instance de veiller à son propre
salut, car le roi, disait-il, méditait de la faire mourir, sous l'accusation déjà précédemment dirigée contre elle : on prétendait que, voulant
épouser l'Arabe Sylléos, elle lui communiquait à la dérobée les secrets
535.   du roi, dont il était l'ennemi. Ce fut là le dernier coup de vent qui
acheva de submerger les jeunes princes, battus par la tempête. Salomé
courut chez le roi et lui dénonça l'avis qu'elle avait reçu. Alors

1. Section 5 = *Ant.*, XVI, 10, 2 (très brève allusion, probablement mutilée).
2. Section 1 = *Ant.*, XVI, 10, 5-7 ; 11, 1.

Hérode, sa patience à bout, fit mettre aux fers ses deux fils, les isola l'un de l'autre et envoya en hâte auprès d'Auguste le tribun [1] Volumnius et Olympos, un de ses amis, porteurs d'un réquisitoire écrit
536. contre les princes. Arrivés à Rome, ils remirent les lettres du roi à l'empereur : celui-ci, vivement affligé du sort des jeunes gens, ne crut
537. pas cependant devoir enlever au père ses droits sur ses fils. Il répondit donc à Hérode qu'il était le maître, que, cependant, il ferait bien d'examiner ce complot avec le conseil commun de ses propres parents et des administrateurs romains de la province : si les princes étaient convaincus de crime, ils méritaient la mort; si leur seul dessein avait été de s'enfuir, une peine plus douce suffisait.
538.   2[2]. Hérode se rendit à cet avis. Il se transporta à Béryte, lieu que César lui avait désigné, et il y réunit le tribunal. La cour était présidée par les officiers romains, auxquels César l'avait mandé par écrit, à savoir Saturninus[3] et ses légats, Pédanius[4] et autres; y figuraient encore le procurateur Volumnius, les parents et amis de roi, puis Salomé et Phéroras, enfin les plus grands personnages de la Syrie à l'exception du roi Archélaüs[5] : car celui-ci était suspect à Hérode en qualité de
539. beau-père d'Alexandre. Quant à ses fils, Hérode ne les fit pas comparaître : mesure très prudente, car il savait que leur seule vue inspirerait une compassion irrésistible, et que, s'ils obtenaient la parole, Alexandre n'aurait pas de peine à se justifier. Ils furent donc retenus sous bonne garde au bourg de Platané, dans le territoire de Sidon.

1. στρατοπεδάρχην. Dans *Ant.*, XVI. 332 et 354, ce personnage n'est pas défini par sa fonction, mais ailleurs nous trouvons un Volumnius procurateur (*Guerre*, I. 538), général romain (ἡγεμών, *Ant.*, XVI. 277) ou administrateur de la Syrie (τῶν Συρίας ἐπιστατούντων, 280) que je ne crois pas différent du messager d'Hérode à Rome. Tel paraît être l'avis de Naber, tandis que Niese, Kohout, etc., distinguent deux Volumnius. S'il n'y a qu'un Volumnius, le titre de στρατοπεδάρχης doit s'interpréter, comme ailleurs (*Guerre*, II, § 531, etc.), par tribun militaire, et non par chef d'armée comme le font les traducteurs.
2. Sections 2 et 3 = *Ant.*, XVI, 11, 2-3.
3. C. Sentius Saturninus, gouverneur de Syrie. Homme de guerre distingué, il avait été consul en 19 av. J.-C.
4. Inconnu d'ailleurs. Peut-être le frère de Saturninus, mentionné sans nom *Ant.*, XVII, § 7, comme faisant partie du tribunal.
5. On doit conclure de ce passage qu'à cette époque le royaume de Cappadoce était placé sous la surveillance du gouverneur de Syrie.

540. 3. Le roi, ayant pris place, parla contre eux, comme s'ils eussent été présents: il développa faiblement l'accusation de complot, faute de preuves, mais il insista sur les outrages, les railleries, les insolences, les manquements innombrables et plus cruels que la mort commis à son égard, qu'il énuméra aux conseillers. Ensuite, personne ne contredisant, il fondit en gémissements, comme un homme qui se condamnait lui-même et qui remportait sur ses enfants une **541.** douloureuse victoire, puis il demanda l'avis de chacun. Saturninus opina le premier : il déclara qu'il condamnait les jeunes gens, mais non à la peine de mort: père lui-même de trois enfants présents à la séance, il croirait commettre une impiété s'il votait la mort des fils d'un autre. Ses deux légats[1] votèrent dans le même sens, et quelques **542.** autres les suivirent. Ce fut Volumnius qui inaugura la sentence impitoyable : après lui, tous se prononcèrent pour la mort, les uns par **543.** flatterie, les autres par haine d'Hérode, aucun par indignation. Dès lors, toute la Syrie et la Judée furent dans des transes, attendant le dénouement du drame: nul cependant ne pensait qu'Hérode pousserait la barbarie jusqu'au meurtre de ses enfants. Lui, cependant, traîna ses fils jusqu'à Tyr, et, passant par mer à Césarée, chercha là de quelle façon il les exécuterait.

544. 4[2] Il y avait dans l'armée du roi un vieux soldat nommé Tiron, dont le fils était l'ami intime d'Alexandre et qui lui-même avait les princes en particulière affection. Dans l'excès de son indignation, il perdit la raison. D'abord, courant çà et là, il s'écriait que le droit était

---

1. οἱ δύο πρεσβευταί. Plus haut (538) ils sont appelés πρεσβεῖς. Kohout objecte que : 1° d'après *Ant.*, XVI, 369, les *trois* fils de Saturninus l'avaient accompagné comme πρεσβευταί; 2° ces *trois* fils votent comme le père (*ibid.*). Comme Pedanius est aussi l'un des πρεσβεῖς (538), cela ferait, au moins, quatre ; il propose donc de lire τέτταρες au lieu de δύο. Ce qui complique la question, c'est que nous ne savons pas au juste de quelle espèce de *legati* il s'agit : dans les provinces de l'empereur, comme la Syrie, le gouverneur étant lui-même légat (*legatus Augusti*) n'a pas, comme le proconsul dans es provinces sénatoriales, trois *legati* proprement dits sous ses ordres Dio Cass. 53. 14, 7), mais il a *a côté de lui* des *legati Augusti iuridici* (depuis Auguste selon Mommsen, *Eph. epig.*, 5 656) et des *legati Augusti legionis* (en Syrie 3 ou 4 selon le nombre des légions). Certaines provinces ont plusieurs *legati iuridici* (p. ex. la Tarraconaise), d'autres un seul ; les inscriptions ne nous apprennent rien de ceux de Syrie.

2. Section 4 = *Ant.*, XVI, 11, 4-5.

foulé aux pieds. la vérité morte, la nature confondue. le monde rempli d'iniquité, et autres discours que la douleur suggérait à un homme indifférent à la vie. Enfin il se présenta devant le roi et lui

545. tint ce langage : « Maudit entre tous les hommes, toi qui. contre les êtres les plus chers, suis le conseil des plus méchants, s'il est vrai que Phéroras et Salomé, que tu as plus d'une fois condamnés à mort. trouvent crédit auprès de toi contre tes enfants. Ne vois-tu pas qu'ils t'enlèvent tes héritiers légitimes pour te laisser le seul Antipater, qu'ils se sont choisi pour roi. afin d'en tenir les

546. ficelles ? Mais prends garde que la mort de ses frères ne soulève un jour contre lui la haine de l'armée; car il n'y a personne qui ne plaigne ces pauvres jeunes gens, et beaucoup de chefs font même éclater librement leur indignation. » Ce disant, Tiron nommait les mécontents. Là-dessus le roi les fit arrêter aussitôt. mais aussi Tiron et son fils.

547.   5[1]. A ce moment. un des barbiers du roi. nommé Tryphon. saisi d'une sorte de frénésie, s'élança et se dénonça lui-même. « Et moi aussi, dit-il. ce Tiron a voulu me persuader, lorsque je ferais mon office auprès de toi. de te tuer avec mon rasoir, et il me promettait de

548. grandes récompenses au nom d'Alexandre. » En entendant ces mots, Hérode ordonne de soumettre à la question Tiron, son fils et le barbier. et comme les premiers niaient tout et que le barbier n'ajoutait rien à son témoignage, il commanda de torturer Tiron plus sévère-

549. ment encore. Alors, pris de pitié, le fils offrit au roi de tout raconter s'il voulait épargner son père. Et comme Hérode lui octroya sa demande. il déclara qu'effectivement son père, à l'instigation d'Alexandre. avait voulu tuer le roi. Ce témoignage, selon les uns, n'était qu'une invention destinée à faire cesser les souffrances du père; d'autres y voyaient l'expression de la vérité.

550.   6. Hérode réunit une assemblée publique. y accusa les officiers coupables ainsi que Tiron. et ameuta le peuple contre eux ; on les acheva sur la place même, avec le barbier, à coups de bâtons et

551. de pierres. Il envoya ensuite ses fils à Sébasté, ville peu éloignée de

1. Sections 5-6 = *Ant.*, XVI. 11, 6-7.

Césarée, et ordonna de les y étrangler. L'ordre fut promptement exécuté ; puis il fit transporter les corps dans la forteresse d'Alexandréon pour y être ensevelis auprès de leur grand-père maternel Alexandre. Telle fut la fin d'Alexandre et d'Aristobule [1].

XXVIII

1. *Impopularité et craintes d'Antipater.* — 2-5. *Hérode marie les enfants d'Aristobule et d'Alexandre, puis, sur les instances d'Antipater, modifie ces unions.* — 6. *Mariages de Salomé, de ses filles et des filles de Mariamme.*

552. 1 [2]. La succession était alors assurée sans contestation à Antipater, mais il vit s'élever contre lui du sein du peuple une haine insurmontable, car tous savaient que c'était lui qui avait machiné toutes les calomnies dirigées contre ses frères. Il se sentait, en outre, envahi par une crainte démesurée quand il voyait grandir les enfants de ses victimes. Alexandre avait eu de Glaphyra deux fils, Tigrane et Alexandre ; et de l'union d'Aristobule avec Bérénice, fille de Salomé, étaient nés trois fils, Hérode, Agrippa et Aristobule, et deux filles, Hérodias et

553. Mariamme. Le roi Hérode, dès qu'il eut fait mourir Alexandre, renvoya en Cappadoce Glaphyra avec sa dot ; quant à Bérénice, veuve d'Aristobule, il la donna en mariage à l'oncle maternel d'Antipater [3] ; c'est pour se concilier Salomé, qui lui était hostile, qu'Antipater

554. arrangea ce mariage. Il gagna aussi Phéroras par des présents et d'autres attentions, et les amis de César en envoyant à Rome des sommes considérables. En particulier, tout l'entourage de Saturninus, en Syrie, fut comblé de ses libéralités. Cependant, plus il donnait,

1. Hiver 7 à 6 av. J.-C.
2. Sections 1 et 6 = *Ant.*, XVII, 1, 1. Sections 2-5 = *Ant*, XVII, 1, 2-3.
3. Il s'appelait Theudion (*Ant.*, XVII, 70).

555   plus on le haïssait, car on sentait que ses largesses ne venaient pas de sa générosité, mais de la crainte. Ceux qui recevaient n'en étaient pas plus bienveillants, ceux qu'il négligeait devenaient des ennemis plus implacables. Cependant il accroissait encore l'éclat de ses distributions, en voyant le roi, au mépris de ses espérances, prendre soin des orphelins et témoigner ses remords du meurtre de ses fils par les marques de pitié qu'il prodiguait à leurs enfants.

556   2. Un jour, en effet, Hérode rassembla ses parents et amis[1], fit placer près de lui ces enfants, et, les yeux pleins de larmes, parla en ces termes : « Un démon jaloux m'a enlevé les pères de ceux que vous voyez, et cela, joint aux mouvements de la nature, m'apitoie sur leur état d'orphelins. Si j'ai été le plus infortuné des pères, j'essaierai du moins de me montrer un aïeul plus tendre, et je veux leur laisser 557 pour guides, après moi, ceux qui me sont le plus chers. Je fiance donc ta fille[2], Phéroras, à l'aîné des deux fils d'Alexandre, afin que cette alliance fasse de toi son protecteur naturel; et toi, Antipater, je donne à ton fils la fille d'Aristobule : puisses-tu devenir ainsi un père pour cette orpheline! Quant à sa sœur, mon propre fils Hérode la 558 prendra, car il est par sa mère petit-fils d'un grand-prêtre. Que mes volontés soient ainsi réglées[3], et que nul de mes amis n'y mette obstacle! Je prie Dieu de bénir ces unions pour le plus grand bonheur de mon royaume et de mes descendants : puisse-t-il regarder ces enfants d'un œil plus clément que leurs pères! »

1. συγγενεῖς τε καὶ φίλους. Ces mots ne doivent pas être entendus à la lettre ; les titres de συγγενής et de φίλος étaient accordés aux membres les plus élevés de la hiérarchie aulique dans les cours hellénistiques.

2. On ne sait pas le nom de la fille de Phéroras, pas plus que du fils d'Antipater Le fils aîné d'Alexandre serait, d'après § 552, Tigrane, d'après Ant., XVIII, 139, Alexandre. La fille d'Aristobule, fiancée au fils d'Antipater, s'appelait Mariamme; celle que devait épouser Hérode le jeune est la célèbre Hérodias. La mère de ce jeune Hérode, Mariamme II, était fille du grand-prêtre Simon fils de Boéthos (Ant., XV, 320). Aux mariages ici énumérés Ant., XVII, § 14, ajoute les fiançailles d'une fille d'Antipater avec le fils aîné d'Aristobule (Hérode).

3. τὰ μὲν οὖν ἐμὰ ταύτην ἐχέτω τὴν κρίσιν, leçon des mss. PAM. Les mss. LRC ont ὁ ἀγαπῶν μὲν οὖν ἐμὲ ταύτην ἐχέτω τὴν γνώμην, qui fait double emploi avec la phrase suivante.

IV

8

559.   3. Ayant ainsi parlé, il pleura de nouveau et unit les mains des enfants, puis, les embrassant affectueusement l'un après l'autre, il congédia l'assemblée. Aussitôt Antipater frissonna et laissa voir à tous son émotion : il pensait, en effet, que la sollicitude de son père pour les orphelins annonçait sa propre ruine et que ses droits à la couronne seraient en péril, si les fils d'Alexandre avaient pour soutien,

560. outre Archélaüs, Phéroras, qui avait rang de tétrarque. Il considérait encore la haine du peuple pour lui-même, sa pitié pour les orphelins, le zèle que les Juifs avaient témoigné à ses frères vivants, le souvenir qu'ils leur gardaient maintenant qu'ils étaient morts sous ses coups : il résolut donc de briser à tout prix ces fiançailles.

561.   4. Il n'essaya pas de circonvenir par la ruse un père difficile et prompt au soupçon ; il osa se présenter devant lui et le supplia en face de ne pas lui ôter les honneurs dont il l'avait jugé digne, ni de lui laisser le titre de roi en déférant la puissance à d'autres : car il ne serait plus le maître si le fils d'Alexandre pouvait s'appuyer, outre

562. son grand-père Archélaüs, sur Phéroras, son beau-père. Il le conjura donc, puisqu'il avait dans son palais une nombreuse descendance, de modifier ces mariages. Le roi eut, en effet, neuf épouses[1], qui lui donnèrent sept enfants : Antipater lui-même était fils de Doris ; Hérode II de Mariamme (II), fille du grand-prêtre ; Antipas et Archélaüs de Malthacé, la Samaritaine ; Olympias, fille de cette dernière avait épousé son neveu Joseph[2]. Il avait eu de Cléopâtre, native de

563. Jérusalem, Hérode (III) et Philippe ; de Pallas, Phasaël. Il avait encore d'autres filles, Roxane et Salomé, nées, l'une de Phèdre, l'autre d'Elpis. Deux autres de ses femmes n'eurent pas d'enfants : l'une était sa cousine germaine, l'autre sa nièce[3]. Enfin, il lui restait deux filles de Mariamme (I)[4], sœurs d'Alexandre et d'Aristobule. Vu le grand nombre de ces enfants, Antipater demandait de changer l'ordre des mariages.

564.   5. Le roi entra dans une vive indignation, quand il apprit les senti-

---

1. Dix en comptant Mariamme Ire. On ne voit pas bien si toutes ces neuf épouses doivent être considérées comme simultanées.
2. Fils de Joseph, tué au combat de Jéricho.
3. On ignore leurs noms.
4. Salampsio et Cypros.

565.

ments d'Antipater à l'égard des orphelins, et, songeant à ceux qu'il avait tués, un soupçon lui vint qu'eux aussi n'eussent été victimes des calomnies d'Antipater. A ce moment donc, il répondit longuement, avec colère, et chassa Antipater de sa présence : ensuite, cependant, séduit par ses flatteries, il changea de sentiment et fit épouser à Antipater lui-même la fille d'Aristobule, tandis qu'il unissait à la fille de Phéroras le fils d'Antipater.

566.

6. Rien ne montre mieux l'empire des flatteries d'Antipater en cette occasion, que l'insuccès de Salomé dans des circonstances toutes semblables. Bien qu'elle fût la sœur d'Hérode et recourût à l'intercession de l'impératrice Livie pour supplier le roi de lui laisser épouser l'Arabe Sylléos [1], Hérode jura qu'il la tiendrait pour sa plus cruelle ennemie, si elle ne renonçait à cette passion ; enfin, il la maria malgré elle à un de ses amis, nommé Alexas, et unit l'une des filles de Salomé [2] au fils d'Alexas, l'autre [3] à l'oncle maternel d'Antipater. Quant aux filles de Mariamme, l'une [4] épousa Antipater, fils de la sœur d'Hérode, l'autre [5] Phasaël, fils de son frère.

XXIX

1. *Intrigues d'Antipater et de la femme de Phéroras.* — 2. *Phéroras refuse de divorcer. Antipater se fait envoyer à Rome.* — 3. *Intrigues de Sylléos ; découverte du complot de Corinthos.* — 4. *Exil et mort de Phéroras.*

567.

1 [6]. Lorsqu'Antipater eut anéanti les espérances des orphelins et réglé les mariages à sa convenance, il crut pouvoir se reposer sur

1. D'après *Ant.*, XVII, § 10, Julie (Livie) aurait, au contraire, détourné Salomé de cette passion.
2. On ignore son nom et celui de son mari.
3. Bérénice, veuve d'Aristobule. Son second mari s'appelait Theudion.
4. Cypros.
5. Salampsio.
6. Section 1 = *Ant.*, XVII, 2, 4. Section 2 = *Ant.*, XVII, 3, § 46-53. Section 3 = *ibid.*, § 54 57. Section 4 = *ibid.*, § 58-60.

la certitude de ses propres chances, et, joignant désormais la présomption à la méchanceté, se rendit insupportable. Impuissant à détourner la haine qu'il inspirait à chacun, c'est par la terreur qu'il voulut pourvoir à sa sûreté ; il trouva un auxiliaire dans Phéroras,

568. qui considérait déjà sa royauté comme assurée. Il se produisit aussi à la cour une conjuration de femmes, qui suscita de nouveaux troubles. L'épouse de Phéroras, coalisée avec sa mère, sa sœur et la mère d'Antipater, se livra dans le palais à mille insolences et osa même insulter deux jeunes filles du roi [1] ; pour ces motifs, Hérode la poursuivit âprement de sa haine ; mais, haïes du roi, ces femmes n'en

569. dominaient pas moins les autres. Seule, Salomé s'opposa résolument à cette ligue et la dénonça au roi comme une association contraire à ses intérêts. Quand les femmes apprirent cette dénonciation et la colère d'Hérode, elles cessèrent de se réunir ouvertement et de se montrer une affection mutuelle : au contraire, elles feignirent une inimitié réciproque, dès que le roi pouvait les entendre; Antipater

570. jouait la même comédie, querellant ostensiblement Phéroras. Mais elles continuèrent à tenir des conciliabules secrets et des festins nocturnes, et la surveillance dont elles étaient l'objet resserrait leur accord. Cependant Salomé n'ignorait aucun détail de cette conduite et rapportait tout à Hérode.

571. 2. Le roi s'enflammait de colère, surtout contre la femme de Phéroras, objet principal des accusations de Salomé. Il convoqua donc une réunion de ses amis et parents et accusa cette créature d'une foule de méfaits, entre autres d'avoir insulté les filles du roi, fourni des subsides aux Pharisiens contre lui [2], aliéné son frère en l'ensorcelant par un breuvage. Comme conclusion, il interpella Phé-

572. roras, l'invitant à choisir entre deux partis : son frère ou sa femme. Phéroras répondit qu'il renoncerait plutôt à la vie qu'à sa femme. Hérode, ne sachant que faire, se retourna vers Antipater et lui

---

1. Salomé et Roxane. *Ant.*, XVII, 34 (et 46), ne mentionne pas ces injures (qu'on retrouve ici § 571), mais des avanies faites par la femme de Phéroras à des filles du premier lit de son mari.

2. Elle avait payé l'amende à laquelle ils avaient été condamnés pour refus de serment à l'avènement du roi. En retour, ils prophétisaient la couronne à la descendance de cette femme, dont on connaît l'origine servile.

défendit d'avoir désormais aucun commerce avec la femme de Phéroras, ni avec Phéroras lui-même, ni avec personne de leur coterie. Antipater se conforma ostensiblement à cet ordre, mais en secret et
573. de nuit il continua à voir cette société. Craignant toutefois l'espionnage de Salomé, il prépara, de concert avec ses amis d'Italie, un voyage à Rome. Ceux-ci écrivirent au roi qu'il fallait bientôt envoyer Antipater auprès de César ; Hérode le fit partir incontinent avec une suite brillante, lui confiant une somme d'argent considérable et un testament où le roi déclarait Antipater son successeur et lui donnait comme successeur à lui-même Hérode, né de Mariamme, fille du grand-prêtre[1].

574. 3. Sylléos l'Arabe partit aussi pour Rome, afin de se justifier d'avoir enfreint les ordres d'Auguste et de recommencer contre Antipater la plaidoirie qu'il avait naguère soutenue contre Nicolas[2]. Il avait aussi une grave contestation avec Arétas, son propre souverain, car il avait mis à mort nombre d'amis de ce prince, et, entre autres, Sohémos,
575. un des plus puissants personnages de Pétra[3]. Il sut gagner à gros prix Fabatus, intendant de César[4], et trouva en lui un auxiliaire, même contre Hérode. Cependant Hérode fit à Fabatus des dons encore plus considérables, le détacha ainsi de Sylléos et, par son ministère, tâcha de faire rentrer l'amende infligée à Sylléos par Auguste. Mais Sylléos ne voulut rien payer ; bien plus, il accusa Fabatus devant César, disant que cet intendant prenait, non pas les intérêts de l'empereur, mais ceux
576. d'Hérode. Fabatus, indigné de ce procédé et d'ailleurs toujours comblé d'honneurs par Hérode, trahit les secrets de Sylléos et révéla au roi que celui-ci avait corrompu à prix d'argent Corinthos, un de ses gardes du corps, et qu'il devait se méfier de cet homme ; le roi suivit ce conseil, sachant que ce Corinthos, quoique élevé dans le royaume, était

---

1. Fin 6 av. J.-C.
2. Nicolas de Damas avait en 7 av. J.-C. convaincu Sylléos de rapports mensongers sur l'affaire de Trachonitide.
3. τῶν ἐν Πέτρᾳ δυνατωτάτων (Niese). La leçon des mss. signifierait : le personnage le plus puissant de Pétra.
4. διοικητής. C'était un esclave (ou un affranchi ?) de l'empereur, δοῦλος Καίσαρος, *Ant.*, XVII, 54, non un procurateur. Le récit de *Guerre* omet de dire que Sylléos finit par l'assassiner (*Ant.*, *ib.*).

577. Arabe de naissance. Il le fit arrêter aussitôt et avec lui deux autres Arabes qu'il avait trouvés à ses côtés, l'un ami de Sylléos, l'autre chef de tribu [1]. Mis à la torture, ces hommes avouèrent que Corinthos les avait engagés, par de fortes sommes, à tuer Hérode. Ils furent examinés encore par Saturninus, gouverneur de Syrie, et envoyés à Rome.

578.   4. En attendant, Hérode ne cessait de vouloir contraindre Phéroras à se séparer de son épouse ; il ne trouvait pas moyen [2] de punir cette créature, contre laquelle il avait tant de sujets de haine, jusqu'à ce qu'enfin, dans l'excès de sa colère, il la chassa de la cour en même
579. temps que son propre frère. Phéroras, acceptant patiemment cette avanie, se retira dans sa tétrarchie, jurant que le seul terme de son exil serait la mort d'Hérode et que jamais, du vivant de celui-ci, il ne retournerait auprès de lui. Effectivement, il ne revint jamais voir son frère, même pendant sa maladie et malgré ses continuels messages ; car Hérode, se sentant mourir, voulait lui laisser quelques instruc-
580. tions. Cependant le roi guérit contre tout espoir, et, peu après, Phéroras tombait malade. Hérode, moins entêté que son frère, vint le trouver et lui prodigua des soins affectueux. Mais il ne put triompher
581. du mal, et Phéroras mourut au bout de quelques jours. Malgré l'affection qu'Hérode eut pour lui jusqu'à la fin, le bruit se répandit qu'il l'avait, lui aussi, empoisonné. Il fit transporter le corps à Jérusalem, ordonna un grand deuil à tout le peuple et l'honora des funérailles les plus pompeuses [3].

---

1. φύλαρχος, ici et *Ant.*, XVII, 56, doit avoir, parlant d'un Arabe, ce sens.

2. ὃ δ' ἐπενόει PAM, οὐδὲ ἐπενόει LR. La conjecture ἀεὶ δ' ἐπενόει (ms. T, deuxième main) est ingénieuse.

3. Hiver 6/5 av. J.-C.

XXX

*1. Hérode découvre que Phéroras a été empoisonné par Sylléos. —
2-3. Révélations des femmes de Phéroras touchant Antipater. —
4. Doris répudiée. — 5-7. Découverte d'un complot formé par Antipater et Phéroras pour empoisonner Hérode.*

582.   1 [1]. Telle fut la fin d'un des meurtriers d'Alexandre et d'Aristobule.
Bientôt l'auteur principal de ce crime, Antipater, tomba à son tour,
par une conséquence lointaine de la mort de Phéroras. Quelques-uns
des affranchis de Phéroras allèrent, les yeux bas, trouver le roi et lui
dirent que son frère était mort empoisonné : sa femme lui avait offert
un mets peu ordinaire, et, aussitôt après l'avoir mangé, il était tombé
583.   malade. Or, deux jours auparavant, la mère et la sœur de sa femme
avaient amené une femme d'Arabie, experte en poisons, pour préparer
un philtre d'amour à Phéroras, au lieu de quoi elle lui avait donné un
breuvage de mort, à l'instigation de Sylléos [2], qui la connaissait.

584.   2. Aussitôt, assailli de nombreux soupçons, le roi fit mettre à la
torture les servantes et quelques femmes libres. Une de ces dernières
s'écria au milieu des douleurs : « Puisse le Dieu qui gouverne la terre
et le ciel frapper l'auteur de ces maux que nous souffrons, la mère
d'Antipater ! » Hérode, s'attachant à cet indice, poussa plus loin la
585.   recherche de la vérité. La femme dévoila alors l'amitié de la mère
d'Antipater pour Phéroras et les dames de sa famille, leurs rencontres
clandestines : elle dit que Phéroras et Antipater passaient des nuits à
boire avec elles, après avoir quitté le roi, sans laisser aucun serviteur
ni servante assister à ces réunions.

586.   3. Telles furent les révélations d'une des femmes libres. D'autre

1. Ch. xxx = *Ant.*, XVII, 4, 1-2.
2. D'après *Ant.*, XVII, § 63, la femme de Phéroras aurait été liée avec la
maîtresse de Sylléos.

part, Hérode fit torturer séparément toutes ces esclaves. Tous leurs
témoignages se trouvèrent concorder avec le précédent ; elles ajoutèrent que c'était par suite d'un accord qu'Antipater et Phéroras
s'étaient retirés l'un à Rome, l'autre dans la Pérée, car l'un et l'autre
se disaient souvent qu'Hérode, après avoir frappé Alexandre et Aristobule, s'attaquerait à eux et à leurs femmes : qu'ayant immolé
Mariamme et ses enfants, il n'épargnerait personne, et qu'il valait

587 donc mieux fuir le plus loin possible de cette bête féroce. Antipater,
disaient-elles encore, se plaignait souvent à sa mère d'avoir déjà des
cheveux gris, tandis que son père rajeunissait tous les jours ; il précé-
derait peut-être Hérode dans la tombe avant d'avoir vraiment régné. Si
même Hérode se décidait à mourir — et quand cela serait-il ? — il ne

588. jouirait que très peu de temps de son héritage. Car ne voyait-on pas
croître les têtes de l'hydre, les fils d'Aristobule et d'Alexandre ? Son
père ne lui avait-il pas ravi même l'espérance qu'il avait fondée sur
ses enfants ? Ne lui avait-il pas assigné pour héritier, non pas un de
ses propres fils, mais Hérode, le fils de Mariamme (II ? En cela, le roi
faisait d'ailleurs preuve de sénilité s'il pensait que ses dispositions
testamentaires seraient maintenues : car lui-même prendrait soin de

589. ne laisser en vie aucun de ses enfants. Ce père, le plus dénaturé qui
fut jamais, haïssait encore plus son frère que ses enfants. L'autre
jour encore, il avait donné à Antipater cent talents pour ne plus s'entretenir avec Phéroras : « Quelle offense, dit alors Phéroras, lui avons-
nous donc faite ? » Et Antipater : « Plût au ciel qu'il nous dépouillât
de tout et nous laissât la vie toute nue ! mais il est difficile d'échapper
à une bête aussi altérée de sang, qui ne vous laisse même pas aimer
ouvertement quelques amis. Voyons-nous donc maintenant en secret :
nous pourrons le faire ouvertement le jour où nous aurons le courage
et le bras d'un homme. »

590. 4. A ces révélations les femmes torturées ajoutaient que Phéroras
avait songé à fuir avec elles à Pétra [1]. Hérode ajouta foi à tous ces
témoignages, à cause du détail des cent talents : car il n'en avait parlé
qu'au seul Antipater. Sa colère se déchaîna d'abord sur Doris, mère

1. La leçon πετραίαν des mss. C et T est indéfendable, quoi qu'en dise Kohout.
Il faut ici un fait nouveau.

d'Antipater ; après l'avoir dépouillée de toutes les parures qu'il lui avait données et qui valaient beaucoup de talents. il la répudia pour

591. la seconde fois. Quant aux femmes de Phéroras, une fois torturées, il se réconcilia avec elles et leur prodigua ses soins. Mais tremblant de frayeur et s'enflammant au moindre soupçon, il faisait traîner à la question nombre d'innocents, dans la crainte que quelque coupable ne lui échappàt.

592.   5. Ensuite. il se tourna contre Antipater de Samarie, qui était inten-dant de son fils Antipater. En lui infligeant la torture. il apprit qu'An-tipater avait fait venir d'Egypte. pour tuer le roi. un poison mortel. par l'entremise d'Antiphilos. un de ses compagnons ; que Theudion. oncle maternel d'Antipater. l'avait reçu de cet homme et transmis à Phé-roras ; qu'Antipater avait. en effet. prescrit à Phéroras de tuer Hérode, pendant que lui-même serait à Rome. protégé contre tout soupçon ;

593. qu'enfin Phéroras avait remis le poison aux mains de sa femme. Le roi envoya chercher cette femme et lui commanda d'apporter sur-le-champ ce qu'on lui avait confié. Elle sortit comme pour le chercher, mais se précipita du haut du toit pour échapper à la preuve de son crime et aux outrages du roi ; cependant la Providence. ce semble. qui poursuivait Antipater. la fit tomber non sur la tête. mais sur le dos. et

594. la sauva. Transportée près du roi, celui-ci lui fit reprendre ses sens, car la chute l'avait fait évanouir ; puis il lui demanda pourquoi elle s'était jetée du toit ; il déclara avec serment que, si elle disait la vérité, il lui épargnerait tout châtiment. mais que. si elle dissimulait, il déchirerait son corps dans les tourments et n'en laisserait même rien pour la sépulture.

595.   6. La femme garda un instant le silence, puis s'écria : « Après tout. pourquoi respecterais-je encore ces secrets, maintenant que Phéroras est mort ? pourquoi sauverais-je Antipater. l'auteur de notre perte à tous ? Ecoute-moi, ô roi ; qu'il m'entende aussi. Dieu.

596. témoin de la vérité de mes paroles. juge infaillible ! Quand tu étais assis en pleurant auprès de Phéroras mourant, il m'appela pour me dire : « Femme je me suis trompé sur les sentiments de mon frère à mon égard ; je l'ai haï, lui qui m'aimait tant ; j'ai comploté de tuer celui qui se montre si bouleversé de chagrin avant même ma mort.

Pour moi, je reçois le prix de mon impiété ; quant à toi, apporte-moi le poison que tu gardes pour lui et qu'Antipater nous a laissé, détruis-le promptement sous mes yeux, pour que je n'aille pas me

597. nourrir[1] aux enfers mêmes un démon vengeur. » J'apportai le poison, comme il l'ordonnait ; sous ses yeux, j'en jetai au feu la plus grande partie : je n'en ai gardé pour moi qu'une petite dose contre les incertitudes de l'avenir et la crainte que tu m'inspirais. »

598. 7. Après avoir fait cette déclaration, elle apporta la boîte qui ne renfermait qu'un petit reste de poison. Le roi fit alors mettre à la question la mère et le frère d'Antiphilos ; ceux-ci avouèrent qu'Antiphilos avait apporté d'Egypte cette boîte et qu'il tenait le poison d'un de ses frères, médecin à Alexandrie.

599. Ainsi les mânes d'Alexandre et d'Aristobule[2] se promenaient à travers tout le palais, recherchant et dévoilant tous les mystères, et traînant devant le juge ceux mêmes qui paraissaient le plus à l'abri du soupçon. C'est ainsi qu'on découvrit aussi que Mariamme, la fille du grand-prêtre, avait été partie au complot ; ses frères, mis à la tor-

600. ture, la dénoncèrent. Le roi punit sur le fils l'audace de la mère : Hérode, qu'il avait donné pour successeur à Antipater, fut rayé de son testament.

XXXI

1-2. Perfidie d'Antipater dénoncée par son affranchi Bathyllos. — 3-5. Retour et accueil d'Antipater.

601. 1[3]. Le dernier anneau dans la chaîne des preuves du complot d'Antipater fut apporté par son affranchi Bathyllos. Ce personnage arriva

---

1. τρέφοιμι (Naber) au lieu de φέροιμι des mss.
2. Image toute païenne, empruntée sans réflexion à Nicolas. Elle reparaît plus loin, § 607.
3. Sections 1-2 = *Ant.*, XVII, 4, 3 Sections 3-5 = *Ant.*, XVII, 5, 1-2.

602. avec un second poison, composé de venin d'aspic et des sécrétions d'autres serpents, dont Phéroras et sa femme devaient s'armer contre le roi, si le premier manquait son effet. Par un surcroît de perfidie contre Hérode, Antipater avait remis à cet homme des lettres astucieusement rédigées contre ses frères, Archélaüs et Philippe. Ces fils

603. du roi, qu'il faisait élever à Rome, étaient déjà des adolescents pleins de hautes pensées. Antipater, qui voyait en eux un obstacle à ses espérances, chercha à s'en défaire au plus vite ; il forgea donc contre eux des lettres au nom de ses amis de Rome et détermina, contre espèces sonnantes, d'autres personnes à écrire que ces jeunes princes déblatéraient contre leur père, déploraient publiquement le sort d'Alexandre et d'Aristobule et s'irritaient de leur propre rappel : car leur père les avait mandés auprès de lui, et c'était là ce qui inquiétait le plus

604. Antipater.

2. Avant même son départ pour Rome, Antipater, étant encore en Judée, avait fait envoyer de Rome, à prix d'or, des lettres de ce genre contre ses frères; puis il était allé trouver son père, qui n'avait encore nul soupçon contre lui, et avait plaidé la cause de ses frères,

605. alléguant que telle chose était fausse, telle autre imputable à leur jeunesse. Pendant son séjour à Rome, comme il avait dû payer très grassement ceux qui écrivaient contre ses frères, il se préoccupa de dépister les recherches qu'on pourrait en faire. A cet effet, il acheta de riches vêtements, des tapis variés, de la vaisselle d'argent et d'or et beaucoup d'autres objets précieux, afin de pouvoir dissimuler, dans l'énorme total de ces dépenses, le salaire payé pour l'autre affaire Il

606. consigna une dépense totale de deux cents talents, dont le plus fort était mis au compte de son procès avec Sylléos. Toutes ces fourberies, même les moindres, furent alors découvertes en même temps que son grand forfait. Cependant, au moment même où toutes les tortures criaient son complot contre son père, où les lettres en question révélaient un nouveau projet de fratricide, aucun de ceux qui arrivaient à Rome ne lui apprit le drame qui se jouait en Judée :

607. et pourtant il s'écoula sept mois entre la preuve de son crime et son retour. Tant était forte la haine que tous lui portaient ! Peut-être y en eut-il qui avaient l'intention de lui apprendre ces nouvelles, mais

les mânes de ses frères, tués par lui, leur fermèrent la bouche. Il écrivit donc de Rome, annonçant avec joie son prochain départ et les honneurs que César lui faisait en le congédiant.

608.   3. Le roi, impatient de mettre la main sur le traître et craignant qu'Antipater, averti à temps, ne prît ses sûretés, lui écrivit, pour le tromper, une lettre pleine d'une feinte bienveillance, où il l'exhortait à hâter son retour. S'il faisait diligence, disait Hérode, il pourrait faire oublier les griefs qu'on avait contre sa mère, car Antipater n'ignorait pas que celle-ci eût été répudiée.

609.   Précédemment Antipater avait reçu à Tarente la lettre lui annonçant la mort de Phéroras; il avait donné de très grandes marques de deuil. Plusieurs lui en faisaient un mérite, l'attribuant à la perte d'un oncle, mais son émotion, à ce qu'il semble, se rapportait à l'échec de son complot : il pleurait en Phéroras non l'oncle, mais le complice. Puis la peur le prenait au souvenir de ses machinations : le poison

610. pouvait être découvert. Il reçut en Cilicie le message de son père dont nous venons de parler et hâta aussitôt son voyage. Cependant, en débarquant à Celenderis [1], la pensée lui vint de la disgrâce de sa mère,

611. et son âme eut une vision prophétique de sa propre destinée. Les plus prévoyants de ses amis lui conseillèrent de ne pas aller retrouver son père avant de savoir clairement les raisons pour lesquelles Hérode avait chassé sa mère : ils appréhendaient que les calomnies répandues

612. contre elle n'eussent quelque autre conséquence. Mais les imprudents, plus impatients de revoir leur patrie que de servir les intérêts d'Antipater, l'exhortèrent à faire diligence, tout retard pouvant donner à son père de fâcheux soupçons, à ses calomniateurs un prétexte favorable ; « même si quelque intrigue s'est tramée maintenant contre lui, c'est en raison de son absence ; lui présent, on n'aurait pas osé. Et puis il est insensé de sacrifier des biens certains à de vagues soupçons, de ne pas courir se jeter dans les bras d'un père pour recueillir un royaume

613. dont il supporte seul malaisément le poids. » Persuadé par ces discours ou plutôt poussé par sa destinée, Antipater continua sa route et débarqua au port d'Auguste, à Césarée.

1. Il semble qu'il y ait là quelque confusion, car Celenderis est un des premiers ports de la Cilicie Trachée et il semble qu'Antipater ait dû aborder là.

614.   4. Là, contre son attente, il trouva une profonde solitude ; tous se détournaient, nul n'osait l'aborder. C'est qu'en effet, il était également haï de tous, et que la haine trouvait maintenant la liberté de se montrer. De plus, la crainte du roi intimidait grand nombre de gens, toutes les villes étaient remplies de rumeurs annonçant une disgrâce qu'Antipater était seul à ignorer : nul n'avait obtenu compagnie plus brillante que la sienne à son départ pour Rome, nul ne rencontra

615. jamais accueil plus glacial que celui qui reçut son retour. Cependant Antipater, devinant les tragédies qui s'étaient déroulées au palais, dissimulait encore par une habileté scélérate. Mourant de crainte

616. au fond du cœur, il sut se faire un front d'airain. D'ailleurs, il n'y avait plus moyen de fuir, d'échapper aux dangers qui l'entouraient. Même alors, il ne reçut aucune nouvelle certaine de ce qui se passait au palais, tant les menaces du roi jetaient l'épouvante ; et il gardait encore un rayon d'espoir : peut-être n'avait-on rien découvert; peut-être, si l'on avait découvert quelque chose, saurait-il à force d'impudence et de ruses, ses seuls moyens de salut, dissiper l'orage.

617. 5. Ainsi armé, il se rendit au palais, sans ses amis, car on les avait injuriés et écartés dès la première porte. A l'intérieur se trouvait Varus, gouverneur de Syrie [1]. Antipater entra chez son père et, payant

618. d'audace, s'approcha de lui pour l'embrasser. Mais le roi, tendant les bras pour l'écarter et détournant la tête : « Voilà bien, s'écria-t-il, la marque d'un parricide, de vouloir m'embrasser, quand il est sous le coup de pareilles accusations. Sois maudite, tête sacrilège; n'ose pas me toucher avant de t'être disculpé. Je t'accorde un tribunal et, pour juge, Varus, qui vient ici fort à propos. Va, et prépare ta défense

619. jusqu'à demain; je laisse ce délai à tes artifices. » Le prince, stupéfait, se retira sans pouvoir rien répondre, puis sa mère et sa femme [2] vinrent le trouver et lui rapportèrent en détail toutes les preuves rassemblées contre lui. Alors il se recueillit et prépara sa défense.

---

1. P. Quintilius Varus, légat de Syrie, de 6 à 4 av. J.-C. C'est le   ir vaincu de Teutoburg.

2. Non pas la fille d'Aristobule, mais celle du roi Antigone (*Ant.*, XVII, 92).

XXXII

1-4. — Mise en jugement d'Antipater : discours d'Hérode, d'Antipater et de Nicolas. — 5. Issue du procès. — 6. Découverte du faux d'Antipater contre Salomé. — 7. Maladie et nouveau testament d'Hérode en faveur d'Antipas.

620. 1 [1]. Le lendemain, Hérode réunit le Conseil de ses parents et amis ; il y convoqua également les amis d'Antipater. Lui-même présidait avec Varus ; il fit introduire tous les dénonciateurs, parmi lesquels se trouvaient quelques serviteurs de la mère d'Antipater, récemment arrêtés, porteurs d'une lettre de Doris à son fils, rédigée en ces termes : « Puisque ton père a tout découvert, ne te présente pas devant lui, si

621. tu n'as obtenu quelques troupes de l'empereur. » Quand ceux-ci et les autres eurent été introduits, Antipater entra et tomba prosterné aux pieds de son père : « Mon père, dit-il, je te supplie de ne pas me condamner d'avance, mais d'accorder à ma défense une oreille sans prévention, car je saurai démontrer mon innocence, si tu le permets. »

622. 2. Hérode lui hurla de se taire et dit à Varus : « Je suis persuadé, Varus, que toi, et tout juge intègre, vous condamnerez Antipater comme un scélérat. Mais je crains que ma destinée ne vous semble aussi digne de haine et que vous ne me jugiez digne de tous les malheurs pour avoir engendré de tels fils. Plaignez-moi plutôt d'avoir

623. été un père tendre envers de pareils misérables. Ceux que précédemment j'avais tout jeunes désignés pour le trône, que j'avais fait élever a grands frais à Rome, introduits dans l'amitié de César, rendus pour

---

1. Sections 1-2 = *Ant.*, XVII, 5, 3. Section 3 = *ibid.*, 5, 4. Section 4 = *ibid*, 5, 5 et 6 (jusqu'au § 126). Section 5 = *ibid.*, § 127-133. Section 6 = *ibid.*, § 134-141. Section 7 = *ibid.*, 5, 8 et 6, 1 (jusqu'au § 147).

les autres rois un objet d'envie, j'ai trouvé en eux des traîtres. Leur mort a surtout servi les intérêts d'Antipater : il était jeune, il était mon héritier, et en les supprimant c'est surtout à sa sécurité que je veillais.

624. C'est alors que ce monstre impur, gorgé des bienfaits de mon indulgence, a tourné contre moi sa satiété : il lui a paru que je vivais bien longtemps, ma vieillesse lui pesait, il n'a pu supporter l'idée de devenir roi autrement qu'à la faveur d'un parricide. C'est ainsi qu'il me récompensait de l'avoir rappelé de la campagne où il était relégué, d'avoir

625. écarté les fils nés d'une reine, pour l'appeler à ma succession ! Je confesse, Varus, ma propre démence. Ces fils, je les ai excités contre moi en retranchant, dans l'intérêt d'Antipater, leurs justes espérances. Quand leur ai-je jamais fait autant de bien qu'à celui-ci? De mon vivant, je lui ai presque cédé le pouvoir; je l'ai, dans mon testament rendu public, désigné pour héritier de mon sceptre, je lui ai assigné un revenu particulier de cinquante talents[1], sans compter d'infinies largesses sur mes propres biens; tout récemment, quand il est parti pour Rome, je lui ai donné trois cents talents et l'ai même recommandé à

626. César, seul de tous mes enfants, comme le sauveur de son père. Et quel crime les autres ont-ils commis comparable à celui d'Antipater ? Quelle preuve fut portée contre eux aussi décisive que celle qui établit

627. sa trahison? Pourtant le parricide ose parler, il espère, une fois de plus, étouffer la vérité sous ses mensonges ! Varus, c'est à toi de te garder, car moi, je connais le monstre, je devine ses discours spécieux, ses gémissements simulés : c'est lui qui me conseilla jadis, du vivant d'Alexandre, de prendre mes sûretés contre lui et de ne pas confier ma vie à tout le monde; c'est lui qui m'accompagnait jusqu'à ma couche, regardant partout s'il n'y avait pas un assassin caché; c'est lui qui m'octroyait mon sommeil, assurait ma tranquillité, me consolait du chagrin que m'inspiraient mes victimes, sondait les sentiments de ses frères survivants : le voilà mon bouclier, mon garde du corps !

628. Quand je me rappelle, Varus, dans chaque circonstance, sa fourberie et son hypocrisie, je doute de ma propre existence et m'étonne d'avoir pu échapper à un traître aussi profond. Mais puisqu'un mauvais génie

1. D'après *Ant.*, XVI, 250, Antipater avait même reçu en apanage un territoire rapportant 200 talents.

s'acharne à vider mon palais et dresse l'un après l'autre contre moi les êtres qui me sont le plus chers, je pleurerai sur mon injuste destinée, je gémirai en moi-même sur ma solitude, mais je ne laisserai échapper au châtiment aucun de ceux qui ont soif de mon sang, quand bien même tous mes enfants devraient y passer. »

629. 3. A ces mots, l'émotion lui coupa la voix : il ordonna à Nicolas, un de ses amis, d'exposer les charges. Alors Antipater, qui jusque-là était resté prosterné aux pieds de son père, releva la tête et s'écria :

630. « C'est toi-même, mon père, qui viens de présenter ma défense. Comment serais-je parricide, moi qui, de ton aveu, t'ai toujours servi de gardien ? Tu appelles artifice et feinte ma piété filiale. Comment donc moi, si rusé en toute occasion, aurais-je été assez insensé pour ne pas comprendre qu'il était difficile de dissimuler aux hommes mêmes la préparation d'un pareil forfait et impossible de le cacher au

631 Juge céleste, qui voit tout, qui est présent partout ? Est-ce que, par hasard, j'ignorais la fin de mes frères, que Dieu a si durement punis de leur perfidie envers toi ? Et puis, quel motif aurait pu m'exciter contre toi ? L'espérance de régner ? mais j'étais roi ! Le soupçon de ta haine ? mais n'étais-je pas chéri ? Avais-je quelque autre raison de craindre ? mais, en veillant à ta sûreté, j'étais un objet de crainte pour autrui. Le besoin d'argent ? mais qui donc avait ses dépenses plus largement pour-

632. vues ? En admettant que je fusse né le plus scélérat de tous les hommes et que j'eusse l'âme d'une bête féroce, n'aurais-je pas été, mon père, apprivoisé par tes bienfaits ? car, comme tu l'as dit toi-même, tu m'as rappelé de l'exil, tu m'as préféré à un si grand nombre de fils ; de ton vivant tu m'as proclamé roi, en me comblant de tous les biens tu m'as

633. rendu un objet d'envie ! O le funeste voyage, cause de mon malheur ! c'est lui qui a laissé le champ libre à la haine et une longue avance aux complots. Mais ce voyage, je l'ai entrepris dans ton intérêt, mon père, pour soutenir ton procès et empêcher Sylléos de mépriser ta vieillesse. Rome m'est témoin de ma piété filiale, et aussi César, le patron de l'univers, qui m'appelait souvent « Philopator ». Prends, mon père, cette lettre de lui. Elle mérite plus de créance que les calomnies qu'on répand ici : qu'elle soit ma seule défense ; voilà la

634. preuve de mon amour pour toi. Souviens-toi que je ne suis pas parti

pour Rome de plein gré ; je savais quelle hostilité cachée me guettait
dans ce royaume. Et toi, mon père, tu m'as perdu, malgré toi, en
m'obligeant à laisser ainsi le champ libre à la haine et à la calomnie.
Me voici enfin présent pour réfuter mes accusateurs : me voici, moi, le
prétendu parricide, qui ai traversé les terres et les mers sans éprouver

635. aucun dommage. Pourtant, cet indice même d'innocence ne m'a pas
servi : Dieu m'a condamné, et toi aussi, mon père. Mais, quoique
condamné, je te prie de ne pas t'en rapporter aux aveux arrachés
par la torture à d'autres. Apportez contre moi le feu ! Fouillez mes
entrailles avec le fer ! N'ayez aucune pitié de ce corps impur ! Car si je

636. suis parricide, je ne dois pas mourir sans avoir été torturé. » Ces excla-
mations, mêlées de gémissements et de larmes, excitaient la pitié de
tous et notamment de Varus : seul Hérode restait les yeux secs, dominé
par sa colère, et surtout parce qu'il savait que les preuves étaient
authentiques[1].

637.   4. Là-dessus Nicolas, comme l'avait ordonné le roi, prit la parole.
Il parla d'abord longuement de la fourberie d'Antipater et dissipa les
impressions de pitié que celui-ci avait fait naître ; puis il développa un
âpre réquisitoire, attribuant à Antipater tous les méfaits commis dans
le royaume, en particulier le supplice de ses frères, dont il montra la
cause dans les calomnies d'Antipater. Il ajouta que celui-ci ourdissait
la perte de ceux qui restaient, les soupçonnant de guetter la succession ; et pourquoi celui qui avait préparé le poison pour son père

638. aurait-il épargné ses frères ? Arrivant ensuite aux preuves de l'empoisonnement, il exposa successivement tous les témoignages ; il s'indigna qu'Antipater eût fait d'un homme tel que Phéroras un fratricide ;
il montra l'accusé corrompant les plus chers amis du roi, remplissant
tout le palais de scélératesse. Après avoir ajouté nombre d'autres
griefs et arguments, il mit fin à sa harangue.

639. 5. Varus ordonna à Antipater de présenter sa défense. Le prince
se borna à dire que Dieu était témoin de son innocence et resta
étendu, sans parler. Alors le gouverneur demanda le poison et en
fit boire à un prisonnier, condamné à mort, qui rendit l'âme sur

---

1. D'après *Ant.*, XVII, 106, les assistants auraient pourtant soupçonné qu'Hérode était ébranlé.

640. le champ. Après quoi, Varus s'entretint secrètement avec Hérode, rédigea son rapport à Auguste, et partit au bout d'un jour. Le roi fit mettre aux fers Antipater et envoya des messagers à César pour l'informer de cette catastrophe.

641. 6. On découvrit ensuite qu'Antipater avait comploté aussi contre Salomé. Un des serviteurs d'Antiphilos vint de Rome, apportant des lettres d'une suivante de Livie, nommée Acmé. Elle mandait au roi qu'elle avait trouvé des lettres de Salomé dans la correspondance de

642. Livie et les lui envoyait secrètement pour l'obliger. Ces lettres de Salomé, qui contenaient les injures les plus cruelles envers le roi et un long réquisitoire, Antipater les avait forgées, et il avait persuadé

643 Acmé, en la soudoyant, de les envoyer à Hérode Il fut convaincu de ce faux par une lettre que lui écrivait cette femme en ces termes : « Selon ton désir, j'ai écrit à ton père et je lui ai adressé les lettres en question, certaine qu'après les avoir lues, il n'épargnera pas sa sœur. Tu feras bien, quand tout sera achevé, de te rappeler tes promesses. »

644. 7. Après avoir saisi cette lettre et celles qui avaient été composées contre Salomé, le roi conçut le soupçon qu'on avait peut-être aussi forgé les lettres qui avaient perdu Alexandre [1]. Il fut pris d'un véritable désespoir à la pensée qu'il avait failli tuer aussi sa sœur à cause d'Antipater ; il ne voulut donc plus attendre pour le châtier de tous ces

645. crimes. Mais au moment où il se préparait à sévir contre Antipater, il fut atteint d'une grave maladie ; il écrivit cependant à César au sujet

646. d'Acmé et des intrigues tramées contre Salomé : puis il demanda son testament et le modifia. Il désigna pour roi Antipas, laissant de côté ses aînés, Archélaüs et Philippe, qu'Antipater avait également calomniés ; il légua à Auguste, outre des objets de prix [2], mille talents : à l'impératrice, aux enfants, amis et affranchis de l'empereur, environ cinq cents talents ; il partageait entre ses autres enfants [3] une assez grande quantité de terres et d'argent et honorait sa sœur Salomé des présents les plus magnifiques.

---

1. Il s'agit de la lettre supposée d'Alexandre au commandant de la place d'Alexandrion, *suprà*, § 528.

2. σὺν τοῖς διὰ (δίχα Havercamp) χρημάτων (χρυσωμάτων Bekker) δώροις, texte altéré.

3. Nous lisons avec Destinon παισί (mss. ἅπασι).

XXXIII

1. *Aggravation de l'état d'Hérode.* — 2-4. *Sédition des fanatiques contre l'aigle d'or du temple ; châtiment des coupables.* — 5. *Hérode à Callirhoé.* — 6. *Hérode à Jéricho ; arrestation des notables.* — 7. *Supplice d'Acmé et d'Antipater. Dernier testament d'Hérode en faveur d'Archélaüs.* — 8. *Mort d'Hérode. Lecture de son testament.* — 9. *Ses obsèques.*

647. 1[1]. Telles furent les corrections qu'Hérode fit à son testament. Cependant sa maladie allait s'aggravant, comme il était fatal d'une indisposition survenue chez un vieillard démoralisé. Car il avait déjà presque soixante-dix ans, et ses malheurs domestiques l'avaient tellement abattu que, même en bonne santé, il ne jouissait plus d'aucun des plaisirs de la vie. Sa maladie s'exaspérait à la pensée qu'Antipater était encore vivant, car il avait décidé de le mettre à mort, non pas à la dérobée, mais lui présent et rétabli.

648. 2. A toutes ces misères vint s'ajouter un soulèvement du peuple. Il y avait dans la capitale deux docteurs qui passaient pour fort experts dans les lois des ancêtres et qui, pour cette raison, jouissaient dans toute la nation d'une très grande renommée : ils s'appe-

649. laient Judas, fils de Sepphorée, et Matthias, fils de Margalos[2]. Ces docteurs expliquaient les lois devant un nombreux auditoire de jeunes gens et, tous les jours, ils réunissaient ainsi une véritable armée d'hommes à la fleur de l'âge. Quand ils surent que le roi se consumait de chagrin et de maladie, ils firent entendre confidentiel-

---

1. Section 1 = *Ant.*, XVII, 6, 1, § 148. — Sections 2-4 = *Ant.*, XVII, 6, 2-4. — Sections 5-6 = *ibid.*, 6, 5-6. — Section 7 = *Ant.*, XVII, 7 et 8, 1 (§ 188-190). — Section 8 = *Ant.*, XVII, 8, 1 (§ 191 et suiv.) à 3.

2. Les pères des deux docteurs s'appellent dans *Ant.*, XVII, § 149, Σαρι-φαῖος et Μεργάλωθος.

lement à leurs amis que le moment était venu de venger Dieu et de
650. détruire les ouvrages élevés au mépris des lois nationales. Il était, en
effet, interdit de placer dans le Temple des images, des bustes ou des
représentations quelconques d'êtres vivants. Or, le roi avait fait ériger
au-dessus de la grande porte du Temple [1] un aigle d'or ; les docteurs
exhortaient leurs amis à le détruire, proclamant que, si même l'acte
offrait quelque danger, il était beau de mourir pour la loi nationale ; car
l'âme de ceux qui avaient une telle fin était immortelle [2] et gardait
éternellement le sentiment de sa félicité, tandis que les âmes sans
noblesse qui n'avaient pas suivi leur enseignement s'attachaient par
ignorance à la vie et préféraient à une fin héroïque la mort par la
maladie.

651. 3. Pendant qu'ils discouraient ainsi, le bruit se répandit que le roi
était à la mort ; les jeunes gens se mirent à l'œuvre d'autant plus
hardiment. Au milieu du jour, à l'heure où, dans le Temple, circulait
beaucoup de monde, ils se firent descendre du toit au moyen de
652. grosses cordes et brisèrent à coups de hache l'aigle d'or. Le préfet du
roi, aussitôt informé, accourut avec un fort détachement, arrêta
653. environ quarante jeunes gens et les conduisit devant le roi. Hérode
leur demanda d'abord s'ils avaient osé abattre l'aigle d'or. Ils le reconnurent. — Qui vous l'a ordonné ? — La loi de nos pères. — Et pourquoi
tant de joie au moment où vous allez être mis à mort ? — C'est qu'après
notre mort, nous jouirons d'une félicité plus parfaite.

654. 4. Là-dessus, le roi entra dans une si violente colère qu'il en oublia
sa maladie. Il se fit porter dans l'assemblée [3] et y prononça un long
réquisitoire contre ces hommes : c'étaient des sacrilèges qui, sous
prétexte de servir la loi, poursuivaient, en réalité, un dessein plus
655. profond ; il fallait donc les punir comme des impies. Le peuple, craignant
que les poursuites ne s'étendissent démesurément, pria le roi de se

1. τὴν μεγάλην πύλην. Cf. *Ant.*, XVII, 151 : τοῦ μεγάλου πυλῶνος τοῦ ναοῦ. On ne
sait quelle est la porte ainsi désignée.
2. Dans le texte correspondant des *Ant.*, XVII, 153, il n'est point question de
cette immortalité.
3. Elle eut lieu, d'après *Ant.*, XVII, 161, à Jéricho, au théâtre, et c'était, non
une assemblée du peuple comme il est dit ici (§ 655), mais une réunion de magistrats (τοὺς ἐν τέλει.

borner à punir les machinateurs de l'entreprise ainsi que ceux qui
avaient été arrêtés en flagrant délit. et de détourner sa colère des
autres. Le roi se laissa fléchir à grand'peine : les jeunes gens qui
s'étaient fait descendre du toit et les docteurs furent brûlés vifs : les
autres prisonniers furent livrés aux bourreaux.

656.   5. A partir de ce moment. la maladie, ravageant tout son corps,
l'affligea de souffrances multiples. Sans avoir beaucoup de fièvre,
il éprouvait une insupportable démangeaison de toute la peau, de
continuelles tranchées, un œdème des pieds pareil à celui des
hydropiques ; en outre la tuméfaction du bas-ventre et une gangrène
des parties sexuelles qui engendrait des vers. enfin l'asthme, la suffo-
cation, des crampes de tous les membres. Il se trouva des prophètes
pour dire que ces douleurs étaient le châtiment du supplice des doc-
657.   teurs. Pourtant le roi. luttant contre tant de souffrances, s'accrochait
à la vie, espérait la guérison et imaginait remède sur remède. C'est
ainsi qu'il passa de l'autre côté du Jourdain pour prendre les bains
chauds de Callirhoé [1] : ces sources descendent vers le lac Asphaltite,
et leur douceur les rend potables. Là les médecins furent d'avis de
réchauffer tout son corps dans l'huile chaude ; comme il se détendait
dans une baignoire pleine d'huile. il défaillit. et ses yeux se retour-
658.   nèrent comme ceux d'un mort. Le tumulte et les cris de ses serviteurs
le firent revenir à lui, mais, désespérant désormais de sa guérison.
il ordonna de distribuer cinquante drachmes par tête aux soldats et des
sommes considérables aux officiers et à ses amis.

659.   6. Il prit le chemin du retour et parvint à Jéricho. Là, vomissant
déjà de la bile noire. il lança une sorte de défi à la mort même. en procédant à une exécution sacrilège. Il fit rassembler dans l'hippodrome
des citoyens notables de tous les bourgs de la Judée et ordonna de
660.   les y mettre sous clef. Puis. appelant auprès de lui sa sœur Salomé et
Alexas. mari de la princesse : « Je sais. dit-il. que les Juifs célébreront
ma mort par des réjouissances, mais j'ai un moyen de les faire pleurer
et d'obtenir des funérailles magnifiques si vous voulez suivre mes
instructions. Ces hommes que j'ai fait emprisonner, dès que j'aurai

1. Hammam ez-Zerka, à 2 lieues au N. de la mer Morte.

rendu le dernier soupir, faites-les aussitôt cerner et massacrer par des soldats ; ainsi toute la Judée, toutes les familles, qu'elles le veuillent ou non, pleureront sur moi. »

661. 7. Au moment où il donnait ces ordres, il reçut des lettres de ses ambassadeurs à Rome, qui lui apprenaient qu'Acmé avait été exécutée sur l'ordre de César et Antipater condamné à mort ; toutefois si son père voulait se borner à le bannir, César lui en donnait l'au-
662. torisation. Cette nouvelle lui rendit un moment de sérénité, mais ensuite, torturé par le manque de nourriture et une toux convulsive, vaincu par la douleur, il entreprit de devancer l'heure fatale. Il prit une pomme et demanda un couteau, car il avait coutume de couper lui-même ses aliments ; puis, après avoir guetté le moment où personne ne pourrait l'empêcher, il leva la main droite pour se frapper. Cependant Achab, son cousin, accourut assez vite pour retenir son
663. bras et arrêter le coup. Aussitôt de grands gémissements s'élevèrent dans le palais, comme si le roi était mort. Lorsqu'Antipater les entendit, il reprit courage, et, plein de joie, supplia ses gardes, en leur promettant de l'argent, d'enlever ses chaînes et de le mettre en liberté. Leur officier, non seulement s'y opposa, mais courut raconter au roi
664. cette tentative. Celui-ci poussa un cri qu'on n'eût pas attendu d'un malade et envoya aussitôt ses gardes tuer Antipater. Il fit ensevelir le cadavre à Hyrcanion. Après cela, il modifia encore son testament : il désigna pour héritier Archélaüs, son fils aîné, né du même lit qu'Antipas [1], et nomma ce dernier tétrarque.

665. 8. Après l'exécution de son fils, Hérode vécut encore cinq jours. Il expira après un règne de trente-quatre ans à compter du jour, où, Antigone mort, il devint le maître, trente-sept depuis le jour où les Romains l'avaient nommé roi [2]. Si l'on considère sa vie dans son ensemble, sa prospérité fut sans égale, car, simple particulier, il parvint à la couronne, la garda longtemps et la transmit à ses propres

1. Ils étaient tous deux fils de la Samaritaine Malthacé.
2. Hérode mourut en mars 4 av. J.-C. peu avant la Pâque, la 31e année depuis l'exécution d'Antigone (37 av.), la 37e depuis sa nomination à Rome (fin 40 av.). Josèphe compte donc comme pleines les années romaines commencées. Cf. Schürer, I², p. 416.

666. enfants ; en revanche, nul ne fut plus malheureux avec sa famille. Avant que l'armée eût appris la mort du roi, Salomé alla avec son mari délivrer les prisonniers qu'Hérode avait ordonné d'exécuter ; elle prétendit que le roi avait changé d'avis et prescrit de renvoyer tous ces hommes dans leurs foyers[1]. Après leur départ, les deux époux annoncèrent la mort aux soldats et les réunirent en assemblée avec le reste

667. du peuple dans l'amphithéâtre de Jéricho. Là, Ptolémée, à qui Hérode avait confié le sceau royal, s'avança, bénit la mémoire du roi et adressa des exhortations à la multitude : il lut aussi une lettre laissée par Hérode à l'adresse des soldats, où il les engageait en termes pres-

668. sants à aimer son successeur. Après cette lettre, Ptolémée brisa les cachets des codicilles et en donna lecture : Philippe y obtenait la Trachonitide et les districts[2] limitrophes ; Antipas, comme nous

669. l'avons dit, était nommé tétrarque[3]. Archélaüs roi. Hérode chargeait encore celui-ci de remettre à Auguste son anneau et les comptes de l'administration du royaume, dûment scellés ; car il désignait César comme arbitre de toutes ses dispositions et garant de son testament ; tout le reste devait être réglé suivant son testament précédent.

670. 9. Aussitôt s'élevèrent des acclamations en l'honneur d'Archélaüs ; les soldats, rangés par bataillons, vinrent, avec le peuple, lui promettre leur dévouement et invoquer sur lui la protection de Dieu. Ensuite on

671. s'occupa des funérailles du roi. Archélaüs n'épargna rien pour qu'elles fussent magnifiques. Il étala tous les ornements royaux qui devaient accompagner le mort dans sa tombe. Sur un lit d'or massif, constellé de pierreries, était jeté un tapis de pourpre brodé de couleurs variées ; le corps reposait sur cette couche, enveloppé d'une robe de pourpre, la tête ceinte du diadème, surmontée d'une couronne d'or, le sceptre

672. dans la main droite. Autour du lit marchaient les fils d'Hérode et la

---

1. Cette histoire, également racontée dans les *Antiquités*, se retrouve dans la *Megillat Taanith*, § 25, avec cette variante que le roi s'appelle Jannée et que *Salminón* est sa femme (Cf. Derenbourg, *Essai*, p. 164). On peut se demander si Josèphe suit ici sa source habituelle (Nicolas) ou une aggada.

2. Philippe était fils de Cléopâtre. — Le mot χωρίων peut désigner soit les districts, soit les places fortes limitrophes de la Trachonitide.

3. Entendez : tétrarque de la Pérée, comme l'avait été Phéroras (*Ant.*, XVI, 1, 188).

foule de ses parents, et après ceux-ci les gardes, les mercenaires
thraces, germains et gaulois, tous dans leur équipement de guerre.
Tout le reste de l'armée formait escorte [1] ; elle s'avançait en armes,
accompagnant en bon.ordre les généraux et les commandants : venaient,
enfin, cinq cents serviteurs et affranchis, portant des aromates. Le
corps fut ainsi transporté sur un parcours de 200 stades [2] jusqu'à
Hérodion, où il fut enseveli comme le roi l'avait prescrit. Ainsi finit
le règne d'Hérode.

673.

1. προῆγε. On voit par *Ant.*, XVII, 199 qu'elle marchait *derrière* la garde
κάτοπιν.

2. Nous suivons la leçon des mss. LVRC et de la traduction latine; d'autres
mss. ont ἑβδομήκοντα ; *Ant.*, XVII, 199, donne ὀκτώ! Hérodion était à 60 stades
de Jérusalem *supra*, § 419), mais ici le cortège part de Jéricho, qui était à
150 stades de la capitale (*Guerre*, IV, 474).

LIVRE II [1]

―――

I

1. *Avènement et promesses d'Archélaüs.* — 2-3. *Exigences de la multitude. Sédition provoquée à l'occasion des obsèques des docteurs martyrs; elle est étouffée dans le sang.*

1. 1[2]. La nécessité où se trouva Archélaüs d'entreprendre le voyage de Rome fut le signal de nouveaux désordres. Après avoir donné sept jours au deuil de son père et offert au peuple un somptueux banquet

―――

1. Ce livre va depuis la mort d'Hérode (4 av. J.-C.) jusqu'à l'explosion de la grande insurrection contre Rome (66 ap. J.-C.). Les six premiers chapitres (jusqu'au § 100), qui nous conduisent jusqu'à l'investiture définitive d'Archélaüs, ont sûrement pour source l'*Histoire* de Nicolas de Damas. Le long fragment 5 chez C. Müller, FHG. III, p. 351 354 raconte, en effet, les événements depuis l'affaire de Sylléus et le supplice des fils de Mariamme jusqu'à l'investiture d'Archélaüs d'une manière conforme au récit de Josèphe (ici et dans *Ant.*) et en termes souvent identiques. Müller range, il est vrai, ce fragment parmi les extraits de l'*Autobiographie* de Nicolas, mais le Cod. Escorialensis, qui l'a conservé, le donne comme extrait ἐκ τῆς ἱστορίας Νικολάου : si Nicolas y est constamment en scène, cela prouve seulement la vanité du personnage. Nicolas doit être mort à Rome pendant le principat d'Archélaüs. A partir du ch. VII (= *Ant.*, XVII, 12) Josèphe, privé de ce guide excellent, n'a eu jusqu'à l'époque où commencent ses souvenirs personnels (ch. XIII = *Ant.*, XX, 11) que des sources très défectueuses, par exemple des *Histoires générales* des empereurs romains, moins détaillées que celles qu'il a plus tard utilisées dans son récit des *Antiquités*.

2. Chapitre I = *Ant. jud.*, XVII, 8, 4 (§ 200) — 9, 3 (§ 218). Les événements racontés dans ce chapitre se placent au mois d'avril 4 av. J.-C. La Pâque tomba cette année le 11 avril.

funèbre — coutume juive qui réduit à la pauvreté bien des gens qui
se croient obligés de traiter ainsi tout le peuple, faute de quoi
ils passeraient pour impies[1] — il reprit un vêtement blanc et se
rendit au Temple, où le peuple le reçut avec des acclamations variées.

2. Archélaüs harangua les Juifs du haut d'une tribune élevée et d'un
trône d'or. Il témoigna sa satisfaction du zèle qu'ils avaient montré
pour les funérailles de son père et des marques d'affection qu'ils lui
donnaient comme à un roi déjà confirmé dans son pouvoir. Cependant, pour le moment, il s'abstiendrait non seulement d'exercer l'autorité d'un roi, mais encore d'en prendre le titre, jusqu'à ce que César,
que le testament d'Hérode avait fait maître de tout, eût ratifié ses

3. droits à la succession : déjà à Jéricho, quand l'armée avait voulu
ceindre son front du diadème, il ne l'avait pas accepté. Cela ne l'empêcherait pas de récompenser généreusement le peuple aussi bien que
les soldats de leur empressement et de leur dévouement dès que les
maîtres du monde lui auraient définitivement donné la couronne : car
il s'appliquerait en toutes choses à les traiter mieux que ne l'avait fait
son père.

4. 2. La multitude, enchantée de ces paroles, voulut aussitôt éprouver
les sentiments du prince en lui présentant force requêtes. Les uns lui
criaient d'alléger les tributs, les autres de supprimer les droits fiscaux[2],
quelques-uns de mettre en liberté les prisonniers. Dans son désir de
complaire à la foule, il s'empressa d'acquiescer à toutes ces demandes.

5. Ensuite il offrit un sacrifice et fit bonne chère avec ses amis. Vers le
soir, un assez grand nombre de citoyens, qui ne rêvaient que désordres,
s'assemblèrent, et, alors que le deuil général pour le roi était terminé, instituèrent une cérémonie et des lamentations particulières
en l'honneur de ceux qu'Hérode avait châtiés pour avoir abattu l'aigle

6. d'or de la porte du sanctuaire[3]. D'ailleurs rien de moins dissimulé
que ce deuil : c'étaient des gémissements perçants, un chant funèbre

1. Ces grands banquets funèbres appartiennent au judaïsme post-biblique ; on
a voulu cependant en trouver l'origine dans quelques textes prophétiques (Jérémie, xvi, 7 ; Ézéchiel, xxiv, 17 ; Osée, ix, 4). Cf. aussi II Sam., 3, 35.

2. τὰ τέλη. Il s'agissait surtout, comme le montre *Ant.*, 205, des droits perçus
sur les ventes et marchés.

3. Judas et Matthias. Voir plus haut, I, 649 suiv.

réglé, des coups, frappés sur la poitrine, qui retentissaient à travers
la ville entière; on prétendait honorer ainsi des hommes qui, par
amour pour les lois des ancêtres et pour le Temple, avaient, disait-on,
7. misérablement péri sur le bûcher. Il fallait, criait-on, venger ces
martyrs en châtiant les favoris d'Hérode, et tout d'abord destituer le
grand prêtre institué par lui[1], pour le remplacer par un homme plus
pieux et de mœurs plus pures.

8.   3. Archélaüs, piqué au vif, mais pressé de partir, voulut différer sa
vengeance; il craignait, s'il entrait en lutte avec la multitude, d'être
ensuite retenu par la fermentation générale. Aussi essaya-t-il de la
persuasion plutôt que de la force pour apaiser la sédition. Il envoya
9. secrètement son général pour exhorter les mutins au calme. Mais,
comme celui-ci se dirigeait vers le Temple, les factieux, avant même
qu'il eût ouvert la bouche, le chassèrent à coups de pierres; ils en
firent autant à ceux qu'Archélaüs envoya en grand nombre après
lui[2] pour les sermonner. A toutes les objurgations ils répondirent
avec colère, et il devint clair qu'on ne pourrait plus les maî-
10. triser si leur nombre venait à grossir. Comme la fête des Azymes,
que les Juifs nomment Pâque et qui comporte une grande quantité
de sacrifices, était arrivée, une innombrable multitude affluait de
la campagne pour célébrer la fête, et les instigateurs du deuil en
l'honneur des docteurs se groupaient dans le Temple, où leur faction
11. trouvait toujours de nouveaux aliments. Alors Archélaüs, pris de
crainte et voulant empêcher que cette peste ne se répandît dans tout le
peuple, envoya un tribun à la tête d'une cohorte, avec ordre de saisir
de force les promoteurs de la sédition. Mais toute la foule s'ameuta
contre cette troupe et l'assaillit d'une grêle de pierres: la plupart des
soldats périrent, tandis que le commandant, couvert de blessures, se
12. sauvait à grand'peine. Puis, comme si de rien n'était, les mutins retournèrent à leurs sacrifices. Archélaüs comprit alors que la multitude ne
pouvait plus être réprimée sans effusion de sang; il envoya donc
contre elle toute son armée, l'infanterie en bataille, à travers la ville, la

1. Joazar, de la famille de Boéthos (*Ant.*, XVII, 164).
2. Nous lisons avec la première main du Laurentianus μετ' αὐτόν (et non μετ'
αὐτοῦ). Cf. *Ant.*, 212.

13. cavalerie par la plaine. Les soldats, tombant à l'improviste sur la foule occupée à sacrifier, en tuèrent près de trois mille et dispersèrent le reste dans les montagnes du voisinage. Vinrent ensuite des hérauts d'Archélaüs ordonnant à chacun de rentrer à la maison, et tous, interrompant la fête, s'en retournèrent chez eux.

II

1. *Archélaüs part pour Rome.* — 2. *Le procurateur Sabinus à Jérusalem.* — 3-4. *Intrigues d'Antipas contre la confirmation d'Archélaüs.* — 5-7. *Conseil tenu par Auguste. Plaidoyers d'Antipater, fils de Salomé, et de Nicolas de Damas. Perplexité d'Auguste.*

14. 1[1]. Quant au prince lui-même, il descendit vers le littoral avec sa mère et ses amis Poplas[2], Ptolémée et Nicolas, laissant Philippe pour
15. administrer le palais et veiller à ses intérêts privés. Salomé partit aussi avec ses enfants, accompagnée de neveux et de gendres du roi, en apparence pour soutenir les droits d'Archélaüs à la succession, en réalité pour porter plainte contre lui au sujet des violations de la loi commises dans le Temple.
16. 2. Ils rencontrèrent à Césarée Sabinus, procurateur de Syrie[3], qui remontait vers la Judée pour prendre charge des trésors d'Hérode. Varus, qui survint, l'empêcha de continuer sa route : Archélaüs avait mandé ce gouverneur, par l'entremise de Ptolémée, avec d'instantes
17. prières. Sabinus, déférant aux désirs de Varus, renonça pour le moment à son projet de courir aux châteaux forts et de fermer à Archélaüs l'accès des trésors de son père ; il promit de se tenir en repos

---

1. Chapitre II = *Ant.*, XVII, 9, 3 (§ 219) — 7 (§ 249).
2. *Ant.*, XVII, 219, il est appelé Πτόλλας (d'autres mss. ont πολλούς).
3. Plus exactement *procurator Cæsaris* (Καίσαρος ἐπίτροπος τῶν ἐν Συρίᾳ πραγμάτων, *Ant.*, XVII, 221), c'est-à-dire procurateur du fisc impérial dans cette province.

18. jusqu'à la décision de César, et, en attendant, demeura à Césarée. Mais dès que ceux qui l'avaient arrêté furent partis, l'un pour Antioche [1], l'autre pour Rome, il se rendit en toute hâte à Jérusalem et prit possession du palais ; puis, mandant à lui les gouverneurs des châteaux et les intendants, il chercha à se procurer les comptes du 19. trésor et à mettre la main sur les châteaux. Cependant, les préposés se souvinrent des instructions d'Archélaüs : ils continuèrent à veiller scrupuleusement sur leur dépôt, dont ils devaient compte, disaient-ils, plus à César qu'à Archélaüs.

20. 3. Sur ces entrefaites, Antipas, à son tour, surgit pour disputer la royauté à son frère, soutenant que le codicille avait moins d'autorité que le testament où lui-même avait été désigné pour roi [2]. Salomé lui avait promis son aide, et aussi un grand nombre de ses parents [3] qui 21. faisaient la traversée avec Archélaüs. Il s'était concilié encore sa mère et le frère de Nicolas [4], Ptolémée, dont l'influence paraissait grande, à cause du crédit dont il avait joui auprès d'Hérode : de tous ses amis, c'est, en effet, Ptolémée que ce roi honorait le plus. Mais Antipas mettait surtout sa confiance dans la brillante éloquence de l'avocat Irénée : aussi écarta-t-il rudement ceux qui lui conseillaient de s'effacer devant Archélaüs par égard pour son droit d'aînesse et le 22. codicille. A Rome, le zèle de tous les parents qui haïssaient Archélaüs se tournait en faveur d'Antipas : tous désiraient en première ligne l'autonomie sous la tutelle d'un gouverneur romain : mais, à défaut de cette solution, ils préféraient avoir pour roi Antipas.

23. 4. Ils trouvèrent encore pour auxiliaire dans cette intrigue Sabinus qui, dans des lettres à César, accusa Archélaüs et fit un grand éloge 24. d'Antipas. Après avoir dressé leur réquisitoire, Salomé et ses amis le

---

1. Varus ne se rendit pas directement à Antioche, mais passa d'abord par Jérusalem pour y laisser une legion (*infra*, § 40).
2. Voir plus haut, I, 646.
3. πολλοὶ τῶν συγγενῶν. On pourrait être tenté de prendre le terme ici et au § 22 (et dans Nicolas fr. 5) au sens hiérarchique (hauts dignitaires), et non au sens littéral ; mais cf. *infra*, § 82, où le sens de parents est clair.
4. τὴν μητέρα καὶ τὸν ἀδελφὸν Νικολάου. Bien que le texte soit amphibologique, il s'agit probablement, comme l'ont pensé la plupart des interprètes, non de la mère de Nicolas, mais de la mère d'Antipas, la Samaritaine Malthacé, qui était aussi celle d'Archélaüs (cf. *supra*, I, 562).

remirent entre les mains de César ; Archélaüs répondit par un résume
de ses droits et fit adresser par Ptolémée à l'empereur l'anneau de son
25. père et les comptes du royaume. César, après avoir examiné en son
particulier les allégations des deux partis, supputé la grandeur du
royaume, le chiffre des revenus, et aussi le nombre des enfants
d'Hérode, après avoir pris connaissance des lettres que Varus et
Sabinus lui envoyaient sur ce sujet, réunit un Conseil des Romains
les plus considérables, où il fit pour la première fois entrer Caius, fils
d'Agrippa et de sa fille Julie, qu'il avait adopté : puis il ouvrit les
débats.

26. 5. Alors se leva Antipater, fils de Salomé, qui était de tous les
ennemis d'Archélaüs le plus habile orateur. Il se porta accusateur
d'Archélaüs. Tout d'abord, dit-il, Archélaüs, qui à l'heure actuelle fait
mine de demander la couronne, agit en fait comme roi depuis long-
27. temps. Il amuse maintenant les oreilles de César, mais il n'a pas
attendu sa sentence au sujet de la succession, puisque, après la mort
d'Hérode, il a soudoyé secrètement des gens pour lui ceindre le
diadème, qu'il a pris place sur le trône et donné audience à la manière
28. d'un roi, distribué des postes dans l'armée, accordé des dignités, promis au peuple toutes les grâces que celui-ci lui réclamait comme à un
roi, rendu à la liberté des hommes que son père avait emprisonnés
pour les plus graves délits. Et c'est après tout cela qu'il vient demander
à l'empereur l'ombre de cette royauté, dont il a usurpé la substance,
faisant ainsi de César un dispensateur non de réalités, mais de vains
29. titres ! — Antipater fit encore à son frère le reproche outrageant
d'avoir joué la comédie avec le deuil de son père, le jour donnant à
son visage l'expression de la douleur, la nuit banquetant jusqu'à
l'orgie. Si le peuple s'était soulevé, c'est qu'il était indigné de cette
30. conduite. Arrivant enfin au point principal de son discours, il
insista sur le grand nombre de Juifs massacrés autour du Temple,
malheureux qui s'étaient rendus à la fête et qui furent barbarement
immolés au moment où eux-mêmes allaient offrir leurs sacrifices. Il
y avait eu dans le Temple, disait-il, un amoncellement de cadavres
tel que n'en aurait pas produit une guerre étrangère survenue inopi-
31. nément. C'est parce qu'il devinait ce naturel féroce d'Archélaüs que

son père ne l'avait jamais jugé digne même d'espérer le trône,
jusqu'au jour où. malade d'esprit encore plus que de corps, incapable
d'un raisonnement sain, il n'avait même plus su quel nom il inscrivait
sur son codicille, alors qu'il n'avait aucun sujet de blâme contre
l'héritier qui figurait dans le testament, rédigé au temps où il avait

32. un corps plein de santé, une âme libre de toute passion. Si cependant
on voulait à toute force respecter le choix d'un malade. Archélaüs
s'était lui-même reconnu indigne de la royauté par les crimes dont il
l'avait souillée. Quel roi serait-il, une fois investi par César, lui qui,
avant de l'être, avait versé tant de sang !

33. 6. Après avoir exprimé beaucoup de griefs de ce genre et invoqué
comme témoins, à chacune de ces accusations, la plupart des princes

34. du sang, Antipater cessa de parler. Alors Nicolas se leva pour la
défense d'Archélaüs. Il montra que le massacre dans le Temple avait
été commandé par la nécessité : les victimes étaient non seulement
des ennemis de la royauté, mais encore de César, qui en était l'arbitre.

35. Quant aux autres faits reprochés à Archélaüs, ses accusateurs mêmes
les lui avaient conseillés. La validité du codicille était rendue éclatante

36. par le fait qu'il constituait César garant de la succession: le souverain assez sage pour remettre son pouvoir au maître du monde n'avait
pas dû se tromper dans la désignation de son héritier. Le choix de
l'investiteur garantissait la sagesse du choix de l'investi.

37. 7. Quand Nicolas eut achevé ses explications, Archélaüs s'avança et
tomba en silence aux genoux de César. L'empereur le releva avec
beaucoup de bienveillance, lui témoignant ainsi qu'il le jugeait digne
de la succession paternelle. mais ne lui donna aucune assurance

38. ferme. Après avoir congédié le Conseil, il passa ce jour-là à réfléchir
sur ce qu'il avait entendu, se demandant s'il valait mieux désigner
pour héritier un de ceux que nommaient les testaments. ou diviser le
royaume entre tous les enfants : car le grand nombre des membres de
cette famille paraissait exiger un soulagement.

III

1. *Mort de Malthacé. Sédition à Jérusalem, provoquée par les violences de Sabinus. — 2-3. Combat autour du Temple. Incendie des
portiques, pillage du Trésor. — 4. Sabinus cerné dans le palais
royal.*

39. 1 [1]. Avant que César eût pris une décision à cet égard, la mère
d'Archélaüs, Malthacé, mourut de maladie, et Varus envoya de Syrie
40. des lettres relatives à la défection des Juifs. Varus avait prévu cet
événement. Après le départ d'Archélaüs, il était monté à Jérusalem
pour contenir les mutins, et comme il était évident que le peuple
ne se tiendrait pas en repos, il avait laissé dans la ville une des trois
41. légions de Syrie qu'il avait amenées avec lui; lui-même s'en retourna à
Antioche. L'arrivée de Sabinus fournit aux Juifs l'occasion d'un soulèvement. Celui-ci essayait de contraindre par la violence les gardes à lui
livrer les citadelles, et recherchait avec âpreté les trésors royaux,
employant à cette tâche non seulement les soldats laissés par Varus,
mais encore la multitude de ses propres esclaves, qu'il pourvut tous
42. d'armes pour en faire les instruments de son avidité. Quand arriva la
Pentecôte [2] — les Juifs appellent ainsi une fête qui survient sept
43. semaines après Pâque et qui tire son nom de ce nombre de jours —
le peuple s'assembla non pour célébrer la solennité habituelle, mais
pour donner vent à sa colère. Une innombrable multitude afflua de la
Galilée, de l'Idumée, de Jéricho, de la Pérée située au delà du Jourdain, mais c'étaient surtout les indigènes de Judée qui se distinguaient
44. par le nombre et l'ardeur. Après s'être divisés en trois corps, les Juifs
établirent autant de camps, l'un du côté nord du Temple, l'autre au

---

1. Chapitre III = *Ant.*, XVII, 10, 1 (§ 250) — 3 (§ 268).
2. 30 mai, 4 av. J.-C.

midi, dans le voisinage de l'hippodrome [1], le troisième près du palais royal, au couchant. Investissant ainsi les Romains de toutes parts, ils les assiégèrent.

45.   2. Sabinus, effrayé de leur nombre et de leur audace, dépêcha à Varus messager sur messager, réclamant de prompts secours, assu-
46. rant que si le légat tardait, sa légion serait taillée en pièces. Lui-même, monté sur la plus haute tour de la citadelle, qui portait le nom de Phasaël, — en l'honneur du frère d'Hérode, tombé sous les coups des Parthes, — faisait signe de là aux soldats de sa légion d'attaquer les ennemis, car l'effroi lui ôtait le courage
47. de descendre même vers les siens. Les soldats, obéissant, s'élancèrent vers le Temple et engagèrent contre les Juifs une lutte acharnée. Tant que personne ne les combattit d'en haut, l'expérience militaire leur donna l'avantage sur des combattants novices ;
48. mais quand un grand nombre de Juifs, grimpant sur les portiques, firent pleuvoir de là des traits sur la tète des assaillants, beaucoup de ceux-ci périrent, et les Romains ne pouvaient ni se défendre contre ceux qui tiraient d'en haut, ni soutenir le corps à corps des autres.
49.   3. Ainsi accablés en haut et en bas, les légionnaires mirent le feu aux portiques, ouvrages merveilleux par leur grandeur et leur magnificence. Des Juifs qui les défendaient, les uns. en grand nombre, entourés soudain par l'incendie, périrent; d'autres, sautant parmi les ennemis, tombèrent sous leurs coups ; quelques-uns se précipitèrent à la renverse dans l'abîme, de l'autre côté des murs: plusieurs enfin, réduits au désespoir, se jetèrent sur leur propre épée pour éviter de
50. devenir la proie des flammes. Quant à ceux qui, s'étant glissés en bas du mur, vinrent se heurter contre les Romains, la stupeur où ils étaient plongés les livrait sans défense. Quand les uns furent morts, les autres dispersés par la panique, les légionnaires, s'élançant contre le trésor sacré, dénué de défenseurs, en enlevèrent près

1. L'emplacement exact de l'hippodrome est inconnu. Schick (*Der Tempel in Jerusalem*, p. 199) le place au-dessous de l'angle S -O. du parvis du Temple. Le passage correspondant de *Ant.*, XVII, 255 paraît altéré. D'après ce texte, le premier camp juif aurait été établi depuis le mur Nord du Temple jusqu'au mur Sud, sur le flanc Est de l'enceinte sacrée (?).

de 400 talents, dont Sabinus recueillit ce qui ne fut pas dérobé [1].

51.   4. Cependant ces destructions et ce carnage n'eurent pas d'autre effet que de dresser les Juifs plus nombreux et plus ardents contre les Romains. Cernant le palais, ils menacèrent de les tuer jusqu'au dernier s'ils ne se hâtaient de l'évacuer; si Sabinus voulait se retirer

52. avec sa légion, ils lui garantissaient la vie sauve. Les rebelles avaient avec eux la plupart des troupes royales, qui avaient passé de leur côté. Pourtant les soldats d'élite, 3.000 soldats Sébasténiens [2], ayant à leur tête Rufus et Gratus, commandants l'un de l'infanterie, l'autre de la cavalerie royale, — deux hommes qui, même sans troupes, valaient une armée par leur bravoure et leur science militaire —,

53. s'étaient joints aux Romains. Les Juifs continuèrent donc le siège, faisant effort contre les murailles de la citadelle : ils criaient à Sabinus et à ses gens de s'en aller, de ne pas opprimer des hommes qui voulaient recouvrer leur indépendance nationale depuis si longtemps

54. perdue [3]. Sabinus n'eût demandé qu'à partir, mais il se défiait des promesses, et leur douceur lui paraissait une amorce cachant un piège ; il espérait toujours le secours de Varus et il continuait à soutenir le siège.

IV

1. *Anarchie en Judée. Révolte en Idumée. Judas en Galilée.* — 2. *L'usurpateur Simon.* — 3. *Athrongéos et ses frères.*

1 [4]. Le reste du pays était aussi plein de troubles, et l'occasion

55. faisait surgir de nombreux prétendants à la royauté. En Idumée,

1. D'après *Ant.*, XVII, 264, Sabinus trouva 400 talents, *non compris* les sommes volées par la soldatesque.

2. On a remarqué (Hœlscher. *Quellen des Josephus*, p. 31) que la mention des Sébasténiens (c'est-à-dire des colons de Samarie-Sébasté), qui se trouve ici et ailleurs (§ 58, 63, 74), manque dans les passages correspondants des *Antiquités*.

3. Ces exhortations s'adressaient seulement à ceux des Juifs qui avaient passé au parti des Romains (*Ant.*. XVII, 267).

4. Chapitre IV = *Ant.*, XVII, 10, 4 (§ 269) — 8 (§ 285).

deux mille anciens soldats d'Hérode prirent les armes et combattirent les troupes royales que commandait Achab, cousin du roi. Celui-ci d'ailleurs se replia sur les places les plus fortes, évitant soigneusement de s'engager en rase campagne. A Sepphoris de Galilée, Judas,

56. fils de cet Ezéchias qui jadis avait infesté le pays à la tête d'une troupe de brigands et que le roi Hérode avait capturé [1], réunit une multitude considérable, saccagea les arsenaux royaux, et, après avoir armé ses compagnons, attaqua ceux qui lui disputaient le pouvoir [2].

57.   2. Dans la Pérée, Simon, un des esclaves royaux [3], fier de sa beauté et de sa haute taille, ceignit le diadème. Courant le pays avec des brigands qu'il avait rassemblés, il brûla le palais royal de Jéricho et

58. beaucoup de villas de gens opulents pour s'enrichir du pillage. Pas une maison de quelque apparence n'eût échappé aux flammes si Gratus, commandant de l'infanterie royale, prenant avec lui les archers de la Trachonitide et les plus aguerris des Sébasténiens,

59. n'eût barré le chemin à ce bandit. Nombre de Péréens tombèrent dans le combat : quant à Simon lui-même, comme il s'enfuyait par un ravin, Gratus lui coupa la retraite et frappa le fugitif d'un coup d'épée oblique qui sépara sa tête du tronc. A la même époque, le palais de Betharamphta [4], voisin du Jourdain, fut également incendié par d'autres insurgés de la Pérée.

60.   3. On vit alors un simple berger aspirer au trône. Il s'appelait Athrongéos et avait pour tout motif d'espérance la vigueur de son corps, une âme dédaigneuse de la mort, et quatre frères tout sem-

61. blables à lui. A chacun d'eux il confia une bande d'hommes armés, et les expédia en courses comme ses lieutenants et satrapes ; lui-même,

1. Cf. *supra*, I, 204.
2. τοῖς τὴν δυναστείαν ζηλοῦσιν, expression obscure, sens douteux.
3. Cf. Tacite, *Hist.*, V, 9 : *post mortem Herodis Simo quidam regium nomen invaserat.*
4. Les mss. ont βηθραμινεθα, βηθαρμαθου ; dans *Ant.*, 277, on lit ἐν Ἀμμάθοις (= Ἀραμάθοις). Il s'agit de la localité appelée jadis Beth-haram (Josué, xiii, 27 ; Nombres, xxxii, 36), ensuite Beth-Ramtha (Talmud de Jérusalem, *Schebiith*, 38 d) et qui, reconstruite par Hérode Antipas, prit le nom de *Julias* ou *Livias* (*Ant.*, XVIII, 27 : βηθαραμφθά). Cf. Schürer, II³, p. 167.

62. jouant au roi, se réservait les affaires les plus considérables. C'est
alors qu'il ceignit le diadème ; il se maintint assez longtemps, parcourant la montagne avec ses frères. Ils s'appliquaient surtout à tuer des
Romains et des gens du roi, mais ils n'épargnèrent pas davantage les
Juifs qui tombaient entre leurs mains, dès qu'il y avait quelque chose
63. à gagner. Ils osèrent un jour cerner près d'Emmaüs un fort détachement de Romains, qui portaient à la légion du blé et des armes. Leur
centurion Arius et quarante des plus braves tombèrent sous les traits
des brigands: le reste, qui risquait d'en subir autant, fut sauvé par
64. l'intervention de Gratus accompagné de ses Sébasténiens. Après avoir,
au cours de la guerre, surpris ainsi nombre de Juifs et de Romains,
ils furent enfin pris, l'aîné par Archélaüs, les deux suivants par Gratus
et Ptolémée, à qui le hasard les livra; le quatrième vint se rendre
65. à Archélaüs par composition [1]. Ce dénouement se produisit plus tard ;
à l'époque où nous parlons, ces hommes remplissaient toute la Judée
d'une véritable guerre de brigands.

V

1. *Marche de Varus au secours de Sabinus. Campagne de Galilée et
de Samarie.* — 2. *Soumission de Jérusalem.* — 3. *Pacification de
l'Idumée. Châtiment des rebelles.*

66.　　1[2]. Quand Varus reçut le message de Sabinus et des officiers, il
en fut alarmé pour toute la légion et résolut de la secourir en
67. toute hâte. Prenant les deux légions qui restaient et les quatre *ailes*

---

1. On voit bien quel fut le sort de quatre frères, mais il y en avait cinq (§ 60).
On peut se demander si Josèphe ne s'est pas mépris sur le langage de sa source
et si, au lieu de quatre frères, Athrongéos n'en avait pas trois seulement; l'aîné
dont il est ici question serait alors le prétendant lui-même.
2. Chapitre v = *Ant.*, XVII, 10, 9 (§ 286) — 11,1 (§ 299).

de cavalerie qui leur étaient attachées[1], il partit pour Ptolémaïs où il donna rendez-vous aux troupes auxiliaires des rois et des dynastes. En passant à Béryte, il joignit à ces forces 1,500 hommes armés que
68. lui fournit cette cité. Quand il eut concentré à Ptolémaïs le reste des contingents alliés, et que l'Arabe Arétas, en souvenir de sa haine contre Hérode, lui eut amené un corps assez nombreux de cavaliers et de fantassins, il détacha aussitôt une partie de son armée dans la région de la Galilée voisine de Ptolémaïs, sous le commandement de Gaïus, un de ses amis[2]; celui-ci dispersa les gens qui s'opposèrent à sa marche, prit et brûla la ville de Sepphoris et réduisit en esclavage
69. ses habitants. Varus lui-même avec le gros de ses forces entra dans le pays de Samarie; il épargna la ville, qui était restée parfaitement tranquille au milieu du tumulte général, et alla camper près d'un bourg nommé Arous[3]; c'était une possession de Ptolémée, qui, pour cette raison, fut pillée par les Arabes acharnés même contre les
70. amis d'Hérode. Ensuite il s'avança jusqu'à Sampho[4], autre bourgade fortifiée : celle-ci fut également saccagée par les Arabes, ainsi que toutes les localités voisines qu'ils rencontraient sur leur chemin. Tout le territoire était plein d'incendie et de carnage, et leur soif
71. de pillage n'épargnait rien. Emmaüs, dont les habitants avaient pris la fuite, fut incendié sur l'ordre de Varus en représailles du massacre d'Arius et de ses soldats[5].
72.   2. Marchant de là sur Jérusalem, il n'eut qu'à montrer ses forces pour disperser les camps des Juifs. Ceux-ci s'enfuirent à travers la

1. Un régiment (*ala*) de cavalerie (composé d'auxiliaires) comptait ordinairement 500, plus rarement 1.000 chevaux. Il ne faudrait pas conclure du texte de Josèphe que chaque légion était toujours accompagnée de deux *ala*; il ne faut pas non plus confondre cette cavalerie indépendante avec les escadrons (*turmæ* légionnaires proprement dits (*infra*, III, 120) qui ne comptaient que 120 chevaux.
2. Il faut corriger d'après cela le texte des *Ant.*, § 288, τῷ υἱῷ παραδοὺς (quelques mss insèrent ici καὶ) ἑνὶ τῶν αὐτοῦ φίλων.
3. Emplacement exact inconnu.
4. Σαπφώ dans le *Bellum*, Σαμφώ dans la plupart des mss. des *Ant.*, § 290. Site inconnu.
5. Cf. *suprà*, § 63. Il s'agit de la ville nommée plus tard Nicopolis, au S.-E. de Lydda, et non, comme on l'a prétendu, de l'insignifiante bourgade à 61 stades de Jérusalem (Luc, xxiv, 13). Varus a longé la montagne du N. au S. avant de pénétrer au cœur de la Judée.

73. campagne; ceux de la ville accueillirent le vainqueur et cherchèrent à se disculper du reproche de défection, prétendant qu'eux-mêmes n'avaient pas bougé, que la fête les avait contraints à recevoir cette multitude venue du dehors, et qu'ils avaient plutôt partagé les épreuves des Romains assiégés qu'ils ne s'étaient associés aux

74. attaques des rebelles. Bientôt Varus vit venir au-devant de lui Joseph, cousin d'Archélaüs [1], Rufus et Gratus, amenant avec eux l'armée royale, les Sébasténiens, et la légion romaine dans sa tenue de parade accoutumée. Quant à Sabinus, n'ayant pu soutenir la pensée de se présenter aux regards de Varus, il était sorti auparavant de la

75. ville pour gagner le littoral. Varus répartit une partie de l'armée dans les campagnes pour saisir les auteurs du soulèvement dont beaucoup lui furent amenés. Il fit garder en prison ceux qui parurent les moins ardents; les plus coupables, au nombre de deux mille environ, furent mis en croix.

76. 3. On lui annonça qu'il restait encore en Idumée dix mille hommes armés. Trouvant que les Arabes ne se conduisaient pas comme de véritables alliés, mais qu'ils faisaient plutôt la guerre pour leur propre compte et, par haine d'Hérode, maltraitaient le pays plus qu'il n'aurait voulu, il les congédia, et, avec ses propres légions, marcha rapi-

77. dement contre les rebelles. Ceux-ci, avant d'en venir aux mains, firent leur soumission, sur le conseil d'Achab : Varus grâcia la mul-

78. titude et envoya à César les chefs pour être jugés. César pardonna à la plupart, mais il ordonna de châtier ceux de sang royal — car dans le nombre il y avait plusieurs parents d'Hérode — pour avoir

79. porté les armes contre un roi qui était de leur famille. Ayant ainsi apaisé les troubles de Jérusalem, Varus y laissa comme garnison la légion qu'il y avait détachée dès le principe, puis retourna lui-même à Antioche [2].

1. Fils du frère d'Hérode tué à Jéricho, *supra*, I, 323.
2. La « guerre de Varus », mentionnée *C. Apion.* I, § 35, paraît avoir laissé un souvenir dans la tradition rabbinique sous le nom de *polemos shel Asveros* (lire *Varos* ?) : cette guerre, d'après *Seder Olam, in fine*, aurait précédé de 80 ans celle de Vespasien.

VI

1. Archélaüs accusé devant Auguste par les ambassadeurs du peuple juif. — 2. Plaidoyers des Juifs et de Nicolas de Damas. — 3. Auguste partage le royaume d'Hérode entre ses trois fils; diverses dispositions.

80.   1 [1]. Cependant Archélaüs eut à soutenir à Rome un nouveau procès contre les députés juifs qui, avant la révolte, étaient partis avec l'autorisation de Varus pour réclamer l'autonomie de leur nation. Il y avait cinquante députés présents, mais plus de huit mille des Juifs qui

81.   habitaient Rome faisaient cause commune avec eux. César réunit un Conseil, composé de magistrats Romains et de plusieurs de ses amis, dans le temple d'Apollon Palatin, édifice fondé par lui et décoré avec une merveilleuse somptuosité. La foule des Juifs se tenait près des

82.   députés; en face d'eux, Archélaüs avec ses amis; quant aux amis de ses parents, ils ne parurent ni d'un côté ni de l'autre, répugnant, par haine et par envie, à se joindre à Archélaüs, et d'autre part ayant

83.   honte que César les vît parmi ses accusateurs. Là se trouvait aussi Philippe, frère d'Archélaüs, que Varus, par bienveillance, avait envoyé, avec une escorte, avant tout pour soutenir Archelaüs, mais aussi pour recueillir une part [2] de l'héritage d'Hérode dans le cas où César le partagerait entre tous ses descendants.

84.   2. Quand les accusateurs eurent obtenu la parole, ils commencèrent par énumérer toutes les injustices d'Hérode. « Ce n'était pas un roi qu'ils avaient supporté, mais le plus cruel tyran qui eût jamais

1. Chapitre vi = *Ant.*, XVII, 11 (§ 299-323). Voir aussi Nicolas fr. 5 (FHG. III, 354). Il y a un souvenir de l'ambassade juive contre Archélaüs dans une parabole de l'évangile de Luc, xix, 19 suiv.

2. Josèphe ne mentionne pas l'ambassade des cités grecques, venues pour réclamer leur liberté (Nicolas, 5, 24). Nicolas donna le conseil à Archélaüs de ne pas combattre leur demande.

existé. Beaucoup sont tombés sous ses coups, mais les survivants ont
85. tant souffert qu'ils ont envié le sort des morts. Il a torturé non seulement les corps de ses sujets, mais des cités entières : et pendant qu'il
ruinait ses propres villes, il ornait de leurs dépouilles celles de
l'étranger, offrant en sacrifice aux nations extérieures le sang de la
86. Judée. Au lieu de l'ancienne prospérité, au lieu des lois des ancêtres,
il a fait régner dans le peuple la misère et la dernière iniquité : pour
tout dire, les malheurs qu'Hérode en peu d'années a infligés aux Juifs
surpassent tous ceux que souffrirent leurs pères pendant tout le temps
qui suivit le retour de Babylone et leur rapatriement sous le règne de
87. Xerxès[1]. Pourtant, l'accoutumance du malheur les avait rendus si
résignés qu'ils ont même consenti a subir volontairement l'hérédité
88. de cette amère servitude : cet Archélaüs, fils d'un si rude tyran,
ils l'ont spontanément proclamé roi; après que son père eut rendu
le dernier soupir, ils se sont unis à lui pour célébrer le deuil
89. d'Hérode, ils l'ont félicité de son avènement. Mais lui, craignant apparemment d'être pris pour un bâtard d'Hérode, a préludé à son règne
par le massacre de trois mille citoyens : voilà le nombre des victimes
qu'il a offertes à Dieu pour bénir son trône, voilà les cadavres qu'il a
90. accumulés dans le Temple en un jour de fête ! Quoi de plus naturel
si les survivants de pareils désastres font enfin front contre leur
malheur et veulent être frappés en face, suivant la loi de la guerre.
Ils demandent aux Romains de prendre en pitié les débris de la Judée,
de ne pas jeter le reste de cette nation en proie aux cruels qui la
déchirent, de rattacher leur pays à la Syrie et de le faire administrer
91. par des gouverneurs particuliers ; les Juifs montreront alors que
malgré les calomnies, qui les représentent à cette heure comme des
factieux toujours en quête de bataille, ils savent obéir à des chefs
92. équitables. » C'est par cette prière que les Juifs terminèrent leur
réquisitoire. Alors Nicolas, se levant, réfuta les accusations dirigées
contre la dynastie et rejeta la faute sur le caractère du peuple, impatient de toute autorité et indocile à ses rois. Il flétrit en même temps

---

1. Il s'agit du second retour, sous Esdras, que Josèphe, on se le rappelle,
place au temps de Xerxès (*Ant.*, XI, 5).

ceux des proches d'Archélaüs qui avaient pris rang parmi ses accusateurs.

93. 3. César, ayant écouté les deux partis, congédia le Conseil. Quelques jours plus tard, il rendit sa décision : il donna la moitié du royaume à Archélaüs avec le titre d'ethnarque, lui promettant de le

94. faire roi s'il s'en montrait digne ; le reste du territoire fut partagé en deux tétrarchies, qu'il donna à deux autres fils d'Hérode, l'une à Philippe, l'autre à Antipas, qui avait disputé la couronne à Archélaüs. |

95. Antipas eut pour sa part la Pérée et la Galilée, avec un revenu de 200 talents. La Batanée, la Trachonitide, l'Auranitide et quelques parties du domaine de Zénodore ¹ aux environs de Panias ², avec un

96. revenu de 100 talents, formèrent le lot de Philippe. L'ethnarchie d'Archélaüs comprenait toute l'Idumée et la Judée, plus le territoire de Samarie, dont le tribut fut allégé du quart, pour la récompenser

97. de n'avoir pas pris part à l'insurrection. Les villes assujetties à Archélaüs furent la Tour de Straton, Sébasté, Joppé et Jérusalem ; quant aux villes grecques de Gaza, Gadara et Hippos, Auguste les détacha de sa principauté et les réunit à la Syrie. Le territoire donné

98. à Archélaüs produisait un revenu de 400 talents ³. Quant à Salomé, outre les biens que le roi lui avait légués par testament, elle fut déclarée maîtresse de Jamnia, d'Azotos et de Phasaëlis : César lui fit aussi don du palais d'Ascalon : le tout produisait 60 talents de revenus ; toutefois, son apanage fut placé sous la dépendance de la

99. principauté d'Archélaüs. Chacun des autres membres de la famille

1. Les mss. ont Ζήνωνος, mais cf. *supra*, I, 398 et *Ant.*, XVII, 314. Le reste du territoire de Zénodore forma la principauté d'Abila dont le tétrarque Lysanias (II) est mentionné dans plusieurs textes (Luc, III, 1 ; CIG. 4521 etc.). Cf. Schürer, I, 719.

2. Les mss. ont τὰ περὶ ινναννω (ou ιναν), la traduction latine *innam vicum*. La leçon ἰδμνιαν (mss. V, C) est une conjecture sans valeur ; Iamnia fut donnée à Salomé (*infra*, § 98) et l'on ne saurait songer à une autre Iamnia dans la Haute-Galilée (*Vita*, c. 37 ; *Bell.* II, 573). La conjecture Πανιάδα (Graetz, Schürer) s'appuie sur *Ant.*, XVII, 189 (testament d'Hérode), et c'est probablement le district de Panias que l'évangile de Luc (III, 1) a en vue quand il mentionne l'Iturée parmi les possessions de Philippe. Ailleurs Josèphe ajoute à la liste de ses provinces la Gaulanitide (*Ant.*, XVII, 189).

3. 600 talents d'après *Ant.*, 320.

d'Hérode obtint ce que le testament lui attribuait. En outre César accorda aux deux filles encore vierges de ce roi[1] 500.000 drachmes
100. d'argent et les unit aux fils de Phéroras. Après ce partage du patrimoine, il distribua entre les princes le présent qu'Hérode lui avait légué et qui montait à 1,000 talents[2], ne prélevant que quelques objets d'art assez modestes qu'il garda pour honorer la mémoire du défunt[3].

VII

01. 1[4]. Sur ces entrefaites un jeune homme, Juif de naissance, mais élevé à Sidon chez un affranchi Romain, se fit passer, à la faveur d'une ressemblance physique, pour le prince Alexandre, qu'Hérode avait naguère mis à mort, et vint à Rome dans l'espoir d'y exploiter
02. son imposture. Il avait pour auxiliaire un compatriote, parfaitement informé des affaires du royaume, qui lui fit la leçon : il racontait que les meurtriers, envoyés pour le tuer, lui et son frère Aristobule, les avaient épargnés par pitié en leur substituant les cadavres de deux
03. individus qui leur ressemblaient. Il abusa par ce récit les Juifs de Crète, qui le fournirent d'un brillant équipage, et fit voile ensuite pour Mélos ; là, il obtint encore bien plus par l'extrême apparence de

---

1. Sans doute Roxane et Salomé (*suprà*, I, 563).
2. 1.500 talents d'après *Ant.*, 323. Mais le chiffre de *Guerre* paraît préférable. Hérode n'avait couché Auguste dans son testament que pour 1,000 talents (I, 646), et en avait légué 500 aux enfants et amis de l'empereur.
3. Ainsi Auguste ratifia dans ses grandes lignes le dernier testament d'Hérode (I, 668 et *Ant.*, XVII, 81); le principal changement concernait le titre royal d'Archélaüs.
4. Chapitre VII. Sections 1 et 2 = *Ant.*, XVII, 12 (§ 324-338). Sections 3 et 4 = *Ant.*, XVII, 13 (§ 339-354).

vérité qu'il sut donner à son histoire et persuada même à ses hôtes de
104. se rendre à Rome avec lui. Il aborda à Dicéarchie[1] où il reçut de la
colonie juive force présents et fut escorté comme un roi par les amis
de son prétendu père. La ressemblance était si saisissante que ceux
mêmes qui avaient vu et bien connu Alexandre affirmaient par
105. serment son identité. A Rome notamment, toute la population juive
fut bouleversée à son aspect; une innombrable multitude se pressait
dans les ruelles où il passait. Les Méliens[2] poussèrent leur aveugle-
ment au point de le porter en litière et de lui fournir, à leurs propres
frais, un équipage royal.

106.   2. César, qui connaissait exactement les traits d'Alexandre, puisqu'Hérode l'avait accusé devant lui[3], devina, même avant d'avoir vu
le personnage, qu'il n'y avait là qu'une imposture fondée sur une
ressemblance; toutefois, pour laisser une chance à un espoir plus
favorable, il envoya Célados, un de ceux[4] qui connaissaient le
107. mieux Alexandre, avec ordre de lui amener ce jeune homme. A peine
Célados l'eut-il aperçu, qu'il observa les différences entre les deux
visages : il remarqua dans le corps de l'imposteur une apparence plus
rude et un air de servilité, et comprit dès lors toute la machination[5].
108. L'audace des propos du fourbe acheva de l'exaspérer. L'interrogeait-
on sur le sort d'Aristobule, il répondait que celui-là aussi était vivant,
mais qu'on l'avait à dessein laissé à Chypre pour le soustraire aux
embûches: en restant séparés, les deux frères seraient moins exposés.
109. Célados l'ayant pris à l'écart : « César, lui dit-il, t'accorde la vie pour
prix de ton aveu, si tu dénonces celui qui t'a poussé à une telle imposture. » L'homme promit à Célados de livrer celui qui l'avait inspiré, et.
le suivant auprès de César, dénonça le Juif qui avait abusé ainsi de sa

1. C'est le nom grec de Pouzzoles.
2. Entendez les gens de Mélos qui avaient accompagné l'imposteur en Italie
(§ 103). Le texte parallèle des *Ant.*, § 331 précise ce détail.
3. Voir plus haut, I, 452.
4. C'était un affranchi d'Auguste (*Ant.*, 332; Suétone, *Aug.*, 67).
5. Ce récit diffère notablement de celui des *Ant.*, 332 suiv. Là Célados se
laisse duper, et c'est Auguste lui-même qui décèle la fourberie et arrache à
l'imposteur la dénonciation de son complice. Josèphe avait-il d'abord mal
compris Nicolas, ou le texte est-il altéré ?

ressemblance avec Alexandre pour battre monnaie; car il avait, disait-il, reçu dans les diverses villes plus de présents que jamais Alexandre
110. n'en obtint de son vivant. César rit de cette naïveté et enrôla le pseudo-Alexandre, qui était grand et fort, parmi les rameurs de ses galères; il fit mettre à mort son inspirateur; quant aux Méliens, il les jugea assez punis de leur folie par leurs prodigalités.

111. 3[1]. Quand Archélaüs eut pris possession de l'ethnarchie, il n'oublia pas ses anciennes rancunes, mais traita avec férocité les Juifs et même les Samaritains. Les uns et les autres ayant envoyé des députés à César, la neuvième année de son règne, Archélaüs fut exilé dans la ville de
112. Vienne en Gaule[2]; sa fortune fut attribuée au fisc de l'empereur. On dit qu'avant d'être mandé par César, il eut un songe : il lui sembla
113. voir neuf épis pleins et grands que broutaient des bœufs. Il fit venir les devins et quelques Chaldéens[3] et leur demanda d'interpréter ce présage. Chacun l'expliqua à sa façon, mais un certain Simon, de la secte Essénienne, dit que les épis signifiaient des années et les bœufs une révolution, parce que les bœufs, en traçant le sillon, bouleversent la terre; il règnerait donc autant d'années qu'il y avait d'épis, et mourrait après une existence très mouvementée. Cinq jours après, Archélaüs était cité au tribunal de César[4].

114. 4. Je considère aussi comme digne de mémoire le songe qu'eut sa femme Glaphyra, fille d'Archélaüs roi de Cappadoce. Cette princesse avait épousé en premières noces Alexandre, frère de notre Archélaüs,

1. Il semble que l'ouvrage de Nicolas s'arrête ici. A partir de cette date jusqu'aux faits immédiatement antérieurs à la révolte de 66, le récit de Josèphe, en ce qui touche les affaires juives, est sec et succinct.

2. Chez les Allobroges, dit Strabon, XVI, 2, 46. — Plus tard on montrait pourtant sa tombe près de Bethléem (Jérôme, *Onomast.*, p. 101, éd. Lagarde).

3. On ne s'étonnera pas trop de voir un prince juif consulter les Chaldéens puisque en plein IVᵉ siècle Raba et Abaï en faisaient autant *Berakot*, 56 a).

4. Dans le récit parallèle des *Antiquités* (§ 342-348) Archélaüs est déposé la 10ᵉ année de son règne (6 après J.-C.) et non la 9ᵉ, et le nombre des épis est modifié en conséquence. La date des *Antiquités* est confirmée par Dion Cassius, LV, 27. (La *Vita* § 5 mentionne aussi l'an 10 d'Archélaüs). Le songe d'Archélaüs, mauvais pastiche de l'histoire de Joseph, paraît être une *aggada* essénienne, comme il y en a plusieurs dans Josèphe. Il a dû les recueillir pendant son séjour chez Banous.

et fils du roi Hérode, qui le mit à mort comme nous l'avons raconté[1].

115. Après la mort d'Alexandre elle s'unit à Juba. roi de Libye[2]; devenue veuve une seconde fois[3], elle revint se fixer auprès de son père: c'est là qu'Archélaüs l'éthnarque la vit et s'éprit d'elle si violemment qu'il

116. répudia aussitôt sa femme Mariamme[4] pour l'épouser. Peu de temps après son arrivée en Judée, elle crut voir en rêve Alexandre qui se tenait debout devant elle et lui disait : « Ton mariage africain aurait dû te suffire: tu ne t'en es pas contentée, et voici que tu reviens à mon foyer pour prendre un troisième mari qui est, ô téméraire, mon propre frère[5]. Mais je ne pardonnerai pas cet outrage et même malgré toi je saurai te reprendre ». Elle raconta ce songe et ne vécut plus que deux jours.

---

1. Voir plus haut. I, 446 ; 476 suiv., 499 suiv., 508 suiv., 552 suiv. Après le supplice d'Alexandre, Hérode avait renvoyé a Archélaüs Glaphyra et sa dot (hiver 7-6 av. J.-C.), mais en gardant les enfants issus du mariage.

2. Juba II, roi (? de Numidie en 29 av. J.-C., échangea ce royaume en 25 av. J.-C. pour la Maurétanie. Il avait épousé en premières noces Cléopâtre Séléné, fille d'Antoine et de la grande Cléopâtre. On a prétendu que ce mariage durait encore en 5 ap. J.-C. à cause d'une monnaie de Juba de l'année régnale 31, où Müller (*Numism. de l'ancienne Afrique*, nº 88) croyait distinguer la tête de Cléopâtre : mais c'est en réalité le buste du jeune Ptolémée fils de Juba (Mommsen. *Eph. epig.*, I, 277; Dieudonné, *Rev. numism.*, 1908, p. 361, nº 79).

3. C'est une erreur. Juba II, comme le prouvent le langage de Strabon et les dates de ses monnaies (jusqu'à l'an 48), n'est mort qu'en 23 ap. J.-C. (cf. Cagnat, *Bull. du Comité des mon. hist.* 1889, 388). Glaphyra a donc été probablement répudiée (Müller, FHG. III, 466). On a rattaché son mariage avec Juba et son divorce à l'expédition d'Arabie, préparée par Caius César, à laquelle ce roi aurait pris part (?)

4. Inconnue d'ailleurs.

5. Le lévirat ou mariage d'un frère avec la veuve de son frère est interdit par le *Lévitique*, XVIII. 16; XX, 21. Cette interdiction ne s'appliquait, d'ailleurs, qu'au cas où le défunt avait laissé des fils : or, Glaphyra en avait eu deux d'Alexandre. (Dans le cas contraire, le mariage était au contraire obligatoire d'après *Deut.*, XXV, 5 suiv. Et il était regardé comme tel encore à l'époque de Josèphe : Marc, XII, 19, etc.). Dans *Ant.*, 341, Josèphe insiste sur le fait que Glaphyra avait des enfants. Le mariage avec Juba ne compte pas au point de vue juif.

VIII

1. *Coponius procurateur de Judée. Judas le Galiléen* — 2. *Les trois sectes juives. Les Esséniens.* — 3-6. *Leur genre de vie.* — 7. *Entrée dans l'ordre.* — 8-10. *Coutumes diverses.* — 11. *Croyance à l'immortalité.* — 12. *Prévision de l'avenir.* — 13. *Variété des Esséniens qui pratique le mariage.* — 14. *Pharisiens et Sadducéens.*

117.   1'. Quand le domaine d'Archélaüs eut été réduit en province, Coponius, Romain de l'ordre équestre, y fut envoyé comme procurateur : il reçut d'Auguste des pouvoirs étendus, sans excepter le
118. droit de vie et de mort. Sous son administration, un Galiléen, du nom de Judas, excita à la défection les indigènes [2], leur faisant honte de consentir à payer tribut aux Romains et de supporter, outre Dieu, des maîtres mortels. Ce sophiste fonda une secte particulière, qui n'avait rien de commun avec les autres [3].

1. Section 1 = *Ant.*, XVIII, 1, 1 (§ 2-10). Année 6-7 ap. J.-C.
2. τοὺς ἐπιχωρίους. Il faut entendre par là non les Galiléens — puisque la Galilée faisait partie du territoire d'Antipas — mais les Juifs, seuls soumis à l'impôt par suite de l'annexion de l'ethnarchie d'Archélaüs. — On a voulu parfois identifier notre Judas avec Judas fils d'Ezéchias qui saccagea en 4 av. J.-C. l'arsenal de Sepphoris (*suprà*, II, 56); « *sicherlich identisch* » dit Schürer, I, 486. Mais cette identité, contestée par Purves (Hastings, *Dict. of the Bible*, s. v.), est fort peu vraisemblable. Judas fils d'Ezéchias est un brigand, fils de brigand ; Judas « le Galiléen » (il était en réalité, d'après *Ant.*, XVIII, § 4, originaire de Gamala en *Gaulanitide*, district du territoire de Philippe) est plutôt un docteur fanatique. σοφιστής, le fondateur de la « secte » des zélateurs ou *qannaïm*. Il est à remarquer qu'aucun des fils de Judas le Galiléen ne s'appelait Ezéchias (leurs noms sont donnés *Guerre*, II, 433 ; *Ant.*, XX, 102), ce qui eût été le cas s'il s'agissait de Judas fils d'Ezéchias. — L'issue de la révolte de Judas nous est racontée par Luc, *Actes des apôtres*, 5, 37 : il fut tué (ἀπώλετο) et tous ses partisans dispersés (διεσχορπίσθησαν).
3. Appréciation excessive, corrigée *Ant.*, XVIII, § 23 suiv. où l'on voit que la secte fondée par Judas s'accordait sur tous les points de doctrine avec les pharisiens et ne s'en distinguait que par un zèle ardent pour l'indépendance nationale identifiée avec la théocratie.

119.   2 [1]. Il y a, en effet, chez les Juifs, trois écoles philosophiques : la première a pour sectateurs les Pharisiens, la deuxième les Sadducéens, la troisième, qui passe pour s'exercer à la sainteté, a pris le nom d'Esséniens [2]. Juifs de naissance, mais plus étroitement liés

120.   d'affection entre eux que les autres, ces hommes répudient les plaisirs comme un péché et tiennent pour vertu la tempérance et la résistance aux passions. Ils dédaignent le mariage pour eux-mêmes, mais adoptent les enfants des autres, à l'âge où l'esprit encore tendre se pénètre facilement des enseignements, les traitent comme

121.   leur propre progéniture et leur impriment leurs propres mœurs. Ce n'est pas qu'ils condamnent en principe le mariage et la procréation, mais ils redoutent le dévergondage des femmes et sont persuadés qu'aucune d'elles ne garde sa foi à un seul homme [3].

122.   3. Contempteurs de la richesse, ils pratiquent entre eux un merveilleux esprit de communauté. Personne chez eux qui surpasse les autres par la fortune ; car leur loi prescrit à ceux qui adhèrent à leur secte de faire abandon de leurs biens à la corporation, en sorte qu'on ne rencontre nulle part chez eux ni la détresse de la pauvreté ni la vanité de la richesse, mais la mise en commun des biens de chacun

123.   donne à tous, comme s'ils étaient frères, un patrimoine unique [4]. Ils considèrent l'huile comme une souillure, et si l'un d'eux a dû malgré

---

1. Sections 2-14 (tableau des sectes) = *Ant.*, XVIII. 1, 2-5 (§ 11-22) où l'auteur renvoie expressément à son développement plus étendu ἐν τῇ δευτέρᾳ βίβλῳ τοῦ Ἰουδαϊκοῦ πολέμου. Les renseignements donnés ici sont de première main (Josèphe avait fait un stage dans les trois « sectes », *Vita*, c. 2), mais ont été quelque peu arrangés pour être plus intelligibles au public gréco-romain. — L'exposé de Josèphe sur les Esséniens est reproduit textuellement par Eusèbe (*Hist. eccl.*, I, 5 ; *Praep. evang.*, IX, 3), en substance par Porphyre (*De abstinentia*, IV, 11 suiv.).

2. On est tenté de croire que Josèphe établit un lien entre la sévère discipline des Esséniens (ὃ δὴ καὶ δοκεῖ σεμνότητα ἀσκεῖν) et leur nom. Peut-être le dérivait-il (comme la plupart des modernes) de l'araméen *hashaya* « les dévots ». Cf. Philon, II, 632 Mangey : καλοῦνται Ἐσσαῖοι παρὰ τὴν ὁσιότητα (Schürer croit que Philon dérive le nom des Esséniens du *grec* ὅσιος ; c'est peu vraisemblable).

3. Sur la prohibition du mariage par les Esséniens cf. aussi Philon, II, 633 Mangey ; Pline l'ancien, V, 17 « *gens aeterna, in qua nemo nascitur* ».

4. Philon, II, 458 et 632-3 Mangey, confirme et précise le communisme des Esséniens. Ils n'avaient pas non plus d'esclaves (*Ant.*, XVIII, 21).

lui se laisser oindre, il s'essuie le corps : car ils prisent fort d'avoir la peau rude et sèche [1] et d'être toujours vêtus de blancs [2]. Ils ont, pour veiller aux intérêts communs, des administrateurs élus, à qui le suffrage de tous désigne leurs services particuliers [3].

124.   4. Ils ne forment pas une ville unique. mais vivent dispersés en grand nombre dans toutes les villes. Quand des frères arrivent d'une localité dans une autre, la communauté met tous ses biens à leur disposition, comme s'ils leur appartenaient : ils fréquentent chez des
125. gens qu'ils n'ont jamais vus comme chez d'intimes amis. Aussi, dans leurs voyages n'emportent-ils rien avec eux, si ce n'est des armes à cause des brigands. Dans chaque ville est délégué un commissaire
126. spécialement chargé de ces hôtes de la communauté ; il leur fournit des vêtements et des vivres. Leur habillement et leur tenue ressemblent à ceux des enfants élevés sous la férule d'un maître. Ils ne changent ni de robe ni de souliers avant que les leurs ne soient
127. complètement déchirés ou usés par le temps. Entre eux rien ne se vend ni ne s'achète : chacun donne à l'autre sur ses provisions le nécessaire et reçoit en retour ce dont il a besoin ; mais, même sans réciprocité, il leur est permis de se faire donner de quoi vivre par l'un quelconque de leurs frères.

128.   5. Leur piété envers la divinité prend des formes particulières. Avant le lever du soleil, ils ne prononcent pas un mot profane : ils adressent à cet astre des prières traditionnelles, comme s'ils le suppliaient de paraître [4]. Ensuite, leurs préposés envoient chacun exercer
129. le métier qu'il connaît, et jusqu'à la cinquième heure ils travaillent de

---

1. αὐχμεῖν doit être pris ici dans ce sens et non pas dans le sens dérivé « être sale » : on verra plus loin (section 5) quel fréquent usage les Esséniens faisaient des ablutions.

2. Comme les prêtres juifs. Beaucoup de coutumes esséniennes s'expliquent par l'idée d'un sacerdoce général.

3. Les mss. ont ἀδιαίρετοι πρὸς ἁπάντων εἰς τὰς χρείας ἕκαστοι. ce qui signifierait : indistinctement chargés des services pour tous. Nous traduisons la conjecture de Bekker αἱρετοί.

4. Il ne faudrait pas conclure de là que les Esséniens « adoraient » le soleil, mais qu'ils le considéraient comme le représentant, l'émanation de la splendeur divine : c'est cette conception (peu juive) qui explique aussi l'usage rapporté plus loin § 148.

toutes leurs forces ; puis ils se réunissent de nouveau dans un même lieu, ceignent leurs reins d'une bande de lin et se lavent tout le corps d'eau froide. Après cette purification, ils s'assemblent dans une salle particulière où nul profane ne doit pénétrer ; eux-mêmes n'entrent dans ce réfectoire que purs, comme dans une enceinte sacrée.

130. Ils prennent place sans tumulte, puis le boulanger sert à chaque convive un pain, le cuisinier place devant lui un plat contenant un

131. seul mets [1]. Le prêtre prononce une prière avant le repas, et nul n'y peut goûter que la prière ne soit dite. Après le repas, il prie derechef ; tous, au commencement et à la fin, rendent grâce à Dieu, dispensateur de la nourriture qui fait vivre. Ensuite, dépouillant leurs vêtements de repas comme des robes sacrées [2], ils retournent à leurs

132. travaux jusqu'au soir. Alors, revenus au logis commun, ils soupent de la même manière, cette fois avec leurs hôtes s'il s'en trouve de passage chez eux. Ni cri, ni tumulte ne souille la maison : chacun

133. reçoit la parole à son tour. Pour les gens qui passent, ce silence à l'intérieur du logis apparaît comme la célébration d'un mystère redoutable ; mais la cause en est simplement dans leur invariable sobriété, dans leur habitude de mesurer à chacun la nourriture et la boisson nécessaires pour le rassasier, sans plus.

134. 6. Tous leurs actes en général s'exécutent sur l'ordre de leurs préposés, mais il y a deux vertus dont la pratique ne dépend que d'eux-mêmes : l'assistance d'autrui et la pitié. Il leur est permis, en effet, de secourir, sans autre formalité, ceux qui en sont dignes et qui les en prient, comme aussi de donner des vivres aux nécessiteux. Cependant, ils n'ont pas le droit de faire des dons à leurs proches sans l'autori-

135. sation des préposés. Ils savent gouverner leur colère avec justice, modérer leurs passions, garder leur foi, maintenir la paix. Toute parole prononcée par eux est plus forte qu'un serment, mais ils s'abstiennent du serment même, qu'ils jugent pire que le parjure,

1. D'après *Ant.*, XVIII. 22, ce boulanger et ce cuisinier auraient qualité de prêtres : ἱερεῖς ἐπὶ ποιήσει σίτου τε καὶ βρωμάτων. C'est à tort que saint Jérôme (*Adv. Jovinian.* II, 14) attribue aux Esséniens l'abstention du vin et de la viande : le contraire résulte de notre § 133.

2. Schürer suppose qu'il s'agit de robes de lin (comme les ceintures du § 129).

car, disent-ils, celui dont la parole ne trouve pas créance sans qu'il
136. invoque Dieu se condamne par là même [1]. Ils s'appliquent mer-
veilleusement à la lecture des anciens ouvrages, choisissant surtout
ceux qui peuvent servir au bien de l'âme et du corps. C'est·là qu'ils
cherchent, pour guérir les maladies, la connaissance des racines
salutaires, et des vertus des pierres.

137.   7. Ceux qui désirent entrer dans cette secte n'en obtiennent pas
aussitôt l'accès. Le candidat fait un stage extérieur d'une année, pendant laquelle il est astreint au genre de vie des Esséniens [2]; on lui
donne une hachette [3], la ceinture dont j'ai déjà parlé et le vêtement

138. blanc. Quand il a fourni pendant le temps prescrit la preuve de sa tempérance, il est associé encore plus étroitement au régime des confrères :
il participe aux lustrations du bain de purification, mais il n'est pas
encore admis aux repas en commun [4]. Car après qu'il a montré son
empire sur ses sens, il faut encore deux ans pour éprouver son caractère. Si l'épreuve est manifestement satisfaisante, il est alors admis

139. dans la communauté. Mais avant de toucher à la nourriture commune,
il s'engage envers ses frères, par de redoutables serments, d'abord à
vénérer la divinité, ensuite à observer la justice envers les hommes,
à ne faire tort à personne ni spontanément ni par ordre ; à toujours

140. détester les injustes et venir au secours des justes ; à garder sa foi
envers tous, particulièrement envers les autorités [5], car c'est toujours
par la volonté de Dieu que le pouvoir échoit à un homme. Il jure que
si lui-même exerce le pouvoir il ne souillera jamais sa magistrature par

---

1. Hérode lui-même s'était incliné devant la répugnance des Esséniens pour
le serment ; cf. *Ant.*, XV, 371. Mais cette règle subissait une exception lors
de l'entrée dans la confrérie ; *infra*, § 139.

2. Ceci est en contradiction avec le § 138, où il est dit qu'au bout d'un an il
se rapproche *davantage* de la δίαιτα de la secte. Josèphe s'est mal exprimé : la
δίαιτα du § 137 ne représente sans doute que le régime alimentaire et l'obligation
du travail.

3. On verra plus loin (§ 148) la destination de cette hachette.

4. τὰς συμβιώσεις. Ce pluriel ne permet pas de traduire, comme on le fait d'ordinaire, « la vie en commun ». Voir d'ailleurs plus le   , 139.

5. τοῖς κρατοῦσιν, non pas les préposés de la secte, mais les autorités constituées
en général. Cf *Ant.*, XV, 374, où l'Essénien Manahem dit à Hérode : tu règneras,
car Dieu t'en a jugé digne.

141. une allure insolente ni ne cherchera à éclipser ses subordonnés par le faste de son costume ou de sa parure ; il jure de toujours aimer la vérité et de confondre les menteurs ; de garder ses mains pures de larcin, son âme pure de gains iniques ; de ne rien tenir caché aux membres de la secte et de ne rien dévoiler aux profanes sur leur

142. compte, dût-on le torturer jusqu'à la mort. Il jure encore de transmettre les règles de la secte exactement comme il les a reçues, de s'abstenir du brigandage¹ et de conserver avec le même respect les livres de la secte et les noms des anges². Tels sont les serments par lesquels les Esséniens enchaînent les néophytes.

143. 8 Quelqu'un d'entre eux est-il pris sur le fait commettant un délit grave, ils le chassent de la communauté. Souvent l'expulsé trouve une mort misérable : car, lié par ses serments et ses habitudes, il ne peut toucher aux aliments des profanes³ ; réduit à se nourrir d'herbes,

144. il meurt, le corps épuisé de faim. Aussi ont-ils souvent repris par pitié ces malheureux au moment où ils allaient rendre le dernier soupir, considérant comme suffisante pour leur péché cette torture poussée jusqu'à la mort.

145. 9. Ils dispensent la justice avec beaucoup de rigueur et d'impartialité. Ils se rassemblent, pour juger, au nombre de cent au moins, et la sentence rendue est immuable. Après le nom de Dieu, celui du législateur¹ est chez eux l'objet d'une vénération profonde ; quiconque

146. l'a blasphémé est puni de mort. Ils regardent comme louable de suivre l'autorité de l'âge et du nombre ; dix Esséniens siègent-ils

147. ensemble, nul ne pourra parler si les neuf autres s'y opposent. Ils évitent de cracher en avant d'eux ou à leur droite⁵, et observent plus

---

1. On ne voit pas bien ce que le brigandage (ou, selon Lucius, les menées révolutionnaires) vient faire ici. Il ne peut davantage être question du vol des livres sacrés (Kohout).

2. On peut conjecturer d'après cela que l'angélologie si développée du judaïsme rabbinique est en partie d'origine essénienne.

3. D'où l'on doit conclure que la préparation des mets décrits plus haut était soumise à des prescriptions rituelles encore plus sévères que celles de la nourriture *kascher* ordinaire.

4. Moïse.

5. Même-prohibition dans le Talmud de Jérusalem (*Berachoth*, III, 5), mais seulement pendant la prière. Cette superstition doit avoir une origine lointaine.

rigoureusement que les autres Juifs le repos du sabbat ; car ils ne se
contentent pas de préparer la veille leur nourriture pour n'avoir pas à
allumer de feu ce jour-là : ils n'osent ni déplacer aucun ustensile ni

148. même satisfaire leurs besoins naturels. Les autres jours, ils creusent
à cet effet une fosse de la profondeur d'un pied à l'aide d'un boyau —
car telle est la forme de cette petite hache que reçoivent les néophytes
— et l'abritent de leur manteau pour ne pas souiller les rayons de

149. Dieu [1]: c'est là qu'ils s'accroupissent, puis ils rejettent dans la fosse la
terre qu'ils en ont tirée. Ils choisissent pour cela les endroits les plus
solitaires; et, bien qu'il s'agisse là d'une évacuation, ils ont l'habitude
de se laver ensuite comme pour se purifier d'une souillure [2].

150.   10. Ils se divisent en quatre classes suivant l'ancienneté de leur
admission aux pratiques [3]; les plus jeunes sont réputés tellement
inférieurs à leurs aînés que si un ancien vient à toucher un nouveau

151. il doit se purifier comme après le contact d'un étranger. Ils atteignent
un âge avancé, la plupart même passent cent ans, et ils doivent cette
longévité, suivant moi, à la simplicité et à la régularité de leur vie.
Ils méprisent les dangers, triomphent de la douleur par la hauteur de leur âme et considèrent la mort, si elle se présente avec

152. gloire, comme préférable à une vie immortelle. La guerre des
Romains a éprouvé leur force de caractère en toutes circonstances :
les membres roués, tordus, brûlés, brisés, soumis à tous les instruments de torture afin de leur arracher un mot de blasphème contre
le législateur ou leur faire manger des mets défendus, on n'a pu les
contraindre ni à l'un, ni à l'autre, ni même à flatter leurs tourmen-

153. teurs ou à verser des larmes. Souriant au milieu des supplices et
raillant leurs bourreaux, ils rendaient l'âme avec joie, comme s'ils
devaient la reprendre bientôt.

1. Le soleil, est-il dit au contraire dans le Testament des XII Patriarches
(*Benjamin*, c. 8), n'est pas souillé par l'ordure, mais la purifie (Schürer, II[1],
667).

2 Josèphe n'a pas l'air de se douter que tout ce cérémonial (y compris la
hachette) n'est que la reproduction des préceptes du *Deutéronome*, xxiv, 13-15.
Seule l'ablution finale n'a pas de parallèle dans ce texte.

3. Ces quatre classes seraient, selon Schürer, les enfants (*supra*, § 120), les
deux degrés de noviciat et les adeptes proprement dits. Cela est fort douteux.

154. ― 11. En effet, c'est une croyance bien affermie chez eux que le corps est corruptible et la matière qui le compose inconsistante, mais que l'âme est immortelle et impérissable, qu'elle habitait l'éther le plus subtil, qu'attirée dans le corps comme dans une prison, elle s'unit à

155. lui par une sorte de charme naturel, que cette âme une fois détachée des liens de la chair, débarrassée pour ainsi dire d'un long esclavage, prend son vol joyeux vers les hauteurs. D'accord avec les fils des Grecs, ils prétendent qu'aux âmes pures seules est réservé un séjour au delà de l'Océan, un lieu que n'importunent ni les pluies, ni les neiges, ni les chaleurs excessives, mais que le doux zéphyr, soufflant de l'Océan, vient toujours rafraîchir; les âmes impures, au contraire, ils les relèguent dans un abîme ténébreux et agité par les tempêtes,

156. foisonnant d'éternelles souffrances. C'est dans la même pensée, ce me semble, que les Grecs consacrent à leurs vaillants, à ceux qu'ils appellent héros et demi-dieux, les îles des bienheureux, aux âmes des méchants, l'Hadès, la région de l'impiété, où, d'après leurs légendes, les Sisyphe, les Tantale, les Ixion et les Tityos sont au supplice : croyance où l'on retrouve d'abord l'idée de l'immortalité des âmes, ensuite la préoccupation d'exhorter à la vertu et de détourner du

157. vice ; car les bons, pendant la vie, deviendront meilleurs par l'espérance des honneurs qu'ils obtiendront après leur mort, et les méchants mettront un frein à leurs passions dans la crainte que, même s'ils échappent de leur vivant au châtiment, ils ne subissent, après leur

158. dissolution, un châtiment éternel. Tels sont les enseignements religieux des Esséniens, appât irrésistible pour ceux qui ont une fois goûté à leur sagesse [1].

159. 12. Il y en a même parmi eux qui se font fort de prévoir l'avenir à force de s'exercer par l'étude des livres sacrés, les purifications variées et les paroles des prophètes, et il est rare qu'ils se trompent dans leurs prédictions [2].

---

1. On a souvent contesté la véracité de ce tableau des croyances esséniennes. Zeller et d'autres, qui l'admettent, reconnaissent dans cette doctrine un reflet du dualisme des Pythagoriciens et peut-être des Perses.

2. Josèphe lui-même cite trois exemples de prédictions esséniennes réalisées : Judas (*Guerre*, I, 78), Simon (II, 113), Manahem (*Ant.*, XV, 372 suiv.).

160.   13. Il existe encore une autre classe d'Esséniens, qui s'accordent avec les autres pour le régime, les coutumes et les lois, mais qui s'en séparent sur la question du mariage[1]. Ils pensent que renoncer au / mariage c'est vraiment retrancher la partie de la vie la plus importante, à savoir la propagation de l'espèce : chose d'autant plus grave que le genre humain disparaîtrait en très peu de temps si tous adop-

161. taient cette opinion. Ils prennent donc leurs femmes à l'essai, et après que trois époques successives ont montré leur aptitude à concevoir, ils les épousent définitivement[2]. Dès qu'elles sont enceintes, ils n'ont pas commerce avec elles, montrant ainsi qu'ils se marient non pour le plaisir, mais pour procréer des enfants. Les femmes usent d'ablutions en s'enveloppant de linges comme les hommes d'une ceinture. Tels sont les usages de cette classe d'Esséniens.

162.   14. Des deux sectes plus anciennes, les Pharisiens, considérés comme les interprètes exacts des lois et comme les créateurs de la

163. première école, rattachent tout au destin et à Dieu. Ils pensent que la faculté d'agir bien ou mal dépend pour la plus grande part de l'homme lui-même, mais qu'il faut que le destin[3] coopère pour chaque acte particulier : que toute âme est impérissable, que celles des bons seules passent dans un autre corps[4], que celles des mauvais subissent

164. un châtiment éternel. Quant à la seconde secte, celle des Sadducéens, ils suppriment absolument le destin et prétendent que Dieu ne peut

165. ni faire, ni prévoir le mal ; ils disent que l'homme a le libre choix du bien et du mal et que chacun, suivant sa volonté, se porte d'un côté

166. ou de l'autre. Ils nient la persistance de l'âme après la mort, les châtiments et les récompenses de l'autre monde. Les Pharisiens se montrent très dévoués les uns aux autres et cherchent à rester en communion avec la nation entière. Les Sadducéens, au contraire,

1. Philon ne connaît pas cette variété d'Esséniens.

2. δοκιμάζοντες μέντοι τριετία τὰς γαμετάς, ἐπειδὰν τρὶς καθαρθῶσιν εἰς πεῖραν τοῦ δύνασθαι τίκτειν, οὔτως ἄγονται. Texte sûrement corrompu. Il faut corriger ou τριετία en τριμήνῳ (Naber : γ'εὐεξία), ou τρὶς en ἀεί constanti purgatione, dit la vieille traduction latine).

3. Entendez : la Providence (Josephe parle ad usum gentilium).

4. Manière très inexacte de traduire la doctrine de la résurrection des corps.

sont, même entre eux, peu accueillants, et aussi rudes dans leurs
relations avec leurs compatriotes qu'avec les étrangers. Voilà ce que
j'avais à dire sur les sectes philosophiques des Juifs.

IX

1. *Testament de Salomé. Fondations d'Antipas et de Philippe.* —
2-4. *Pilate procur teur. Affaires des enseignes et de l'aqueduc.*
— 5. *Agrippa à Rome ; il est emprisonné par Tibère.* — 6. *Avènement de Caligula Agrippa roi ; fin de Philippe et d'Antipas.*

167.   1 [1]. Quand l'ethnarchie d'Archélaüs eut été réduite en province [2], les autres princes, Philippe et Hérode, surnommé Antipas,
continuèrent à gouverner leurs tétrarchies respectives ; quant à
Salomé, en mourant [3] elle légua à Julie, femme d'Auguste, sa
168. toparchie, avec Jamnia et les bois de palmiers de Phasaélis. Quand
l'empire des Romains passa à Tibère, fils de Julie, après la mort
d'Auguste, qui avait dirigé les affaires pendant cinquante-sept
ans, six mois et deux jours [4], Hérode Antipas) et Philippe, main-
tenus dans leurs tétrarchies, fondèrent, celui-ci, près des sources
du Jourdain, dans le district de Panéas, la ville de Césarée et,
dans la Gaulanitide inférieure celle de Julias ; Hérode, en Galilée

1. Section 1 = *Ant.*, XVIII, § 27-28 ; 31-33 ; 36.
2. 4/5 ap. J.-C.
3. D'après *Ant.*, XVIII, 31, Salomé mourut sous le procurateur Ambivius
(10-13 ap. J. C.). Aux localités léguées par elle à Livie ce texte ajoute la ville
d'Archélaïs.
4. On ne comprend pas ce chiffre (qui est également donné *Ant.*, XVIII, 32).
En comptant de la mort de César (15 mars 44 av.) jusqu'à celle d'Auguste
(19 août 14 ap. J.-C.), on obtient 57 ans, *5 mois* et *4 jours*. En comptant de l'ou-
verture du testament de César (17 mars), comme le propose Gardthausen
(*Augustus und seine Zeit*, II, 856), le nombre des jours devient exact, mais celui
des mois reste toujours faux. Peut-être le texte copié par Josèphe donnait-il les
nombres en chiffres, et le chiffre E (5) aura été lu F (6).

Tibériade et, dans la Pérée, une cité qui prit aussi le nom de Julie [1].

169.   2 [2]. Pilate, que Tibère envoya comme procurateur en Judée, introduisit nuitamment à Jérusalem, couvertes d'un voile, les effigies de
170.   César, qu'on nomme enseignes [3]. Le jour venu, ce spectacle excita
parmi les Juifs un grand tumulte : les habitants présents furent
frappés de stupeur, voyant là une violation de leurs lois, qui ne permettent d'élever aucune image dans leur ville : l'indignation des
gens de la ville se communiqua au peuple de la campagne, qui
171   accourut de toutes parts. Les Juifs s'ameutèrent autour de Pilate, à
Césarée, pour le supplier de retirer les enseignes de Jérusalem et de
maintenir les lois de leurs ancêtres. Comme Pilate refusait, ils se
couchèrent autour de sa maison et y restèrent prosternés, sans
mouvement, pendant cinq jours entiers et cinq nuits.

172.   3. Le jour qui suivit, Pilate s'assit sur son tribunal dans le grand
stade et convoqua le peuple sous prétexte de lui répondre : là, il donna
173.   aux soldats en armes le signal convenu de cerner les Juifs. Quand ils
virent la troupe massée autour d'eux sur trois rangs, les Juifs restèrent
muets devant ce spectacle imprévu. Pilate, après avoir déclaré qu'il
les ferait égorger s'ils ne recevaient pas les images de César, fit signe
174.   aux soldats de tirer leurs épées. Mais les Juifs, comme d'un commun
accord, se jetèrent à terre en rangs pressés et tendirent le cou, se
déclarant prêts à mourir plutôt que de violer la loi. Frappé d'étonnement devant un zèle religieux aussi ardent, Pilate donna l'ordre de
retirer aussitôt les enseignes de Jérusalem.

175.   4 [4]. Un peu plus tard il souleva une nouvelle émeute en épuisant,
pour la construction d'un aqueduc, le trésor sacré qu'on appelle

---

1. La Julias de Gaulanitide, l'ancienne Bethsaïda (à l'E. du Jourdain et du
lac) a reçu son nom d'après *Ant.*, XVIII, 28, en l'honneur de Julie, fille d'Auguste (exilée 2 av. J.-C.). Schürer en conclut que sa fondation est antérieure
à cette date. La Julias de Pérée portait le nom de l'impératrice Livie (*Ant.*,
XVIII, 27), devenue Julia par l'adoption testamentaire d'Auguste ; cette ville
est plus ordinairement appelée *Livias*, nom qu'elle a dû recevoir à sa fondation.
   2. Sections 2 et 3 = *Ant.*, XVIII, § 35 ; 55-59. Le gouvernement de Pilate se
place de 26 à 36 ap. J.-C.
   3. Expression impropre. *Ant.*, XVIII, 55, dit plus exactement : les bustes de
César, plantés sur les enseignes.
   4. Section 4 = *Ant.*, XVIII, § 60-62.

Korbônas[1] ; l'eau fut amenée d'une distance de 400 stades[2]. A cette
nouvelle, le peuple s'indigna : il se répandit en vociférant autour du
176.   tribunal de Pilate, qui se trouvait alors à Jérusalem. Celui-ci, prévoyant la sédition, avait pris soin de mêler à la multitude une troupe
de soldats armés, mais vêtus d'habits civils, et, tout en leur défendant
de faire usage du glaive, leur ordonna de frapper les manifestants
avec des gourdins. Du haut de son tribunal il donna un signe convenu.
177.   Les Juifs périrent en grand nombre, les uns sous les coups, d'autres
en s'écrasant mutuellement dans la fuite. La multitude, stupéfiée par
ce massacre, retomba dans le silence.
178.   5[3]. Sur ces entrefaites, Agrippa, fils de cet Aristobule que son père
Hérode avait mis à mort, se rendit auprès de Tibère pour accuser le
tétrarque Hérode (Antipas . L'empereur n'ayant pas accueilli l'accusation, Agrippa resta à Rome pour faire sa cour aux gens considérables et
tout particulièrement à Gaius, fils de Germanicus, qui vivait encore en
179.   simple particulier. Un jour qu'il le recevait à souper. Agrippa, après
force compliments de toute espèce, leva les bras au ciel et exprima publiquement le vœu de voir bientôt Gaius maître du monde. par le décès
180.   de Tibère. Un des domestiques d'Agrippa [4] rapporta ce mot à Tibère ;
l'empereur, plein de colère, fit enfermer Agrippa dans une prison, où
il le garda avec rigueur pendant six mois jusqu'à sa propre mort. qui
survint après un règne de vingt-deux ans, six mois et trois jours [5].

1. Ce passage est avec *Matthieu*. XXVII, 6, le seul texte où le Trésor du Temple
soit désigné sous le nom de Κορβωνᾶς (du mot *korban = tabou*, consacre). Cf. ma
note sur *Textes relatifs au judaïsme*, p. 9.

2. 200 stades d'après *Ant.*, § 60 ,300 d'après Eusèbe, II. E. II, 6). On a voulu
concilier ces données en prétendant que la *Guerre* a en vue tout l'aqueduc res-
tauré par Pilate (depuis le Ouadi Aroub), tandis que les *Ant.* ne visent que la
partie inférieure, depuis les « étangs de Salomon ». Cf. Schürer. I[4], 490.

3. Section 5 = *Ant.*, XVIII, § 161-223, récit très détaillé. mais où il n'est pas
question d'une accusation portée par Agrippa contre Antipas. Le voyage et
l'incarcération d'Agrippa se placent en 36 ap. J.-C.

4 Son cocher Eutychos (*Ant.*, 179 suiv.). Le propos, d'après *Ant.*, 168, fut
tenu non pas à souper, mais en voiture.

5. D'après *Ant.*, § 224 : 22 ans, *5 mois* et 3 jours (mais la traduction latine
donne 6 mois). Les deux indications, provenant évidemment de la même source
(ici encore le chiffre F est devenu E), sont d'ailleurs inexactes : Tibère a commencé à régner le 19 août 14 (mort d'Auguste) et est mort le 16 mars 37 (le 26
selon Dion), donc il a régné 22 ans, 6 mois et *28 jours*.

181.   6[1]. Gaius, proclamé César, délivra Agrippa et lui donna, avec le titre
de roi, la tétrarchie de Philippe, qui venait de mourir[2]. Quand il eut
pris possession de son royaume[3], Agrippa excita la jalousie et
182. l'ambition du tétrarque Hérode. C'était surtout Hérodias, femme de
ce tétrarque, qui poussait celui-ci à espérer la royauté ; elle lui reprochait sa mollesse et prétendait que son refus d'aller trouver César
empêchait son avancement. Puisque César avait fait un roi d'Agrippa,
qui était un simple particulier, hésiterait-il à donner le même titre à
183. un tétrarque? Cédant à ces sollicitations, Hérode se rendit auprès de
Gaius, qui le punit de sa cupidité en l'exilant en Espagne[4], car Agrippa
l'avait suivi[5] pour l'accuser. Gaius joignit encore à la tétrarchie
d'Agrippa celle de son rival. Hérode mourut en Espagne, où sa femme
avait partagé son exil.

X

1. *Caligula ordonne d'ériger sa statue dans le Temple. — 2. Digression sur Ptolémaïs et ses sables vitrifiables. — 3-5. Pétrone et les
Juifs. La mort de Caligula sauve le Temple.*

184.   1[6]. Rien n'égala l'insolence avec laquelle l'empereur Gaius défia la
fortune : il voulut se faire passer pour un dieu et être salué de ce nom, il

---

1. Section 6 = *Ant*, XVIII, § 237 ; 240-256.
2. Agrippa devint roi peu après mars 37. Philippe éta . mort en 34 ; pendant
trois ans ses Etats furent rattachés au territoire provincia..
3. En 38-9 ap. J.-C.
4. Les mss. ont tous Σπανίαν ou Ἱσπανίαν. D'après *Ant*., § 252, Hérode fut exilé
à Lyon en Gaule (ce qui ne nous autorise pas à corriger Σπανίαν en Γαλλίαν avec
Niese). On a voulu concilier ces données contradictoires en supposant qu'il
s'agit de *Lugdunum Convenarum* (Comminges) dans les Pyrénées !
5. D'après *Ant*., 247 suiv., Agrippa ne vint pas lui-même, mais envoya son
affranchi Fortunatus.
6. Sections 1 à 5 = *Ant*., XVIII, § 261-309. Il est à remarquer que le récit de
Guerre omet toute mention de l'intervention d'Agrippa dans l'affaire des statues.
Josephe n'aura connu ce détail que plus tard.

185. amputa sa patrie en mettant à mort les plus nobles citoyens. Son impiété s'étendit jusqu'en Judée. En effet, il envoya Pétrone avec une armée à Jérusalem pour installer dans le Temple des statues faites à son image ; il lui ordonna, si les Juifs ne consentaient pas à les recevoir, de mettre à mort les mutins et de réduire en escla-
186. vage tout le reste de la nation. Mais Dieu veilla à ce que de pareils ordres ne reçussent pas leur exécution. Pétrone, parti d'Antioche, entra en Judée avec trois légions[1] et de nombreux contingents alliés
187. de Syrie. Parmi les Juifs, les uns révoquaient en doute les bruits de guerre, et ceux qui y croyaient n'apercevaient aucun moyen de défense ; bientôt la terreur se répandit dans toute la multitude, l'armée étant déjà arrivée à Ptolémaïs[2].

188.   2. Ptolémaïs est une ville de Galilée, bâtie sur le littoral, au seuil de la Grande plaine. Son territoire est ceint de montagnes : au levant, à 60 stades, celles de Galilée ; au midi, le Carmel, éloigné de 120 stades ; au nord, la chaîne la plus élevée, que les habitants du
189. pays appellent l'Echelle des Tyriens, à une distance de 100 stades. A 2 stades environ de Ptolémaïs coule le fleuve Béléos[3], très peu considérable ; sur ses rives se dresse le tombeau de Memnon[4], et à côté se trouve un emplacement de cent coudées qui offre un spectacle merveilleux. C'est un terrain, d'une forme circulaire et creuse, qui produit
190. un sable vitrifié. De nombreux bâtiments abordent à ce rivage et vident la fosse de sable ; aussitôt, elle se comble de nouveau, sous le souffle des vents qui y accumulent comme de concert le sable brut amené du dehors, que la vertu de cette mine a bientôt fait de trans-
191. former entièrement en substance vitreuse. Mais ce qui me paraît être plus étonnant encore, c'est que le verre en excès qui déborde de cette

1. Deux seulement d'après *Ant.*, 262 (et Philon, *Legat. ad Caium*, 30).
2. Automne 40 ap. J.-C. Mais la chronologie exacte est incertaine. Philon place les événements de Ptolémaïs au moment de la moisson (été 40). Schürer I³, 506, note, fait durer toute l'affaire 18 mois.
3. Bélus chez Pline, XXXVI, 190 et Tacite, *Hist.*, V, 7. Aujourd'hui Nahr Naaman. L'emplacement hyalogène aurait d'après Pline 500 pas (de longueur ?). — Toute cette digression sur Ptolémaïs et ses curiosités manque dans les *Antiquités*.
4. Un colosse égyptien ?

cavité redevient un pur sable comme auparavant. Telles sont les
curieuses propriétés de ce site.

192.   3. Les Juifs, rassemblés avec leurs femmes et leurs enfants dans la
plaine de Ptolémaïs, imploraient Pétrone d'abord pour les lois de
193. leurs pères, ensuite pour eux-mêmes. Touché par cette multitude et
ces prières, ce général laissa à Ptolémaïs les statues et les troupes et
passa en Galilée où il convoqua à Tibériade le peuple et tous les
notables ; là, il exposa la puissance des Romains et les menaces de
l'empereur et montra ensuite aux Juifs la témérité de leur requête :
194. toutes les nations soumises avaient érigé dans chacune de leurs
villes des statues à César parmi celles des autres dieux; si donc, seuls
de tous, ils prétendaient rejeter cet usage, c'était presque une défection, et en tout cas un outrage.

195.   4. Comme les Juifs alléguaient leur loi et la coutume de leurs
ancêtres, qui leur interdisaient absolument de placer l'image de Dieu,
et à plus forte raison celle d'un homme, non seulement dans le
Temple, mais encore dans un endroit profane, quel qu'il fût, de leur
pays, Pétrone répondit : « Mais moi aussi, il faut que je maintienne la
loi de mon maître ; si je la transgresse et que je vous épargne, je serai
condamné avec justice. Celui qui vous fera la guerre, c'est celui qui
m'envoie, et non moi-même : car aussi bien que vous je suis son
196. sujet. » A ces mots la multitude s'écria qu'elle était prête à tout
souffrir pour la loi. Alors Pétrone, leur imposant silence : « Vous ferez
197. donc, dit-il, la guerre à César? » Les Juifs répondirent que deux fois
par jour ils offraient des sacrifices en l'honneur de César et du peuple
romain ; mais que, s'il voulait dresser les statues, il lui faudrait d'abord
immoler la nation juive tout entière ; ils s'offrirent eux-mêmes au
198. sacrifice, avec leurs femmes et leurs enfants. Ces paroles remplissent
Pétrone d'étonnement et de pitié devant l'incomparable piété de ces
hommes et leur ferme résignation à la mort. Cette fois encore on se
sépara sans avoir rien décidé [1].

199.   5. Les jours suivants, il réunit les notables en grand nombre dans

---

1. Josèphe réunit ici en un seul épisode ce qui dans les *Ant.*, fait l'objet de
deux scènes, l'une à Ptolémaïs (§ 263 suiv.), l'autre à Tibériade (§ 270 suiv.).

des conférences particulières et rassembla publiquement la multitude ;
il recourut tour à tour aux exhortations, aux conseils, le plus souvent
aux menaces, insistant sur la puissance des Romains, l'indignation
de Gaius et la nécessité où les circonstances le réduisaient lui-même.

200. Comme il voyait que les Juifs ne cédaient à aucun de ces moyens
et que la campagne risquait de ne pas être ensemencée, car au
moment des semailles le peuple passa auprès de lui cinquante jours [1]

201. dans l'inaction, il finit par les convoquer et leur dit : « C'est donc plutôt
à moi de courir le danger. Ou bien, avec l'aide de Dieu, je persuaderai
César et j'aurai le bonheur de me sauver avec vous, ou bien, si sa
colère se déchaîne, je suis prêt à donner ma vie pour un peuple si
nombreux ». Cela dit, il congédia le peuple qui le comblait de béné-
dictions et, ramassant ses troupes, passa de Ptolémaïs à Antioche [2].

202. De cette dernière ville il se hâta de mander à César son expédition
en Judée et les supplications du peuple, ajoutant que, à moins que
l'empereur ne voulût détruire le pays en même temps que les habi-

203. tants, il devait respecter leur loi et révoquer l'ordre donné. A ces
lettres Gaius répondit sans douceur, menaçant de mort Pétrone pour
avoir mis trop de lenteur à exécuter ses ordres. Mais il arriva que
les porteurs de ce message furent pendant trois mois ballottés en
mer par la tempête, tandis que d'autres messagers, qui apportaient
la nouvelle de la mort de Gaius, eurent une heureuse traversée. Aussi
Pétrone reçut-il cette dernière nouvelle vingt-sept jours avant les
lettres qui le menaçaient [3].

XI

1 - 4. *Rôle important d'Agrippa dans l'avènement de Claude.* —
5. *Agrippa roi de Judée, Hérode roi de Chalcis.* — 6. *Règne et*

---

1. Quarante selon *Ant.*, § 272.
2. Détail omis dans *Ant.*
3. Ce délai n'est pas indiqué dans *Ant.* — Caligula fut assassiné le 24 janvier 41.

mort d'Agrippa. La Judée soumise de nouveau aux procurateurs. Mort d'Hérode de Chalcis.

204.   1 [1]. Quand Gaius. après un règne de trois ans et huit mois [2], eut été assassiné, les troupes de Rome portèrent de force Claude à l'empire:

205.   mais le Sénat, sur la motion des consuls Sentius Saturninus et Pomponius Secundus, chargea les trois cohortes [3] qui lui étaient restées fidèles de garder la ville, puis s'assembla au Capitole et, alléguant la cruauté de Gaius. décréta la guerre contre Claude : il voulait donner à l'empire une constitution aristocratique, comme celle d'autrefois, ou choisir par voie de suffrage un chef digne de commander.

206.   2. Agrippa se trouvait alors à Rome : le hasard voulut qu'il fût mandé et appelé en consultation à la fois par le Sénat et par Claude, qui l'invita dans son camp; les deux partis sollicitaient son aide dans ce besoin pressant. Agrippa, quand il vit celui qui par sa puissance

207. était déjà César, passa au parti de Claude. Celui-ci le chargea alors d'aller exposer au Sénat ses sentiments : d'abord, c'est malgré lui que les soldats l'ont enlevé; mais il n'a cru ni juste de trahir leur zèle, ni prudent de trahir sa propre fortune [1], car on est en danger par le seul

208. fait d'être proclamé empereur. D'ailleurs, il gouvernera l'empire comme un bon président et non comme un tyran; l'honneur du titre suffit à son ambition. et, pour chaque affaire, il consultera le peuple entier. Quand même il n'eût pas été d'un naturel modéré, la mort de Gaius était pour lui une suffisante leçon de sagesse.

209.   3. Quand Agrippa eut délivré ce message. le Sénat répondit que, confiant dans la force de l'armée et la sagesse de ses propres conseils, il ne se résignerait pas à un esclavage volontaire. Dès que Claude connut cette réponse des sénateurs, il renvoya encore Agrippa pour

---

1. Sections 1 à 5 = *Ant.*, XIX, 201-277. A la différence du chapitre précedent, ici c'est le récit de la *Guerre* qui semble exagérer le rôle d'Agrippa dans l'avènement de Claude.

2. Même chiffre dans *Ant.*, XIX, 201. En réalité 3 ans et 10 mois (18 mars 37 à 24 janvier 41). La traduction latine a *6 mois*.

3. Quatre d'après *Ant.*, XIX. 188. Il s'agit des cohortes urbaines.

4. Texte corrompu.

leur dire qu'il ne consentirait pas à trahir ceux qui lui avaient juré
fidélité[1]; il combattrait donc, malgré lui, ceux que pour rien au monde
210. il n'aurait voulu avoir pour ennemis. Toutefois, il fallait, disait-il, dési_
gner pour champ clos un endroit hors de ville, car il serait criminel
que leur funeste entêtement souillât les sanctuaires de la patrie du
sang de ses enfants. Agrippa reçut et transmit ce message.

211.   4. Sur ces entrefaites, un des soldats qui avaient suivi le parti du
Sénat, tirant son glaive : « Camarades, s'écria-t-il, quelle folie nous
pousse à vouloir tuer nos frères et à nous ruer contre nos propres
parents, qui accompagnent Claude, quand nous avons un empereur
exempt de tout reproche, quand tant de liens nous unissent à ceux
212. que nous allons attaquer les armes à la main ? » Cela dit, il se préci-
pite au milieu de la curie, entraînant avec lui tous ses compagnons
d'armes. En présence de cette désertion, les nobles furent d'abord
saisis d'effroi, puis, n'apercevant aucun moyen de salut, ils suivirent
213. les soldats et se rendirent en hâte auprès de Claude. Au pied des
murailles, ils virent arriver contre eux, l'épée nue, les plus ardents
courtisans de la fortune, et leurs premiers rangs auraient été décimés
avant que Claude eût rien su de la fureur des soldats, si Agrippa,
accourant auprès du prince, ne lui avait montré le péril de la situation : il devait arrêter l'élan de ces furieux contre les sénateurs, sans
quoi il se priverait de ceux qui font la splendeur de la souveraineté
et ne serait plus que le roi d'une solitude.

214.   5. Sitôt informé, Claude arrêta l'impétuosité des soldats, reçut les
sénateurs dans son camp et, après leur avoir fait bon accueil, sortit
aussitôt avec eux pour offrir à Dieu un sacrifice de joyeux avènement.
215. Il s'empressa de donner à Agrippa tout le royaume qu'avait possédé
son aïeul, en y joignant, hors des frontières, la Trachonitide et l'Auranitide, dont Auguste avait fait présent à Hérode, en outre un autre
216. territoire dit « royaume de Lysanias »[2]. Il fit connaître cette donation
au peuple par un édit, et ordonna aux magistrats de la faire graver
217. sur des tables d'airain qu'on plaça au Capitole. Il donna aussi à

---

1. Nous traduisons ὁμόσαντας; plusieurs mss. ont ὁμονοήσαντας c'est-à-dire
« quorum consensu in imperium esset ascitus ».
2. C'est-à-dire l'Abilène et divers cantons du Liban (Ant., XIX, 275).

Hérode, à la fois frère d'Agrippa et gendre de ce prince par son mariage avec Bérénice, le royaume de Chalcis [1].

218. 6. Maître de domaines considérables Agrippa vit promptement affluer l'argent dans ses coffres ; mais il ne devait pas profiter long-temps de ces richesses. Il avait commencé à entourer Jérusalem d'une muraille si forte [2] que, s'il eût pu l'achever, les Romains plus tard en 219. auraient en vain entrepris le siège. Mais avant que l'ouvrage eût atteint la hauteur projetée, il mourut à Césarée [3], après un règne de 220. trois ans, auquel il faut ajouter ses trois ans de tétrarque [4]. Il laissa trois filles nées de Cypros [5] : Bérénice, Mariamme et Drusilla, et un fils, issu de la même femme, Agrippa. Comme celui-ci était en bas âge [6], Claude réduisit de nouveau les royaumes en province et y envoya en qualité de procurateurs Cuspius Fadus [7], puis Tibère Alexandre [8], qui ne portèrent aucune atteinte aux coutumes du pays 221. et y maintinrent la paix. Ensuite mourut Hérode, roi de Chalcis [9] ; il laissait, de son mariage avec sa nièce Bérénice, deux fils, Bérénicien et Hyrcan, et, de sa première femme, Mariamme, un fils, Aristobule. Un troisième frère, Aristobule, était mort dans une condition privée, 222. laissant une fille, Jotapé [10]. Ces trois princes avaient pour père, comme je l'ai dit précédemment, Aristobule fils d'Hérode; Aristobule et

1. Cet Hérode reçut en effet le titre de roi et le rang prétorien (Dion, LX, 8). Bérénice était sa seconde femme; en premières noces il avait épouse Mariamme, fille de Joseph II (neveu d'Hérode le Grand) et d'Olympias, fille d'Hérode le Grand (Ant., XVIII, 134).

2. Sur le flanc nord de la ville, qu'elle enveloppait d'un vaste circuit.

3. Au commencement de l'an 44. — En réalité, si Agrippa n'acheva pas la muraille projetée, c'est qu'il en fut empêché par Marsus, gouverneur de Syrie. (Ant., XIX, 327).

4. Plus exactement il avait possédé 4 ans (37-40) les tétrarchies de Philippe et de Lysanias, un an celle d'Hérode. Cf. Ant., XIX, 351.

5. Fille de Phasaël, neveu d'Hérode le Grand (Ant., XVIII, 131) et de Salampsio, fille d'Hérode et de la première Mariamme.

6. Il avait 17 ans (Ant., XIX, 354).

7. Environ 44-45 ap. J.-C.

8. Environ 46-48.

9. En 48 (Ant., XX, 104).

10. Elle portait le nom de sa mère, une princesse d'Emèse, fille de Sampsigeramos (Ant., XVIII, 135).

Alexandre étaient nés du mariage d'Hérode avec Mariamme, et leur
père les mit à mort. Quant à la postérité d'Alexandre, elle régna
dans la grande Arménie [1].

XII

1. *Agrippa roi de Chalcis. Cumanus procurateur de Judée. Sédition
de la Pâque à Jérusalem. — 2. Affaire de la profanation de
l'Écriture. — 3-7. Bataille entre Juifs et Samaritains. Claude
donne gain de cause aux Juifs. — 8. Félix procurateur. Agrippa
roi de Batanée, etc. Mort de Claude.*

223.   1 [2]. Après la mort d'Hérode, souverain de Chalcis, Claude donna son
royaume à son neveu Agrippa, fils d'Agrippa [3]. Le reste de la province
passa, après Tibère Alexandre, sous l'administration de Cumanus [4].
Sous ce procurateur des troubles éclatèrent, et les tueries de Juifs
224.   recommencèrent de plus belle. Le peuple, en effet, s'était porté en
foule à Jérusalem pour la fête des azymes, et la cohorte romaine avait
pris position sur le toit du portique du temple, car il est d'usage [5] que
la troupe en armes surveille toujours les fêtes, pour parer aux désordres qui peuvent résulter d'une telle agglomération de peuple. Alors
un des soldats, relevant sa robe, se baissa dans une attitude indé-
cente, de manière à tourner son siège vers les Juifs, et fit entendre
225.   un bruit qui s'accordait avec le geste [6]. Ce spectacle indigna la mul-

1. Tigrane et Alexandre II. Tigrane fut fait roi d'Arménie par Auguste en
11 ap. J.-C., mais bientôt déposé. En 60 ap. J.-C., un fils d'Alexandre II, également nommé Tigrane, reçut la même dignité.
2. Section 1 = *Ant.*, XX, 104.
3. 49 ap. J.-C.
4. Ventidius Cumanus (Tac., XII, 54), 48-52 ap. J.-C.
5. Remarquer ce présent (παραφυλάττουσιν), qui paraît indiquer que Josèphe
copie une source antérieure à la ruine du Temple. Eusèbe (*Chron.*, II, 152,
Schœne) a suivi le récit de *Guerre*.
6. Cf. Horace, *Serm.* I, 9, 69 : *hodie tricesima sabbata : vin' tu Curtis Iudaeis
oppedere ?* (Note de R. Harmand).

titude ; elle demanda à grands cris que Cumanus punît le soldat.
Quelques jeunes gens qui avaient la tête plus chaude et quelques
factieux de la plèbe engagèrent le combat ; saisissant des pierres,
226. ils en lapidèrent les troupes. Cumanus, craignant une attaque de tout
le peuple contre lui-même, manda un renfort de fantassins. Quand
ceux-ci se répandirent dans les portiques[1], une irrésistible panique
s'empara des Juifs qui, fuyant hors du Temple, cherchèrent un refuge
227. dans la ville. Une ruée si violente se produisit vers les portes que les
gens se foulèrent aux pieds et s'écrasèrent les uns les autres ; il en
périt plus de trente mille[2], et la fête se tourna en deuil pour la
nation entière, en gémissements pour toutes les familles.

228. 2[3]. A ce malheur succédèrent d'autres désordres, causés par les
brigands. Près de Béthoron[4], sur la route publique, des brigands[5]
assaillirent un certain Stéphanos, esclave de César, et s'emparèrent
229. de son bagage. Cumanus, envoyant de tous côtés des soldats, se fit
amener les habitants[6] des bourgs voisins, enchaînés, et leur reprocha
de n'avoir pas poursuivi et arrêté les brigands. A cette occasion un
soldat, trouvant un exemplaire de la loi sacrée dans un village,
230. déchira le volume et le jeta au feu[7]. Là-dessus les Juifs s'émurent
comme si toute la contrée avait été livrée aux flammes. Poussés par
leur religion comme par un ressort, ils coururent tous, dès la première nouvelle, à Césarée, auprès de Cumanus, le conjurant de ne
pas laisser impunie une aussi grave offense envers Dieu et leur loi.
231. Le procurateur, voyant que le peuple ne se calmerait pas s'il n'obtenait satisfaction, ordonna d'amener le soldat et le fit conduire
à la mort, entre les rangs de ses accusateurs ; sur quoi, les Juifs se
retirèrent.

---

1. D'après *Ant.*, 110, ils se concentrèrent à la tour Antonia.
2. 20,000 selon *Ant.*, XX, 112 (l'un et l'autre chiffre semblent excessifs).
3. Section 2 = *Ant.*, XX, 113-117.
4. Bethoron, à 5 lieues de Jérusalem (cent stades selon *Ant.*, 113), dans un
défilé que traverse la route de Joppé.
5. *Ant.*, 113, en fait des insurgés.
6. Il semble qu'il manque ici un mot correspondant aux ἐπιφανέστατοι (notables)
des *Ant.*, 114.
7. Ce dernier trait manque dans le récit des *Antiquités*.

232.   3 [1]. Puis ce fut au tour des Galiléens et des Samaritains d'en venir aux mains. Au bourg de Ghéma [2], situé dans la Grande plaine du pays de Samarie [3], un Galiléen [4], mêlé aux nombreux Juifs qui se rendaient

233. à la fête, fut tué. Là-dessus une foule considérable accourut de Galilée pour livrer bataille aux Samaritains ; les notables du pays vinrent trouver Cumanus et le supplièrent, s'il voulait prévenir un malheur irréparable, de se rendre en Galilée pour punir les auteurs du meurtre : seul moyen, disaient-ils, de disperser la multitude avant qu'on en vînt aux coups. Mais Cumanus, ajournant leur requête à la suite des affaires en cours [5], renvoya les suppliants sans aucune satisfaction.

234.   4. Quand la nouvelle du meurtre parvint à Jérusalem, elle souleva la plèbe. Abandonnant la fête, les Juifs se précipitèrent vers Samarie, sans généraux, sans écouter aucun des magistrats qui essayaient de

235. les retenir. Les brigands et les factieux avaient pour chefs Éléazar, fils de Dinæos, et Alexandre [6], qui, attaquant les cantons limitrophes du district d'Acrabatène [7], massacrèrent les habitants sans distinction d'âge et incendièrent les bourgades.

236.   5. Alors Cumanus, tirant de Césarée une *aile* de cavalerie dite « des Sébasténiens [8] », se porta au secours des populations ainsi ravagées : i' fit prisonniers beaucoup de compagnons d'Éléazar et en tua un plus

237. grand nombre. Quant au reste des émeutiers, qui se ruaient pour faire la guerre aux Samaritains, les magistrats de Jérusalem coururent à leur rencontre, revêtus du cilice, la tête couverte de cendre, les suppliant de retourner en arrière, de ne pas, en attaquant Samarie, exciter les Romains contre Jérusalem, de prendre en pitié la patrie, le Temple, leurs enfants et leurs femmes, qui, pour venger le sang

---

1. Sections 3 à 7 = *Ant.*, XX, 118-136. Ces événements sont aussi racontés par Tacite, *Ann.*, XII, 54, mais de façon assez différente.
2. Γιναῆς dans *Ant.*, XX, 118 (aujourd'hui *Djenin* ?)
3. « Sur les confins de Samarie et de la Grande plaine » (*Ant.*, 118).
4. C'est-à-dire un Juif habitant la Galilée. — D'après les *Ant.*, il y eut rixe et plusieurs pèlerins furent tués.
5. *Ant.*, 119, dit formellement qu'il avait été acheté par les Samaritains.
6. Ce dernier nom est omis dans *Ant.*, 121.
7. Au S.-E. de Sichem.
8. Et 4 cohortes (*Ant.*, 122).

238. d'un seul Galiléen, risquaient de périr tous. Cédant à ces sollicitations,
les Juifs se dispersèrent Mais beaucoup d'entre eux, encouragés par
l'impunité, se tournèrent au métier de brigand ; dans toute la contrée
ce ne furent que pillages et soulèvements, fomentés par les plus
239. audacieux. Les notables de Samarie se rendirent alors à Tyr, auprès
d'Ummidius Quadratus, gouverneur de Syrie, et le pressèrent de tirer
240. vengeance de ces déprédations. D'autre part, les notables Juifs se
présentèrent également, le grand prêtre Jonathas, fils d'Ananos, à
leur tête, assurant que les Samaritains avaient, par le meurtre en
question, donné le signal du désordre, et que le véritable auteur de
tout ce qui s'en était suivi, c'était Cumanus, pour avoir refusé de
poursuivre les auteurs de l'assassinat.

241. 6. Quadratus, pour l'heure, ajourna les deux partis, disant qu'une
fois sur les lieux il examinerait l'affaire en détail ; dans la suite il
passa à Césarée [1], où il fit mettre en croix tous les individus arrêtés
242. par Cumanus. De là, il se rendit à Lydda, où il entendit derechef les
plaintes des Samaritains. Puis il manda dix-huit Juifs [2], qu'il savait
243. avoir pris part au combat, et les fit périr sous la hache ; il envoya à
César, avec deux autres personnes de marque, les grands prêtres
Jonathas et Ananias, Ananos [3], fils de ce dernier, et quelques autres
244. notables Juifs, en même temps que les Samaritains les plus distingués.
Enfin, il ordonna à Cumanus et au tribun Céler de mettre à la voile
pour Rome et de rendre compte à Claude de leur conduite. Ces
mesures prises, il quitta Lydda pour remonter vers Jérusalem ;
comme il trouva le peuple célébrant paisiblement la fête des Azymes [4],
il retourna à Antioche.

245. 7. A Rome, l'empereur entendit Cumanus et les Samaritains en
présence d'Agrippa, qui plaida avec ardeur la cause des Juifs, tandis
que beaucoup de grands personnages soutenaient Cumanus ; l'empe-

1. A *Samarie*, d'après *Ant.*, 129. La leçon de *Guerre* paraît préférable.
2. Cinq (dont le chef Δόητος) d'après *Ant.*, 130.
3. *Ant.*, 131, l'appelle le « stratège Ananos », c'est-à-dire capitaine du Temple.
Ce texte omet Jonathas.
4. Le récit des *Ant.* ne précise pas le nom de la fête. D'après la *Guerre*, il
faudrait donc admettre que ces troubles ont duré une année entière (Pâque 51
à Pâque 52 ?)

246. reur condamna les Samaritains, fit mettre à mort trois des plus puissants et exila Cumanus. Quant à Céler, il l'envoya enchaîné à Jérusalem et ordonna de le livrer aux outrages des Juifs : après l'avoir traîné autour de la ville, on devait lui trancher la tête.

247. 8 [1]. Après ces événements, Claude envoie Félix, frère de Pallas, comme procurateur de la Judée, de Samarie, de la Galilée et de la Pérée [2] : il donne à Agrippa un royaume plus considérable que Chalcis, à savoir le territoire qui avait appartenu à Philippe et qui se composait de la Trachonitide, de la Batanée et de la Gaulanitide, en y ajoutant le royaume de Lysanias et l'ancienne tétrarchie de Varus [3].

248. Claude, après avoir gouverné l'empire pendant treize ans, huit mois et
249. vingt jours [4], mourut en laissant Néron pour successeur : cédant aux artifices de sa femme Agrippine, il avait adopté et désigné pour héritier ce prince, bien qu'il eût lui-même de Messaline, sa première femme, un fils légitime, Britannicus, et une fille, Octavie, qu'il avait lui-même unie à Néron. Il avait encore eu de Pétina une autre fille, Antonia.

XIII

1. *Caractère de Néron.* — 2. *Accroissement des États d'Agrippa. Félix et les brigands.* — 3-4. *Sicaires et faux prophètes.* — 5. *Le*

1. Section 8 = *Ant.*, XX, 137-138 ; 148-150.

2. Antonius Felix (Tacite, *Hist.*, V, 9), 52-60 ap. J.-C. D'après Tacite (*Ann.*, XII, 54), il aurait déjà été procurateur de Samarie à l'époque où Cumanus l'était de Galilée. Cf. Schürer, I[4], 570.

3. On ne sait pas au juste ce qu'il faut entendre par là. Ailleurs (*Bell.*, II, 481 et *Vita*, c. 11) Josèphe mentionne un certain Varus, ministre d'Agrippa, descendant de Sohémos, tétrarque du Liban. Sohémos avait obtenu en 38 le pays des Ituréens (Dion. LIX, 12) ; à sa mort (49) ce territoire fut incorporé à la province de Syrie (Tac., XII, 23). On suppose que son fils (?) Varus en garda une partie, qui fut, en 53, donnée à Agrippa. Ce Varus serait identique au ministre d'Agrippa ou le père de ce ministre (Kohout).

4. Mêmes chiffres dans *Ant.*, 148. Claude a régné du 24 janvier 41 au 13 octobre 54 : le calcul est donc ici tout à fait exact.

prophète égyptien. — 6. Nouveaux brigandages. — 7. Désordres à Césarée.

250. 1. Tous les défis que Néron lança à la fortune, quand l'excès de prospérité et de richesse lui eut égaré la tête, la manière dont il fit périr son frère, sa femme et sa mère, premières victimes d'une **251.** cruauté qu'il reporta ensuite sur les plus nobles personnages, enfin la démence qui l'entraîna sur la scène et sur le théâtre, tous ces faits, devenus si rebattus, je les laisserai de côté, et je me bornerai à raconter ce qui, de son temps, s'est passé chez les Juifs.

252. 2 [1]. Il donna donc le royaume de la Petite Arménie à Aristobule, fils d'Hérode de Chalcis; il agrandit celui d'Agrippa le jeune de quatre villes avec leurs toparchies : Abila et Julias dans la Pérée, Tarichées et Tibériade en Galilée [2]: il nomma [3] Félix procurateur du **253.** reste de la Judée. Celui-ci s'empara du chef de brigands, Éléazar [4], qui depuis vingt ans ravageait le pays, ainsi que d'un grand nombre de ses compagnons; et les envoya à Rome; quant aux brigands qu'il fit mettre en croix et aux indigènes, convaincus de complicité, qu'il châtia, le nombre en fut infini.

254. 3 [5]. Quand il eut ainsi purgé la contrée, une autre espèce de brigands surgit dans Jérusalem : c'étaient ceux qu'on appelait *sicaires* [6] parce qu'ils assassinaient en plein jour, au milieu même de la ville. **255.** Ils se mêlaient surtout à la foule dans les fêtes, cachant sous leurs

---

1. Section 2 = *Ant.*, XX, 158-161.

2. *Ant.*, 159, ne nomme pas Abila, qui n'est pas la ville du Liban, ni celle de la Décapole (Tell Abil), mais probablement une petite ville voisine du Jourdain, non loin de Jericho, au territoire planté de palmiers (*Ant.*, IV, 176 ; *Bell.*, IV, 438). *Contra*, Schürer, iI⁴, 163. Julias est, bien entendu, la ville de Pérée mentionnée *supra*, § 168 (Livias).

3. Plus exactement : il confirma (*supra*, § 247).

4. Eléazar, fils de Dinæos, *supra*, § 235.

5. Section 3 = *Ant.*, XX, 163-166; 186-187. Dans le récit des *Antiquités* le meurtre de Jonathas est attribué aux machinations de Félix.

6. Du latin *sica*, poignard recourbé comme le sabre perse, selon *Ant.*, XX, 186. Mais le mot *sicarius* signifiait depuis longtemps assassin (cf. la *lex Cornelia de sicariis*, sous Sylla). Le mot a souvent dans la Mischna ce sens général.

vêtements de courts poignards, dont ils frappaient leurs ennemis : puis, quand la victime était tombée, le meurtrier s'associait bruyamment à l'indignation de la foule, inspirant ainsi une confiance qui le

256. rendait insaisissable. Ils égorgèrent d'abord le grand prêtre Jonathas, et beaucoup d'autres après lui : chaque jour amenait son meurtre. La crainte était pire encore que le mal : chacun, comme à la guerre,

257. attendait la mort à chaque moment. On surveillait de loin ses ennemis, on ne se fiait même pas aux amis que l'on voyait s'avancer vers soi ; mais on avait beau multiplier les soupçons et les défiances, le poignard faisait son œuvre, tant les assassins étaient prompts et habiles à se cacher.

258. 4 [1]. Il se forma encore une autre troupe de scélérats, dont les bras étaient plus purs, mais les sentiments plus impies, et qui contribuè-

259. rent autant que les assassins à ruiner la prospérité de la ville. Des individus vagabonds et fourbes, qui ne cherchaient que changements et révolutions sous le masque de l'inspiration divine, poussaient la multitude à un délire furieux et l'entraînaient au désert, où Dieu, disaient-ils, devait leur montrer les signes de la liberté prochaine [2].

260. Comme on pouvait voir là les premiers germes d'une révolte, Félix envoya contre ces égarés des cavaliers et des fantassins pesamment armés et en tailla en pièces un très grand nombre.

261. 5 [3]. Plus funeste encore aux Juifs fut le faux prophète égyptien. Il parut, sous ce nom, dans le pays, un charlatan qui s'attribuait l'autorité d'un prophète et qui sut rassembler autour de lui trente mille

262. dupes [4]. Il les amena du désert, par un circuit, jusqu'à la montagne dite des Oliviers ; de là, il était capable de marcher sur Jérusalem et de s'en emparer de force, après avoir vaincu la garnison romaine, puis d'y régner en tyran sur le peuple avec l'appui des satellites qui l'accom-

263. pagnaient dans son invasion. Cependant, Félix devança l'attaque en

---

1. Section 4 = *Ant.*, XX, 167-168.
2. Il est fait allusion à ces faux prophètes, qui veulent montrer Dieu dans le désert, dans *Matthieu*, XXIV, 26 (ce qui précise la date de cet évangile).
3. Section 5 = *Ant.*, XX, 169-172.
4. Ce chiffre manque dans *Ant.* D'après les *Actes des apôtres*, XXI, 38, l'Égyptien n'avait que 4,000 sectaires. Comme Paul, à la Pentecôte 58, fut pris pour cet aventurier, l'affaire se place peu avant cette date,

marchant à sa rencontre avec la grosse infanterie romaine ; tout le
peuple prit part à la défense. Dans le combat qui s'engagea, l'Égyptien prit la fuite avec quelques compagnons ; beaucoup d'autres
furent tués ou faits prisonniers ; le reste de la cohue se dispersa et
chacun alla se cacher chez soi.

264.   6 [1]. A peine ce mouvement réprimé, l'inflammation, comme dans
un corps malade, reparut sur un autre point Les imposteurs et les
brigands se réunirent pour entraîner à la défection et appeler à la
liberté un grand nombre de Juifs, menaçant de mort ceux qui se sou-
mettaient à la domination romaine et déclarant qu'ils supprimeraient
265. de force ceux qui acceptaient volontairement la servitude. Répartis
par bandes dans le pays, ils pillaient les maisons des principaux
citoyens, tuaient les propriétaires et incendiaient les bourgades.
Toute la Judée fut remplie de leur frénésie, et de jour en jour cette
guerre sévissait plus violente.

266.   7 [2]. D'autres désordres se produisirent à Césarée, où les Juifs,
mêlés à la population, se prirent de querelle avec les Syriens qui
habitaient cette ville. Les Juifs prétendaient que Césarée devait leur
appartenir, alléguant la nationalité juive de son fondateur, le roi
Hérode ; leurs adversaires maintenaient que, en admettant que le fondateur fût Juif, la ville même était grecque, car si Hérode avait voulu
l'attribuer aux Juifs, il n'y aurait pas érigé des statues et des temples [3].
267. Telle était l'origine de leur dispute. Bientôt la rivalité alla jusqu'à la
lutte armée : tous les jours, les plus hardis de l'un et de l'autre camp
couraient au combat ; ni les anciens de la communauté juive n'étaient
capables de retenir leurs propres partisans, ni les Grecs ne voulaient
268. subir l'humiliation de céder aux Juifs. Ces derniers l'emportaient par
la richesse et la vigueur corporelle, les Grecs tiraient avantage de
l'appui des gens de guerre ; car les Romains levaient en Syrie la
plupart des troupes chargées de garder cette région, et en conséquence

---

1. Section 6 = *Ant.*, XX, 172 (abrégé).
2. Section 7 = *Ant.*, XX, 173-178.
3. *Ant.*, 173, donne un argument tout différent : lorsque la ville s'appelait
Tour de Straton, elle ne renfermait pas un habitant juif.

les soldats de la garnison étaient toujours prêts à secourir leurs
269. compatriotes [1]. Cependant les gouverneurs n'avaient jamais négligé de
réprimer ces troubles : toujours iis arrêtaient les plus ardents et les
punissaient du fouet et de la prison Mais les souffrances des prisonniers, loin d'inspirer à leurs amis hésitation ou crainte, les excitaient
270. encore davantage à la sédition. Un jour que les Juifs l'avaient emporté,
Félix s'avança au milieu de la place publique et leur commanda sur
un ton de menace de se retirer : comme ils n'obéissaient pas, il lança
contre eux les soldats, en tua un grand nombre et laissa piller leurs
biens. Voyant que la sédition continuait, Félix choisit des notables,
appartenant aux deux partis et les envoya à Néron comme députés
pour discuter devant lui leurs droits respectifs [2].

XIV

1. *Les procurateurs Festus et Albinus.* — 2. *Excès de Gessius Florus.*
— 3. *Plaintes des Juifs à Cestius Gallus.* — 4-5. *Emeute de
Césarée.* — 6-9. *Premier pillage du Temple par Florus. Fermentation à Jérusalem. Florus livre la ville à la soldatesque.*

271.   1 [3]. Festus, que ce prince institua ensuite procurateur, poursuivit
les principaux auteurs de la ruine du pays: il prit un très grand
272. nombre de brigands et en fit périr beaucoup. Son successeur, Albinus [4],

---

1. Il s'agit, bien entendu, des troupes auxiliaires, qui formaient alors seules
la garnison normale de la Judée : *ala* des Sébasténiens, cohortes de Césaréens
et de Sébasténiens, etc. Cf. Schürer, I⁴, 461.
2. Les *Antiquités* ne parlent pas de cette députation ordonnée par Felix.
L'affaire se place en 59-60. Cf. Schürer, I⁴, 578.
3. Section 1 = *Ant.*, XX, 185-188 (Festus) ; 204-207, 215 (Albinus).
4. Porcius Festus (60-62 ?) mourut dans l'exercice de ses fonctions. Son
successeur Lucceius Albinus était déjà en Palestine à la fête des Tabernacles de
l'an 62. Le jugement porté sur Albinus dans les *Antiquités* (notamment § 204) est
plus favorable que dans la *Guerre* : il ne délivre que les petits délinquants, et
seulement à la nouvelle de son remplacement par Florus.

273. suivit malheureusement une autre méthode, et il n'y a pas un genre de scélératesse qu'il n'ait pratiqué. Non seulement au cours de son administration il vola et pilla les biens des particuliers, accabla de contributions extraordinaires toute la nation, mais il s'avisa de rendre à leurs parents, moyennant rançon, ceux qui avaient été mis en prison pour crime de brigandage par les Conseils locaux ou par les précédents procurateurs : et nul n'était criminel que celui qui n'avait

274. rien à donner. Alors aussi s'affermit à Jérusalem l'audace de ceux qui aspiraient à une révolution : les plus puissants, à prix d'argent, se concilièrent Albinus et s'assurèrent la liberté de la sédition : dans le peuple, quiconque était dégoûté de la paix penchait vers les

275. complices d'Albinus. Chaque malfaiteur, groupant autour de lui une troupe particulière, prenait sur cette cohorte l'autorité d'un chef de brigands ou d'un tyran, et employait ses satellites au pillage des gens

276. de bien. On voyait les victimes de ces excès se taire au lieu de s'en indigner, et les citoyens encore indemnes, par peur des mêmes maux, flatter des misérables dignes du supplice. En résumé, plus de franc parler nulle part, partout des tyranneaux, et déjà les germes de la catastrophe future répandus dans la cité.

277. 2[1]. Tel était Albinus, et cependant son successeur, Gessius Florus[2], le fit paraître, par comparaison, fort homme de bien : le premier avait accompli la plupart de ses méfaits en secret, avec dissimulation ; Gessius, au contraire, se gloria des injustices dont il accabla la nation, et, comme s'il eût été un bourreau envoyé pour châtier des condamnés, ne s'abstint d'aucune forme de brigandage ou de vio-

278. lence. Eût-il fallu montrer de la pitié, c'était le plus cruel des hommes : de la pudeur, c'était le plus éhonté. Nul ne répandit sur la vérité plus de mensonges, nul n'inventa pour le crime chemins plus tortueux. Dédaignant de s'enrichir aux dépens de simples particuliers, il dépouillait des villes, détruisait des peuples entiers ; peu s'en fallut qu'il ne fît proclamer par le héraut dans toute la contrée le droit pour tous d'exercer le brigandage, à condition de lui abandonner une part

1. Section 2 = *Ant.*, XX, 252-257. (Ici cesse le récit parallèle des *Antiquités*.)
2. Il arriva dans l'automne 64 ou le printemps 65.

279. du butin. Son avidité fit le vide dans tous les districts : tant il y eut de Juifs qui, renonçant aux coutumes de leurs ancêtres, émigrèrent dans des provinces étrangères.

280. 3. Tant que Cestius Gallus, gouverneur de Syrie, resta dans sa province, nul n'osa même députer auprès de lui pour se plaindre de Florus. Mais un jour qu'il se rendait à Jérusalem — c'était l'époque de la fête des azymes[1] — le peuple se pressa autour de lui et une foule qui n'était pas inférieure à trois millions d'âmes[2] le supplia de prendre en pitié les malheurs de la nation, proférant de grands cris contre celui

281. qu'ils appelaient la peste du pays. Florus, présent, et se tenant auprès de Cestius, accueillit ces plaintes avec des railleries. Alors, Cestius arrêta l'impétuosité de la multitude et lui donna l'assurance qu'à l'avenir il saurait imposer à Florus plus de modération, puis il retourna

282 à Antioche. Florus l'accompagna jusqu'à Césarée, en continuant à le tromper ; déjà il méditait une guerre contre la nation, seul moyen

283. à son avis de jeter un voile sur ses iniquités : car si la paix durait, il jugeait bien que les Juifs l'accuseraient devant César : il espérait, au contraire, en les excitant à la révolte, étouffer sous un si grand méfait l'examen de crimes moins graves. Tous les jours donc, afin de pousser la nation à bout, il renforçait son oppression.

284. 4. Sur ces entrefaites, les Grecs de Césarée avaient gagné leur cause auprès de Néron et obtenu de lui le gouvernement de cette cité ; ils rapportèrent le texte de la décision impériale, et ce fut alors que la guerre prit naissance, la douzième année du principat de Néron, la

285. dix-septième du règne d'Agrippa, au mois d'Artémisios[3]. L'incident

---

1. Pâque 65 (?) ap. J.-C.

2. Monstrueuse exagération qui annonce les chiffres fantastiques de toute la suite du récit.

3. Avril-mai 66. Les mois macédoniens employés par Josèphe sont en général les équivalents des mois du calendrier lunaire juif (Xanthicos = Nisan, mars-avril ; Artemisios = Iyyar, avril-mai, etc.). Toutefois cette question est vivement controversée : on a prétendu que dans bien des cas le mois macédonien n'est qu'une traduction du mois romain (calendrier solaire). (Cf Schürer, I¹, p. 756 suiv., qui est disposé à admettre des exceptions, suivant la source utilisée par notre historien). La décision de Néron sur l'affaire de Césarée est d'ailleurs bien antérieure à la date indiquée (cf. *Ant.*, XX. 183 suiv.) : elle doit avoir été rendue en 62, puisque Pallas, qui prit part à la délibération, est mort cette

qui en devint le prétexte ne répondait pas à la grandeur des maux qui en sortirent. Les Juifs de Césarée, qui tenaient leur synagogue près d'un terrain appartenant à un Grec de cette ville, avaient essayé à maintes reprises de l'acheter, offrant un prix bien supérieur à sa

286. valeur véritable : le propriétaire dédaignait leurs instances et même, pour leur faire pièce, se mit à bâtir sur son terrain et à y aménager des boutiques, de manière à ne leur laisser qu'un passage étroit et tout à fait incommode. Là-dessus, quelques jeunes Juifs, à la tête chaude, commencèrent à tomber sur ses ouvriers et s'opposèrent aux

287. travaux. Florus ayant réprimé leurs violences, les notables Juifs, et parmi eux Jean le publicain, à bout d'expédients, offrirent à Florus

288. huit talents d'argent pour qu'il fît cesser le travail en question. Le procurateur promit tout son concours moyennant finance ; mais, une fois nanti, il quitta précipitamment Césarée pour Sébaste, laissant le champ libre à la sédition, comme s'il n'avait vendu aux Juifs que le droit de se battre.

289. 5. Le lendemain, jour de sabbat, comme les Juifs se rassemblaient à la synagogue, un factieux de Césarée installa une marmite renversée à côté de l'entrée et se mit à sacrifier des volailles sur cet autel improvisé. Ce spectacle acheva d'exaspérer la colère des Juifs, qui voyaient là

290. un outrage envers leurs lois, une souillure d'un lieu sacré [1]. Les gens modérés et paisibles se bornaient à conseiller un recours auprès des autorités ; mais les séditieux et ceux qu'échauffait la jeunesse brûlaient de combattre. D'autre part, les factieux du parti Césaréen se tenaient là, équipés pour la lutte, car c'était de propos délibéré qu'ils avaient

291. envoyé ce provocateur. Aussitôt on en vint aux mains. Vainement le préfet de la cavalerie, Jucundus, chargé d'intervenir, accourt, enlève la marmite et tâche de calmer les esprits : les Grecs, plus forts, le repoussèrent ; alors les Juifs, emportant leurs livres de lois, se retirèrent à Narbata, village juif situé à 60 stades de Césarée.

---

année. Ce qui est vrai, c'est que depuis la nouvelle de cette décision l'animosité des Juifs de Césarée contre les Syriens ne fit que croître et s'exaspérer μέχρι δὴ τὸν πόλεμον ἐξῆψαν (Ant., 184).

1. La victime, même pure, immolée par un païen, souille un lieu consacré comme le ferait une charogne (Mischna, Ĥoullin, ι, 1).

292. Quant aux notables, au nombre de douze. Jean à leur tête. ils se rendirent à Sébasté, auprès de Florus, se lamentèrent sur ces événements et invoquèrent le secours du procurateur, lui rappelant avec discrétion l'affaire des huit talents. Là-dessus Florus les fit empoigner et mettre aux fers, sous l'accusation d'avoir emporté de Césarée leurs livres de lois.

293. 6. A ces nouvelles, les gens de Jérusalem s'indignèrent, tout en se contenant encore. Mais Florus, comme s'il avait pris à tâche d'attiser l'incendie, envoya prendre dans le trésor sacré dix-sept talents, prétextant le service de l'empereur [1]. Là-dessus le peuple s'ameute, court au Temple et, avec des cris perçants, invoque le nom de César.

294. le supplie de les délivrer de la tyrannie de Florus. Quelques-uns des factieux lançaient contre ce dernier les invectives les plus grossières et. faisant circuler une corbeille, demandaient l'aumône pour

295. lui comme pour un pauvre malheureux. Florus ne démordit pas pour cela de son avarice, mais ne trouva là. dans sa colère, qu'un prétexte

296. de plus à battre monnaie. Au lieu, comme il aurait fallu. de se rendre à Césarée pour éteindre le feu de la guerre qui y avait pris naissance et déraciner la cause des désordres, tâche pour laquelle il avait été payé, il marcha avec une armée [2] de cavaliers et de fantassins contre Jérusalem, pour faire prévaloir sa volonté avec les armes des Romains et envelopper la ville de terreur et de menaces.

297. 7. Le peuple, espérant conjurer son attaque, se rendit au-devant de la troupe avec de bons souhaits et se prépara à recevoir Florus avec

298. déférence. Mais celui-ci envoya en avant le centurion Capiton avec cinquante cavaliers [3] et ordonna aux Juifs de se retirer, en leur défendant de feindre une cordialité mensongère pour celui qu'ils avaient si honteusement injurié; s'ils ont des sentiments nobles et francs. disaient-

299. ils, ils doivent le railler même en sa présence et montrer leur amour

1. Peut-être parce que les Juifs étaient en retard du paiement de l'impôt (*infra*, § 403).

2. **Expression exagérée**. Il semble bien qu'il n'y eût que 5 cohortes à Césarée (*Ant*, XIX, 365) et Florus n'a certainement pas emmené toute la garnison. (2 cohortes rejoignirent quelques jours après).

3. **Sans doute** les pelotons de cavalerie (à raison de deux par cohorte) attachés aux cohortes auxiliaires.

300. de la liberté non seulement en paroles, mais encore les armes à la main. Épouvantée par ce message et par la charge des cavaliers de Capiton, qui parcouraient ses rangs, la foule se dissipa, avant d'avoir pu saluer Florus, ni témoigner son obéissance aux soldats. Rentrés dans leurs demeures, les Juifs passèrent la nuit dans la crainte et l'humiliation.

301. 8. Florus prit son quartier au palais royal; le lendemain, il fit dresser devant cet édifice un tribunal où il prit place; les grands prêtres, les nobles et les plus notables citoyens se présentèrent au

302. pied de l'estrade. Florus leur ordonna de lui remettre ses insulteurs, ajoutant qu'ils ressentiraient sa vengeance s'ils ne lui livraient pas les coupables. Les notables protestèrent alors des sentiments très pacifiques du peuple et implorèrent le pardon de ceux qui avaient mal

303. parlé de Florus. Il ne fallait pas s'étonner, disaient-ils, si dans une si grande multitude il se rencontrait quelques esprits téméraires ou inconsidérés par trop de jeunesse; quant à discerner les coupables, c'était impossible, car chacun maintenant se repentait et par crainte nierait

304. sa faute. Il devait donc, lui, s'il avait souci de la paix de la nation, s'il voulait conserver la ville aux Romains, pardonner à quelques coupables en faveur d'un grand nombre d'innocents, plutôt que d'aller, à cause d'une poignée de méchants, jeter le trouble dans tout un peuple animé de bonnes intentions.

305. 9. Ce discours ne fit qu'irriter davantage Florus. Il cria aux soldats de piller l'agora dite « marché d'en haut »[1], et de tuer ceux qu'ils rencontreraient. Les soldats, à la fois avides de butin et respectueux de l'ordre de leur chef, ne se bornèrent pas à ravager le marché : ils se précipitèrent dans toutes les maisons et en égorgèrent les habitants.

306. C'était une débandade générale à travers les ruelles, le massacre de ceux qui se laissaient prendre, bref toutes les variétés du brigandage ; beaucoup de citoyens paisibles furent arrêtés et menés devant Florus,

307. qui les fit déchirer de verges et mettre en croix. Le total de tous ceux qui furent tués en ce jour, y compris les femmes et les enfants, car

---

1. Le marché de la ville haute, c'est-à-dire du quartier S.-O. C'est le même qui est mentionné *supra*, I, § 251.

l'enfance même ne trouvait pas grâce, s'éleva à environ trois mille
308.   six cents [1]. Ce qui aggrava le malheur des Juifs, ce fut le caractère inouï
de la cruauté des Romains. Florus osa ce que nul avant lui n'avait
fait : il fit fouetter devant son tribunal et clouer sur la croix des
hommes de rang équestre, qui, fussent-ils Juifs de naissance, étaient
revêtus d'une dignité romaine.

XV

1. *Intervention de Bérénice.* — 2-5. *Deuil du peuple. Florus amène
deux cohortes de Césarée ; nouvelle collision.* — 6. *Destruction des
portiques contigus à l'Antonia. Florus évacue Jérusalem.*

309.   1. A ce moment, le roi Agrippa était parti pour Alexandrie, où il
allait féliciter Alexandre [2], que Néron, l'honorant de sa confiance,
310.   avait envoyé gouverner l'Égypte. Sa sœur Bérénice, qui se trouvait
à Jérusalem, voyait avec une vive douleur les excès féroces des
soldats ; à plusieurs reprises elle envoya les commandants de sa
cavalerie et ses gardes du corps à Florus pour le prier d'arrêter
311.   le carnage. Celui-ci, ne considérant ni le nombre des morts ni la
haute naissance de la suppliante, mais seulement les profits qu'il
312.   tirait du pillage, resta sourd aux instances de la reine. Bien plus, la
rage des soldats se déchaîna même contre elle : non seulement ils
outragèrent et tuèrent sous ses yeux leurs captifs, mais ils l'auraient
immolée elle-même si elle ne s'était hâtée de se réfugier dans le palais
royal [3] ; elle y passa la nuit, entourée de gardes, craignant quelque
313.   agression des soldats. Elle était venue à Jérusalem pour accomplir
un vœu fait à Dieu : car c'est une coutume pour ceux qui souffrent
d'une maladie ou de quelque autre affliction de faire vœu de s'abs-

1. Plusieurs manuscrits ont 630, chiffre invraisemblable.
2. Tibère Alexandre, qui avait été précédemment procurateur de Judée et
dont le frère Marc avait été fiancé à Bérénice.
3. Le palais d'Hérode, et non celui de Bérénice (*infrà.* § 426).

tenir de vin et de se raser la tête pendant les trente jours précédant

314. celui où ils doivent offrir des sacrifices [1]. Bérénice accomplissait alors ces rites, et de plus, se tenant nu-pieds devant le tribunal, elle suppliait Florus, sans obtenir de lui aucun égard, et même au péril de sa vie.

315. 2. Tels furent les événements qui se passèrent le 16 du mois Artémisios [2]; le lendemain, la multitude, en proie à une vive douleur, se répandit dans l'agora d'en haut, poussant des lamentations terribles

316. sur les morts, et encore plus des cris de haine contre Florus. A cette vue, les notables et les grands prêtres, pris de terreur, déchirèrent leurs vêtements, et, tombant aux pieds des perturbateurs, les supplièrent individuellement de se taire et de ne pas exciter Florus, après

317. tant de maux, à quelque nouvelle et irréparable violence. La multitude obéit aussitôt, à la fois par respect pour les suppliants et dans l'espoir que Florus mettrait un terme à ses iniquités.

318. 3. Or, quand le tumulte fut calmé, Florus s'inquiéta ; préoccupé de rallumer l'incendie, il manda les grands prêtres et l'élite des Juifs, et leur dit que le peuple avait un seul moyen de prouver qu'il était rentré dans l'obéissance : c'était de s'avancer à la rencontre des troupes

319. — deux cohortes — qui montaient de Césarée. Pendant que les notables convoquaient à cet effet la multitude, Florus se dépêcha d'envoyer dire aux centurions des cohortes qu'ils instruisissent leurs soldats à ne pas rendre le salut des Juifs et, au premier mot

320. proféré contre lui, à faire usage de leurs armes. Cependant les grands prêtres, ayant réuni la foule au Temple, l'exhortèrent à se rendre au devant des Romains et à prévenir un irrémédiable désastre en faisant bon accueil aux cohortes. Les factieux ne voulaient d'abord rien entendre, et le peuple, ému par le souvenir des morts, penchait vers l'opinion des plus audacieux.

321. 4. Alors tous les prêtres, tous les ministres de Dieu, portant en procession les vases sacrés et revêtus des ornements d'usage pour la

---

1. Il s'agit d'un vœu de naziréat, comme celui de la reine Hélène et de saint Paul, mais réduit à la durée *minima* de 30 jours qui, semble-t-il, était de règle pour les naziréats accomplis ou achevés en Terre sainte (Mischna, *Nazir*, III, 6).

2. D'après Niese : le 3 juin 66.

célébration du culte, les citharistes et les chanteurs d'hymnes, avec leurs instruments, tombèrent à genoux et adjurèrent le peuple de préserver ces ornements sacrés et de ne pas exciter les Romains à
322. piller le trésor de Dieu. On pouvait voir les grands prêtres se couvrir la tête de poussière, déchirer leurs vêtements, mettre à nu leur poitrine. Ils appelaient par leur nom chacun des notables en particulier et suppliaient la multitude tout entière d'éviter la moindre faute qui
323. pourrait livrer la patrie à qui brûlait de la saccager. « Et après tout, de quel profit seront à la troupe les salutations des Juifs ? Quel remède à leurs souffrances passées leur apporterait le refus d'aller au-devant
324. des cohortes ? Si, au contraire, ils accueillent les arrivants avec leur courtoisie accoutumée, ils ôteront à Florus tout prétexte de guerre, iis conserveront leur patrie et conjureront de nouvelles épreuves. Et puis, enfin, quelle faiblesse que de prêter l'oreille à une poignée de factieux quand ils devraient, au contraire, eux qui forment un peuple si nombreux, contraindre même les violents à suivre avec eux la voie de la sagesse ! »
325.   5. Par ce discours ils réussirent à calmer la multitude; en même temps ils continrent les factieux, les uns par la menace, les autres en les rappelant au respect. Alors, prenant la conduite du peuple. ils avancèrent d'une allure tranquille et bien réglée au-devant des soldats, et, quand ceux-ci furent proches, les saluèrent. Comme la troupe ne répondait pas, les séditieux proférèrent des invectives contre
326. Florus. C'était là le signal attendu pour tomber sur les Juifs. Aussitôt, la troupe les enveloppe, les frappe à coups de bâtons, et, dans leur fuite, la cavalerie les poursuit et les foule aux pieds des chevaux. Beaucoup tombèrent, assommés par les Romains, un plus grand
327. nombre en se bousculant les uns les autres. Autour des portes, ce fut une terrible poussée : chacun voulant passer le premier, la fuite de tous était retardée d'autant; ceux qui se laissaient choir périssaient misérablement; étouffés et rompus par la cohue, ils s'effondraient, et leurs corps furent défigurés au point que leurs proches ne pouvaient les reconnaître pour leur donner la sépulture. Les soldats pénétraient avec les fuyards, frappant sans pitié quiconque leur tombait
328. entre les mains. Ils refoulèrent ainsi la multitude par le quartier de

IV

Bézétha[1], pour se frayer de force un passage et occuper le Temple ainsi que la citadelle Antonia[2]. Florus, qui visait le même but, fit

329. sortir du palais son propre détachement pour gagner la citadelle. Mais il échoua dans cette tentative : une partie du peuple, s'opposant de front à sa marche, l'arrêta, tandis que d'autres, se répartissant sur les toits, accablaient les Romains à coups de pierres. Maltraités par les traits qui tombaient d'en haut, incapables de percer les masses qui obstruaient les rues étroites, les soldats battirent en retraite vers leur camp, situé près du palais.

330. 6. Cependant les factieux, craignant que Florus, revenant à la charge, ne s'emparât du Temple en s'appuyant sur l'Antonia, montèrent aussitôt sur les portiques qui établissaient la communication

331. du Temple avec cette citadelle et les coupèrent[3]. Cette manœuvre refroidit la cupidité de Florus : c'était par convoitise des trésors de

1. Le croquis ci-joint rend compte de la manœuvre de Florus :

2. L'expression du texte (κρατῆσαι) est équivoque : elle donnerait à croire qu'Antonia était aux mains des Juifs, ce qui n'est pas le cas.

3. Entendez qu'ils démolirent les toits du portique à l'angle N.-O., par où la garnison d'Antonia pouvait descendre sur la colonnade et en occuper tout le pourtour.

Dieu qu'il avait cherché à parvenir jusqu'à l'Antonia ; dès qu'il vit les portiques détruits, il arrêta son élan, manda les grands prêtres et les Conseillers, et déclara son intention de sortir lui-même de la ville en

332. leur laissant la garnison qu'ils voudraient. Ceux-ci s'engagèrent formellement à maintenir l'ordre et à empêcher toute révolution pourvu qu'il leur laissât une seule cohorte, mais non pas celle qui avait combattu [1], car le peuple l'avait prise en haine pour en avoir été tant maltraité. En conséquence, il changea la cohorte selon leur désir, et, avec le reste de ses forces, reprit le chemin de Césarée.

XVI

1-2. Enquête de Neapolitanus à Jérusalem. — 3-5. Grand discours d'Agrippa aux Juifs pour les dissuader de la guerre.

333.   1. Cependant Florus fournit un nouvel aliment au conflit en faisant à Cestius un rapport mensonger sur la défection des Juifs ; il attribuait à ceux-ci le commencement des hostilités et mettait sur leur compte les violences qu'ils avaient en réalité souffertes. D'autre part, les magistrats de Jérusalem ne gardèrent pas le silence : ils écrivirent, ainsi que Bérénice, à Cestius pour lui apprendre quelles iniquités Florus

334. avait commises contre la cité. Cestius, ayant pris connaissance des lettres des deux partis, en délibéra avec ses lieutenants. Ceux-ci étaient d'avis que Cestius montât lui-même vers Jérusalem avec son armée, soit pour punir la défection, si elle était réelle, soit pour raffermir la fidélité des Juifs, s'ils étaient restés dans le parti de Rome ; mais le gouverneur préféra envoyer d'abord un de ses amis pour faire une enquête sur les événements et lui rapporter fidèlement les dispo-

---

1. Il s'agit des troupes placées directement sous le commandement de Florus et qu'il avait amenées l'avant-veille (§ 296) : on voit par ce passage qu'elles ne se composaient que d'une seule cohorte. Florus donna une des deux cohortes arrivées de Césarée en dernier lieu.

335. sitions d'esprit des Juifs. Il choisit pour cette mission le tribun Nea-
     politanus [1], qui rencontra à Jamnée Agrippa [2] revenant d'Alexandrie,
     et lui fit connaître de qui il tenait sa mission et quel en était l'objet.

336.   2. Les grands-prêtres des Juifs, les notables et le Conseil s'étaient
     également rendus dans cette ville pour saluer le roi. Après lui avoir pré-
     senté leurs hommages, ils se lamentèrent sur leurs propres malheurs

337. et peignirent la cruauté de Florus. A ce récit, Agrippa s'indigna,
     mais en bon diplomate il tourna sa colère contre les Juifs, qu'il plai-
     gnait au fond du cœur ; il voulait ainsi humilier leur fierté et, en
     feignant de ne pas croire à leurs griefs, les détourner de la vengeance.

338. Ces Juifs, qui représentaient une élite et qui, en leur qualité de
     riches, désiraient la paix, comprirent la bienveillance contenue dans
     la réprimande du roi. Mais le peuple de Jérusalem s'avança à une
     distance de soixante stades au-devant d'Agrippa et de Neapolitanus

339. pour les recevoir ; les femmes des Juifs massacrés couraient en avant
     et poussaient des cris perçants ; à leurs gémissements, le peuple
     répondait par des lamentations, suppliait Agrippa de le secourir,
     criait à Neapolitanus les souffrances que Florus leur avait infligées.
     Entrés dans la ville, les Juifs leur montrèrent l'agora déserte et les

340. maisons ravagées. Ensuite, par l'entremise d'Agrippa, ils persua-
     dèrent Neapolitanus de faire le tour de la ville accompagné d'un
     seul serviteur, jusqu'à Siloé [3], pour se rendre compte que les Juifs
     obéissaient volontiers à tous les Romains, mais qu'ils haïssaient le
     seul Florus pour l'excès de ses cruautés envers eux. Quand le tribun
     eut fait sa tournée et fut suffisamment édifié sur leur esprit de sou-

341. mission, il monta au Temple. Il y convoqua la multitude des Juifs, les
     félicita chaudement de leur fidélité envers les Romains, les encouragea
     avec insistance à maintenir la paix, et, après avoir fait ses dévotions
     à Dieu dans le rayon permis [4], s'en retourna auprès de Cestius.

---

1. Quelques manuscrits ont *Politianus*, mais *Vita*, § 121, donne également
Νεοπολιτανός (il est ici qualifié de tribun d'une *aile* de cavalerie).

2. Jamnée n'est pas sur la route directe de Césarée à Jérusalem ; on a supposé
un détour intentionnel.

3. C'est-à-dire jusqu'à la fontaine (au S. de la ville) dérivée de la source de ce nom.

4. C'est-à-dire sans dépasser la grille (τρύφακτος) qui séparait le parvi
extérieur du péribole intérieur, interdit aux païens sous peine de mort.

342.   3. Alors la multitude, se retournant vers le roi et les grands prêtres, les adjura d'envoyer à Néron des députés pour accuser Florus, et de ne pas faire le silence autour d'un massacre aussi affreux, qui laisserait planer sur les Juifs le soupçon de révolte : ils passe-raient pour avoir commencé les hostilités à moins que, prenant les
343.   devants, ils n'en dénonçassent le premier auteur. Il était clair qu'ils ne se tiendraient pas en repos, si l'on s'opposait à l'envoi de cette ambassade. Agrippa voyait des inconvénients à élire des accusateurs contre Florus, mais il sentait aussi pour lui le danger de fermer
344.   les yeux sur la tourmente qui entraînait les Juifs vers la guerre. Il convoqua donc la multitude au Xyste et se plaça bien en vue avec sa sœur Bérénice sur le toit du palais des Asmonéens : ce palais s'élevait au-dessus du Xyste et sa façade regardait les terrains qui font vis-à-vis à la ville haute ; un pont reliait le Xyste au Temple [1]. Là, Agrippa prononça le discours suivant [2].
345.   4. « Si je vous avais vus tous résolus à la guerre contre les Romains, sans que la partie la plus honnête et la plus scrupuleuse de votre nation se prononçât pour la paix, je ne me serais pas présenté devant vous et je n'aurais pas osé vous adresser des conseils ; car il est inutile de plaider en faveur du bon parti quand il y a, chez les auditeurs,
346.   unanimité pour le plus mauvais. Mais puisque ce qui vous entraîne c'est, les uns, un âge qui n'a pas encore l'expérience des maux de la guerre, les autres, une espérance irréfléchie de liberté, quelques-uns enfin la cupidité et le désir d'exploiter les plus faibles à la

1. La ville haute (au S.-O.) était séparée par un ravin de la colline du Temple. Sur le « glacis » de la ville haute, bordé par l'ancien mur de David (*Guerre*, V, 144), se trouvait le Xyste (terrasse au sol dallé ou aplani), relié à la colline d'en face par un pont qui aboutissait vers le milieu du portique O. (*Guerre*, VI, 325). Le palais des Asmonéens s'élevait sur une éminence à côté (à l'O.) du Xyste, et Agrippa s'y était construit un appartement d'où la vue plongeait sur le Temple (*Ant.*, XX, § 189 suiv.). Les mots πρὸς τὸ πέραν τῆς ἄνω πόλεως sont d'ailleurs loin d'être clairs, et plusieurs commentateurs placent le Xyste sur la colline même du Temple.

2. Sur la source et l'exactitude des renseignements statistiques donnés par Josèphe dans ce discours cf. Friedlaender, *De fonte quo Josephus B. J. II. 16, 4, usus sit* (Kœnigsberg, Lectionsverzeichniss 1873) ; Domaszewski, *Die Dislokation des römischen Heeres im J. 66 n. Chr.* (*Rh. Museum*, 1892, p. 207-218).

faveur d'un bouleversement général, j'ai pensé, afin de ramener les égarés à la raison, afin d'épargner aux gens de bien les conséquences de la faute de quelques téméraires, j'ai pensé qu'il était de mon devoir de vous réunir tous pour vous dire ce que je crois utile à vos

347. intérêts. Que personne ne proteste bruyamment, s'il entend des paroles qui ne lui paraissent pas agréables : ceux qui sont irrévocablement décidés à la rébellion sont libres, après mon exhortation, de persister dans leurs sentiments; et d'autre part, mes paroles seraient perdues même pour ceux qui veulent les écouter, si, tous, vous ne faisiez pas silence.

348. « Je sais que beaucoup présentent sur le ton tragique les violences des procurateurs et le panégyrique de la liberté : quant à moi, je veux, avant d'examiner qui vous êtes et contre qui vous engagez la lutte,

349. prendre séparément les prétextes qu'on a confondus. Car si votre objet est de vous venger de l'injustice, à quoi bon exalter la liberté? Si, au contraire, c'est la servitude que vous trouvez insupportable, le réquisitoire contre les gouverneurs devient superflu : fussent-ils les plus justes du monde, la servitude n'en serait pas moins honteuse.

350. « Considérez donc, en prenant chaque argument à part, combien sont faibles vos raisons de faire la guerre; et d'abord, voyons vos

351. griefs contre les procurateurs. Il faut adoucir la puissance en la flattant, non l'irriter; quand vous vous élevez avec violence contre de petits manquements, c'est à vos dépens que vous dénoncez les coupables : au lieu de vous maltraiter, comme auparavant, en secret, avec quelque honte, c'est à découvert qu'ils vous persécuteront. Rien n'arrête si bien les coups que de les supporter, et la patience des

352. victimes tourne à la confusion des bourreaux. Mais j'admets que les ministres de la puissance romaine soient d'une dureté intolérable; on ne doit pas en conclure que tous les Romains soient injustes envers vous, non plus que César : or, c'est contre eux tous, c'est contre lui que vous entreprenez la guerre! Ce n'est point sur leur ordre que vous vient de là-bas un oppresseur, et ils ne peuvent voir de l'occident ce qui se passe en orient; même il n'est pas facile de

353. se renseigner là-bas sur les événements d'ici. Il est donc insensé, à cause d'un seul, d'entrer en lutte contre tout un peuple, de s'insurger,

pour des griefs insignifiants. contre une telle puissance. sans qu'elle
354. sache seulement le sujet de vos plaintes. D'autant que la fin de vos
maux ne se fera guère attendre : le même procurateur ne reste pas
toujours en fonctions, et il est vraisemblable que les successeurs
de celui-ci seront plus modérés ; en revanche, la guerre une fois
engagée, vous ne sauriez ni l'interrompre ni la supporter sans vous
exposer à tous les maux.

355. « J'arrive à votre passion actuelle de la liberté : je dis qu'elle ne vient
pas à son heure. C'est autrefois que vous deviez lutter pour ne pas
perdre vos franchises, car subir la servitude est pénible, et rien n'est
356. plus juste que de combattre pour l'éviter. Mais après qu'on a une
fois reçu le joug, tâcher ensuite de le secouer, c'est agir en esclave
indocile, non en amant de la liberté. Il fut un jour où vous deviez tout
entreprendre pour repousser les Romains : c'est quand Pompée envahit
357. votre contrée. Mais nos ancètres et leurs rois, qui nous étaient bien
supérieurs par la richesse, la vigueur du corps et celle de l'âme, n'ont
pu résister alors à une petite fraction de la puissance romaine ; et
vous, assujettis de pères en fils, vous, inférieurs en ressources à
ceux qui obéirent les premiers, vous braveriez l'empire romain tout
entier !

358. « Voyez les Athéniens. ces hommes qui. pour maintenir la liberté
des Grecs. livrèrent jadis leur ville aux flammes; devant eux l'or-
gueilleux Xerxès, qu'on avait vu naviguer les continents et chevau-
cher les flots [1], Xerxès pour qui les mers étaient trop étroites, qui
conduisait une armée débordant l'Europe, Xerxès finit par s'enfuir
comme un esclave évadé sur un seul esquif. Eh bien, ces hommes,
qui, près de la petite Salamine ont brisé cette immense Asie, aujour-
d'hui ils obéissent aux Romains. et les ordres venus d'Italie régissent
359. la cité qui fut la reine de la Grèce. Voyez les Lacédémoniens : après
les Thermopyles et Platées, après Agésilas qui poussa une reconnais-
360. sance à travers l'Asie [2], les voilà satisfaits d'obéir aux mêmes maîtres.
Voyez les Macédoniens, qui ont encore présents à l'esprit Philippe et

1. Allusion au canal de l'Athos et au pont sur l'Hellespont.
2. En lisant avec Naber εἰρηνεύσαντα, au lieu de ἐρευνήσαντα, on obtient un
sens moins satisfaisant.

Alexandre, et l'empire du monde[1] palpitant devant eux, ils supportent
cependant un si grand changement et révèrent ceux à qui la fortune a
361.   passé. Mille autres nations, le cœur gonflé de l'amour de la liberté, ont
plié. Et vous seuls jugeriez intolérable de servir ceux à qui tout est
asservi !

« Et dans quelles forces, dans quelles armes placeriez-vous votre
confiance? Où est la flotte qui s'emparera des mers que domine Rome?
où sont les trésors qui subviendront aux dépenses de vos campagnes?
362.   Croyez-vous donc partir en guerre contre des Égyptiens ou des
Arabes? Ne vous faites-vous pas une idée de la puissance de Rome?
Ne mesurez-vous pas votre propre faiblesse? N'est-il pas vrai que vos
armes ont été souvent vaincues même par les nations voisines, tandis
que les leurs n'ont jamais subi d'échec dans le monde connu tout
363.   entier? Que dis-je? ce monde même n'a pas suffi à leur ambition :
c'était peu d'avoir pour frontières tout le cours de l'Euphrate à
l'orient, l'Ister au nord, au midi la Libye explorée jusqu'aux déserts,
Gadès à l'occident; voici que, au delà de l'océan, ils ont cherché un
nouveau monde et porté leurs armes jusque chez les Bretons aupa-
364.   ravant inconnus. Parlez : êtes-vous plus riches que les Gaulois, plus
forts que les Germains, plus intelligents que les Grecs, plus nombreux
que tous les peuples du monde? Quel motif de confiance vous soulève
contre les Romains?

365.   « Il est dur de servir, direz-vous. Combien plus dur pour les Grecs
qui, supérieurs en noblesse à toutes les nations qu'éclaire le soleil,
les Grecs qui, établis sur un si vaste territoire, obéissent à six faisceaux d'un magistrat romain[2] ! Il n'en faut pas davantage pour contenir
les Macédoniens, qui, à plus juste titre que vous, pourraient reven-
366.   diquer leur liberté. Et les cinq cents villes d'Asie[3]? Ne les voit-on pas,

---

1. Texte altéré. Nous traduisons la conjecture de Dindorf (παρασπαίρουσαν),
faute de mieux.

2. L'Achaïe formait depuis 27 av. J.-C. une province sénatoriale, gouvernée
par un proconsul de rang prétorien. Josèphe ne tient naturellement pas compte
de la « liberté » des Grecs proclamée en 67 par Néron.

3. Chiffre probablement exagéré (Ptolémée n'en compte que 140), mais qui
concorde avec celui de Philostrate, *Vies des sophistes*, II, 1, 4 Didot.

sans garnison, courbées devant un seul gouverneur et les faisceaux consulaires? Parlerai-je des Hénioques, des Colques, de la race des

367. Tauriens, des gens du Bosphore, des riverains du Pont-Euxin et du lac Méotide? Ces peuples, qui jadis ne connaissaient pas même un maître indigène, obéissent maintenant à 3,000 fantassins; 40 vaisseaux

368. longs suffisent à faire régner la paix sur une mer naguère inhospitalière et farouche [1]. Quels tributs payent, sans la contrainte des armes, la Bithynie, la Cappadoce, la nation Pamphylienne, les Lyciens, les Ciliciens, qui pourtant auraient des titres de liberté à faire valoir? Et les Thraces, qui occupent un pays large de cinq jours de marche et long de sept, plus rude et beaucoup plus fort que le vôtre,

369. où la seule rigueur des glaces arrête un envahisseur, les Thraces n'obéissent-ils pas à une armée de 2,000 Romains [2]? Les Illyriens, leurs voisins, qui occupent la région comprise entre la Dalmatie

370. et l'Ister, ne sont-ils pas tenus en bride par deux légions romaines, avec lesquelles eux-mêmes repoussent les incursions des Daces [3]? Les Dalmates aussi, qui tant de fois ont secoué leur crinière, qui, toujours vaincus, ont tant de fois ramassé leurs forces pour se rebeller

371. encore, ne vivent-ils pas en paix sous la garde d'une seule légion [4]? Certes, s'il est un peuple que des raisons puissantes dussent porter à la révolte, ce sont les Gaulois que la nature a si bien fortifiés, à

372. l'orient par les Alpes, au nord par le fleuve Rhin, au midi par les monts Pyrénées, du côté du couchant par l'océan. Cependant, quoique ceintes de si fortes barrières, quoique remplies de 305 nations [5], les

---

1. Renseignements inédits. Les 3,000 hommes sont ou des cohortes auxiliaires, ou des détachements d'une légion de Mœsie. C'est à tort que Villefosse (art. *Classis* du *Dict. des antiq.*, p. 1234 b) y voit les *équipages* de la flotte de l'Euxin (*classis Pontica*). L'occupation militaire de ces contrées paraît dater de l'an 63 ap. J. C. (déposition de Polémon II).

2. Détachés de l'armée de la Mœsie, dont relevait la Thrace.

3. Il s'agit de l'armée de Mœsie, qui comprenait deux légions : VIII Augusta et VII Claudia (cette dernière fut, en 70, transférée en Germanie). Josèphe ne parle pas de la légion de Pannonie, XIII Gemina.

4. La légion XI Claudia (la VII*, jadis aussi en Dalmatie, ayant été ramenée en Mœsie sous Néron).

5. 400 selon Appien, *Cell.*, 1, 2 (p. 24 Didot), 300 selon Plutarque, *César*, 15. Ce sont les *pagi*, subdivisions des *civitates*.

Gaules, qui ont pour ainsi dire en elles-mêmes les sources de leur richesse et font rejaillir leurs productions sur le monde presque entier, les Gaules supportent d'être devenues la vache à lait des

373. Romains et laissent gérer par eux leur fortune opulente. Et si les Gaulois supportent ce joug, ce n'est point par manque de cœur ou par bassesse, eux qui pendant quatre-vingts ans [1] ont lutté pour leur indépendance, mais ils se sont inclinés, étonnés à la fois par la puissance de Rome et par sa fortune, qui lui a valu plus de triomphes que ses armes mêmes. Voilà pourquoi ils obéissent à douze cents soldats [2], eux qui pourraient leur opposer presque autant de villes [3]!

374. Quant aux Ibères, ni l'or que produit leur sol, ni l'étendue de terres et de mers qui les sépare des Romains, ni les tribus des Lusitaniens et des Cantabres, ivres de guerre, ni l'océan voisin dont le reflux épouvante les habitants eux-mêmes, rien de tout cela n'a suffi dans

375. leur guerre pour l'indépendance : les Romains, étendant leurs armes au delà des colonnes d'Hercule, franchissant à travers les nuées les monts Pyrénées, les ont réduits, eux aussi, en servitude; ces peuples

376. si belliqueux, si lointains, une seule légion suffit à les garder [4]! Qui de vous n'a entendu parler de la multitude des Germains? assurément vous avez pu juger souvent de la vigueur et de la grandeur de leurs

377. corps, puisque partout les Romains traînent des captifs de ce pays. Ces peuples habitent une contrée immense, ils ont le cœur encore plus haut que la stature, une âme dédaigneuse de la mort, des colères plus terribles que celles des bêtes les plus sauvages, eh bien, le Rhin oppose une barrière à leur impétuosité : domptés par huit légions romaines [5], les uns, réduits en captivité, servent comme esclaves, et

378. le reste de la nation a trouvé son salut dans la fuite. Regardez encore

1. Depuis la constitution de la province Narbonnaise (121 av. J.-C ?) jusqu'à la fin des campagnes de César il s'est écoulé environ 70 ans.

2. Il s'agit des deux *cohortes urbanae* (XVII et XVIII) stationnées à Lyon, cf. Tacite, *Hist*. I, 64 ; Mommsen, *Hermes*, XVI, 645; Dessau, *Inscr. latinae selectae*, I, n° 2130. Domaszewski ne tient compte que de la XVIII°.

3. « Plus de 800 villes » selon Appien, *loc. cit*.

4. La VI Victrix. Quant à la X Gemina, qu'on trouve en Espagne sous Néron et de nouveau sous Galba (Tac. *Hist*. v, 16), il y a lieu de croire qu'entre 66 et 68 elle a été détachée en Germanie.

5. En comptant la X Gemina, détachée de l'armée d'Espagne.

comment étaient fortifiés les Bretons, vous qui mettez votre confiance dans les fortifications de Jérusalem : l'océan les entoure, ils habitent une île qui n'est pas inférieure en étendue à notre continent habité tout entier[1] ; pourtant les Romains, traversant la mer, les ont asser-
379. vis ; quatre légions[2] contiennent cette île si vaste. Mais pourquoi insister, quand les Parthes eux-mêmes, cette race si guerrière, souveraine de tant de nations, pourvue de forces si nombreuses, envoie des otages aux Romains[3], et qu'on peut voir en Italie la noblesse de l'orient, sous prétexte de paix, languir dans les fers ?

380. « Ainsi, lorsque presque tous les peuples éclairés par le soleil s'agenouillent devant les armes des Romains, serez-vous les seuls à les braver, sans considérer comment ont fini les Carthaginois, qui, fiers du grand Annibal et de la noblesse de leur origine Phénicienne, sont
381. tombés sous la droite de Scipion ? Ni les Cyréniens, fils de Lacédémone, ni les Marmarides, race qui s'étend jusqu'aux régions de la soif, ni le rivage des Syrtes, dont le nom seul fait frémir, ni les Nasamons, ni les Maures, ni l'innombrable multitude des Numides n'ont
382. ébranlé la valeur romaine. Cette troisième partie du monde habité, dont il n'est pas facile même de compter les peuplades, qui, bordée par l'océan Atlantique et les colonnes d'Hercule, nourrit jusqu'à la mer Rouge les Éthiopiens sans nombre, ils l'ont soumise tout entière,
383. et ces peuples, outre leurs productions annuelles, qui alimentent pendant huit mois la plèbe de Rome, paient encore par surcroît d'autres tributs variés et versent sans balancer leurs revenus au service de l'Empire, loin de voir, comme vous, un outrage dans les ordres qu'ils reçoivent, alors qu'une seule légion séjourne parmi eux[4].
384. « Mais pourquoi chercher si loin les preuves de la puissance romaine, quand je puis les prendre à vos portes mêmes, en Égypte ?
385. Cette terre, qui s'étend jusqu'au pays des Éthiopiens et à l'Arabie

1. Exagération colossale, mais qui a des analogies ailleurs (cf. Pline, IV, c. 30).
2. II Augusta, IX Hispana, XIV Gemina Martia Victrix (rappelée en 68), XX Valeria Victrix.
3. Par exemple la fille de Tiridate, en 63 ap. J.-C. (Tac., XV, 30). Cf. aussi Dion, LXII, 23.
4. La III Augusta, stationnée dans la province sénatoriale d'Afrique. On voit que c'est à tort que Domaszewski signale l'oubli de cette légion par Josèphe.

heureuse, qui confine à l'Inde, qui contient sept millions cinq cent
mille habitants[1], sans compter la population d'Alexandrie, comme on
peut le conjecturer d'après les registres de la capitation, cette terre
subit sans honte la domination romaine ; et pourtant, quel merveilleux
foyer d'insurrection elle trouverait dans Alexandrie, si peuplée, si

386. riche, si vaste ! Car la longueur de cette ville n'est pas moindre de
trente stades, sa largeur de dix[2] ; le tribut qu'elle fournit aux Romains
surpasse celui que vous payez dans l'année ; outre l'argent, elle
envoie à Rome du blé pour quatre mois[3], et de toutes parts elle est
défendue par des solitudes infranchissables, des mers dépourvues de

387. ports, des fleuves et des marais. Mais rien de tout cela n'a prévalu
contre la fortune de Rome : deux légions[4], établies dans cette cité,
tiennent en bride la profonde Égypte et l'orgueil de race des Macédoniens.

« Quels alliés espérez-vous donc pour cette guerre ? Les tirerez-vous
388. des contrées inhabitables ? car sur la terre habitable, tout est romain,
à moins que vos espérances ne se portent au delà de l'Euphrate et
que vous ne comptiez obtenir des secours des Adiabéniens, qui sont
389. de votre race[5] ; mais ils ne s'engageront pas dans une si grande guerre
pour de vains motifs, et s'ils méditaient pareille folie, le Parthe ne le
leur permettrait pas ; car il veille à maintenir la trêve conclue avec
Rome, et il croirait violer les traités s'il laissait un de ses tributaires
marcher contre les Romains.

390. « Il ne vous reste donc d'autre refuge que la protection de Dieu.
Mais ce secours encore, Rome peut y compter, car sans lui, comment
391. un si vaste empire eût-il pu se fonder ? Considérez de plus combien

1. Sept millions selon Diodore, I, 31. Il faut ajouter 300,000 âmes pour
Alexandrie.

2. 7 ou 8 seulement d'après Strabon, XVII, 1, 8.

3. Ainsi l'Égypte fournissait alors le tiers, l'Afrique (§ 383) les deux tiers du
blé nécessaire à l'alimentation de Rome. Le total était de 60 millions de boisseaux
(cf. Aurel Victor, *Epit.* 1, qui donne 20 millions pour la part de l'Egypte).

4. III Cyrenaica et XXII Deiotariana.

5. Plus exactement : dont la dynastie (Hélène et ses fils) s'était convertie au
judaïsme (cf. *Ant.*, XX, 1, 2). L'Adiabène était vassale des Parthes et, à ce titre,
avait combattu avec eux en Arménie contre les Romains sous Néron.

les prescriptions de votre culte sont difficiles à observer dans leur pureté,
même si vous luttiez contre des troupes peu redoutables : contraints à
transgresser les principes où réside votre principal espoir en l'aide
392. de Dieu, vous le détournerez de vous. Si vous observez le sabbat
et refusez ce jour-là tout travail, vous serez facilement vaincus,
comme le furent vos ancêtres, quand Pompée pressait le siège, les
393. jours mêmes où les assiégés restaient dans l'inaction [1] : si au contraire, vous violez dans la guerre la loi de vos ancêtres, je ne vois
plus alors quel sens aurait la lutte, puisque tout votre souci, c'est de
394. ne rien changer aux institutions de vos pères. Comment donc invo-
querez-vous Dieu pour votre défense, si vous manquez volontairement
au culte que vous lui devez ?

« Tous ceux qui entreprennent une guerre mettent leur confiance
soit dans le secours de Dieu, soit dans celui des hommes ; dès lors,
quand suivant toute vraisemblance l'un et l'autre leur manquera,
395. ils vont au-devant d'une ruine certaine. Qu'est-ce donc qui vous
empêche de faire périr plutôt de vos propres mains vos enfants
et vos femmes et de livrer aux flammes votre magnifique patrie ?
Démence, direz-vous : mais du moins vous vous épargnerez ainsi
396. la honte de la défaite. Il est beau, mes amis, il est beau, tandis que
la barque est encore au mouillage, de prévoir l'orage futur, afin
de ne pas être emporté du port au milieu des tempêtes : à ceux
qui succombent à des désastres imprévus, il reste l'aumône de la
pitié : mais courir à une perte manifeste, c'est mériter par surcroît
l'opprobre.

397. « Car n'allez pas penser que la guerre se fera selon des conditions
particulières et que les Romains vainqueurs vous traiteront avec
douceur ; bien plutôt, pour vous faire servir d'exemple aux autres
nations, ils incendieront la ville sainte et détruiront toute votre race.
Même les survivants ne trouveront aucun refuge, puisque tous les
398. peuples ont pour maîtres les Romains, ou craignent de les avoir. Au
reste, le danger menace non seulement les Juifs d'ici, mais encore
ceux qui habitent les villes étrangères, et il n'y a pas au monde un

1. Cf. *Ant.*, XIV, § 63 suiv.

399. seul peuple qui ne contienne une parcelle du nôtre [1]. Tous ceux-là, si vous faites la guerre, leurs ennemis les égorgeront, et la folie d'une poignée d'hommes remplira toutes les villes du carnage des Juifs. Ce massacre trouverait une excuse; que si par hasard il ne s'accomplissait pas, pensez quel crime de porter les armes contre des hommes **400.** si pleins d'humanité! Prenez donc pitié, sinon de vos enfants et de vos femmes, du moins de cette capitale et de ces saints parvis. Épargnez le Temple, préservez pour vous-mêmes le sanctuaire avec ses vases sacrés; car les Romains, vainqueurs, n'épargneront plus rien, voyant que leurs ménagements passés ne leur ont valu que l'ingra- **401.** titude. Pour moi, je prends à témoin les choses saintes que vous possédez, les sacrés messagers de Dieu et notre commune patrie, que je n'ai rien négligé de ce qui pouvait contribuer à votre salut; quant à vous, si vous décidez comme il faut, vous jouirez avec moi des bienfaits de la paix; si vous suivez votre colère, vous affronterez sans moi ces suprêmes dangers [2]. »

402. 5. Après avoir ainsi parlé, il fondit en larmes, et sa sœur avec lui; ces pleurs touchèrent sensiblement le peuple. Cependant les Juifs s'écrièrent qu'ils ne faisaient pas la guerre contre les Romains, mais **403.** contre Florus, à cause du mal qu'il leur avait causé. Alors le roi Agrippa : « Mais vos actes, dit-il, sont déjà des faits de guerre contre Rome : vous n'avez pas payé le tribut de César, vous avez abattu les **404.** portiques de la citadelle Antonia. Si vous voulez écarter de vous le reproche de défection, rétablissez les portiques et payez l'impôt; car assurément ce n'est pas à Florus qu'appartient la citadelle, ce n'est pas à Florus qu'ira votre tribut. »

1. Ce sont presque les mêmes expressions que chez Strabon, XIV, 7, 2 (*Textes relatifs au judaïsme*, n° 51) et Sénèque (*ibid.*, n° 145).
2. Ce long discours est certainement le plus remarquable dans toute l'œuvre de Josèphe, à la fois par l'habile rhétorique et par l'abondance et la précision des renseignements concernant l'empire romain et en particulier son organisation militaire. On ne saurait, quoi qu'on en ait dit, y voir un document authentique, le discours même prononcé à cette occasion par Agrippa : ces détails minutieux n'auraient d'ailleurs nullement intéressé son auditoire. Mais il n'est pas facile de déterminer à quel auteur, évidemment contemporain, Josèphe a pu emprunter ce morceau. Peut-être devons-nous tout simplement voir ici la main d'un de ces grammairiens grecs très instruits, probablement alexandrins, que Josèphe a eus pour collaborateurs dans son premier ouvrage.

XVII

405.   1. Le peuple, gagné par ce discours, monta au Temple avec le roi et Bérénice pour commencer à rebâtir les portiques, tandis que les magistrats et les Conseillers, se répartissant parmi les villages, y levaient le tribut. En peu de temps les quarante talents qui man-
406. quaient furent réunis. Agrippa avait ainsi écarté pour le moment la menace de guerre : il revint ensuite à la charge pour engager le peuple à obéir à Florus, en attendant que César lui envoyât un suc-cesseur. Pour le coup, les Juifs s'exaspérèrent : ils se déchaînèrent en injures contre le roi et lui firent interdire formellement le séjour
407. de la ville ; quelques factieux osèrent même lui jeter des pierres. Le roi, jugeant impossible d'arrêter l'ardeur des révolutionnaires, indigné des outrages qu'il avait reçus, envoya les magistrats et les principaux citoyens à Césarée, auprès de Florus, pour que le gou-verneur désignât ceux qui lèveraient le tribut dans le pays [1] ; quant à lui, il rentra dans son royaume.

---

1. Les tributs recueillis au § 405 sont ceux du district de Jérusalem ; main-tenant il s'agit de faire rentrer ceux des autres districts (toparchies). Il semble d'après cela que le sanhédrin de Jérusalem servît d'intermédiaire fiscal entre le trésor impérial et toute la contrée pour la perception des impôts *directs*. (Schürer, II', 236).

408.   2. A ce moment, quelques-uns des plus ardents promoteurs de la
guerre entreprirent une expédition contre une forteresse du nom de
Masada[1]; ils l'occupèrent par surprise, égorgèrent la garnison
409. romaine et établirent une garnison juive à la place. En même temps,
dans le Temple, Éléazar, fils du grand prêtre Ananias, jeune homme
plein d'audace et qui y remplissait alors les fonctions de capitaine[2],
détermina les prêtres officiants à n'accepter désormais ni offrandes
ni sacrifices offerts par un étranger. C'était là déclarer véritable-
ment la guerre aux Romains : car on rejetait tout ensemble les
410. sacrifices offerts au nom des Romains et de César[3]. En vain les
grands prêtres et les notables les exhortèrent à ne pas négliger le
sacrifice traditionnel célébré en l'honneur des empereurs ; les prêtres
refusèrent de les entendre, confiant dans leur grand nombre, — d'autant que le concours des révolutionnaires les plus vigoureux leur
était assuré, — et surtout dans l'autorité d'Éléazar, capitaine du
Temple.

411.   3. Là-dessus, les principaux citoyens se réunirent avec les grands
prêtres et les plus notables Pharisiens pour délibérer sur la chose
publique, maintenant que le mal paraissait sans remède. Ayant décidé
de faire un dernier appel aux factieux, ils convoquèrent le peuple
devant la porte d'airain : on nomme ainsi la porte du Temple intérieur
412. tournée vers l'Orient[4]. Après avoir exprimé vivement leur indignation
contre l'audace de cette révolte et d'une guerre si formidable déchaî-
née sur la patrie, ils exposèrent l'absurdité des raisons alléguées
pour l'interruption du sacrifice : leurs ancêtres avaient orné le Temple
surtout aux frais des étrangers, recevant sans cesse les offrandes des

---

1. En Idumée, au S.-O. et tout près de la mer Morte, aujourd'hui Sebbeh.

2. Ce capitaine (στρατηγός) ou *segan* avait la surveillance supérieure de l'ordre
matériel dans le Temple ; dans la hiérarchie, il venait immédiatement après le
grand pontife. Cf. Schürer, II⁴, 320. Éléazar était bien fils du grand prêtre
Ananias (*Ant.*, XX, 208).

3. Ce sacrifice quotidien, institué par Auguste (Philon, *Leg. ad Caium*, c. 23),
consistait en deux agneaux et un taureau ; les frais en étaient supportés par le
fisc impérial selon Philon, par le « peuple juif » selon Josèphe (*C. Ap.*, II, 6),
probablement au moyen d'un prélèvement sur le tribut de la Judée (E. Meyer).

4. La porte incrustée de bronze, située à l'Est du parvis des femmes (porte de
Nicanor ?).

413. nations ; non seulement ils n'avaient interdit les sacrifices à personne, — ce qui eût été la plus grave impiété, — mais ils avaient consacré autour du Temple toutes ces offrandes qu'on y voyait encore

414. conservées intactes depuis tant d'années. Et les voici, eux, au moment où ils provoquent les armes des Romains et les excitent à la guerre, qui apportent une innovation étrange dans le culte et ajoutent au danger la honte de l'impiété pour leur ville, puisque les Juifs seront désormais les seuls chez qui un étranger ne pourra ni sacrifier ni adorer

415. Dieu! Si quelqu'un proposait une pareille loi à l'égard d'un particulier, ils s'indigneraient contre un décret aussi inhumain, et il leur est

416. indifférent que les Romains et César soient mis hors la loi! Qu'ils redoutent qu'après avoir interdit les sacrifices offerts au nom de Rome, ils ne soient bientôt empêchés d'en célébrer pour eux-mêmes, et que la ville ne soit mise hors la loi de l'empire : sinon, qu'ils se hâtent de rentrer dans la raison, de reprendre les sacrifices, et de réparer leur outrage avant que le bruit n'en parvienne à ceux qu'ils ont offensés.

417. 4. Tout en tenant ce langage, ils amenaient des prêtres versés dans la tradition, qui expliquaient que tous leurs ancêtres avaient accepté les sacrifices des étrangers. Cependant aucun des révolutionnaires ne voulut les écouter; même les ministres du culte [1], dont la conduite

418. inaugurait les hostilités, ne bougèrent pas. Aussi les principaux citoyens, estimant qu'ils ne pouvaient plus arrêter eux-mêmes la sédition et qu'ils seraient les premières victimes de la vengeance de Rome, ne songèrent plus qu'à écarter d'eux-mêmes tout reproche et envoyèrent des députés, les uns, dirigés par Simon, fils d'Ananias, auprès de Florus, les autres auprès d'Agrippa, parmi lesquels on remarquait Saül, Antipas et Costobaros [2], tous membres de la famille

419. royale. Ils adjuraient l'un et l'autre de monter vers la capitale avec

420. des troupes et de briser la révolte avant qu'elle devint invincible. Ce malheureux incident était une aubaine pour Florus; désireux d'allumer

421. la guerre, il ne fit aucune réponse aux députés. Quant à Agrippa,

---

1. Nous lisons λειτουργοί avec la plupart des mss. (λῃστρικοί P).
2. Saül et Costobaros etaient frères (infra, § 556); ils s'étaient rendus coupables d'exactions (Ant., XX, 214). Antipas est inconnu.

IV

également soucieux de ceux qui se révoltaient et de ceux contre qui s'allumait la révolte, désireux de conserver la Judée aux Romains et aux Juifs leur Temple et leur capitale, sachant bien d'ailleurs qu'il n'avait rien à gagner dans ce désordre, il envoya deux mille [1] cavaliers pour défendre le peuple : c'étaient des Auranites, des Batanéens, des Trachonites, ayant pour commandant de cavalerie Darius et pour général Philippe, fils de Jacime [2].

422. 5. Confiants dans ces forces, les notables, les grands prêtres et tous les citoyens épris de la paix occupent la ville haute ; car les
423. séditieux étaient maîtres de la ville basse et du Temple. On se jetait sans relâche des pierres et des balles de fronde : de part et d'autre les traits volaient ; parfois même des détachements faisaient une sortie et l'on combattait corps à corps. Les insurgés l'emportaient par l'au-
424. dace, les gens du roi par l'expérience. Le but des Royaux était de s'emparer du Temple et de chasser ceux qui souillaient le sanctuaire ; les factieux groupés autour d'Éléazar cherchaient à conquérir la ville haute outre les points qu'ils occupaient déjà. Pendant sept jours, il se fit un grand carnage des uns et des autres sans qu'aucun cédât la portion de la ville qu'il détenait.

425. 6. Le huitième jour amena la fête dite de la Xylophorie, où il était d'usage que tous apportassent du bois à l'autel pour que la flamme ne manquât jamais d'aliment ; et en effet, le feu de l'autel ne s'éteint jamais [3]. Les Juifs du Temple exclurent donc leurs adversaires de cette cérémonie ; à cette occasion, leur multitude mal armée se grossit d'un grand nombre de sicaires qui s'étaient glissés parmi eux — on appelait ainsi les brigands qui cachaient un poignard dans leur sein

---

1. 2.000 d'après les mss. PAL, 3.000 d'après d'autres.

2. Philippe est qualifié ailleurs (*Vita*, c. 11) de ἔπαρχος (lieutenant) du roi. Jacime avait été « tétrarque » du roi Agrippa (I⁰ʳ ou II ?) (*Guerre*, IV, 81) ; il était fils de Zamaris, qui, sous Hérode, mena une colonie en Batanée (*Ant.*, XVII, § 29). Waddington a cru retrouver le nom de Darius dans l'inscription de Deir esch Schair (Le Bas III, 2135), mais cf. Dittenberger, *Oriens graecus*, n° 422.

3. Cf. *Lévitique*, 6, 12. D'après la Mischna (*Taanith*, 4, 5) la corvée du bois était répartie sur 9 jours, par familles, mais le jour principal était le 15 Ab, où contribuaient les prêtres, les lévites, et tous ceux de descendance inconnue.

426. — et ils poursuivirent leurs attaques avec plus de hardiesse. Inférieurs en nombre et en audace, les Royaux, refoulés de vive force,

427. évacuèrent la ville haute. Les vainqueurs y firent irruption et livrèrent aux flammes la maison du grand prêtre Ananias et les palais d'Agrippa et de Bérénice[1]; puis ils portèrent le feu dans les Archives publiques, pressés d'anéantir les contrats d'emprunt et d'empêcher le recouvrement des créances, afin de grossir leurs rangs de la foule des débiteurs et de lancer contre les riches les pauvres sûrs de l'impunité. Les gardiens des bureaux des conservateurs s'étant sauvés, ils

428. mirent donc le feu aux bâtiments. Une fois le nerf du corps social ainsi détruit, ils marchèrent contre leurs ennemis; notables et grands

429. prêtres se sauvèrent en partie dans les égouts; d'autres gagnèrent avec les soldats du roi le palais royal situé plus haut[2] et se hâtèrent d'en fermer les portes : de ce nombre étaient le grand prêtre Ananias, son frère Ezéchias, et ceux qui avaient été envoyés auprès d'Agrippa.

430. 7. Ce jour-là, les séditieux s'arrêtèrent, se contentant de leur victoire et de leurs incendies. Le lendemain, qui était le quinzième jour du mois de Loos[3], ils attaquèrent la citadelle Antonia; après avoir tenu la garnison assiégée pendant deux jours, ils la firent

431. prisonnière, l'égorgèrent et mirent le feu au fort. Ensuite, ils se retournèrent vers le palais, où les gens du roi s'étaient réfugiés : divisés en quatre corps ils firent plusieurs tentatives contre les murailles. Aucun des assiégés n'osa risquer une sortie, à cause du grand nombre des assaillants : répartis sur les mantelets des murs et sur les tours, ils se contentaient de tirer sur les agresseurs, et force

432. brigands tombèrent au pied des murailles. Le combat ne cessait ni jour ni nuit, car les factieux espéraient épuiser les assiégés par la disette et les défenseurs, les assiégeants par la fatigue.

433. 8. Cependant, un certain Manahem, fils de Juda le Galiléen — ce

---

1. Malgré cette expression, il ne semble pas qu'il s'agisse d'un édifice distinct, mais des parties nouvelles ajoutées par Agrippa à l'ancien palais des Hasmonéens, sur le Xystos (*Ant.*, XX, 189). Les Archives étaient voisines de l'Akra et du palais du Conseil (*Guerre*, VI, 354), mais l'emplacement exact est inconnu.

2. τὴν ἀνωτέρω αὐλήν, évidemment le Palais d'Hérode, au N.-O. de la ville haute.

3. Le 15 Loos = Ab (juillet-août). Mais si la Mischna place avec raison la fête de la Xylophorie le 15, il s'agirait plutôt du 16.

docteur redoutable qui jadis, au temps de Quirinius[1], avait fait un
crime aux Juifs de reconnaître les Romains pour maîtres alors qu'ils
avaient déjà Dieu — emmena ses familiers à Masada, où il força le
magasin d'armes du roi Hérode, et équipa les gens de son bourg

434. avec quelques autres brigands ; s'étant ainsi constitué une garde du
corps, il rentra comme un roi à Jérusalem, et, devenu le chef de la

435. révolution, dirigea le siège du palais[2]. Cependant les assiégeants
manquaient de machines et, battus du haut de la muraille, ils ne
pouvaient la saper à ciel ouvert. Ils commencèrent donc à distance
une mine, l'amenèrent jusqu'à l'une des tours qu'ils étayèrent, puis
sortirent après avoir mis le feu aux madriers qui la soutenaient.

436. Quand les étais furent brûlés, la tour s'écroula soudain, mais ils
virent apparaître un autre mur construit en arrière d'elle, car les
assiégés, prévoyant le stratagème, peut-être même avertis par l'ébran-
lement de la tour au moment où on la sapait, s'étaient pourvus d'un

437. nouveau rempart. Ce spectacle inattendu frappa de stupeur l'as-
saillant, qui se croyait déjà victorieux. Cependant les défenseurs
députèrent auprès de Manahem et des promoteurs de la sédition,
demandant à sortir par capitulation. Les insurgés n'accordèrent cette
permission qu'aux soldats du roi et aux indigènes, qui sortirent en

438. conséquence. Les Romains, restés seuls, furent pris de découragement.
Ils désespéraient de percer à travers une telle multitude et ils avaient
honte de demander une capitulation ; d'ailleurs, l'eussent-ils obtenue,

439. quelle confiance méritait-elle ? Ils abandonnèrent donc le camp,
trop facile à emporter, et se retirèrent dans les tours royales, qui se

440. nommaient Hippicos, Phasaël et Mariamme[3]. Les compagnons de Manahem, se ruant dans les positions que les soldats venaient de quitter,
tuèrent tous les retardataires qu'ils purent saisir, pillèrent les bagages
et incendièrent le camp. Ces événements eurent lieu le sixième jour
du mois de Gorpiéos[4].

1. Sur Judas le Galiléen voir *suprà*, § 118.
2. Sur le mur d'enceinte du palais (haut de 30 coudées) et les tours qui le
garnissaient, cf. *Guerre*, V, 177.
3. Ces tours étaient situées au N. de l'enceinte du palais.
4. Gorpiéos (Eloul) = août-septembre. La conduite de Philippe, général
d'Agrippa, parut suspecte, et il fut envoyé à Rome pour se justifier (*Vita*, c. 74).

141.   9. Le lendemain, le grand prêtre Ananias fut pris dans la douve du palais royal. où il se cachait, et tué par les brigands avec son frère Ézéchias. Les factieux investirent les tours et les soumirent à une

142. étroite surveillance pour qu'aucun soldat ne pût s'en échapper. La prise des fortifications et le meurtre du grand prêtre Ananias grisèrent à tel point la férocité de Manahem qu'il crut n'avoir plus de rival pour

143. la conduite des affaires et devint un tyran insupportable. Les partisans d'Éléazar se dressèrent alors contre lui ; ils se répétaient qu'après avoir, pour l'amour de la liberté, levé l'étendard de la rébellion contre les Romains, ils ne devaient pas sacrifier cette même liberté à un bourreau juif [1] et supporter un maître qui. ne fît-il même aucune violence. était pourtant fort au-dessous d'eux : s'il fallait à

144. toute force un chef, mieux valait n'importe lequel que celui-là. Dans ces sentiments. ils se conjurèrent contre lui dans le Temple même : il y était monté plein d'orgueil pour faire ses dévotions. revêtu d'un

145. costume royal. et traînant à sa suite ses zélateurs armés. Lorsqu'Éléazar et ses compagnons s'élancèrent contre lui. et que le reste du peuple [2], saisissant des pierres. se mit à lapider l'insolent docteur.

146. pensant étouffer toute la révolte par sa mort. Manahem et sa suite résistèrent un moment. puis. se voyant assaillis par toute la multitude, s'enfuirent chacun où ils purent ; là-dessus. on massacra ceux

147. qui se laissèrent prendre. on fit la chasse aux fugitifs. Un petit nombre parvinrent à se faufiler jusqu'à Masada. entre autres Éléazar. fils de Jaïr. parent de Manahem. qui plus tard exerça la tyrannie à

148. Masada. Quant à Manahem lui-même. qui s'était réfugié au lieu appelé Ophlas [3] et s'y cachait honteusement. on le saisit. on le traîna au grand jour, et. après mille outrages et tortures. on le tua. Ses lieutenants eurent le même sort. ainsi qu'Absalom, le plus fameux suppôt de la tyrannie.

149.   10. Le peuple. je l'ai dit, s'associa à cette exécution. dans l'espoir de voir ainsi s'apaiser l'insurrection tout entière [4]. mais les conjurés, en

1. Nous lisons οἰκείῳ δημίῳ avec Destinon. Naber, etc. Les mss. ont δήμῳ.
2. Nous ne comprenons pas les mots ἐπὶ τὰς ὀργάς que la plupart des mss. ont après δῆμος.
3. La pente Sud de la colline du Temple.
4. Interprétation peu vraisemblable. L'apologiste fait ici tort à l'historien.

tuant Manahem. loin de désirer mettre fin à la guerre, n'avaient voulu
450. que la poursuivre avec plus de liberté. En fait, tandis que le peuple
invitait les soldats avec insistance à se relâcher des opérations du
siège, ils le pressaient au contraire plus vigoureusement. Enfin, à
bout de résistance, les soldats de Metilius — c'était le nom du préfet [1]
romain — députèrent auprès d'Éléazar, lui demandant seulement d'obtenir par capitulation, la vie sauve, et offrant de livrer leurs armes et tout
451. leur matériel. Les révoltés, saisissant au vol cette requête, envoyèrent
aux Romains Gorion, fils de Nicomède [2], Ananias, fils de Sadoc, et
Judas, fils de Jonathas, pour conclure la convention et échanger les
452. serments. Cela fait, Metilius fit descendre ses soldats. Tant que ceux-
ci gardèrent leurs armes, aucun des révoltés ne les attaqua ni ne
453. laissa flairer la trahison. Mais quand les Romains eurent tous déposé,
suivant la convention, leurs boucliers et leurs épées, et, désormais
sans soupçon, se furent mis en route, les gens d'Éléazar se jetèrent sur
eux, les entourèrent et les massacrèrent ; les Romains n'opposèrent
ni résistance ni supplication, se bornant à rappeler à grands cris la
454. convention et les serments. Tous périrent ainsi, cruellement égorgés.
Le seul Metilius obtint grâce, à force de prières, et parce qu'il
promit de se faire Juif, voire de se laisser circoncire. C'était là un
léger dommage pour les Romains, qui de leur immense armée ne
perdirent qu'une poignée d'hommes, mais on y reconnut le prélude
455. de la ruine des Juifs. En voyant la rupture désormais sans remède,
la ville souillée par cet horrible forfait qui promettait quelque châtiment divin, à défaut de la vengeance de Rome, on se livra à un deuil
public : la ville se remplit de consternation, et il n'y avait pas un
modéré qui ne se désolât en songeant qu'il payerait lui-même le
456. crime des factieux. En effet, le massacre s'était accompli le jour du
sabbat, où la piété fait abstenir les Juifs même des actes les plus
innocents.

---

1. Ἔπαρχος. Le commandant d'une cohorte auxiliaire est en principe un préfet
(Tacite, *Hist.*, II, 59; Digeste, III, 2, 2, pr.). — La capitulation de la garnison
romaine paraît avoir eu lieu le 17 Eloul (Gorpiéos) : c'est à ce jour que la
Megillath Taanith (§ 14) place « l'évacuation » de Juda par les Romains.

2. *Nicodème*, de la traduction latine, est peut-être préférable.

XVIII

1-2. Massacre des Juifs à Césarée et autres lieux. Représailles des Juifs. — 3-4. Perfidie des Scythopolitains. Mort héroïque de Simon fils de Saül. — 5-6. Autres tueries. Guet-apens de Varus, régent du royaume d'Agrippa. Prise de Cypros et de Machérous. — 7-8. Émeute d'Alexandrie. — 9-11. Entrée en campagne de Cestius Gallus. Prise de Chaboulôn et de Joppé; occupation de la Galilée.

457.   1. Le même jour et à la même heure[1], comme par un décret de la Providence, les habitants de Césarée massacrèrent les Juifs qui vivaient parmi eux : en une heure plus de vingt mille furent égorgés, et Césarée tout entière fut vidée de Juifs : car ceux qui s'enfuyaient furent, par ordre de Florus, saisis et conduits, enchaînés, aux

458. arsenaux maritimes. A la nouvelle du désastre de Césarée, toute la nation entra en fureur : partagés en plusieurs bandes, les Juifs saccagèrent les villages des Syriens et le territoire des cités voisines[2],

459. Philadelphie, Hesbon, Gerasa, Pella et Scythopolis. Ils se ruèrent ensuite contre Gadara Hippos et la Gaulanitide, détruisant ou incendiant tout sur leur passage, et s'avancèrent jusqu'à Kedasa, bourgade

460. tyrienne[3], Ptolémaïs, Gaba et Césarée. Ni Sébaste, ni Ascalon ne résistèrent à leur élan : ils brûlèrent ces villes[4], puis rasèrent Anthédon et Gaza. Sur le territoire de chacune de ces cités, force villages furent pillés, une quantité prodigieuse d'hommes pris et égorgés.

461.   2. Les Syriens de leur côté ne tuaient pas moins de Juifs : eux

---

1. C'est-à-dire probablement le 17 Gorpiéos 66 (voir la note 1 de la page précédente).

2. L'énumération qui suit décrit un cercle autour de Sébaste. Les expéditions partirent les unes de la Pérée, les autres de la Galilée et de la Judée.

3. Kedesch, au N.-O. du lac Mérom. Cf. IV, 105.

4. Ou plutôt les villages de leur banlieue. De toutes les villes énumérées, il semble que les Juifs n'aient réellement *pris* que Gaza et Anthédon.

aussi, ils égorgeaient ceux qu'ils prenaient dans les villes, non plus
seulement, comme auparavant, par haine, mais pour prévenir le péril
462. qui les menaçait eux-mêmes. La Syrie entière fut en proie à un
affreux désordre ; toutes les villes étaient divisées en deux camps ; le
463. salut pour les uns était de prévenir les autres. On passait les jours
dans le sang, les nuits dans une terreur plus affreuse encore. Se
croyait-on débarrassé des Juifs, restaient les judaïsants dont on se
méfiait ; on reculait devant l'horreur d'exterminer les éléments équivoques, et pourtant on redoutait ces sang-mêlé autant que des étran-
464. gers avérés. Des hommes réputés de longue date pour leur douceur se
laissaient entraîner par la cupidité à se défaire de leurs adversaires ;
car on pillait impunément les biens des victimes, on transportait chez
soi comme d'un champ de bataille les dépouilles des morts, et celui
qui gagnait le plus se couvrait de gloire, parce qu'il avait été
465. le plus grand meurtrier. On voyait les villes remplies de cadavres
sans sépulture, des vieillards morts étendus avec des enfants, des
femmes à qui on avait enlevé même le dernier voile de la pudeur ;
toute la province pleine de calamités inouïes ; et, plus terrible encore
que les forfaits réels, la menace de l'avenir qui tenait les esprits
en suspens.
466.   3. Jusque-là les Juifs n'avaient eu à faire qu'à des étrangers,
mais quand ils envahirent le territoire de Scythopolis ils trouvèrent
pour ennemis leurs propres coreligionnaires : les Juifs de ce pays se
rangèrent, en effet, à côté des Scythopolitains, et, faisant passer la
parenté après leur propre sécurité, combattirent en masse contre
467. leurs frères. Cependant leur extrême ardeur parut suspecte : les
gens de Scythopolis craignirent que la population juive ne s'emparât
de la ville pendant la nuit et n'y semât le carnage pour se faire pardonner par ses frères sa défection. Ils ordonnèrent donc à ces Juifs,
s'ils voulaient confirmer leurs sentiments de concorde et montrer
leur fidélité à un peuple de race étrangère, de se transporter avec
468. leurs familles dans le bois sacré de la ville. Les Juifs obéirent sans
défiance à cette invitation. Pendant deux jours, les Scythopolitains
se tinrent en repos, pour mieux endormir leur confiance, mais la
troisième nuit, épiant le moment où les uns étaient sans défense, les

autres endormis, ils les égorgèrent tous au nombre de plus de treize mille et pillèrent tous leurs biens[1].

469.   4. Je ne veux pas omettre ici la triste destinée de Simon, fils d'un certain Saül, assez notable citoyen. Doué d'une force et d'une audace supérieures, il avait abusé de l'une et de l'autre au détriment de ses

470. coreligionnaires. Tous les jours on l'avait vu marcher au combat et tuer un grand nombre des Juifs qui attaquaient Scythopolis; souvent même, on le voyait à lui seul mettre en fuite toute leur troupe, et

471. supporter tout le poids du combat. Mais il subit le juste châtiment de ses fratricides. Lorsque les Scythopolitains eurent cerné le bois sacré et criblaient les Juifs de leurs traits, Simon mit l'épée à la main; puis, au lieu de courir aux ennemis, dont le nombre dépassait toute mesure,

472. il s'écria sur le ton le plus émouvant : « Scythopolitains, je suis justement puni par vous[2] de mes forfaits, moi et ceux qui, en tuant un si grand nombre de leurs frères, vous ont donné des gages de leur fidélité. Eh bien donc! nous qui éprouvons, comme de juste, la perfidie des étrangers, nous qui avons poussé jusqu'à l'extrême l'impiété envers les nôtres, mourons comme des maudits de nos propres mains, car il

473. ne sied point que nous périssions sous le bras de nos ennemis. Ce sera à la fois le juste prix de mon crime et l'honneur de ma bravoure : aucun de mes ennemis ne pourra se glorifier de ma mort ni insulter

474. mon cadavre. » A ces mots, il promène sur sa famille un regard de pitié et de colère : il avait là sa femme, ses enfants, ses vieux parents.

475. D'abord saisissant son père par ses cheveux blancs, il le traverse de son épée: après lui, il tue sa mère, qui n'offre aucune résistance, puis sa femme et ses enfants, qui tous s'offrent presque à son fer, dans leur

476. hâte de prévenir les ennemis. Lui-même, après avoir tué toute sa famille, il se tint debout en évidence au-dessus des cadavres, étendit sa main droite pour attirer tous les regards, et s'enfonçant dans le corps son épée jusqu'à la garde, la baigna de son sang. Ainsi périt ce jeune homme digne de pitié par la vigueur de son corps et la

1. Voir aussi, sur cet épisode de Scythopolis, *Vita*, c. 6, § 26.

2. Nous traduisons comme s'il y avait παρ' ὑμῶν (conjecture de Hudson, au lieu de καθ' ὑμῶν des mss.). Plus loin, au lieu de αὐτούς, nous lisons, également avec Hudson, ὑμᾶς.

fermeté de son âme, mais qui expia, comme de raison, son trop de foi
dans les étrangers.

477.   5. Après la boucherie de Scythopolis, les autres cités se soulevè-
rent chacune contre les Juifs de leur territoire. Les habitants d'Ascalon en tuèrent 2,500, ceux de Ptolémaïs 2,000, sans compter ceux
478. qu'ils mirent aux fers. Les Tyriens en égorgèrent bon nombre, mais
enchaînèrent et mirent en prison la plupart ; de même Hippos et
Gadara se débarrassèrent des fortes têtes, et mirent sous bonne garde
les plus craintifs. Les autres villes de Syrie agirent suivant la haine
479. ou la crainte qu'elles ressentaient à l'égard des Juifs. Seules, Antioche, Sidon et Apamée épargnèrent leurs métèques juifs, et ne permirent ni de tuer ni d'emprisonner aucun d'entre eux ; peut-être ces
cités très peuplées dédaignaient-elles les soulèvements éventuels des
Juifs, mais ce qui les guidait surtout, je pense, c'était leur pitié pour
480. des hommes qui ne manifestaient aucune velléité séditieuse. Quant
aux gens de Gerasa, non seulement ils ne maltraitèrent point les Juifs
qui restèrent chez eux, mais ils escortèrent jusqu'à leurs frontières
ceux qui voulurent émigrer.

481.   6. Même dans le royaume d'Agrippa, on complota contre les Juifs.
Le roi s'était rendu de sa personne à Antioche, auprès de Cestius
Gallus, laissant pour gouverner ses affaires un de ses amis, nommé
482. Varus[1], apparenté au roi Sohémos[2]. A ce moment vint de la Batanée[3]
une ambassade de soixante-dix citoyens, les plus éminents par la naissance et l'intelligence, qui demandaient au roi un corps de troupes afin
que, en cas de troubles, ils fussent en force pour réprimer le mouve-
483. ment. Varus envoya de nuit quelques réguliers du roi qui massacrè-

---

1. Les mss. l'appellent ici Νόαρος, mais c'est bien le même personnage qui est
appelé plus haut Οὔαρος (§ 218). C'est aussi cette forme que donne *Vita*, § 49
suiv.

2. Evidemment le roi Sohémos d'Emèse, que nous retrouverons plus loin
(§ 501, etc.). D'autre part, d'après *Vita*, § 52, Varus était ἔγγονος Σοέμου τοῦ περὶ
τὸν Λίβανον τετραρχοῦντος. Il faut en conclure que le roi d'Emèse était de la même
famille que cet ancien tétrarque ou « roi » d'Iturée qui régna de 38 à 49
(Dion, 59, 12 ; Tac., XII. 23). Varus n'était certainement pas le *fils* (comme le
veut Schürer), mais plutôt le petit-fils (ἔγγονος) de ce tétrarque.

3. Entendez : des *Juifs* de Batanée (cf. *Vita*, § 56).

rent toute cette députation : il osa accomplir ce forfait sans prendre l'avis d'Agrippa; poussé par sa cupidité sans bornes il se souilla du sang des gens de sa race, au grand dommage du royaume. Il continua à exercer une tyrannie cruelle jusqu'à ce que Agrippa, informé de sa conduite, mais n'osant pas, à cause de Sohémos, le faire périr,

184. le révoquât de sa régence[1]. Vers le même temps les insurgés surprirent la forteresse de Cypros, qui domine Jéricho[2], massacrèrent la

185. garnison et démantelèrent la place. Un autre jour la populace juive de Machérous décida la garnison romaine à évacuer cette forteresse

186. et à la lui livrer. Les soldats, craignant d'être réduits de vive force, convinrent de sortir aux termes d'une capitulation et, après avoir reçu des gages, livrèrent le fort, que les gens de Machérous occupèrent et garnirent de troupes.

187. 7. A Alexandrie la discorde n'avait cessé de régner entre la population indigène et les Juifs, depuis le temps où Alexandre le Grand, ayant trouvé chez les Juifs un concours très empressé contre les Egyptiens, leur avait accordé, en récompense de leur aide, le droit d'habiter la

188. ville avec des droits égaux à ceux des Grecs. Ses successeurs leur confirmèrent ce privilège et leur assignèrent même un quartier particulier[3], afin qu'ils pussent observer plus sévèrement leur régime en se mêlant moins aux étrangers : ils les autorisèrent aussi à prendre le titre de Macédoniens. Quand les Romains acquirent l'Égypte, ni le premier César ni aucun de ses successeurs ne permirent qu'on dimi-

189. nuât les honneurs des Juifs d'Alexandrie. Mais ils se battirent continuellement avec les Grecs, et les châtiments nombreux infligés tous

1. D'après le récit détaillé de la *Vita* § 49 suiv., Varus aurait médité de supplanter Agrippa. Dans cette pensée il intercepta les messagers entre Philippe, général du roi, et Agrippa, et, pour se gagner un parti, persécuta les Juifs. L'ambassade de soixante-dix notables de Batanée (c'étaient des Juifs d'origine babylonienne, établis à Ecbatane) avait été provoquée par lui ; après les avoir massacrés sur leur chemin vers Césarée (Neronias), il attaqua les Juifs de Batanée qui s'enfermèrent dans Gamala avec Philippe, puis voulut exterminer les Juifs de Césarée. C'est alors qu'Agrippa le destitua et le remplaça par Æquus Modius (§ 61).

2. Cf. *Guerre*, I, 407.

3. D'après le *C. Apion*, II, 4, § 35, ce quartier leur aurait déjà été assigné par Alexandre.

les jours par des gouverneurs aux factieux des deux partis ne faisaient
490. qu'exaspérer la sédition. Maintenant que le désordre régnait partout,
la lutte redoubla d'ardeur à Alexandrie. Un jour que les Alexandrins
tenaient une assemblée au sujet d'une ambassade qu'ils voulaient
envoyer à Néron, un grand nombre de Juifs pénétrèrent dans l'amphi-
491. théâtre en même temps que les Grecs : leurs adversaires, dès qu'ils
les aperçurent, leur jetèrent les noms d'ennemis et d'espions, puis se
ruèrent sur eux et en vinrent aux mains. La masse des Juifs prit la
fuite et se dispersa, mais les Alexandrins en retinrent trois, qu'ils
492. entraînèrent pour les brûler vifs. Là-dessus tout le peuple juif s'arma
à la rescousse : ils lancèrent d'abord des pierres contre les Grecs,
ensuite, saisissant des torches, coururent à l'amphithéâtre, menaçant
d'y exterminer dans les flammes la population jusqu'au dernier
homme. Et ils auraient exécuté leur menace si le préfet[1] Tibère
493. Alexandre ne se fût hâté d'arrêter leur fureur. Au début il ne recourut
pas aux armes pour ramener l'ordre; il leur envoya les principaux
citoyens, les invitant à se calmer et à ne pas exciter contre eux
l'armée romaine. Mais les émeutiers accueillirent avec des éclats de
rire ces exhortations et chargèrent le préfet d'invectives.
494.   8. Comprenant alors que les révoltés ne s'arrêteraient pas si on ne
leur infligeait une sévère leçon, il envoie contre eux les deux légions
romaines stationnées dans la ville et leur adjoint deux mille soldats[2]
arrivés par hasard de Libye pour la perte des Juifs : il leur permit non
seulement de tuer les rebelles, mais encore de piller leurs biens et
495. d'incendier leurs maisons. Les soldats, se ruant sur le quartier
« Delta[3] » où la population juive était concentrée, exécutèrent ces
ordres, non sans effusion de sang : car les Juifs, se massant en ordre
serré, mirent au premier rang les mieux armés d'entre eux, et
opposèrent une résistance prolongée; mais quand une fois ils furent
496. enfoncés, ce fut un terrible carnage. La mort se présentait sous tous

1. Et non, comme dit Josèphe, « le gouverneur de la ville » ὁ τῆς πόλεως ἡγεμών.
Tibère Alexandre était préfet (vice-roi) d'Égypte.

2. Plusieurs mss. ont *cinq mille*.

3. Les quartiers d'Alexandrie étaient désignés d'après les premières lettres de
l'alphabet grec (Philon, *In Flaccum*, 8).

les aspects : les uns étaient saisis dans la plaine, les autres refoulés dans leurs maisons, que les Romains brûlèrent après les avoir vidées de leur contenu; nulle pitié pour les enfants, nul respect pour les
497. vieillards : ils s'attaquaient à tous les âges et tuaient avec une telle rage que tout le quartier fut inondé de sang et cinquante mille cadavres amoncelés; le reste même n'eût pas échappé, s'il n'avait eu recours aux supplications. Tibère Alexandre, pris enfin de pitié,
498. ordonna aux Romains de se retirer. Ceux-ci, rompus à l'obéissance, cessèrent le massacre au premier signal; mais la populace d'Alexandrie dans l'excès de sa haine était difficile à ramener, et c'est à grand'peine qu'on l'arracha aux cadavres.

499. 9. Telle fut la catastrophe qui fondit sur les Juifs d'Alexandrie. Cestius, voyant que de tous côtés on faisait la guerre aux Juifs, ne
500. voulut pas rester inactif pour son compte. Il partit donc d'Antioche, emmenant avec lui la 12ᵉ légion au complet et, de chacune des autres, deux mille hommes choisis[1]: en outre, six cohortes d'infanterie et quatre escadrons de cavalerie. Il y adjoignit les contingents des rois : Antiochus[2] fournit deux mille cavaliers et trois mille fantassins, tous archers; Agrippa le même nombre de fantassins et un peu moins de
501. deux mille chevaux; Sohémos[3] quatre mille hommes, dont le tiers était des cavaliers, et la plupart archers. A la tête de ces forces il
502. se dirigea vers Ptolémaïs. Il leva aussi dans les cités un très grand nombre d'auxiliaires, inférieurs aux soldats de métier par l'expérience, mais suppléant par leur ardeur et leur haine des Juifs au défaut de connaissances militaires. Agrippa l'assistait en personne,
503. pour guider l'armée et pourvoir à son ravitaillement. Cestius, prenant une partie des troupes marcha contre Chaboulôn, ville forte de
504. Galilée[4], sur la frontière de Ptolémaïs et du territoire juif. Il trouva

---

1. Il y avait quatre légions en Syrie (Tacite, *Ann.*, IV, 5) : Cestius avait donc tiré des trois autres légions 2,000 × 3 = 6,000 hommes et non 2,000, comme l'écrit Schürer, I³, 604.

2. Antiochus IV Epiphane, roi de Comagène depuis 38 ap. J.-C.

3. Roi d'Emèse depuis l'an 54.

4. Suivent les mots (suspects) ἢ καλεῖται ἀνδρῶν « surnommée la ville des hommes ». L'emplacement de cette ville est aujourd'hui occupé par le village de Kaboul.

la localité vide d'hommes — car le peuple avait fui dans les montagnes —, mais pleine de ressources de tout genre, qu'il livra en pillage aux soldats; quant à la ville, quoiqu'il l'admirât pour sa beauté et qu'elle eût des maisons construites comme celles de Tyr, de Sidon et

505. de Béryte, il l'incendia. Ensuite il parcourut le plat pays, saccageant tout sur son passage et brûlant les villages aux alentours, puis se

506. replia vers Ptolémaïs Mais tandis que les Syriens et surtout ceux de Béryte étaient encore occupés au pillage, les Juifs, informés du départ de Cestius, reprirent courage et, tombant à l'improviste sur les soldats qu'il avait laissés en arrière, en tuèrent environ deux mille.

507. 10. Cestius, parti de Ptolémaïs, se transporta lui-même à Césarée, mais détacha vers Joppé une partie de son armée, avec ordre d'y mettre garnison, si on pouvait la surprendre, mais, au cas où les habitants seraient sur leurs gardes, de l'attendre, lui et le reste de ses forces.

508. Cette avant-garde, procédant à marches forcées par terre et par mer, emporta facilement la ville en l'attaquant des deux côtés : les habitants n'eurent pas le temps de fuir ni, à plus forte raison, de préparer la résistance, et les Romains, faisant irruption dans la place, les tuèrent tous avec leurs familles, puis pillèrent la ville et y mirent le

509. feu; le nombre des victimes s'éleva à huit mille quatre cents. De la même manière Cestius envoya un gros corps de cavaliers dans la toparchie de la Narbatène, limitrophe de Césarée; ils ravagèrent le territoire, tuèrent une multitude d'habitants, pillèrent leurs biens et brûlèrent leurs villages.

510. 11. En Galilée il détacha Césennius Gallus, légat de la douzième légion, avec des forces qui lui semblaient suffisantes pour réduire cette

511. province. La plus forte ville de Galilée, Sepphoris, reçut Gallus à bras ouverts et, suivant le sage conseil de cette cité, les autres se tinrent en repos. Mais tout ce qu'il y avait de factieux et de brigands s'enfuit sur la montagne la plus centrale de Galilée, située en face de Sepphoris, et qu'on appelle Asamon[1]. Gallus conduisit contre eux ses

512. troupes. Les ennemis, tant qu'ils occupèrent des positions dominantes, repoussèrent facilement les attaques des Romains et en tuè-

---

1. Probablement le Djebel Daidaba, au Nord de la plaine d'Asochis.

rent près de deux cents ; mais quand les Romains les eurent tournés et gagnèrent les hauteurs, ils furent promptement mis en déroute ; armés à la légère, ils ne pouvaient supporter le choc des légionnaires complètement équipés ou, dans la fuite, échapper aux cavaliers ; seuls quelques-uns réussirent à se cacher dans des lieux accidentés, et il en périt plus de deux mille

XIX

1. Marche de Cestius sur Jérusalem. — 2-6. Il échoue dans son attaque contre la ville intérieure et le Temple. — 7-9. Retraite désastreuse de Cestius; combat de Bethoron.

513.   1. Césennius Gallus, ne voyant plus de trace de révolte en Galilée, ramena son corps d'armée à Césarée; alors Cestius, se remettant en marche avec toutes ses forces, se dirigea sur Antipatris. Apprenant qu'une troupe assez considérable de Juifs s'était rassemblée dans une tour du nom d'Aphékou[1], il envoya un détachement pour

514. les déloger. La crainte dispersa les Juifs avant même qu'on en vînt aux mains : le détachement envahit le camp, qu'il trouva évacué, et

515. l'incendia, ainsi que les bourgades des alentours. D'Antipatris, Cestius s'avança jusqu'à Lydda, qu'il trouva vide d'hommes : car, à cause de

516. la fête des Tabernacles[2], tout le peuple était monté à Jérusalem. Il découvrit cependant quelques retardataires, en tua cinquante, incendia la ville, et, poursuivant sa marche, monta par Béthoron, puis vint camper au lieu appelé Gabaô, à cinquante stades de Jérusalem[3].

1. La Bible mentionne plusieurs places fortes de ce nom (qui signifie forteresse). L'identification la plus probable est avec l'Aphek des Philistins, I *Rois*, 4, 1, ou celui des Cananéens, *Jos.*, 12, 18.
2. 15-22 Tisri, octobre 66.
3. Au N.-O. après la sortie du défilé de Bethoron. C'est l'ancienne ...on de l'Écriture, aujourd'hui El Djeb. Dans *Ant.*, VII, 11, 7 (§ 283), la distance indiquée n'est que de 40 stades.

517. 2. Quand les Juifs virent la guerre aux portes de la capitale, ils interrompirent la fête et coururent aux armes : pleins de confiance dans leur nombre, ils s'élancèrent au combat, sans ordre, en poussant des cris, sans même tenir compte du repos du septième jour, car on était précisément au jour du sabbat, qu'ils observent avec tant de **518.** scrupule. Cette même fureur qui éclipsait leur piété leur assura l'avantage dans le combat : ils tombèrent sur les Romains avec une telle impétuosité qu'ils enfoncèrent leurs unités et pénétrèrent au cœur **519.** même de l'armée en semant le carnage. Si la cavalerie, faisant un circuit, n'était venue soutenir les parties du corps de bataille qui faiblissaient, avec l'aide des troupes d'infanterie encore intactes, toute l'armée de Cestius eût couru le plus grand danger. Les Romains perdirent cinq cent quinze hommes, dont quatre cents fantassins et le reste cavaliers : la perte des Juifs ne s'éleva qu'à vingt-deux morts. **520.** Ceux qui dans leurs rangs montrèrent le plus de bravoure furent Monobazos et Kénédéos, parents de Monobazos roi d'Adiabène [1], puis Niger de la Pérée et Silas le Babylonien [2], transfuge de l'armée du roi **521.** Agrippa. Les Juifs, repoussés de front, se replièrent vers la ville ; mais sur les derrières de l'armée, Simon, fils de Gioras, tomba sur l'arrière-garde romaine qui montait encore vers Betheron, en dispersa une bonne partie et enleva nombre de bêtes de somme qu'il emmena **522.** à Jérusalem. Pendant que Cestius s'arrêtait trois jours dans ses cantonnements, les Juifs occupèrent les hauteurs et gardèrent les défilés : il n'était pas douteux qu'ils reviendraient à la charge dès que les Romains se remettraient en route.

523. 3. Alors Agrippa, voyant la situation des Romains menacée par cette innombrable multitude d'ennemis qui occupaient la lisière des montagnes, crut devoir essayer la voix de la raison avec les Juifs : il pensait ou bien les persuader tous de terminer la guerre, ou bien détacher des ennemis ceux qui ne partageraient pas leurs senti- **524.** ments [3]. Il leur envoya donc ses deux familiers que les Juifs connais-

---

1. Ce roi, converti au judaïsme comme toute sa famille, avait succédé à son frère Izatès en 62.
2. C'est-à-dire un Juif de Babylonie, établi en Batanée.
3. Texte fort douteux.

saient le plus, Borcéos et Phœbos, chargés de leur promettre, de la part de Cestius, un traité et, de la part des Romains, le pardon assuré de leurs fautes s'ils déposaient les armes et faisaient leur soumission.

525. Les factieux, craignant que l'espoir de l'amnistie ne ramenât tout le peuple à Agrippa, se jetèrent sur ses envoyés pour les faire périr :

526. Phœbos fut tué avant d'avoir ouvert la bouche : Borcéos, quoique blessé, réussit à s'enfuir ; ceux du peuple qui manifestaient leur mécontentement furent, à coups de pierres et de bâtons, chassés vers la ville.

527. 4. Cestius, comptant tirer parti de ces dissensions de l'ennemi, mena alors toutes ses troupes à l'attaque, battit l'ennemi et le refoula

528. jusqu'à Jérusalem. Il établit son camp dans l'endroit appelé Scopos [1], distant de sept stades de la capitale. Pendant trois jours il suspendit toute attaque, espérant peut-être que les défenseurs lui livreraient la ville, mais il lança dans les villages des alentours de nombreux fourrageurs pour ramasser du blé. Le quatrième jour, qui était le 30 du mois Hyperbérétéos, il rangea son armée en bataille et la conduisit à

529. l'assaut. Le peuple était paralysé par les factieux ; ceux-ci, stupéfaits à la vue du bel ordre des Romains, évacuèrent les parties extérieures de la ville pour se concentrer dans les quartiers intérieurs et

530. dans le Temple. Cestius, avançant toujours, brûla le quartier de Bézétha, la « ville neuve [2] », et le lieu dit « marché aux poutres » ; ensuite, obliquant vers la ville haute, il campa en face du palais

531. royal. S'il avait osé, à cette heure, diriger une attaque de vive force contre les remparts, il aurait occupé la ville et terminé la guerre ;

1. Probablement la colline de Schafat, à 1.500 m. au N.-O. de la ville. Le nom Scopos est grec et signifie l'Observatoire. Cf *Guerre*, V, 67. Tel était aussi, selon Josèphe *Ant.*, XI, 8, 5, le sens du nom hébreu Σαφίν.

2 On lit depuis Reland τὴν καὶ Καινόπολιν καὶ τὴν Καινόπολιν mss. Cr. V, 4. 2, § 151 ἐκλήθη δ'ἐπιχωρίως Βεζεθὰ τὸ νεόκτιστον μέρος, ὃ μεθερμηνευόμενον Ἑλλάδι γλώσσῃ Καινὴ λέγοιτ' ἂν πόλις. Des doutes ont été exprimés par H. Weil (*Rev. des ét. grecques*, 1890, p. 28) sur l'authenticité de ce dernier texte, parce que *Guerre*, V, 246, paraît distinguer Bézétha de la Ville neuve et que Βεζεθά ne signifie pas Ville neuve, mais, semble-t-il, « lieu des oliviers ». — Les Juifs avaient évacué le 3e mur (mur d'Agrippa), trop faible pour être efficacement défendu. Cestius se heurta contre le 2e mur (mur Nord), qui ceignait la Ville haute.

mais le préfet de son camp[1], Turranius Priscus, et la plupart des
commandants de cavalerie, corrompus à prix d'argent par Florus[2],
532. le détournèrent de cette tentative. Telle fut la cause pourquoi la
guerre se prolongea si longtemps et accabla les Juifs de calamités
sans remède.

533.   5. Sur ces entrefaites, un groupe nombreux de notables citoyens,
cédant aux conseils d'Ananos, fils de Jonathas[3], appelèrent Cestius
534. pour lui ouvrir les portes. Mais le général romain, à la fois dédaigneux
par colère et peu confiant, tarda si longtemps que les factieux, avertis
de la trahison, jetèrent du haut des murs Ananos et ses compagnons
et les chassèrent dans leurs maisons à coups de pierres ; eux-mêmes,
répartis sur les tours, tiraient sur ceux qui tentaient l'escalade
535. des remparts. Pendant cinq jours les Romains multiplièrent de
tous les côtés leurs attaques sans aucun résultat : le sixième jour,
Cestius, prenant avec lui un gros corps de soldats d'élite et les
536. archers, dirigea une tentative contre le flanc nord du Temple. Les
Juifs postés en haut des portiques résistèrent à l'attaque et repoussèrent plusieurs fois l'assaut ; mais enfin, accablés sous une nuée de
537. traits, ils durent se replier. Alors, les premiers rangs des troupes
romaines appuyèrent leurs boucliers contre les remparts ; ceux qui
venaient derrière plaçaient les leurs en contre-bas de cette première
ligne de boucliers, et ainsi de suite, formant ce qu'on appelle la
tortue ; contre ce toit de cuivre, les traits lancés glissaient sans effet,
et les soldats, à l'abri, pouvaient, sans éprouver aucun dommage,
saper le pied des remparts et préparer l'incendie de la porte du Temple.
538.   6. Une frayeur terrible saisit alors les séditieux ; déjà beaucoup s'enfuyaient de la ville, dont ils croyaient la prise imminente. Le peuple[4],
de son côté, sentit renaître sa confiance, et, à mesure que les scélérats
faiblissaient, il s'avançait vers les portes pour les ouvrir et accueillir

1. Le *praefectus castrorum* était une sorte de quartier-maître général, chargé
en même temps du commandement supérieur du génie. Les mss. ont la forme
Τυράννιος.

2. Insinuation probablement gratuite.

3. Jonathas est sans doute le grand-prêtre dont la mort a été racontée plus
haut, § 256.

4. Entendez, comme toujours, les modérés.

539. Cestius comme son bienfaiteur. Si ce dernier eût persévéré un peu plus dans le siège, il n'eût pas tardé à prendre la ville; mais Dieu, je pense, s'était, à cause des méchants, déjà détourné même de son sanctuaire et empêcha la guerre de se terminer ce jour-là.

540.   7. Cestius donc, ne pénétrant ni le désespoir des assiégés ni les vrais sentiments du peuple, rappela soudainement ses troupes, renonça à ses espérances, sans avoir souffert aucun échec, et, contre toute

541. attente, s'éloigna de la ville. Sa retraite inattendue rendit courage aux brigands, qui assaillirent son arrière-garde et tuèrent un grand

542. nombre de cavaliers et de fantassins Cestius passa cette nuit dans son camp du Scopos; le lendemain, en continuant sa retraite, il ne fit qu'encourager encore les ennemis; ceux-ci, s'attachant aux derniers rangs de l'armée, les décimaient, et, se répandant des deux côtés de la

543. route, tiraient sur les flancs de la colonne. Les soldats de l'arrière-garde n'osaient faire volte-face contre ceux qui les blessaient par derrière, croyant avoir sur les talons une innombrable multitude ; ils ne se sentaient pas non plus la force de chasser ceux qui menaçaient leurs flancs : lourdement chargés, ils craignaient de rompre leur ordonnance, tandis qu'ils voyaient les Juifs alertes et prompts aux incursions ; ils éprouvèrent donc de grandes pertes sans riposter à

544. leurs adversaires. Tout le long de la route on voyait des hommes frappés, arrachés de leurs rangs et tombant à terre. Après avoir perdu beaucoup de monde, et dans le nombre Priscus, légat de la 6ᵉ légion [1], le tribun Longinus, Æmilius Jucundus, commandant d'une aile de cavalerie [2], l'armée atteignit à grand'peine son ancien camp de

545. Gabaô, abandonnant la plus grande partie de ses bagages. Cestius y resta deux jours, incertain de ce qu'il devait faire : le troisième, voyant que le nombre des ennemis ne cessait d'augmenter et que les hauteurs environnantes foisonnaient de Juifs, il comprit que ses retards n'avaient fait que lui nuire et qu'un plus long arrêt ne pouvait que grossir les forces ennemies.

546.   8. Pour s'échapper plus vite il ordonna de retrancher tout ce qui

---

1. Apparemment différent du *praefectus castrorum* Turranius Priscus nommé § 531.

2. Déjà nommé § 291.

embarrassait la marche de l'armée. On tua donc les mulets, les ânes,
toutes les bêtes de somme sauf celles qui portaient les armes de jet
et les machines, qu'on garda pour leur utilité et par crainte que les
Juifs, en les prenant, ne les tournassent contre les Romains. Cela

547. fait, Cestius se remit en marche vers Béthoron. Tant qu'on resta en
terrain découvert, les attaques des Juifs furent rares, mais dès que les
troupes, resserrées dans les défilés, eurent commencé la descente[1],
une partie des ennemis, prenant les devants, leur barra la sortie;
d'autres refoulaient l'arrière-garde dans le ravin, pendant que le gros
de leurs forces, posté sur le col de la route, couvrait de traits le corps

548. de bataille. Si les fantassins eux-mêmes étaient en peine de se
défendre, les cavaliers couraient un danger plus pressant encore : ils
ne pouvaient, sous les projectiles, tenir la route en bon ordre, et le

549. terrain ne permettait pas de charger : de côté et d'autre, c'étaient des
précipices et des ravins où ils glissaient et périssaient; point d'espace
pour la fuite, aucun moyen de défense : réduits à l'impuissance, les
hommes s'abandonnaient aux gémissements, aux lamentations du
désespoir; l'écho leur renvoyait les clameurs des Juifs, des cris de

550. joie et de fureur. Peu s'en fallut que toute l'armée de Cestius ne fût
capturée ; seule la nuit survenant permit aux Romains de se réfugier
à Béthoron[2]; les Juifs occupèrent tous les points environnants et
guettèrent la sortie du défilé.

551.   9. Cestius, désespérant de forcer ouvertement le passage, songea à
s'enfuir à la dérobée. Il choisit les soldats les plus braves, au nombre
d'environ quatre cents, les posta sur les terrasses des maisons et leur
ordonna de pousser les cris des sentinelles, quand elles sont de garde
dans les camps, pour faire croire aux Juifs que toute l'armée était
demeurée en cet endroit; lui-même, emmenant le reste des troupes,

552. s'avança, sans bruit, l'espace de trente stades A l'aurore, les Juifs
voyant le campement abandonné, se jetèrent sur les quatre cents qui

---

1. La descente de Bethoron-dessus (*Betour el foka*) sur Bethoron-dessous
(*Betour et takhta*), distants d'un kilomètre, avec une différence d'altitude de
150 mètres. Ce passage a été le théâtre de nombreuses déroutes (Josué, 10, 10 ;
I Rois, 13, 18 ; I Macc., 3, 24.

2. Bethoron-dessous, au seuil de la plaine d'Emmaüs.

les avaient trompés et les dépêchèrent rapidement à coups de javelots,
553. puis ils se lancèrent à la poursuite de Cestius. Celui-ci avait pris,
pendant la nuit, une avance assez considérable; le jour venu, il accé-
léra encore sa fuite au point que les soldats, dans leur stupeur et leur
crainte, abandonnaient les hélépoles, les catapultes, et la plupart des
autres machines: les Juifs s'en emparèrent pour les tourner plus
554. tard contre ceux qui les avaient laissées. Ils poursuivirent l'armée
romaine jusqu'à Antipatris. De là, n'ayant pu l'atteindre, ils revinrent
sur leurs pas; ils emportèrent les machines, dépouillèrent les morts,
réunirent le butin semé sur la route et retournèrent vers la capitale
555. avec des chants de triomphe. Ils avaient eux-mêmes subi des pertes
insignifiantes, mais ils avaient tué aux Romains et à leurs alliés cinq
mille trois cents fantassins et quatre cent quatre-vingts cavaliers. Ces
événements se passèrent le huitième jour du mois de Dios [1], la
douzième année du principat de Néron.

XX

1. *Évasions de Jérusalem. Cestius envoie son rapport à Néron. —
2. Massacre des Juifs de Damas. — 3-4. Désignation des généraux
par les insurgés. — 5-8. Josèphe organise la défense en Galilée.*

556. 1. Après le désastre de Cestius, beaucoup de Juifs de distinction
s'échappèrent de la ville comme d'un navire en train de sombrer. Les
frères Costobaros et Saül, accompagnés de Philippe, fils de Jacime,
préfet de l'armée du roi Agrippa [2], s'enfuirent de Jérusalem et se

1. Dios = Marchesvan, octobre-novembre 66. L'avènement de Néron datant
du 13 octobre 54, il est probable que Josèphe se trompe et que la bataille de
Bethoron eut déjà lieu dans la 13e année de Néron. On a voulu tirer de ce lapsus
des conclusions à perte de vue sur le système chronologique de notre historien
(Niese, *Hermes*, 1893, 208 ; Unger, *Ac. Munich*, 1896, 383) qui sont avec raison
rejetées par Schürer, I³, 605.
2. D'après *Vita*, § 46 suiv., Philippe se serait sauvé plus tôt, cinq jours après
la capitulation du palais royal (6 Gorpiéos).

557. rendirent auprès de Cestius. Nous dirons plus tard[1] comment Antipas, qui avait été assiégé avec eux dans le palais royal, dédaigna de fuir et **558.** fut tué par les révoltés. Cestius envoya Saül et ses compagnons, sur leur demande, en Achaïe auprès de Néron pour exposer au prince l'extrémité où ils étaient réduits et rejeter sur Florus la responsabilité de la guerre; Cestius espérait ainsi diminuer son propre péril en détournant la colère de Néron sur ce dernier.

559. 2. Sur ces entrefaites, les gens de Damas, en apprenant la défaite des Romains, s'empressèrent de tuer les Juifs qui habitaient chez eux. **560.** Comme ils les avaient déjà depuis longtemps enfermés dans le gymnase, à cause des soupçons qu'ils leur inspiraient, ils pensèrent que l'entreprise n'offrirait aucune difficulté ; ils craignaient seulement leurs propres femmes, qui toutes, à peu d'exceptions près, étaient gagnées **561.** à la religion juive ; aussi, tout leur souci fut-il de tenir secret leur dessein. Bref, ils se jetèrent sur les Juifs entassés dans un étroit espace et désarmés, et en une heure de temps les égorgèrent tous, impunément, au nombre de dix mille cinq cents.

562. 3. Quand les rebelles qui avaient poursuivi Cestius furent de retour à Jérusalem, ils gagnèrent à leur cause les derniers partisans des Romains, par la force ou la persuasion ; puis ils s'assemblèrent au Temple et désignèrent un plus grand nombre de généraux pour la **563.** conduite de la guerre. Joseph, fils de Gorion, et le grand-prêtre Anan[2] furent élus dictateurs de la ville, avec la mission principale d'exhaus- **564.** ser les remparts. Quant à Éléazar, fils de Simon, quoiqu'il se fût approprié le butin des Romains, l'argent pris à Cestius et une grande partie du trésor public, ils ne voulurent cependant pas alors lui remettre les affaires, parce qu'ils devinaient son naturel tyrannique et que les zélateurs soumis à ses ordres se conduisaient comme **565.** des satellites. Mais il ne se passa pas longtemps avant que la pénurie d'argent et les promesses décevantes d'Éléazar décidassent le peuple à lui abandonner le commandement suprême.

---

1. Cf. *infrà*, IV, § 140.

2. Anan, fils d'Anan, avait été créé souverain pontife par Agrippa II sous Albinus (*Ant.*, XX, 197); il appartenait au parti sadducéen et inaugura son pontificat par le supplice de Jacques, frère de Jésus.

566.   4. D'autres gouverneurs furent choisis pour l'Idumée, savoir Jésus,
fils de Sapphas, un des grands-prêtres, et Éléazar, fils du grand-prêtre
Ananias [1]. Celui qui jusqu'alors avait gouverné l'Idumée, Niger, dit
le Péraïte parce qu'il était originaire de la Pérée au delà du Jourdain,

567. reçut l'ordre de se subordonner aux nouveaux gouverneurs. On ne
négligea pas non plus le reste du pays; on envoya comme gouverneurs
à Jéricho Joseph, fils de Simon; dans la Pérée Manassès, et dans la
toparchie de Thamna [2] Jean l'Essénien : ce dernier se vit assigner en

568. outre Lydda, Joppé et Emmaüs. Jean, fils d'Ananias, fut désigné
comme gouverneur des districts de Gophna et d'Acrabatène; Josèphe,
fils de Matthias [3], eut les deux Galilées auxquelles on ajouta Gamala,
la plus forte ville de ces parages [4].

569. 5. Chacun de ces généraux s'acquitta de sa mission suivant son zèle
et son intelligence. Quant à Josèphe, dès qu'il arriva en Galilée, il
rechercha tout d'abord l'affection des habitants du pays, sachant qu'il
y trouverait de grands avantages, quelque insuccès qu'il éprouvât par

570. ailleurs. Il comprit qu'il se concilierait les puissants en les faisant
participer à sa propre autorité, et le peuple entier, s'il lui commandait
de préférence par l'intermédiaire d'hommes du pays, auxquels on était

571. habitué. Il choisit donc dans la nation tout entière soixante-dix anciens
des plus sages qu'il institua comme magistrats de toute la Galilée [5], et
désigna dans chaque ville sept anciens : ceux-ci jugeaient les menus
procès ; quant aux affaires importantes et aux causes capitales, il
ordonna de les déférer à lui-même et aux Septante.

572.
573. 6. Ayant ainsi établi les principes destinés à régir les rapports des
citoyens entre eux, il s'occupa de leur sécurité extérieure. Prévoyant
que la Galilée aurait à subir le premier assaut des Romains, il fortifia
les places les mieux situées : Jotapata, Bersabé, Selamim, Kaphar-
eccho, Japha, Ségoph, le mont Itabyrion, Tarichées, Tibériade, puis

1. Nous lisons avec Hudson Ἀνανίου au lieu de Νέου ou Ναίου des mss. Eléazar
est le capitaine du Temple si souvent mentionné plus haut.
2. Au N.-O. de Gophna, dans la « montagne d'Ephraïm ».
3. C'est notre historien. Voir *Vita*, c. 7, le caractère prétendu pacifique qu'il
assigne à sa mission.
4. Gamala était située dans la Gaulanitide, fort à l'Est du Jourdain.
5. Cf. *Vita*, § 79.

encore les cavernes de la basse Galilée près du lac Gennésareth et,
dans la haute Galilée, la Roche dite Acchabarôn, Seph, Jamnith et

574. Mérôth. Il fortifia encore dans la Gaulanitide Séleucie, Sogané, Gamala [1] :
seuls, les habitants de Sepphoris eurent l'autorisation de construire
un mur pour leur propre compte, parce qu'il les voyait riches et pleins

575. de zèle pour la guerre, même sans ses ordres [2]. Semblablement Jean,
fils de Lévi, fortifia Gischala à ses frais sur l'invitation de Josèphe [3] ;
celui-ci présida lui-même tous les autres travaux de fortification, en

576. payant de sa personne et de ses avis. Il leva aussi en Galilée une
armée de plus de cent mille jeunes gens qu'il équipa tous avec de
vieilles armes rassemblées de tous côtés.

577. 7. Il comprenait que les Romains devaient leur force invincible
surtout à la discipline et à l'exercice ; s'il fallut renoncer à pourvoir
ses troupes d'une instruction que l'usage seul fait acquérir, il tâcha
du moins d'assurer la discipline qui résulte de cadres nombreux [4], en
divisant son armée à la romaine et en lui donnant beaucoup de chefs.

578. Il établit donc des différences entre les soldats, leur donna pour chefs
des décurions, des centurions, puis des tribuns, et au dessus de ceux-

579. ci des légats, avec un commandement plus étendu. Il leur enseigna
la transmission des signaux, les appels de trompettes pour la charge
ou la retraite, les attaques par les ailes et les manœuvres d'envelop-
pement, comment la portion victorieuse doit secourir celle qui est
ébranlée, comment une troupe vivement pressée doit serrer les rangs.

580. Il prescrivait tout ce qui contribue à entretenir l'endurance des âmes

---

1. Voir l'énumération des places fortifiées dans *Vita*, § 187-188, qui présente
quelques différences avec celle-ci. Les cavernes près du lac sont, comme l'indique ce texte, les cavernes d'Arbèles, déjà mentionnées au temps d'Hérode
(*supra*, I, 305).

2. Affirmation d'autant plus suspecte que Sepphoris venait de recevoir
Césennius Gallus à bras ouverts (*supra*, § 511). Dans la *Vita*, § 30 suiv., Josèphe
raconte qu'il eut quelque peine à empêcher les Galiléens de saccager Sepphoris
à cause des engagements de cette ville envers Cestius. Cf. aussi *Vita*, § 104 suiv.
Sepphoris resta toujours de cœur avec les Romains et les rappela dès qu'elle le put.

3. En réalité Jean était dès le début un ennemi déclaré de Josèphe et fortifia
Gischala sans le consulter (*Vita*, § 45 et 189).

4. Formule au moins singulière et qui semble indiquer que Josèphe n'avait
guère pénétré le secret de l'organisation militaire.

ou des corps : mais surtout il exerçait ses hommes à la guerre en leur
expliquant dans le détail la bonne ordonnance romaine, en leur répé-
tant qu'ils auraient à lutter contre des hommes qui, par leur vigueur
et leur constance, étaient devenus, ou peu s'en faut, les maîtres du
581. monde entier. « J'éprouverai, ajouta-t-il, même avant le combat, votre
discipline militaire en constatant si vous vous abstenez de vos iniquités
habituelles, du brigandage, du pillage, de la rapine, si vous cessez
de tromper vos concitoyens et de regarder comme un profit le
582. dommage subi par vos plus intimes amis. Les armées les plus fortes
à la guerre sont celles où tous les combattants ont la conscience
pure ; ceux qui emportent de leurs foyers un cœur pervers auront à
combattre non seulement leurs adversaires, mais encore Dieu lui-
même. »
583.   8. Tels étaient les conseils qu'il donnait sans cesse. Il avait rassemblé et tenait toute prête au combat une armée de soixante mille
fantassins [1] et de trois cent cinquante [2] cavaliers, en outre quatre mille
cinq cents mercenaires où il mettait principalement sa confiance, et
six cents gardes du corps, soldats d'élite groupés autour de sa
584. personne. Les villes nourrissaient facilement ces troupes, sauf les
mercenaires : chacune n'envoyait à l'armée que la moitié de la levée,
gardant le reste pour leur procurer des subsistances ; de cette façon
les uns étaient affectés au service des armes, les autres au labour, et,
en échange du blé qu'envoyaient leurs frères, les soldats armés leur
assuraient la sécurité.

XXI

*1-2. Intrigues et déprédations de Jean de Gischala. — 3-5. Affaire
de Dabarittha ; émeute de Tarichées. — 6. Guet-apens de Tibé-*

1. Il y en avait donc 40.000 en réserve puisque le nombre total était de « plus
de 100.000 » (§ 576).

2. 250 suivant plusieurs manuscrits.

*riade. — 7. Josèphe disperse l'armée de Jean et se débarrasse
des commissaires du Sanhédrin. — 8-10. Révolte, soumission et
pillage de Tibériade.*

585.   1. Tandis que Josèphe gouvernait ainsi la Galilée, il vit se dresser
contre lui un homme de Gischala, nommé Jean, fils de Lévi, le plus
artificieux et le plus scélérat de tous ceux que leur perfidie a illus-
trés. Pauvre à ses débuts, le dénuement avait longtemps entravé sa
586. méchanceté : toujours prêt au mensonge, habile à donner crédit à ses
inventions, il se faisait un mérite de la fourberie et en usait contre
587. ses amis les plus intimes. Il affectait l'humanité, mais la cupidité
le rendait le plus sanguinaire des hommes. Toujours plein de vastes
désirs, son ambition prit racine dans les plus basses coquineries. Ce fut
d'abord un brigand opérant isolément ; il trouva ensuite, pour ren-
forcer son audace, quelques complices, dont le nombre grossit avec
588. ses succès. Il eut d'ailleurs soin de ne jamais s'adjoindre d'associés
débiles, mais des gaillards vigoureux, de caractère ferme, exercés
aux travaux de la guerre. Il finit par former une bande de quatre cents
compagnons, la plupart évadés de la campagne de Tyr et des bour-
589. gades de ce territoire[1]. Avec eux il rançonnait toute la Galilée et
exploitait un peuple que tenait en suspens l'attente de la guerre
prochaine.
590.   2. Il aspirait déjà au commandement et à de plus hautes destinées,
mais le manque d'argent l'arrêtait. Comme Josèphe prenait plaisir à
son caractère entreprenant, Jean le persuada d'abord de lui confier la
reconstruction des murs de sa ville natale, affaire où il réalisa de gros

---

1. D'après *Vita*, § 372 (c. 66), Jean avait dans sa bande des mercenaires de
Tyr même. Le portrait tracé dans la *Guerre* est d'ailleurs plus chargé que celui
de la *Vie* : d'après cet opuscule (voir c. 10), Jean est un citoyen influent et con-
sidéré de sa ville natale (Gischala, aujourd'hui el-Djisch, dans la Galilée du N.,
sur le parallèle du bord Sud du lac Mérom, et tout près du territoire tyrien) ; il
s'efforce même d'abord de retenir ses concitoyens dans l'obéissance de Rome et
ne forme sa « bande » que lorsque les peuples voisins ont incendié et pillé sa
ville natale.

591. bénéfices aux dépens des riches citoyens[1]. Ensuite il imagina une comédie raffinée : sous prétexte que tous les Juifs de Syrie répugnaient à faire usage de l'huile qui ne leur était pas fournie par leurs

592. coreligionnaires, il obtint le privilège de leur en livrer à la frontière. Il achetait donc quatre amphores d'huile pour un statère tyrien, qui vaut quatre drachmes attiques, et revendait la demi-amphore pour la même somme. Comme la Galilée produit beaucoup d'huile et que la récolte avait été excellente, Jean, ayant le monopole d'en vendre de grandes quantités à des populations qui en manquaient, fit des profits immenses et il en usa aussitôt contre celui qui les lui avait pro-

593. curés[2]. Comptant que, s'il réussissait à écarter Josèphe, il obtiendrait lui-même le gouvernement de la Galilée, il ordonna aux brigands de sa bande de renchérir d'audace dans leurs incursions ; à la faveur de l'anarchie ainsi produite dans la contrée, il espérait de deux choses l'une : ou le gouverneur accourrait à la rescousse — alors il le tuerait bien dans quelque embuscade ; ou il laisserait faire les brigands —

594. alors il calomnierait Josèphe auprès de ses concitoyens. Enfin, il faisait répandre depuis longtemps le bruit que Josèphe trahissait la cause nationale en faveur des Romains : bref, il multipliait les machinations de tout genre pour le perdre.

595. 3[3]. Sur ces entrefaites, quelques jeunes gens du bourg de Dabarittha[4], qui faisaient partie des postes établis dans la grande plaine,

---

1. D'après *Vita*, c. 13, Jean obtint de Josèphe (ou plutôt des commissaires adjoints à celui-ci) la permission de vendre le blé impérial, épars dans les villages de haute Galilée, pour subvenir à cette reconstruction.

2. Ici encore le récit de *Vita* (c. 13) diffère un peu. Il ne s'agit plus de tous les Juifs de Syrie, mais seulement de ceux qui sont enfermés dans Césarée de Philippe. D'après *Vita*, § 75, le ξέστης (1/96 de métrète) d'huile valait à Césarée une 1/2 drachme, à Gischala $\frac{4}{80} = \frac{1}{20}$ de drachme, soit la proportion 10 à 1. D'après notre texte Jean vend une demi-amphore le prix que lui ont coûté 4 amphores : la proportion est donc de 8 à 1 seulement. (Le statère tyrien, de poids phénicien, vaut d'ailleurs sensiblement moins que 4 drachmes attiques : 4 drachmes attiques de bon poids pèsent 17 gr., le statère n'en pèse guère que 14. Josèphe assimile probablement la drachme au denier romain, qui, au temps de Néron, pesait gr. 3,40).

3. Sections 3-5 = *Vita*, c. 26-30 (§ 126-148).

4. Village au pied N.-O. du Tabor.

tendirent une embuscade à Ptolémée [1], intendant d'Agrippa et de
Bérénice : ils lui enlevèrent tout le convoi qu'il menait avec lui et qui
comprenait beaucoup de riches vêtements, quantité de coupes d'ar-
596. gent et 600 statères d'or. Comme ils ne pouvaient disposer en secret
d'un pareil butin, ils portèrent le tout à Josèphe, alors à Tarichées.
597. Celui-ci blâma l'acte de violence commis envers les gens du roi et
déposa tous ces objets chez Annéos [2], le citoyen le plus considérable
de Tarichées, dans l'intention de les renvoyer à leurs légitimes propriétaires quand l'occasion se présenterait. Cette conduite lui attira
598. les plus grands dangers. Les pillards, mécontents de n'avoir obtenu
aucune part du butin, et devinant la pensée de Josèphe, qui allait
livrer aux princes le fruit de leur exploit, parcoururent nuitamment leurs villages et dénoncèrent à tous Josèphe comme traître ; ils
remplirent aussi de tumulte les villes voisines, en sorte qu'à l'aurore
599. cent mille hommes en armes s'attroupèrent contre lui. La multitude
assemblée dans l'hippodrome de Tarichées poussait des cris de fureur :
les uns voulaient lapider, les autres brûler vif le traître : Jean excitait
la populace [3], et avec lui Jésus, fils de Sapphias, alors premier magis-
600. trat de Tibériade. Les amis et les gardes de Josèphe, déconcertés par
cet assaut de la multitude, s'enfuirent tous à l'exception de quatre [4] ;
Josèphe, qui était encore couché, fut réveillé au moment où déjà l'on
601. approchait les torches. Ses quatre fidèles le pressaient de fuir [5] ; mais
lui, sans se laisser émouvoir par l'abandon général ni par le nombre
des assaillants, se précipita dehors ; après avoir déchiré ses vêtements
et répandu des cendres sur sa tête, il croisa ses mains derrière son
602. dos et se fit attacher son épée à son cou. A cette vue, ses familiers
et surtout les habitants de Tarichées furent saisis de pitié, mais les

---

1. A la femme de Ptolémée, d'après *Vita*, § 126.

2. Annéos n'est pas nommé dans *Vita*, § 131, qui, en revanche parle de deux
amis d'Agrippa *Jannée* et Dassion, à qui Josèphe aurait confié la prise pour la
restituer à leur maître. Quelques éditeurs identifient Jannée et l'*Annéos* de
Guerre.

3. Dans le récit détaillé de la *Vita*, Jean ne figure pas.

4. D'un seul (Simon) selon *Vita*, § 137.

5. D'après *Vita*, § 137, Simon aurait au contraire conseillé à Josèphe de se
tuer !

gens de la campagne et ceux du voisinage que gênait sa présence
l'invectivaient, le sommaient de leur apporter incontinent l'argent du
603. public et de confesser le prix de sa trahison : car ils jugeaient
d'après sa contenance qu'il ne nierait aucun des crimes dont on le
soupçonnait et qu'il n'avait organisé tout cet appareil de pitié que
604. pour s'assurer le pardon. Tout au contraire, cette humble attitude
n'était de sa part qu'un stratagème : s'ingéniant à diviser ceux qui se
déchaînaient contre lui, il [demanda la parole comme] s'il allait avouer
tous les crimes qui les échauffaient tant [1], et, quand il l'eut obtenue :
605. « Ces trésors, dit-il, ma pensée n'était ni de les envoyer à Agrippa, ni
de me les approprier moi-même ; loin de moi d'avoir pour ami celui
qui est votre adversaire, ou de regarder comme un gain ce qui préju-
606. dicie à l'intérêt commun. Mais comme je voyais, citoyens de Tarichées, que votre ville avait grand besoin d'être mise en état de défense
et qu'elle manquait d'argent pour la construction de ses remparts,
comme d'ailleurs je craignais que le peuple de Tibériade et les autres
cités ne cherchassent à mettre la main sur ce butin, j'avais décidé de
garder en cachette cet argent pour m'en servir à reconstruire votre
607. muraille. Si vous n'êtes pas de cet avis, je vais faire apporter devant
vous les trésors qu'on m'a confiés et les abandonner au pillage de
tous ; si, au contraire, vous jugez que mon projet était bon, ne punis-
sez pas votre bienfaiteur [2]. »

608.   4. A ces mots les habitants de Tarichées l'acclamèrent, mais ceux
de Tibériade et le reste l'accablèrent d'injures et de menaces. Puis
les uns et les autres, laissant Josèphe, se prirent de querelle entre
eux. Dès lors, confiant dans ceux qu'il s'était déjà conciliés — le
nombre des citoyens de Tarichées allait jusqu'à quarante mille, — il
609. s'adressa plus hardiment à toute la multitude. Il critiqua vivement
leur précipitation, promit de fortifier Tarichées avec l'argent dispo-
nible, et cependant de mettre aussi en état de défense les autres villes :
l'argent ne manquera pas, s'ils combattent, d'accord avec lui, ceux de

---

1. Nous croyons avec Destinon que le texte présente une lacune.
2. Nous traduisons le texte amendé par Hudson et Cobet : εἰ δὲ (mss. μὴ) καλῶς
ὑμῖν ἐβουλευσάμην (μὴ) κολάζετε τὸν εὐεργέτην.

qui l'on peut en tirer, au lieu de se laisser exciter contre celui qui le procure.

610. 5. Là-dessus, la majeure partie de la foule trompée s'éloigna, quoique grondant encore, mais deux mille [1] hommes armés se disposèrent à attaquer Josèphe. Il réussit à les prévenir et à se sauver dans son logis, qu'ils entourèrent avec des menaces. Alors Josèphe employa

611. contre eux une nouvelle ruse. Il monta sur le toit, calma de la main leur tumulte et demanda à savoir l'objet de leurs réclamations. La confusion de leurs clameurs, dit-il, l'empêche de les entendre : il fera tout ce qu'ils voudront s'ils envoient dans la maison une délé-

612. gation pour s'entretenir tranquillement avec lui. En entendant ces paroles, les notables entrèrent dans la maison avec les magistrats [2]. Là il les entraîna dans la partie la plus reculée de son logis, ferma la porte d'entrée et les fit tous fouetter de verges jusqu'à mettre à nu leurs entrailles. Pendant ce temps, la foule restait massée autour de l'habitation, trouvant que les délégués plaidaient bien longuement

613. leur cause. Tout à coup Josèphe fit ouvrir les battants de la porte, et l'on vit revenir ces hommes tout sanglants, spectacle qui inspira une telle terreur à la foule menaçante qu'elle jeta ses armes et se débanda.

614. 6 [3]. Ces événements redoublèrent la haine de Jean, et il prépara contre Josèphe un nouveau guet-apens. Prétextant une maladie, il écrivit à Josèphe pour le supplier de l'autoriser à prendre les eaux

615. chaudes de Tibériade. Josèphe, ne soupçonnant pas la perfidie, manda à ses lieutenants dans cette ville de donner à Jean l'hospitalité et de pourvoir à ses besoins. Celui-ci, après avoir joui de ces bons traite-ments pendant deux jours, exécuta son dessein : il corrompit les

---

1. Six cents seulement d'après *Vita*, § 145.

2. *Vita*, § 147, ne parle que d'un seul délégué. En revanche le traitement qu'il subit aurait été plus atroce : on lui trancha une main et on la lui suspendit au cou !

3. Sections 6-7 (jusqu'au § 626 = *Vita*, c. 16-21 (§ 84-103). Mais la *Vita* place tout cet épisode de Tibériade *avant* l'affaire de Tarichées (sections 3-5). Il est d'autant plus difficile de décider entre les deux versions qu'elles ne s'accordent pas sur le point de savoir si Jean joua un rôle dans cette dernière affaire (cf. la note sur § 599). Si vraiment il y prit part, on ne conçoit pas bien qu'il ait eu l'impudence de demander ensuite (§ 614) une faveur à Josèphe.

citoyens par des mensonges ou de l'argent et chercha à les détacher

616.   de Josèphe. Silas, que Josèphe avait préposé à la garde de la ville, informé de ces menées, s'empressa d'écrire à son chef tout le détail du complot. Josèphe, dès qu'il eut reçu la lettre [1], se mit en route, et,

617.   après une rapide marche de nuit, arriva dès l'aurore à Tibériade. La masse des citoyens vint à sa rencontre ; quant à Jean, bien que l'arrivée inopinée de Josèphe lui inspirât quelque inquiétude, il lui envoya un de ses familiers, se prétendant malade, alité et empêché

618.   ainsi de lui rendre ses devoirs [2]. Puis, pendant que Josèphe assemblait dans le stade les habitants de Tibériade et commençait à discourir au sujet des nouvelles qu'il avait reçues, Jean envoya secrètement

619.   des soldats avec l'ordre de le tuer. Mais le peuple, en les voyant dégainer leurs épées, poussa une clameur ; à ces cris, Josèphe se retourne : il voit le fer menacer déjà sa gorge, saute sur le rivage — car il était monté, pour haranguer le peuple, sur un tertre haut de six coudées — et, s'élançant avec deux de ses gardes [3] sur une barque mouillée tout proche, il gagne le milieu du lac.

620.   7. Cependant ses soldats, saisissant rapidement leurs armes, coururent contre les conjurés. Alors Josèphe, craignant de soulever une guerre civile et de perdre la ville par la faute de quelques envieux, envoya dire à ses hommes de se borner à veiller à leur propre sûreté,

621.   de ne tuer personne, de ne rechercher aucun coupable [4]. Ils se conformèrent à ses ordres et se tinrent en repos, mais les habitants des alentours, ayant appris le guet-apens et le nom du conspirateur, s'ameutèrent contre Jean, qui se hâta de regagner Gischala, sa

622.   patrie. Les Galiléens accoururent se ranger auprès de Josèphe, ville par ville ; de nombreux milliers de soldats, armés de toutes pièces, protestaient qu'ils étaient là pour punir Jean, l'ennemi public ; qu'ils

623.   brûleraient avec lui sa ville natale qui lui avait donné asile. Josèphe les remercia de leur sympathie, mais contint leur élan, préférant

---

1. Il était alors au village de Cana (*Vita*, § 86).
2. D'après *Vita*, § 91, Jean vint en personne à la rencontre de Josèphe.
3. Le garde Jacob et un citoyen de Tibériade, Hérode (*Vita*, § 96).
4. Rien de ceci dans *Vita*. En revanche il y est dit que les Galiléens veulent détruire *Tibériade*.

624. vaincre ses ennemis par la raison plutôt que de les tuer. Il se contenta donc de faire dresser la liste nominative des Juifs des diverses villes qui avaient suivi Jean dans sa défection — leurs concitoyens mirent le plus grand zèle à les lui dénoncer — puis fit proclamer par le héraut que tous ceux qui dans les cinq jours [1] n'auraient pas quitté Jean verraient piller leurs biens et brûler leurs maisons avec leurs

625. familles. Par ce moyen il obtint aussitôt la défection de trois mille [2] hommes qui vinrent jeter leurs armes à ses pieds ; avec le reste, environ deux mille Tyriens [3] fugitifs, Jean, renonçant aux hostilités ouvertes, revint à des complots plus dissimulés [4].

626. Il envoya donc secrètement [5] des émissaires à Jérusalem pour dénoncer Josèphe, alléguant les grandes forces que celui-ci avait réunies, et prétendant qu'il ne tarderait pas à venir s'établir tyran de la capitale,

627. si on ne le prévenait. Le peuple, qui prévoyait ces calomnies, n'y attacha pas d'importance : il en fut autrement des principaux citoyens et de quelques magistrats : animés par l'envie, ils envoyèrent sous main à Jean les sommes nécessaires pour lever des mercenaires et faire la guerre à Josèphe. Ils décrétèrent aussi entre eux de le révoquer de ses

628. fonctions de gouverneur. Cependant, comme ils ne pensaient pas qu'un décret suffirait, ils envoyèrent deux mille cinq cents hommes armés [6] avec quatre personnages de marque : Jozar [7] fils de Nomicos, Ananias fils de Sadoc, Simon et Judas, fils de Jonathas [8], tous beaux parleurs ; ils étaient chargés de détourner de Josèphe la faveur du peuple ; si le gouverneur se présentait spontanément, ils avaient ordre de lui laisser

---

1. Vingt jours d'après *Vita*, § 370.
2. Ou 4.000 (*Vita*, 371).
3. 1.500 d'après *Vita*, 372. C'est d'après ce texte que je corrige Σύρων de *Guerre* en Τυρίων.
4. Tout cet épisode final § 623-625) est placé par *Vita* (c. 66) beaucoup plus tard, après le conflit de Josèphe avec les envoyés du Sanhédrin de Jérusalem, avec raison, ce semble, car il n'est pas probable que Jean eût auparavant des forces aussi considérables.
5. Fin de la section 7 (§ 626-631) = *Vita*, c. 38-64 (§ 189-335), récit beaucoup plus circonstancié.
6. Neuf cents seulement d'après *Vita*, § 200.
7. Ἰώεσῆρον mss. Ἰώζαρον *Vita*, 324, etc. *Nomicos* est un nom bien suspect.
8. Au lieu de Judas, la *Vita*, 197, etc., nomme Jonathas.

rendre ses comptes ; s'il voulait se maintenir de force, de le traiter
629. comme un ennemi public. Les amis de Josèphe lui mandèrent que des
troupes marchaient vers la Galilée, mais ils ne purent lui en indiquer
les motifs, car ses adversaires avaient délibéré à huis clos. Aussi,
comme il n'avait pu se mettre sur ses gardes, quatre villes firent
cause commune avec ses ennemis, dès qu'ils apparurent : Sepphoris,
630. Gabara [1], Gischala et Tibériade. Cependant, même ces villes [2], il les
ramena promptement, sans recourir aux armes : puis, par ses habiles
manœuvres, il mit la main sur les quatre commissaires et sur leurs
631. principaux soldats et les renvoya à Jérusalem. Le peuple s'irrita
fortement contre eux, et les aurait massacrés, eux et leurs man-
dants, s'ils ne s'étaient hâtés de prendre la fuite.

632. 8 [3]. Jean, dans sa crainte de Josèphe, se tint désormais enfermé dans
l'enceinte des murs de Gischala. Peu de jours après, Tibériade fit de
nouveau défection. Cette fois, ce fut le roi Agrippa que les habitants
633. appelaient. Il ne se présenta pas à la date convenue, mais ce jour là
précisément un petit détachement de cavaliers romains se montra :
634. sur quoi les bourgeois bannirent Josèphe par la voix du héraut. La
nouvelle de cette défection parvint aussitôt à Josèphe dans Tarichées ;
comme il venait d'envoyer tous ses soldats pour fourrager [4], il ne
voulut ni partir seul contre les révoltés, ni rester les bras croisés, de
peur que les gens du roi, profitant de son retard, n'occupassent la
ville ; car même le lendemain il ne pouvait agir, à cause de l'obstacle
635. du sabbat. Il imagina donc de venir à bout des révoltés par la ruse. A
cet effet, ayant fait fermer les portes de Tarichées pour empêcher que
son projet ne s'éventât, il rassembla toutes les embarcations qu'on
découvrit sur le lac — il s'en trouva deux cent trente [5], chacune
montée par quatre matelots seulement — et fila avec cette escadre

1. Les mss. ont Γάδαρα ou Γάμαλα ; la vraie leçon est donnée par *Vita*, 203.
2. Excepté Gischala.
3. Sections 8-10 = *Vita*, c. 32-35 (§ 155-178). La *Vita* place cette révolte de
Tibériade entre le guet-apens de Tibériade et la mission du Sanhédrin.
4. D'après *Vita*, § 159, il les avait renvoyés chez eux pour y célébrer le sabbat
(qui tombait le lendemain).
5. Trois cent trente d'après les manuscrits PA.

IV

636. vers Tibériade. Restant assez loin de la ville pour que les habitants eussent peine à reconnaître le vide des bâtiments, il laissa ceux-ci flotter au large et, seul avec sept gardes de corps armés [1], il s'avança
637. à la vue de tous. En l'apercevant du haut des remparts, d'où ils l'insultaient encore, ses adversaires furent saisis d'effroi et s'imaginèrent que toutes les barques étaient remplies de soldats bien armés : ils jetèrent leurs armes et, agitant des rameaux de suppliants, le conjurèrent d'épargner la ville.
638.   9. Josèphe leur lança force menaces et reproches : « pourquoi, ayant d'abord soulevé la guerre contre Rome, consumaient-ils leur énergie en luttes intestines ? n'était-ce pas combler les vœux de leurs ennemis ? quelle folie ensuite de s'acharner à détruire l'agent de leur sécurité ! quelle imprudence de fermer leur cité à celui qui en a élevé les murs ! » Cependant il se déclare prêt à recevoir des députés qui présenteront leur défense et lui garantiront l'obéissance de la ville.
639. Aussitôt, dix citoyens, les plus qualifiés de Tibériade, descendirent : il les emmena assez loin sur un des bâtiments, puis il invita cinquante autres membres du Conseil, les plus notables, à s'avancer pour lui
640. donner, eux aussi, leur parole. De prétexte en prétexte, il se fit amener tous les notables les uns après les autres, censément pour conclure
641. un accord. Au fur et à mesure que les barques se remplissaient, il ordonna aux pilotes de voguer à toute vitesse vers Tarichées et d'enfermer ces hommes dans la prison. Il s'empara ainsi de tout le Conseil, qui comprenait six cents membres, et de deux mille autres citoyens, qu'il ramena à Tarichées sur ses barques.
642.   10. Ceux qui restaient sur le rivage désignaient à grands cris un certain Clitos comme le principal auteur de la défection et exhortaient le gouverneur à faire peser sur lui sa colère. Josèphe, bien résolu à ne tuer personne, ordonna à un de ses gardes nommé Lévi
643. de descendre à terre pour couper à Clitos les deux mains. Le soldat, craignant de tomber seul au milieu d'une troupe d'ennemis, refusa de marcher. Alors Clitos, qui voyait Josèphe bouillant de colère sur sa barque et tout prêt à s'élancer lui-même pour le châtier, le supplia

1. ἐνόπλους mss., ἐνόπλους Destinon : cette conjecture paraît nécessaire.

644. du rivage de lui laisser une de ses mains. Le gouverneur accepta, à condition qu'il se coupât l'autre lui-même : Clitos, tirant son glaive
645. de la main droite, se coupa la gauche, tant Josèphe l'avait terrifié. Tel fut le procédé par lequel, avec des barques vides et sept gardes, il enchaîna tout un peuple et ramena Tibériade sous son autorité. Mais peu de jours après, la ville ayant de nouveau fait défection en même
646. temps que Sepphoris [1], il la livra au pillage de ses soldats. Cependant il réunit en bloc tous les biens des citoyens et les leur restitua. Il procéda de même à Sepphoris : après avoir dompté cette ville, il voulut lui donner, par le pillage, une leçon, puis en lui rendant ses biens, reconquérir son affection [2].

XXII

1. Préparatifs de guerre à Jérusalem. — 2. Excès de Simon Bargioras en Acrabatène et en Idumée.

647.
648. 1. Ainsi s'apaisèrent les troubles de Galilée : la guerre civile terminée, on s'y occupa de préparer la lutte contre les Romains. A Jérusalem, le grand pontife Anan et tous ceux des puissants qui ne penchaient pas pour Rome mirent en état les murs et beaucoup de machines
649. de guerre. Dans toute la ville on forgeait des traits et des armures

---

1. Nous lisons avec les meilleurs mss. : μετὰ δ'ἡμέρας ὀλίγας Σεπφωρίταις συνακοστᾶσαν (à savoir Τιβεριάδα). Après ὀλίγας M et C insèrent Γίσχαλα, mais cette ville n'a jamais été conquise par Josèphe. Le texte original portait peut-être τὴν πόλιν dont Γίσχαλα serait une glose erronée.

2. La prise et le pillage de Tibériade auxquels il est fait ici allusion se placent d'après la *Vita* (c. 64) auparavant, à savoir immédiatement après le renvoi des commissaires du Sanhédrin. C'est vers le même moment que Josèphe prend et « sauve » Sepphoris (c. 67). — Ces divergences chronologiques entre la *Vita* et la *Guerre* sont troublantes. La *Guerre*, rédigée plus près des événements, semble en général mériter la préférence ; mais on ne comprend pas que Josèphe, ayant sous les yeux son premier ouvrage, ne s'y soit pas conformé dans la *Vita* ou n'ait pas signalé les « corrections » qu'il y apportait.

complètes ; les jeunes gens se livraient à des exercices réglés [1] ; tout était plein de tumulte. Une affreuse consternation avait saisi les

650. modérés, beaucoup se lamentaient, prévoyant les désastres futurs. Il y eut des prodiges de funeste augure pour ceux qui aimaient la paix ; ceux, il est vrai, qui avaient allumé la guerre les tournaient à leur gré. Bref, l'aspect de la ville, avant même l'attaque des Romains,

651. était celui de l'agonie. Cependant Anan songeait à ralentir un peu les préparatifs guerriers et à ramener au bien commun les factieux et l'égarement de ceux qu'on appelait les zélateurs ; mais il succomba à la violence, et nous montrerons dans la suite quelle fut sa fin.

652. 2. Dans la toparchie de l'Acrabatène, Simon, fils de Gioras, rassemblant un grand corps de révolutionnaires, se livra à des déprédations. Non content de piller les maisons des riches, il maltraitait encore leurs personnes et annonçait de longue main qu'il aspirait à la

653. tyrannie. Lorsque Anan et les magistrats se décidèrent à envoyer contre lui une armée, il s'enfuit avec sa bande chez les brigands de

654. Masada ; il resta là jusqu'à la mort d'Anan et de ses autres adversaires, et, en attendant, dévasta tellement l'Idumée que les magistrats de cette province, exaspérés par le grand nombre des meurtres et les pillages incessants, finirent par lever une armée et mettre garnison dans les villages. Tel était alors l'état de l'Idumée.

---

1. Nous lisons avec Niese τακταίς (*iussis* dans la trad. latine) au lieu de ἀτάκτοις. Ce dernier mot pourrait cependant avoir le sens insolite de « démesurés, excessifs ».

LIVRE III[1]

I

*1. Inquiétude de Néron à la nouvelle des événements de Judée. —
2-3. Il désigne Vespasien pour prendre le commandement.*

1.   1. Quand Néron apprit les revers survenus en Judée, il fut saisi,
comme de juste, d'un secret sentiment de stupeur et d'alarme, mais
2. au dehors il ne fit voir qu'arrogance et colère. « Ces malheurs,
disait-il, étaient dus à la négligence des généraux plutôt qu'à la
valeur des ennemis. » La majesté de l'empire lui faisait un devoir
d'affecter le dédain pour les épreuves les plus fâcheuses et de paraître
élever au-dessus de tous les accidents une âme dont ses préoccupations trahissaient cependant le désordre.
3.   2. Il se demandait, en effet, à quelles mains il confierait l'Orient
soulevé, le soin de châtier la révolte des Juifs et de prémunir les
4. nations voisines déjà atteintes par la contagion du mal. Il ne trouva
que le seul Vespasien qui fût à hauteur de la situation et capable de
supporter le poids d'une si lourde guerre. C'était un capitaine qui
avait bataillé dès sa jeunesse et vieilli sous le harnais ; longtemps

---

1. Ce livre raconte l'histoire de la guerre depuis la désignation de Vespasien
comme général de l'armée romaine jusqu'à la prise de Tarichées (8 Gorpiéus
= septembre 66), c'est-à-dire, en somme, la campagne de Galilée.

auparavant il avait pacifié et ramené sous l'obéissance de Rome
5. l'Occident ébranlé par les Germains ; ensuite il avait par son talent
militaire ajouté à l'empire la Bretagne jusque-là presque inconnue et
fourni ainsi à Claude, père de Néron, les honneurs d'un triomphe
qui ne lui avait guère coûté de sueur.

6. 3. Tirant de ce passé un heureux présage, voyant d'ailleurs en
Vespasien un homme d'un âge rassis [1], fortifié par l'expérience, avec
des fils qui serviraient d'otage à sa fidélité et dont la jeunesse
épanouie serait comme le bras du cerveau paternel, poussé peut-être
7. aussi par Dieu, qui dès lors préparait le destin de l'empire, il envoie
ce général prendre le commandement en chef des armées de Syrie,
sans omettre de lui prodiguer toutes les cajoleries, les marques d'affection, les encouragements à bien faire que réclamait la nécessité
8. présente. D'Achaïe, où il se trouvait auprès de Néron, Vespasien
dépêcha son fils Titus à Alexandrie pour en ramener la quinzième
légion [2] : lui-même, après avoir passé l'Hellespont, se rendit par terre
en Syrie, où il concentra les forces romaines et de nombreux contingents auxiliaires, fournis par les rois du voisinage.

II

*1-3. Tentatives infructueuses des Juifs contre Ascalon. — 4. Vespa-
sien à Ptolémaïs ; soumission des Sepphorites.*

9. 1. Cependant les Juifs, après la défaite de Cestius, enflés par ce
succès inattendu, ne pouvaient contenir leur élan, et, comme empor-

---

1. Vespasien, né an 9 ap. J.-C., avait alors 57 ans.
2. Les mss. ont τὸ πέμπτον καὶ τὸ δέκατον « la 5ᵉ et la 10ᵉ légions ». Mais ces
deux légions faisaient partie de l'armée de Syrie et c'est bien la 15ᵉ seule que
Titus amena d'Alexandrie (*infra*, § 65). La correction est due à Cardwell et à
Léon Renier. Il s'agit bien d'Alexandrie d'Égypte et non, comme l'ont cru
Mommsen et Pick, d'Alexandrie près d'Issus. Cf. Schürer, I³, 610.

tés par le tourbillon de la Fortune, ne pensaient qu'à pousser la guerre plus loin. Leurs meilleurs combattants se rassemblèrent en

10. toute hâte et coururent contre Ascalon. C'est une ancienne ville, éloignée de cinq cent vingt stades de Jérusalem [1], qui avait toujours été odieuse aux Juifs. Aussi en firent-ils l'objet de leurs premières

11. attaques. Trois hommes, remarquables par la vigueur physique et la capacité, dirigeaient l'expédition : Niger, de la Pérée, Silas de

12. Babylone et Jean l'Essénien. Ascalon avait de solides murailles, mais presque point de défenseurs ; toute la garnison consistait en une cohorte d'infanterie et une *aile* de cavalerie commandée par Antonius.

13.   2. L'ardeur des Juifs leur fit faire tant de diligence qu'ils tombèrent

14. sur la ville comme si elle eût été à portée de main. Cependant Antonius ne se laissa pas surprendre. Informé de leur approche, il fit sortir sa cavalerie de la place, et, sans s'émouvoir ni du nombre ni de l'audace des ennemis, soutint avec fermeté leurs premières attaques et

15. repoussa ceux qui se ruaient contre les remparts. On voyait aux prises des guerriers novices avec des soldats exercés, des fantassins avec des cavaliers, l'indiscipline avec la cohésion, un armement de fortune avec un équipement régulier et complet ; d'une part, des mouvements dirigés par la colère plutôt que par la réflexion, de l'autre une troupe docile, manœuvrant avec ensemble au moindre signal.

16. Aussi les assaillants furent-ils aisément défaits ; une fois leurs premiers rangs rompus par la cavalerie, ils prirent la fuite. Les fuyards tombent sur ceux qui, plus en arrière, prenaient encore leur élan contre les murailles ; ils s'embarrassèrent les uns les autres, jusqu'à ce qu'enfin tous, brisés par les charges répétées de la cavalerie, se

17. dispersèrent dans la plaine. Celle-ci était vaste et tout entière propre aux chevauchées, circonstance qui fournit un puissant avantage aux Romains et favorisa le carnage des Juifs. Car les cavaliers, devançant les fuyards, faisaient ensuite volte-face, fondaient sur les pelotons épais qu'agglomérait la panique, et les sabraient en masse ; d'autres petits détachements, se retirant çà et là en désordre, se laissèrent cerner : les cavaliers galopaient autour d'eux en les abattant sans

1. Environ 92 kilomètres. A vol d'oiseau la distance n'est que de 70 kilomètres.

18. peine à coups de javelots. Les Juifs, malgré leur multitude, se sentaient isolés dans leur détresse; les Romains, au contraire, malgré leur faible effectif, s'imaginaient, dans l'entraînement du succès,

19. l'emporter sur l'ennemi même en nombre[1]. Cependant, les uns s'acharnaient contre leur défaite, dans la honte de la débandade et l'espoir d'un retour de fortune ; les autres, sans se lasser, voulaient pousser à bout leur victoire ; ainsi le combat dura jusqu'au soir, et dix mille cadavres juifs, dont ceux de deux généraux, Jean et Silas,

20. jonchèrent le champ de bataille. Les autres, la plupart blessés, se réfugièrent avec Niger, le seul survivant des généraux, dans une

21. bourgade d'Idumée nommée Challis[2]. Du côté des Romains, il n'y eut que quelques blessés.

22. 3. Cependant, loin qu'un si grand échec abattît la fierté des Juifs, la douleur ne fit que redoubler leur audace. Négligeant les cadavres étendus à leurs pieds, le souvenir de leurs premiers succès les

23. entraîna dans un nouveau désastre. Sans donner seulement aux blessés le temps de guérir, ils rassemblèrent toutes leurs forces, et, plus nombreux, avec plus de fureur, revinrent à l'assaut contre

24. Ascalon. Mais la même inexpérience, les mêmes désavantages militaires leur valurent la même infortune. Antonius avait dressé des

25. embuscades sur le chemin; ils y tombèrent inconsidérément; environnés par les cavaliers avant d'avoir pu se ranger en bataille, ils perdirent de nouveau plus de huit mille hommes ; tout le reste s'enfuit avec Niger, qui se signala dans la retraite par de nombreux actes de courage. Pressés par les ennemis, ils s'engouffrèrent dans

26. la forte tour d'un bourg nommé Belzédek[3]. Les soldats d'Antonius, ne voulant ni user leurs forces devant une citadelle presque inexpugnable, ni laisser échapper vif celui qui était à la fois le chef et

27. le plus brave des ennemis, mirent le feu à la muraille. En voyant la tour en flammes, les Romains se retirèrent tout joyeux, persuadés

---

1. Nous lisons avec Niese τῶν πολεμίων (περισσεύειν) : les mss. ont τῷ πολέμῳ.

2. Localité inconnue (d'après Riess : *Djalis* ou *Djoulis*, village à 11 kil. à l'Est d'Ascalon). Plusieurs mss. ont Σάλλις. S'agirait-il de *Lachis* (II Rois, 14, 19, etc.), qui était située dans le voisinage ?

3. Site inconnu. Des mss. ont Βεζεδέλ ou *Baldezel*.

que Niger avait péri ; mais celui-ci, sautant en bas de la tour,
s'était sauvé dans le souterrain le plus reculé de la forteresse.
Trois jours après, des gens qui, en gémissant, cherchaient son
cadavre pour l'ensevelir, entendirent soudain sa voix et le virent
28. paraître à leurs yeux. Ce fut pour tous les Juifs une joie inespérée :
ils pensèrent que la Providence divine leur avait conservé leur chef,
en vue des luttes à venir.

29.   4. Cependant Vespasien avait rassemblé ses forces à Antioche, capitale de la Syrie, ville qui, par sa grandeur et sa richesse, est la troisième du monde soumis aux Romains [1]. Il y trouva le roi Agrippa qui
30. l'y attendait avec ses propres troupes. Le général en chef se dirigea
vers Ptolémaïs. Près de cette ville, il vit venir à sa rencontre les gens de
Sepphoris en Galilée, qui, seuls de cette contrée, montrèrent des sen-
31. timents pacifiques ; préoccupés de leur sûreté et connaissant la puissance romaine, ils n'avaient pas attendu l'arrivée de Vespasien pour donner des gages à Cæsennius Gallus [2] et reçu ses assurances ainsi qu'une
32. garnison romaine. Maintenant ils firent un accueil chaleureux au
général en chef et lui offrirent un concours empressé contre leurs
33. compatriotes. Sur leurs instances, Vespasien leur donna d'abord pour
leur sûreté autant de cavaliers et de fantassins qu'il jugea nécessaire
34. pour résister aux Juifs, s'ils les attaquaient ; il estimait, en effet, que
la prise de Sepphoris aurait pour la suite des opérations une importance décisive, car c'était la plus grande ville de Galilée, forte par son
assiette et par ses remparts, qui en faisaient comme la citadelle de la
province tout entière.

1. Après Rome et Alexandrie.
2. C'est le commandant de la 12e légion, précédemment nommé, II, 510. Plusieurs mss. ont à tort *Cestius* ; c'est aussi la leçon de *Vita*, § 394, où il est question de l'introduction de la garnison romaine.

III

1.-2. Description de la Galilée. — 3. La Pérée. — 4.-5. Samarie et Judée. Royaume d'Agrippa.

35.   1. La Galilée, qui se divise en Galilée supérieure et Galilée inférieure, est enveloppée par la Phénicie et la Syrie ; au couchant, elle a pour bornes le territoire de Ptolémaïs et le Carmel, montagne jadis gali-

36. léenne, maintenant tyrienne ; au Carmel confine Gaba, la « ville des cavaliers », ainsi appelée des cavaliers qui, licenciés par le roi Hérode,

37. y établirent leur résidence [1]. Au midi, la Galilée a pour limites la Samarie et le territoire de Scythopolis jusqu'au cours du Jourdain : à l'orient, les territoires d'Hippos, de Gadara et la Gaulanitide ; de

38. ce côté aussi elle touche au royaume d'Agrippa ; au nord, Tyr et le pays des Tyriens la bornent. La Galilée inférieure s'étend en longueur de Tibériade à Chaboulon, qu'avoisine Ptolémaïs sur le littoral : en largeur, depuis le bourg de Xaloth, situé dans la grande plaine,

39. jusqu'à Bersabé. La haute Galilée part du même point pour s'étendre en largeur jusqu'au bourg de Baca, frontière du territoire des Tyriens ;

40. sa longueur va depuis le bourg de Thella, voisin du Jourdain, jusqu'à Méroth [2].

41.   2. Avec cette extension médiocre, et quoique cernées par des
42. nations étrangères, les deux Galilées ont toujours su tenir tête aux invasions, car les habitants furent de tout temps nombreux et belliqueux dès l'enfance ; l'homme n'y a jamais manqué de courage, ni la

---

1. Cf. *Antiquités*, XV, 294. C'est la *Geba* de Pline, V, 19, 75. Voir Schürer, II[4], 199.

2. La Galilée inférieure est au Sud, la Galilée supérieure au Nord. Josèphe entend par longueur la dimension Est-Ouest, par largeur la dimension Sud-Nord. Mais la plupart des bourgades mentionnées ici et dont plusieurs reparaissent ailleurs (Chaboulon, Bersabé, Meroth) ne peuvent être exactement localisées. Xaloth a été identifié à l'ancienne *Kisloth-Thabor* (Josué, 19, 12), à 8 milles à l'Est de Sepphoris.

terre d'hommes. Comme elle est, dans toute son étendue, grasse, riche en pâturages, plantée d'arbres variés, sa fécondité encourage
43. même les plus paresseux à l'agriculture. Aussi le sol a-t-il été mis en valeur tout entier par les habitants: aucune parcelle n'est restée en friche. Il y a beaucoup de villes, et les bourgades mêmes sont si abondamment peuplées, grâce à la fertilité du sol, que la moindre d'entre elles compte encore quinze mille habitants [1].

44.   3. En somme, si la Galilée, pour la superficie, peut être mise au-dessous de la Pérée [2], on lui donnera la préférence pour l'abondance de ses ressources; car elle est tout entière cultivée et donne des récoltes d'un bout à l'autre, tandis que la Pérée, beaucoup plus vaste, est en grande partie déserte et rocailleuse, avec un sol trop
45. rude pour faire mûrir des fruits domestiques. Néanmoins, là aussi le terrain, partout où il s'amollit, est productif. Les plaines sont plantées d'arbres de toute espèce : on y voit surtout l'olivier, les vignes et les palmiers ; car le pays est arrosé par les torrents descendus des montagnes et par des sources qui ne tarissent jamais, alors même que
46. l'ardeur de l'été dessèche les torrents. La Pérée s'étend en longueur de Machérous à Pella [3], en largeur de Philadelphie jusqu'au Jourdain.
47. Sa frontière nord est le territoire de Pella, dont nous venons de parler, sa frontière ouest le Jourdain ; au sud, elle confine au pays de Moab ; vers l'est, à l'Arabie, à l'Hesbonitide [4], aux territoires de Philadelphie et de Gerasa.

48.   4. La province de Samarie est située entre la Galilée et la Judée ; elle commence, en effet, au bourg de Généa [5], situé dans la (grande)
49. plaine, et se termine à la toparchie de l'Acrabatène. Son caractère ne diffère pas de celui de la Judée. L'une et l'autre région présentent une

1. Évidente exagération puisque, la Galilée ayant 204 villes et bourgades (*Vita*, 235), cela donnerait une population de plus de 3 millions d'âmes.
2. Cela paraît inexact si l'on prend la Pérée dans le sens restreint où Josèphe va la définir.
3. Machérous compris, Pella non compris.
4. Les mss. ont Σιλωνιτδι, Σιλβωνιτδι, Σιβωνδι : il s'agit sûrement du territoire d'Hesbon, ailleurs (*Ant.*, XII, 233 ; XV, 294) appelé Ἐσσεβωνῖτις (latin : *Sebonitis*). Voir plus haut, II, 458.
5. C'est le lieu appelé plus haut (II, 232) Ghéma, ailleurs (*Ant.*, XX, 118) Γιναῆς.

alternance de montagnes et de plaines, offrent à la culture des terres
faciles et fertiles, sont couvertes d'arbres, foisonnent en fruits francs
et sauvages ; nulle part la sécheresse du désert, partout des pluies
50. abondantes. Toutes les eaux courantes ont une saveur singulièrement
douce ; une herbe excellente et touffue donne aux bestiaux un lait
plus abondant qu'ailleurs. Mais rien ne prouve mieux la bonté et la
fertilité des deux territoires que la multitude de leur population.
51. 5. Sur la frontière des deux pays se trouve le village d'Anouath,
appelé encore Borcéos, limite nord de la Judée ; la limite méridionale,
si on mesure le pays dans sa longueur, est marquée par un village
limitrophe de l'Arabie, que les Juifs nomment Jardan [1]. En largeur, la
52. Judée se développe du fleuve Jourdain à Joppé. La ville de Jérusalem
est située presque exactement au centre [2], ce qui l'a fait appeler quel-
53. quefois, non sans raison, l' « ombilic » du pays. La Judée n'est d'ailleurs pas dépourvue des avantages d'une situation maritime, puis-
54. qu'elle étend ses rivages jusqu'à Ptolémaïs. Elle se divise en onze
districts, dont le premier est celui de la capitale, Jérusalem, qui
domine tout le reste comme la tête le corps humain ; les districts sui-
55. vants forment autant de toparchies. Gophna est la seconde, puis
viennent Acrabata, Thamna, Lydda, Emmaüs, Pella [3] (?), l'Idumée,
56. Engaddé, Hérodion et Jéricho. Il faut y ajouter Jamnia et Joppé, qui
ont juridiction sur leurs banlieues, puis la Gamalitique, la Gaulanitide, la Batanée, la Trachonitide, qui font déjà partie du royaume
57. d'Agrippa. Ce royaume, qui commence au mont Liban et aux sources
du Jourdain, s'étend en largeur jusqu'au lac de Tibériade, en longueur du bourg d'Arphas [4] jusqu'à Julias. La population se compose
58. de Juifs et de Syriens mêlés. Tel est le tableau, aussi succinct que possible, que j'ai cru devoir tracer du pays des Juifs et de leurs voisins.

1. On place Anouath ou Anoua à 10 milles au Sud de Sichem (Naplouse),
Jardan à *Tell Arad,* à 20 milles au S.-E. d'Hébron.
2. Ce n'est pas exact ; Jérusalem est à l'Est de la ligne médiane de la Judée.
3. La toparchie de Pella n'est pas mentionnée ailleurs ; c'est sans doute une
faute de texte pour Bethleptephé (*Guerre,* IV, 445), la *Betholethephene* de Pline,
V, 14, 70. Pline, dans son énumération, omet l'Idumée et Engaddé, et compte
en revanche Joppé comme une toparchie. Mais Joppé (II, 97), comme Jamnia
(II, 167), avait une administration spéciale.
4. Emplacement inconnu.

IV

1. *La garnison romaine de Sepphoris dévaste la Galilée. — 2. Titus et Vespasien opèrent leur jonction à Ptolémaïs. Dénombrement de l'armée romaine.*

59.   1. Le corps de secours envoyé par Vespasien aux habitants de Sepphoris, et qui comptait mille cavaliers et dix mille fantassins sous le commandement du tribun Placidus, campa d'abord dans la grande plaine, puis se divisa en deux : l'infanterie se logea dans la ville
60. pour la garder, la cavalerie resta dans le camp. Les uns et les autres faisaient de fréquentes sorties, et couraient le pays en incommodant fort Josèphe et les siens : quand ceux-ci restaient blottis dans leurs villes[1], les Romains en ravageaient les alentours; quand ils s'enhar-
61. dissaient à en sortir, ils les taillaient en pièces. A la vérité, Josèphe tenta un coup de main contre la ville, dans l'espoir de s'en emparer, mais il l'avait si bien fortifiée lui-même, avant qu'elle trahît la cause des Galiléens, que les Romains même auraient eu peine à la prendre; aussi fut-il déçu dans son espoir et dut-il s'avouer trop faible soit pour prendre Sepphoris de vive force, soit pour la ramener par
62. la persuasion[2]. Son entreprise ne fit même que déchaîner la guerre plus violemment sur le pays; dans leur colère, les Romains ne cessèrent ni de jour ni de nuit de dévaster les champs et de piller les propriétés des ruraux, massacrant ceux qui leur résistaient et rédui-
63. sant les faibles en esclavage. La Galilée entière fut mise à feu et à sang; aucun malheur, aucune souffrance ne lui furent épargnés; les

---

1. Nous lisons avec Niese ἀτρεμοῦντάς τε (ou μὲν?) κατὰ πόλεις,
2 Cette attaque ne doit pas être confondue, malgré la ressemblance des circonstances, avec celle qui est racontée *Vita*. c. 71, § 395 suiv., et qui se place *avant* l'arrivée de Vespasien. — Dans le récit de la *Vita* (§ 411 et suiv.) il semble y avoir ici une lacune. — Toutefois il se pourrait que Josèphe eût commis dans la *Vita* un anachronisme.

habitants pourchassés ne trouvaient de refuge que dans les villes fortifiées par Josèphe.

64.   2. Cependant Titus, ayant passé d'Achaïe à Alexandrie plus promptement que ne semblait le comporter la saison d'hiver, prit le commandement des troupes qu'on lui avait assignées et par une
65.   marche forcée gagna rapidement Ptolémaïs. Il y trouva son père avec ses deux légions, la cinquième et la dixième, renommées entre
66.   toutes, et le renforça de la quinzième, qu'il lui amenait. Ces légions étaient accompagnées de dix-huit cohortes : cinq autres vinrent les rejoindre de Césarée avec une *aile* de cavalerie romaine et cinq *ailes*
67.   de cavalerie syrienne. Sur les vingt-trois cohortes, dix comptaient chacune mille fantassins, les treize autres étaient à l'effectif de six
68.   cents fantassins et de cent vingt cavaliers. Il vint aussi de nombreuses troupes auxiliaires envoyées par les rois Antiochus, Agrippa et Sohémos [1], fournissant chacun deux mille archers à pied et mille cavaliers ; l'Arabe Malchos envoya mille cavaliers et cinq mille fantassins,
69.   archers pour la plupart ; en sorte que le total des forces, infanterie et cavalerie, y compris les contingents des rois, s'élevait à soixante mille hommes [2], sans compter les valets, qui suivaient en très grand nombre, et qu'on peut ranger parmi les combattants, tant ils étaient exercés au métier des armes : car, prenant part en temps de paix aux manœuvres de leur maîtres et en temps de guerre à leurs dangers, ils ne le cédaient qu'à ceux-ci en courage et en adresse.

---

1. Antiochus IV, roi de Commagène ; Sohémos, roi d'Emèse. Cf. *supra*, II, 500.
2. Ce chiffre n'est guère exagéré. En effet on a :

3 légions à 6,120 hommes....................	18,360
10 cohortes à 1,000.........................	10,000
13 cohortes à 720...........................	9,360
6 *alae* à 500 (?)............................	3,000
Auxiliaires des rois syriens (3 × 3,000).......	9,000
Auxiliaires arabes..........................	6,000
Total..........	55,720

Si les *alae* sont à 1,000 hommes, le total est de 58,720, qui se rapproche singulièrement du nombre rond de 60,000.

V

*1. Digression sur l'armée romaine. Les exercices en temps de paix.
— 2-3. Le camp, le service journalier. — 4-5. Marches, sonneries
et armements. — 6-7. Tactique et discipline. — 8. Conclusion* [1].

70.   1. On ne manquera pas d'admirer la prudence dont les Romains
font preuve sur ce point, instruisant leurs esclaves à les servir,
non seulement dans le train de la vie ordinaire, mais encore à la
71. guerre. Si, s'élevant plus haut, on considère dans son ensemble
l'organisation de leur armée, on reconnaîtra que ce vaste empire
qu'ils possèdent a bien été une conquête de leur valeur et non un
cadeau de la Fortune.

72.   En effet, tout d'abord, ils n'attendend pas pour apprendre à faire
usage de leurs armes que la guerre les y oblige : on ne les voit point
se croiser les bras durant la paix pour ne les remuer qu'à l'heure du
danger. Bien au contraire, comme s'ils étaient nés les armes à la
main, ils ne cessent point de s'y exercer sans attendre l'occasion de
73. s'en servir. On prendrait leurs manœuvres du temps de paix pour de
véritables combats, tant ils s'y appliquent avec ardeur. Chaque soldat
s'exerce tous les jours de toutes ses forces, comme s'il était en
présence de l'ennemi. De là ce parfait sang-froid qu'ils montrent
74. dans la mêlée : jamais la confusion ne rompt leur ordre réglementaire.
jamais ils ne se laissent paralyser par la crainte, ni vaincre par la
fatigue : aussi, ne rencontrant jamais d'adversaires aussi bien entraî-
75. nés [2], sont-ils toujours victorieux. On pourrait dire de leurs exercices
que ce sont des combats sans effusion de sang, et de leurs combats
que ce sont des exercices sanglants.

1. Ce chapitre remarquable paraît imité de la fameuse digression de Polybe
sur la milice romaine (VI, 19-42). C'est une de nos meilleures sources pour la
connaissance de l'armée impériale du premier siècle.

2. οὐχ ὁμοίως βεβαίων (Hudson).

76. Jamais on ne déconcerte les Romains par une brusque attaque. En quelque lieu qu'ils portent la guerre, ils n'engagent pas de combat

77. avant d'avoir fortifié leur camp. L'établissement de ce camp n'est pas livré au hasard et l'emplacement n'en doit point être accidenté. Ils n'y travaillent pas tous ensemble ni confusément. Si le sol est inégal, on commence par l'aplanir ; le tout est enfermé dans un espace carré.

78. A cet effet, l'armée se fait suivre d'un grand nombre d'ouvriers et d'outils nécessaires aux travaux de terrassement.

79. 2. L'intérieur du camp, divisé par quartiers, est planté de tentes. La face extérieure offre l'aspect d'une muraille, garnie de tours à des

80. intervalles réguliers. Sur les courtines on place balistes, catapultes, pierriers [1], bref tous les engins d'artillerie et toutes les machines de

81. trait. Dans l'enceinte s'ouvrent, aux quatre points cardinaux, autant de portes larges à souhait pour que les bêtes de somme puissent entrer

82. facilement et les hommes exécuter des sorties s'il y a lieu. Le camp est parcouru par des rues symétriquement disposées. Au milieu sont les tentes des officiers ; précisément au centre s'élève le prétoire fait

83. en façon d'un petit temple. On dirait une ville improvisée qui sort de terre, avec son marché, ses boutiques d'ouvriers, ses sièges de juges, du haut desquels capitaines et colonels [2] tranchent les différends qui

84. peuvent survenir [3]. La fortification, l'installation intérieure, tout est prêt plus vite que la pensée, tant les travailleurs sont nombreux et adroits. En cas de besoin, on ajoute au retranchement un fossé extérieur, profond de quatre coudées et large d'autant.

85. 3. Une fois à l'abri, les soldats se logent dans leurs tentes par escouades, avec calme et en bon ordre. Tout le service journalier

---

1. τούς τε ὀξυβελεῖς καὶ καταπέλτας καὶ λιθόβολα. Le mot ὀξυβελής (sous entendu καταπέλτης) désignant une variété de catapulte (cf. infrà, V, 269 : βιαιότεροι ὀξυβελεῖς καὶ μείζονα λιθόβολα), H. Weil proposait de supprimer les mots καὶ καταπέλτας, considérés comme une glose (*Rev. ét. grecques*, IV, 29). D'autres savants croient au contraire que l'ὀξυβελής (baliste) s'oppose au καταπέλτης ordinaire comme le mortier au canon, par l'amplitude de l'angle de tir (Cagnat, *Actes et conférences de la Soc. des Ét. Juives*, p. LII).

2. λοχαγοῖς καὶ ταξιάρχοις : probablement les centurions (pour λόχος = centurie, cf. II, 63) et les tribuns.

3. εἴ τινες διαφέροιντο. Il est probable qu'il s'agit surtout d'une juridiction pénale.

s'accomplit avec la même discipline et la même sûreté : la corvée du bois, la corvée des vivres, celle de l'eau, le tout suivant les besoins

86. et toujours par escouades. La soupe du matin et celle du soir ne sont pas laissées au gré de chacun : tous les soldats mangent en commun. Les heures de sommeil, de garde, de réveil sont réglées au son

87. de la trompette : tout s'exécute au commandement. Dès l'aube tous les soldats vont saluer leurs centurions respectifs, ceux-ci les tribuns, puis tous les officiers ensemble [1] se rendent auprès du commandant en chef, et celui-ci leur donne le mot et les ordres qu'ils doivent

88. communiquer à leurs inférieurs. Dans la bataille, tout n'est pas moins bien réglé. Les évolutions s'opèrent aussi vite qu'il est nécessaire : qu'il s'agisse d'attaque ou de retraite, toujours la troupe manœuvre par unités constituées, au signe de ses chefs.

89. 4. S'il faut lever le camp, la trompette donne un premier signal. Alors nul ne demeure oisif : sitôt l'ordre entendu, on plie les tentes,

90. on prépare tout pour le départ. Une deuxième sonnerie ordonne de s'équiper : les hommes chargent les bagages sur les mulets et les autres bêtes de somme, eux-mêmes s'alignent, prêts à s'ébranler, comme des coureurs frémissant derrière la corde. Ils mettent le feu au retranchement, parce qu'il leur sera facile d'en refaire un autre [2] et pour empêcher que l'ennemi ne puisse faire usage de celui

91. qu'ils abandonnent. Enfin, une troisième sonnerie donne le signal du départ et rappelle ceux qui, pour quelque motif que ce soit,

92. seraient en retard : car il faut que nul ne manque à son rang [3]. Alors un héraut qui se tient à droite du général leur demande par trois fois, dans la langue nationale, s'ils sont prêts à combattre. Trois fois ils répondent à haute et joyeuse voix : « Nous le sommes ! » Parfois

1. Dans ce passage les centurions et tribuns sont désignés par leurs noms techniques (ἑκατοντάρχας, χιλιάρχους). Mais ensuite on lit μεθ' ὧν (les tribuns) πρὸς τὸν ἡγεμόνα τῶν ὅλων οἱ ταξίαρχοι πάντες. Il est impossible avec ce texte de comprendre le mot ταξίαρχοι que nous avons vu plus haut (§ 83) employé dans le sens de tribun (légat se dit ἔπαρχος, § 310). Nous lisons μεθ' ὃ (le ms. C a ὧν) et prenons ταξίαρχοι dans le sens vague d' « officiers » commandant une unité (ce qui comprend à la fois les centurions et les tribuns).

2. ἐκεῖ πάλιν τειχίσασθαι. Nous retranchons ἐκεῖ avec Destinon.

3. Pour cette description des sonneries, cf. Polybe, VI, 40.

IV

même ils devancent l'appel du héraut : leurs clameurs, leurs bras
droits levés en l'air disent le souffle guerrier qui les anime.

93.   5. Ils s'avancent ensuite, marchant avec calme, en bon ordre, sans
jamais rompre leurs rangs, bref, comme s'ils étaient en face de l'ennemi.

94.   Les fantassins portent la cuirasse, le casque, et un glaive de chaque
côté, celui de gauche beaucoup plus long que l'autre, lequel ne
95. dépasse pas la longueur d'un empan [1]. Les soldats d'élite, qui forment
la garde du général, sont armés de la lance et du bouclier rond, les
autres du javelot et du bouclier long [2]. L'équipement comporte, en
outre, une scie, une hotte, un pic, une hachette, puis encore une
courroie, une serpe, une chaîne et des vivres pour trois jours : le
fantassin, on le voit, est presque aussi chargé qu'un mulet de bât.

96.   Quant aux cavaliers, ils portent une grande épée au côté droit,
une longue pique à la main, un bouclier long posé en écharpe contre
le flanc du cheval, et, dans un carquois, trois dards ou davantage, à
97. large pointe et aussi longs que des javelots. Leurs casques et leurs
cuirasses sont les mêmes que ceux des gens de pied. Les cavaliers
d'élite qui forment l'escorte du général sont armés comme leurs
camarades de la ligne.

On tire au sort la légion qui doit marcher en tête de la colonne [3].

98.   6. Telle est la manière de marcher et de camper des armées
romaines, telles sont leurs différentes armes. Dans le combat rien
n'est livré au hasard ni à l'improvisation : toujours la réflexion pré-
99. cède l'acte et celui-ci se conforme à la délibération. Aussi les Romains
se trompent-ils rarement, et, quand il leur arrive de commettre une
100. faute, ils la réparent aisément. Ils estiment d'ailleurs qu'un dessein
bien concerté, même non suivi de réussite, est préférable à un heureux
coup de fortune : le succès dû au hasard porte à l'imprévoyance,
tandis que les échecs survenus à la suite d'un plan médité appren-

---

1. Une demi-coudée ou trois quarts de pied. Sur les monuments, au contraire,
le *pugio* (poignard) est d'ordinaire à gauche et le glaive (*gladius*) à droite.

2. *Hasta* et *parma* dans la garde, *pilum* et *scutum* dans la ligne.

3. D'après Polybe, VI, 40, 3, c'est un roulement journalier qui règle l'ordre
de marche.

101. nent à en éviter le retour. Et puis, celui qui profite d'une chance heureuse n'en tire aucun honneur, au lieu que les malheurs qui arrivent contre toute prévision nous laissent au moins la consolation d'avoir fait tout ce que commandait la prudence.

102.   7. Par leurs exercices continuels, les Romains, non contents d'aguerrir les corps de leurs soldats, fortifient encore leurs âmes : la crainte

103. vient compléter cette éducation. Ils ont des lois qui punissent de mort, non seulement l'abandon du rang, mais la moindre négligence dans le service : et la sévérité des chefs est encore plus à redouter que celle des lois. Toutefois, tels sont les honneurs dont ils récompensent les braves que ceux qu'ils châtient n'osent pas se plaindre.

104.   Cette parfaite discipline fait que l'armée, en temps de paix, offre un spectacle admirable, et qu'en temps de guerre, elle ne semble former

105. tout entière qu'un seul corps, tant les rangs des soldats sont fermes, leurs mouvements aisés, leurs oreilles attentives aux ordres, leurs

106. yeux ouverts aux signaux, leurs bras préparés à l'exécution. Prompts à l'action, durs à la fatigue, jamais en bataille rangée on ne les a vus défaits ni par le nombre, ni par la ruse, ni par les difficultés du terrain, ni même par la fortune : car leur habitude de vaincre leur est

107. plus sûre que la fortune elle-même[1]. Si la sagesse dirige ainsi leurs opérations, si la volonté des chefs a pour outil une armée aussi manœuvrière, comment s'étonner que leur empire ait étendu ses limites à l'Orient jusqu'à l'Euphrate, à l'Occident jusqu'à l'Océan, au Midi jusqu'aux régions les plus fertiles de la Libye, au Nord jusqu'à l'Ister et au Rhin ! On peut dire sans flatterie que, si grand que soit cet empire, le cœur de ce peuple l'est encore davantage.

108.   8. Si j'ai placé ici ces réflexions, c'est moins dans le dessein de louer les Romains que pour consoler ceux qu'ils ont vaincus et faire perdre

109. à d'autres l'envie de se soulever contre eux. Peut-être aussi quelques curieux trouveront-ils leur profit à connaître cette organisation de l'armée romaine qu'ils ignoraient. Je reprends maintenant le fil de mon récit où je l'ai quitté.

---

1. καὶ γὰρ ταύτης αὐτοῖς τὸ κρατεῖν βεβαιότερον : comprenne qui pourra. Le dernier mot est peut-être altéré et le sens celui-ci : « car ils ont coutume de vaincre la fortune elle-même ».

VI

*1. Tentative infructueuse de Placidus contre Jotapata. — 2. Vespa-
sien part de Ptolémaïs ; ordre de marche de son armée. — 3. Débandade de l'armée de Josèphe à Garis.*

110.   1. Pendant que Vespasien, demeuré jusqu'alors à Ptolémaïs avec son
fils Titus, y organisait ses forces, Placidus, parcourant la Galilée,
commençait par tuer nombre de gens qui tombaient entre ses mains :
c'étaient les individus les plus débiles et les plus démoralisés de la
111. contrée[1] ; voyant ensuite que les meilleurs combattants se réfugiaient
constamment dans les places fortifiées par Josèphe, il s'attaqua à la
plus forte d'entre elles, Jotapata. Il comptait l'enlever sans peine par
un coup de main, s'acquérir ainsi auprès des chefs une grande réputation et leur assurer un avantage considérable pour la suite de la campagne, car, la plus forte place une fois tombée, la terreur soumettrait
112. les autres. Cependant son espérance fut bien trompée. Les habitants
de Jotapata, prévenus de son approche, l'attendirent en avant de la
ville. Ils s'élancèrent inopinément contre les Romains. Nombreux,
bien préparés au combat, enflammés par la pensée du danger que
113. couraient la patrie, leurs femmes et leurs enfants, ils mirent promptement en fuite leurs adversaires, et en blessèrent un grand nombre.
Toutefois ils ne leur tuèrent que sept hommes, car les Romains, se
replièrent en bon ordre et, protégés sur tout le corps, ne reçurent
que des blessures superficielles, d'autant que les Juifs, légèrement
armés et opposés à des hoplites, ne tiraient que de loin et n'osaient
114. pas engager le corps à corps. De leur côté les Juifs eurent trois
morts et quelques blessés. Placidus, se voyant trop faible pour
emporter la ville, battit en retraite.

---

1. Nous lisons avec Naber ταὶς ψυχαῖς ἐναπόχαμνον. C   es mss. ont φυγαῖς ou
φυλακαῖς.

115.   2. Vespasien, impatient d'envahir lui-même la Galilée, s'ébranla de Ptolemaïs, après avoir réglé, suivant l'habitude romaine, l'ordre de
116. marche de son armée. Il plaça en tète les vélites et les archers auxiliaires, avec la mission de repousser les incursions soudaines des ennemis et de fouiller les bois suspects, propres à dissimuler des embuscades. Venait ensuite un corps [1] de soldats romains pesamment
117. armés, fantassins et cavaliers. Ils étaient suivis d'un détachement composé de dix hommes par centurie qui portaient leurs propres bagages et les instruments d'arpentage nécessaires pour le tracé du
118. camp. Après eux venaient les pionniers chargés de rectifier les détours de la route, d'aplanir les passages difficiles et d'abattre les broussailles gênantes, de manière à épargner à l'armée les fatigues d'une marche
119. pénible. Derrière ceux-ci, Vespasien fit marcher son propre équipage et celui de ses lieutenants avec un gros de cavaliers pour les garder.
120. Il chevauchait ensuite lui-même avec l'élite de l'infanterie et de la cavalerie, et les lanciers de sa garde. Puis venait la cavalerie proprement légionnaire, car à chaque légion sont attachés cent vingt chevaux :
121. ensuite les mulets, portant les hélépoles [2] et les autres machines. Puis
122. les légats, les préfets des cohortes et les tribuns, escortés de soldats
123. d'élite. Derrière venaient les enseignes, entourant l'aigle qui, chez les Remains, conduit chaque légion, parce qu'il est le roi et le plus brave de tous les oiseaux : c'est pour eux le symbole de leur suprématie, et,
124. quel que soit l'adversaire, le présage de la victoire. A la suite de ces images sacrées marchaient les trompettes et, derrière eux, le gros de la phalange, sur six hommes de front. Un centurion (par légion [3]) les accompagnait suivant la coutume pour surveiller le bon ordre de la marche.
125. Derrière l'infanterie venaient tous les valets de chaque légion, menant les bagages des combattants à dos de mulet et sur d'autres bêtes de
126. somme. En queue de la colonne, cheminait la cohue des mercenaires [4]

---

1. μοῖρα. Probablement une cohorte mixte (cohors equitata).
2. Par hélépoles Josephe entend peut-être les béliers comme plus loin, § 220. Cependant dans le récit du siège de Jotapata il ne figurera qu'un seul bélier.
3. τις ἑκατοντάρχης. Il paraît peu croyable qu'un seul centurion fût chargé de la surveillance de tout le gros de la phalange.
4. μίσθιοι (mercenarii). Soit le reste des cohortes auxiliaires (plus haut, § 116, on n'en a mentionné qu'une fraction), soit des corps spéciaux d'archers et de cavaliers barbares.

et, enfin, pour faire le service de sûreté, une arrière-garde composée
de fantassins [1] et d'un bon nombre de cavaliers.

127.   3. Ainsi procédant avec son armée, Vespasien arrive aux confins de
la Galilée. Là, il établit son camp et retient l'ardeur de ses soldats, qui
brûlaient de combattre, se contentant de donner aux ennemis le
spectacle de son armée pour les épouvanter et leur permettre de
se raviser, s'ils voulaient, avant l'engagement, revenir à de meilleurs
sentiments. En même temps, il complétait ses préparatifs en prévision
128. du siège des places fortes. La vue du général en chef inspira à beaucoup
129. d'insurgés le regret de leur défection, à tous la terreur. Les troupes
qui, sous les ordres de Josèphe, campaient non loin de Sepphoris [2],
près d'une ville nommée Garis, sentant la guerre à leurs portes et les
Romains tout prêts à les attaquer, se dispersent, non seulement avant
130. tout combat, mais avant même d'apercevoir l'ennemi. Josèphe resta
seul avec un petit nombre de compagnons ; il reconnut qu'il n'était
pas en force pour attendre l'ennemi de pied ferme, que l'ardeur des
Juifs était tombée et que, si on voulait accepter leur parole, la plupart
131. étaient prêts à capituler. Il conçut dès lors des craintes pour l'issue
de toute la guerre, et décida pour le moment d'éviter autant que
possible le danger d'une rencontre. Ramassant donc le reste de ses
troupes, il se réfugia derrière les murs de Tibériade.

VII

1. *Prise et destruction de Gabara.* — 2. *Message de Josèphe au gou-*
vernement de Jérusalem. — 3-4. *Vespasien investit Jotapata.* —
5-6. *Premiers combats.* — 7. *Site de Jotapata.* — 8-10. *Travaux de*
siège des Romains. — 11-14. *Le siège transformé en blocus.* —
15-16. *Tentative d'évasion de Josèphe.* — 17-18. *Sorties des Juifs.*

1. πεζοί τε καὶ ὁπλῖται. Ces deux derniers mots paraissent être de trop.
2. À vingt stades suivant *Vita*, § 395. Garis y est qualifié de bourgade (κώμη).
— Kohout place, sans raison suffisante, la déroute de Garis avant la tentative
de Placidus sur Jotapata (*supra*, § 111 et suiv.).

— 19-23. *Ravages du bélier, Vespasien blessé.* — 24-30. *Grand assaut repoussé.* — 31. *Prise et ruine de Japha.* — 32. *Massacre des Samaritains sur le Garizim.* — 33-36. *Prise de Jotapata.*

132. 1. Vespasien attaqua la ville de Gabara [1] et l'emporta au premier
133. assaut, dépourvue qu'elle était de gens capables de la défendre. Entrés dans la ville, les Romains tuèrent tous ceux qui étaient en âge, n'épargnant ni les jeunes ni les vieux, tant la haine de notre nation et le sou-
134. venir des affronts faits à Cestius les exaspéraient. Vespasien ne se contenta pas de faire brûler la ville, il fit aussi mettre le feu dans les villages et les bourgades d'alentour. Il trouva les uns complètement abandonnés par leurs habitants, dans les autres il réduisit la population en esclavage.

135. 2. La présence de Josèphe remplissait de crainte la ville qu'il avait choisie pour sa sûreté, parce que ceux de Tibériade pensaient qu'il n'aurait jamais pris la fuite s'il n'avait désespéré du succès de la
136. guerre. En cela ils ne se trompaient pas : il voyait clairement vers quel dénouement marchaient les affaires des Juifs et qu'il n'y avait d'autre espérance de salut pour eux que de faire amende honorable.
137. Quant à lui, bien qu'il eût lieu d'espérer être pardonné des Romains, il aurait préféré souffrir mille morts plutôt que de trahir sa patrie et d'abandonner honteusement la mission qui lui avait été confiée, pour chercher la tranquillité parmi ceux qu'on l'avait chargé de combattre.
138. Il prit donc le parti d'écrire au gouvernement de Jérusalem pour l'informer au vrai de l'état des choses, évitant à la fois de représenter les forces des ennemis plus grandes qu'elles n'étaient — ce qui eût fait croire de nouveau qu'il avait peur — comme aussi de les représenter moindres, de crainte de fortifier dans leur audace des gens qui peut-
139. être déjà commençaient à se repentir. Il priait les magistrats, s'ils avaient l'intention de traiter, de l'en informer sans délai, ou, s'ils

---

1. Les mss. ont Γαδαρέων ou Γαδέρων, mais Gadara, ville de la Décapole, était restée fidèle aux Romains ; au contraire, Gabara, ville importante de Galilée, à hauteur de Ptolémaïs, avait suivi le parti de Jean de Gischala (*Vita*, § 235). La correction est due à Gfrœrer.

étaient résolus de continuer la guerre, de lui envoyer des forces
140. capables de résister aux Romains. Ayant rédigé la lettre en ce sens,
il expédia des messagers chargés de la porter en toute diligence à
Jérusalem.

141. 3. Vespasien, brûlant de ruiner Jotapata, où le plus grand nombre
des ennemis s'étaient retirés et qu'il savait être leur plus fort boule-
vard, envoya un corps de fantassins et de cavaliers pour aplanir la
route qui y conduisait, chemin rude et pierreux, difficile pour l'infan-
142. terie, inaccessible aux gens de cheval [1]. En quatre jours ce travail fut
terminé et une large chaussée ouverte à l'armée. Le cinquième jour,
qui était le 21 du mois d'Artémisios [2], Josèphe se dépêcha de passer de
Tibériade à Jotapata et releva par sa présence le courage abattu des
143. Juifs. Un transfuge en donna avis à Vespasien comme d'une bonne
nouvelle, et l'exhorta de se hâter d'attaquer la place, parce que, s'il
pouvait, en la prenant, s'emparer de Josèphe, ce serait comme prendre
144. toute la Judée. Le général eut grande joie de ce message et attribua
à une volonté particulière de Dieu que le plus avisé de ses ennemis
se fût ainsi volontairement pris au piège : il commanda sur-le-champ
à Placidus et au décurion Æbutius [3], homme d'action et de sens,
d'aller avec mille cavaliers investir la ville de tous côtés afin que
145. Josèphe ne pût s'échapper. Il les suivit le lendemain avec toute son
armée, et, ayant marché jusqu'au soir, arriva devant Jotapata.

146. 4. Il rassembla ses forces du côté nord de la ville et les y fit camper
sur une colline à sept stades de la place, bien en vue des assiégés afin
147. de mieux étonner ceux-ci. En effet, ce spectacle donna tant d'effroi aux

1. Il s'agit sans doute de la route de Gabara à Jotapata, longue de 40 stades
Vita, § 234).

2. Le 8 juin 67 ap. J.-C. Niese). Mais cette indication est en contradiction
avec celle du § 339, où nous apprenons que la ville fut prise le 1er Panémos
(20 juillet), après quarante-sept jours de siège § 316. La date 21 Artémisios est
donc erronée et il faut probablement lire 11 l'archétype de Josèphe donnait les
indications de ce genre en chiffres. Cf. en sens divers Niese, Hermes, XXVIII
1893), 202; Unger, Ac. Munich, 1893, II, 437; Schürer, I, 612.

3. Le décurion Æbutius était au service d'Agrippa : au début de la guerre, il
avait été chargé de la surveillance de la Grande Plaine et livra un combat contre
Josèphe (Vita, §116). Il y avait trois décurions ou lieutenants par turma (escadron).
On s'étonne de voir le commandement de mille cavaliers confié à un décurion.

148. Juifs que nul d'entre eux n'osa sortir des remparts. Les Romains, fatigués d'avoir marché toute la journée, n'entreprirent rien pour l'instant, mais ils entourèrent la ville d'un double cordon de troupes, et postèrent à quelque distance la cavalerie, formant une troisième ligne d'investissement, de manière à enfermer les Juifs de toutes parts.

149. Ainsi privés de tout espoir de salut, les Juifs sentirent redoubler leur audace, n'y ayant rien à la guerre qui enhardisse comme la nécessité.

150.   5. Le lendemain on commença à battre la ville. Au début, ceux des Juifs qui étaient restés dans la plaine, campés devant les murs,

151. tinrent seuls tête aux Romains[1], mais quand Vespasien eut commandé à tous ses archers, à ses frondeurs et aux autres gens de trait de les accabler de leurs projectiles, tandis que lui-même avec son infanterie escaladait la colline vers le point où la muraille offrait un accès facile, Josèphe, inquiet pour le sort de la place, fit une sortie, entraînant

152. avec lui toute la multitude des Juifs. Ils tombent en masse sur les Romains, les chassent de la muraille, multiplient les traits de vigueur

153. et d'audace. Toutefois la perte était égale de part et d'autre, car si le désespoir animait les Juifs, la honte n'irritait pas moins les Romains. La science de la guerre jointe à la force combattait d'un

154. côté, et de l'autre l'audace armée de la fureur. La bataille dura tout le jour, la nuit seule sépara les combattants. Beaucoup de Romains furent blessés et treize tués. De leur côté les Juifs eurent six cents blessés et dix-sept morts.

155.   6. Le jour suivant, comme les Romains revenaient à l'attaque, les Juifs firent une nouvelle sortie et combattirent avec plus de vigueur encore, par la confiance que leur donnait leur résistance inespérée de

156. la veille. De leur côté, les Romains, enflammés de honte jusqu'à la colère, redoublèrent d'acharnement, se considérant comme vaincus

157. dès que la victoire se faisait attendre. Jusqu'au cinquième jour on combattit de la sorte, les Romains renouvelant sans cesse leurs

---

1. Nous traduisons d'après le texte des mss. (ἐστρατοπεδευκότες). La vieille traduction latine suppose ἐστρατοπεδευκότων : il s'agirait du camp des Romains. Il n'est pas question ailleurs de ce camp juif *extra muros* ; sans doute à mesure que l'investissement se resserrait, les Juifs ramenèrent toutes leurs forces à l'intérieur de l'enceinte ; mais il n'en était pas de même au début.

assauts, la garnison de Jotapata ses sorties et sa défense vigoureuse
du rempart. Ni la force des Romains ne décourageait les Juifs, ni la
résistance opiniâtre de la ville ne rebutait les Romains.

158. 7. La ville de Jotapata[1] est presque entièrement bâtie sur un roc
escarpé et environné de trois côtés de vallées si profondes que le
regard ne peut sans s'éblouir plonger jusqu'en bas. Seul le côté qui
regarde le nord, où la ville s'étend obliquement sur le flanc de la
159. montagne qui s'abaisse[2], est abordable. Mais Josèphe, lorsqu'il avait
fortifié la ville, avait compris cette montagne[3] dans le rempart pour
rendre imprenable aux ennemis la hauteur qui commandait la place.
160. Tout à l'entour, d'autres montagnes ceignent la ville et en dérobent
la vue, de sorte qu'on ne pouvait l'apercevoir avant d'être au pied
des murs. Telle était la force de Jotapata.

161. 8. Vespasien, se piquant d'honneur contre la nature des lieux
et l'opiniâtreté des Juifs, résolut de presser plus vigoureusement
le siège. Il convoqua ses principaux officiers pour délibérer avec
162. eux sur la suite à donner à l'attaque. On décida d'élever une terrasse
du côté où le rempart était abordable[4]. En conséquence, il employa
toute son armée à rassembler les matériaux nécessaires. On coupa
toutes les forêts qui garnissaient les montagnes voisines de la ville, et
163. au bois s'ajoutèrent d'énormes amas de pierres. Ensuite les soldats se
divisent: les uns étendent des claies sur des palissades pour se couvrir

---

1. Schultz, en 1887, a identifié Jotapata avec Khirbet Djefat, à l'issue N. de
la plaine d'Asochis. Dans les textes talmudiques on trouve la forme *Iodaphat*
Mischna *Arachin*, IX, 6.

2. Nous lisons avec les mss. ML καθ' ὃ λήγοντι τῷ ὄρει πλαγίως 'autres mss. :
πλαγίῳ προσεκτείνεται (autres mss. : προσέκτισται. Destinon : παρεκτείνεται).

3 τοῦτο est amphibologique. Est-ce le quartier nord de la ville, ou le sommet
qui le domine? Dans le premier cas, la précaution était insuffisante: dans le
second la fin de la phrase n'est pas d'accord avec le commencement.

4. Nous traduisons le texte de la plupart des mss. (πρόσιτον', mais quelques-uns
ont ἀπρόσιτον: Vespasien aurait dirigé ses terrassements, non vers le flanc nord,
seul accessible (§ 158, mais vers un des flancs qui ne l'étaient pas; rien de moins
vraisemblable. Kohout estime (à cause des « trois équipes » du § 164, des trois
corps du § 227, des trois colonnes d'assaut du § 254 et des trois tours du § 284)
que les Romains construisirent trois terrasses, une par légion, chacune munie
d'un bélier. Toute la suite du récit prouve cependant qu'il n'y eut qu'un bélier
mis en action.

des traits lancés de la ville, et ainsi protégés amoncellent la terre en

164. ne souffrant que de faibles dommages ; les autres éventrent les collines voisines et apportent sans interruption de la terrre à leurs camarades. On avait formé trois équipes de travailleurs, de sorte que nul ne

165. demeurait oisif. Les Juifs, pour empêcher cet ouvrage, lançaient du haut des murs sur les abris ennemis de grosses pierres et toutes sortes de projectiles. Même quand leurs traits ne parvenaient pas à traverser les claies, le fracas énorme et les décharges continuelles effrayaient et retardaient les travailleurs.

166. 9. Cependant Vespasien fit dresser autour de la place ses machines de jet, au nombre de 160 [1] en tout, et ordonna de battre les défenseurs

167. des remparts. On vit alors tout à la fois les catapultes lancer des javelots, les pierriers vomir des blocs du poids d'un talent, des brandons enflammés, une grêle de dards, de manière non seulement à chasser les Juifs de la muraille, mais à rendre intenable, en dedans du rempart,

168. tout l'espace compris dans leur rayon d'action. Au tir de l'artillerie s'ajoutait celui d'une nuée d'archers arabes, de gens de trait et de fron-

169. deurs. Ainsi empêchés de se défendre du haut des remparts, les Juifs ne restaient pas pour cela dans l'inaction. Ils faisaient des sorties par petits détachements à la manière des brigands, frappant les soldats ennemis après avoir arraché les abris qui les protégeaient : sitôt que les travailleurs quittaient la place, ils démolissaient les terrassements et mettaient le feu aux palissades et aux claies.

170. Vespasien, ayant reconnu l'inconvénient qui résultait de l'éloignement de ses divers chantiers — car les Juifs profitaient des intervalles pour se glisser à l'attaque — relia tous ses abris ensemble et les protégea si bien d'un cordon continu de troupes, que toutes les incursions des Juifs furent repoussées.

171. 10. Cependant les terrassements s'élevaient et atteignaient presque la hauteur du parapet ; Josèphe jugea honteux de ne pas s'ingénier à découvrir quelque moyen de salut pour la ville. Il rassembla

172. donc des ouvriers et leur commanda de surélever le rempart. Comme ces hommes déclaraient ne pouvoir pas travailler sous une pareille

1. Végéce, II, 25, compte de son temps 55 catapultes par légion, ce qui ferait 165 pour une armée de trois légions comme celle de Vespasien.

173. grêle de projectiles, il imagina pour eux la protection suivante : on
planta dans la muraille de gros pieux recouverts de peaux de
bœufs fraîchement écorchés dont les plis arrêtaient les boulets lancés
par les pierriers, tandis que les autres projectiles glissaient sur leurs
surfaces et que leur humidité éteignait la flamme des brandons [1].

174. A l'abri de ce masque, les ouvriers, travaillant en sûreté jour et nuit,
surélevèrent la muraille jusqu'à une hauteur de vingt coudées et la

175. fortifièrent de tours nombreuses ainsi que d'un robuste parapet. Les
Romains, qui se croyaient déjà maîtres de la place, éprouvèrent à cette
vue un grand découragement. L'invention de Josèphe et la constance
des habitants les frappèrent de stupeur.

176. 11. Vespasien ne fut pas moins irrité par l'habileté de ce stratagème
et l'audace des gens de Jotapata, car ceux-ci, enhardis par leur nouvelle

177. fortification, recommençaient leurs sorties contre les Romains. Tous les
jours de petits détachements venaient attaquer l'assiégeant, mettant
en œuvre toutes les ruses des brigands, pillant ce qu'ils trouvaient

178. sur leur chemin et mettant le feu aux autres [2] ouvrages. Tant et si
bien que Vespasien, arrêtant le combat, rappela ses troupes et résolut

179. d'établir le blocus et de prendre la ville par la famine. Il pensait que
de deux choses l'une : ou les défenseurs, poussés à bout par leurs
privations, demanderaient grâce, ou bien, persévérant dans leur arro-

180. gance, ils périraient de faim. D'ailleurs, s'il fallait en revenir aux
mains, on triompherait d'eux bien plus facilement lorsque, après
quelque intervalle, on tomberait sur des adversaires exténués. Il
ordonna donc de garder soigneusement toutes les issues de la place.

181. 12. Les assiégés avaient abondance de blé et de toutes les autres
choses nécessaires, le sel excepté, mais ils manquaient d'eau parce que,
n'y ayant point de source dans la ville, les habitants étaient réduits à
l'eau de pluie ; or, dans cette région, il pleut rarement pendant l'été, qui

182. est précisément le temps où ils se trouvaient assiégés. A la pensée de la
soif menaçante, un cruel découragement les prenait et déjà ils s'indi-

---

1. Ce procédé de défense était connu des ingénieurs romains (Végèce, IV, 15).
2. τῶν ἄλλων ἔργων πυρπολήσεις : les ouvrages autres que les terrassements,
lesquels étaient devenus inattaquables par l'effet des mesures décrites plus
haut, § 170.

183. gnaient comme si l'eau fût venue complètement à manquer. En effet,
Josèphe, voyant l'abondance des autres subsistances et le bon esprit
des gens de guerre, désireux d'ailleurs de prolonger le siège beaucoup
plus que les Romains ne s'y attendaient, avait dès le début ordonné de

184. distribuer l'eau par mesure. Ce rationnement paraissait aux habitants
plus dur que la disette même. Plus on contraignait leur liberté, plus
ils avaient envie de boire, et ils se démoralisaient comme s'ils en étaient

185. venus déjà aux dernières angoisses de la soif. Les Romains ne purent
ignorer cet état d'esprit : de la colline où ils étaient campés, ils voyaient
par delà le rempart les Juifs s'assembler en un même lieu où on leur
donnait de l'eau par mesure. Ils dirigèrent même sur cet endroit le tir
de leurs catapultes et tuèrent bon nombre d'ennemis.

186.   13. Vespasien comptait bien qu'avant peu l'eau des citernes serait
187. épuisée et la ville réduite à capituler. Mais Josèphe, pour lui ôter
cette espérance, fit suspendre aux créneaux une quantité d'habits
tout dégouttants d'eau, de manière que la muraille entière se mit

188. à ruisseler. Ce spectacle surprit et consterna les Romains. Ainsi ces
hommes qu'ils croyaient manquer d'eau, même pour soutenir leur vie,
ils les voyaient en faire une telle profusion pour une simple bravade [1] !
Le général lui-même, n'osant plus se flatter de prendre la place par la

189. famine, revint à l'emploi du fer et de la force. C'était là ce que souhaitaient les Juifs, car, voyant leur perte et celle de la ville assurées, ils
aimaient mieux mourir les armes à la main que par la faim et la soif.

190.   14. Après ce stratagème, Josèphe en conçut un autre pour se
191. procurer des vivres en abondance. Il y avait du côté de l'ouest un
sentier en ravin d'accès difficile et, pour cette raison, négligé par les
postes ennemis, qui permettait de franchir le vallon d'enceinte. En
empruntant ce passage, Josèphe réussit à faire parvenir des messages à
certains Juifs en dehors de la ville et à en recevoir des nouvelles. Par
ce moyen aussi il se réapprovisionna en abondance de toutes les

192. choses nécessaires qui commençaient à manquer. Les messagers qui
exécutaient ces sorties [2] avaient ordre de marcher à quatre pattes en

---

1. Kohout rappelle l'anecdote de Manlius, assiégé dans le Capitole, qui jette
des pains aux Gaulois (Florus, I, 7, 15).

2. Les mss. hésitent entre ἐξιοῦσι et εἰσιοῦσι. Herwerden propose : τοῖς ἐξιοῦσι
τε καὶ εἰσιοῦσι (ceux qui sortaient ou qui rentraient).

longeant les sentinelles et de s'envelopper de peaux de manière
que, si on les apercevait de nuit, on les prit pour des chiens. Toutefois,
les gardes ennemis finirent par découvrir la ruse et barrèrent le ravin.

193.   15. Alors Josèphe, reconnaissant que les jours de la ville étaient
comptés et que, s'il s'obstinait à y demeurer, lui-même ne pourrait
plus se sauver, tint conseil avec les principaux citoyens sur les moyens
de s'enfuir. Le peuple découvrit le complot et s'ameuta autour de lui,
le conjurant de ne les point abandonner puisqu'ils mettaient en lui

194.   toute leur confiance. « Qu'il reste, il est l'espoir du salut pour la ville,
parce que, tant qu'ils l'auront à leur tète[1], ils combattront avec ardeur.

195.   Si même ils ont à périr, il sera leur consolation suprême. D'ailleurs
serait-ce une action digne de lui de fuir devant ses ennemis, d'abandonner ses amis, de sortir durant la tempête du vaisseau où il s'est

196.   embarqué pendant la bonace ? Il déterminerait, par ce moyen, le naufrage de la ville : personne n'oserait plus la défendre lorsqu'ils
auraient perdu celui dont la présence maintenait leur courage. »

197   16. Josèphe, sans faire allusion à sa propre sûreté, leur affirma que
198.   c'était dans leur intérêt seul qu'il avait médité ce départ, car sa
présence ne leur serait guère utile s'ils devaient être sauvés, et, s'ils
succombaient, à quoi servirait qu'il pérît avec eux ? Au contraire,
s'il réussissait à s'échapper de la place investie, il pourrait leur rendre

199.   un grand service, car il rassemblerait en toute diligence les Galiléens
de la campagne et par cette puissante diversion détournerait les

200.   Romains de leur ville. En fait, son séjour parmi eux ne peut désormais
avoir d'autre effet que de faire redoubler aux Romains leurs efforts pour
s'emparer de la place, puisque ceux-ci mettent à si haut prix l'espoir
de se rendre maître de sa personne ; lorsqu'ils apprendront qu'il n'y
est plus, ils se relâcheront beaucoup de l'ardeur de leurs attaques.

201.   Cependant ces discours ne parvinrent point à toucher la multitude.
Elle ne se pressa qu'avec plus d'ardeur autour de Josèphe : enfants,
vieillards, femmes portant leurs nourrissons, tombent à ses pieds en

202.   se lamentant ; ils s'accrochent à ses genoux, le conjurant parmi les

---

1. εἶναι γὰρ τῇ πόλει καὶ σωτηρίας μὲν ἐλπὶς παραμένων (PAML), μένων ἐλπὶς
καὶ παραμένοντος αὐτοῦ (VRC). Aucun de ces textes ne paraît correct. Je
préférerais avec Herwerden : μὲν ἐλπίδα, παραμένοντα.

sanglots de rester avec eux pour partager leur fortune. Et s'ils le
suppliaient ainsi, je ne saurais croire que ce fut parce qu'ils lui
enviaient l'avantage de son salut, mais bien plutôt parce qu'ils
pensaient au leur : lui présent, en effet, ils se persuadaient qu'aucun
désastre ne saurait les atteindre.

203. 17. Josèphe reconnut que cette insistance se bornerait à une supplication s'il se laissait fléchir, mais se tournerait en une étroite surveil-
204. lance s'il s'y opposait. D'ailleurs son désir de partir était fort ébranlé
par la pitié que lui inspiraient leurs plaintes. Il résolut donc de
demeurer et se fit une armure du commun désespoir de la ville. « C'est
maintenant, dit-il, qu'il est temps de combattre, puisqu'il n'y a plus
d'espoir de salut. Il est beau de préférer l'honneur à la vie, et, par
quelque exploit glorieux, de s'assurer en succombant le souvenir de
205. la postérité [1]. » Aussitôt les actes suivirent les paroles : il fit une sortie
avec les plus braves de ses gens, dispersa les gardes et pénétra
jusqu'au camp des Romains ; là, il arracha les toitures de cuir sous
206. lesquelles ils s'abritaient et mit le feu à leurs ouvrages. Il fit de même
le lendemain, le surlendemain et pendant toute une série de jours et
de nuits sans se relâcher de son ardeur au combat.

207. 18. Ces sorties faisaient beaucoup de mal aux Romains, car ils
avaient honte de fuir devant les ennemis et, lorsque ceux-ci lâchaient
pied, le poids de leurs propres armes les gênaient pour les poursuivre :
au contraire, les Juifs, avant de subir des pertes, causaient toujours
208. quelque dommage [2] et se réfugiaient ensuite dans la ville. Voyant cela,
Vespasien ordonne à ses légionnaires de se dérober aux attaques des
Juifs et de ne pas s'engager avec des hommes qui ne cherchent que la
209. mort. Il pensait, en effet, que rien n'est plus redoutable que le désespoir
et que leur impétuosité, privée d'objet, ne tarderait pas à s'alanguir
210. comme le feu auquel on enlève son aliment. D'ailleurs il convenait à
la dignité des Romains de vaincre tout en songeant à leur sûreté, puisqu'ils faisaient la guerre non par nécessité, mais pour accroître leur

1. Nous traduisons le texte adopté par Niese d'après une correction du ms.
Ambrosianus : χαλὸν — εἰς μνήμην ὀψιγενῶν πεσεῖν (occumbere Lat.). Les autres mss.
ont παισίν, ou παίδων (que conserve Naber, en supprimant χαλὸν).
2. πρίν τι παθεῖν ἀεὶ ὁρῶντες. Naber conjecture ὁραμόντες.

11. empire. Il se borna donc désormais à écarter les assaillants à l'aide de ses archers arabes et des Syriens qui maniaient la fronde ou lançaient des pierres ; il employa aussi à cet effet la multitude de ses machines

12. de jet. Les Juifs, fort maltraités, pliaient, mais s'ils réussissaient à franchir la zone de tir de leurs adversaires, ils se précipitaient sur les Romains avec violence, et les deux partis [1], se relayant incessamment, ne ménageaient ni leur vie ni leurs corps dans un combat acharné.

13. 19. La longueur de ce siège, les sorties continuelles des défenseurs faisaient de l'assiégeant lui-même une sorte d'assiégé. Aussi, dès que les terrassements approchèrent des murailles, Vespasien décida d'ame-

14. ner le bélier. On appelle ainsi une poutre d'une longueur énorme, semblable à un mât de navire, garnie à son extrémité d'une grosse masse de fer, qui est façonnée en tête de bélier et d'où la machine a

15. tiré son nom. Cette poutre est suspendue en son milieu par de gros câbles, comme le fléau d'une balance, à une autre poutre que sou-

16. tiennent à ses deux bouts de forts poteaux plantés en terre. Une troupe nombreuse d'hommes ramène d'abord le bélier en arrière, puis agissant tous ensemble de tout leur poids, ils le lancent en avant de

17. manière que le fer qui forme saillie vienne heurter les murailles. Il n'y a pas de tour si forte, pas de rempart si large qui, si même ils peuvent supporter le premier choc, ne finissent par céder aux assauts répétés

18. de cet engin. Tel est le moyen auquel recourut alors le général romain, impatient de prendre de force la ville, en raison des dommages que

19. lui causaient la prolongation du siège et l'activité des Juifs. Les Romains firent donc rapprocher les catapultes et les autres machines de trait pour chasser des remparts ceux qui tentaient de s'y défendre.

20. En même temps s'étaient avancés les archers et les frondeurs. Tandis que ces décharges ne permettent à personne de monter sur le mur, d'autres soldats amènent le bélier, protégés par une armature continue de boucliers d'osier, au-dessus desquels est tendue une toiture de cuir, pour la plus grande sûreté de la machine et de ceux qui la manœuvrent.

21. Dès le premier choc, la muraille fut ébranlée, et une grande clameur s'éleva de l'intérieur de la place comme si déjà elle était prise.

---

1. ἐκάτεροι ne peut guère avoir d'autre sens.

222. 20. Josèphe, voyant que sous les coups redoublés, portés toujours au même endroit, le mur était prêt à s'écrouler, imagina un moyen de
223. paralyser pendant quelque temps l'effet de la machine. Il fit remplir de paille [1] des sacs et les suspendit par des câbles à l'endroit où l'on voyait toujours le bélier frapper. De la sorte, le choc serait détourné et la violence du coup diminuée par la matière molle qui le recevait.
224. Cette ruse retarda beaucoup les Romains, car, de quelque côté qu'ils tournassent leur bélier, aussitôt ceux d'en haut lui opposaient leurs sacs, qui faisaient plastron, et le mur, n'éprouvant aucune répercussion,
225. n'était pas endommagé. Cependant les Romains imaginèrent, de leur côté, d'amener de longues perches, munies à leur extrémité de faux
226. avec lesquelles ils coupaient les cordes qui retenaient les sacs. Grâce à cet artifice, l'hélépole [2] recouvra toute son efficacité et le mur, fraîche-
227. ment cimenté, commença à céder. Alors Josèphe et ses gens eurent recours au feu comme dernier remède. Après avoir allumé tout ce qu'ils purent trouver de bois sec, ils s'élancent de la ville, divisés en trois corps, et mettent le feu aux machines, aux abris d'osier et aux
228. boisages des retranchements ennemis. Les Romains s'y opposent à grand'peine, stupéfaits par l'audace de leurs ennemis et devancés par la flamme, qui déjoue leurs efforts, car, jaillissant du bois sec, additionné de bitume, de poix et de soufre, le feu court plus vite que la pensée, et tous les travaux élevés à si grand prix par les Romains sont consumés en une heure de temps.
229. 21. A cette occasion se fit remarquer un Juif digne d'attention et de souvenir, nommé Eléazar, fils de Saméas, natif de Gaba [3] en Galilée.
230. Soulevant dans ses bras une pierre énorme, il la lança du haut du mur contre le bélier avec tant de force qu'elle en brisa la tête ; puis, sautant en bas, il enlève cette tête du milieu des ennemis et la rapporte avec
231. le plus grand sang-froid jusqu'au pied du rempart. Devenu une cible

---

1. Les Romains préféraient les sacs de chiffons, *centones* (Végèce, IV, 23).

2. Josèphe emploie ici et au § 229 inexactement le terme grec *hélépole*, qui désigne la machine de siège inventée par Démétrius Poliorcète. Ce n'était pas un bélier, mais une batterie mobile avec plusieurs étages de pièces (Diodore, XX, 7, etc.).

3. Les mss. ont Σαβά ou Σααβ, noms inconnus; Niese a proposé Γάβα, ville connue de la Galilée.

pour tous ses adversaires, son corps, qu'aucune armure ne protégeait,
232. recevait leurs coups et fut percé de cinq traits. Mais, sans faire attention à aucune de ses blessures, il gravit le rempart et s'y tint debout à
la vue de tous les combattants. qui s'étonnaient de son audace. Enfin.
la douleur de ses plaies le saisit de convulsions, et il tomba comme une
233. masse, tenant toujours dans ses mains la tête du bélier. Après lui
ceux qui se distinguèrent le plus par leur courage furent deux
frères, Nétiras et Philippe, natifs du bourg de Rouma [1], eux aussi
Galiléens : s'élançant contre les soldats de la dixième légion, ils
chargèrent les Romains avec tant d'impétuosité et de violence, qu'ils
rompirent leurs rangs et mirent en fuite tout ce qui se rencontra
devant eux.

234. 22. Derrière ces hommes, Josèphe et le reste du peuple, quantité de
brandons enflammés à la main, vinrent de nouveau incendier les
machines, les abris et les terrassements de la cinquième légion et
de la dixième [2] qui avait pris la fuite. Les autres corps de troupes
s'empressèrent de couvrir de terre leurs machines et tout leur maté-
235. riel. Vers le soir les Romains dressèrent derechef le bélier et l'amenèrent à l'endroit où ses premiers coups avaient ébranlé la muraille.
236. A ce moment, un des défenseurs du rempart atteignit Vespasien
d'une javeline à la plante du pied. La blessure était légère, la
distance ayant amorti la force du projectile ; le trouble n'en fut pas
237. moins grand parmi les Romains, car l'entourage immédiat de Vespasien s'étant ému à la vue du sang, la nouvelle se répandit aussitôt
dans toute l'armée : la plupart des soldats, laissant là les travaux du
siège, accouraient vers leur général, pleins de consternation et de
238. terreur. Le premier de tous sur les lieux fut Titus, qui craignait pour la
vie de son père, et toute l'armée se sentit bouleversée à la fois par
son affection pour le chef et par le spectacle de l'angoisse de son fils.
Cependant Vespasien trouva vite le moyen d'apaiser et l'inquiétude

---

1. Bourgade inconnue, peut-être *Roumeh*, au Nord de Sepphoris.
2. τοῦ τε πέμπτου καὶ τοῦ δεκάτου τραπέντος τάγματος, texte altéré. On a vu plus
haut (§ 233) que la 10ᵉ légion avait pris la fuite ; mais il n'a pas été question de
la 5ᵉ. Il est possible qu'au § 233 le texte ait porté τοῦ [πέμπτου καὶ] δεκάτου (la 15ᵉ
légion, au lieu de la 10ᵉ) et qu'il faille rétablir les mêmes mots au § 234.

239. de son fils et le tumulte de son armée : maîtrisant sa douleur, il alla
se faire voir à tous ceux qui tremblaient pour ses jours et redoubla
ainsi l'ardeur de leur élan contre les Juifs. Chacun voulait être
le premier au péril pour venger son général, et, s'encourageant
mutuellement avec de grands cris, ils s'élancent de nouveau contre
le rempart.

240.   23. Les gens de Josèphe, quoique tombant les uns sur les autres sous
la mitraille des catapultes et des pierriers, ne désertèrent cependant
pas la muraille, mais faisaient pleuvoir le feu, le fer et les pierres
contre les soldats qui poussaient le bélier à l'abri de la toiture d'osier [1].

241. Cependant leur tir n'obtenait que peu ou point de succès, et ils tombaient incessamment, parce que l'ennemi les voyait sans qu'ils pussent

242. le voir : en effet, la flamme même dont ils faisaient usage, les éclairant
de ses lueurs, faisait d'eux une cible aussi apparente qu'en plein
jour, et, d'autre part, ils avaient peine à éviter les décharges des

243. machines qu'ils n'apercevaient pas dans le lointain. Aussi les balistes
et les catapultes abattaient des files entières, et les pierres lancées par
l'onagre [2] venaient avec un sifflement terrible arracher les parapets et

244. briser les angles des tours. Il n'y a pas en effet de troupe si compacte [3]
que la masse et la force vive de ces pierres ne puisse renverser jus-

245. qu'au dernier rang. Quelques incidents de cette nuit donneront une
idée de la puissance de cette machine : un des hommes postés sur la
muraille à côté de Josèphe eut la tête emportée par une pierre, et son
crâne, lancé comme une balle de fronde, vint tomber à trois stades de

246. distance ; une femme enceinte fut frappée au ventre comme elle sortait
de sa maison au lever du jour : l'enfant qu'elle portait dans son sein fut
projeté à un demi-stade de là [4]. On peut juger par là de la force de ces

247. pierriers. Terrible [5] aussi était le sifflement des machines et le fracas de

1. Nous lisons avec Holwerda ὑπὸ τὰ γέρρα (ἐπὶ mss.).

2. τῆς μηχανῆς : ce terme vague ne peut designer que le pierrier, que les
Romains nommaient « onagre ». Cf. infra, § 246, où Josèphe emploie le mot
λιθόβολος.

3. ἀνδρῶν μὲν γὰρ οὐδὲν (Niese) οὕτως, etc.

4. Il est permis d'avoir quelques doutes sur l'exactitude des distances do
Josèphe.

5. Lire φοβερός (Destinon) ou mieux φοβερώτατος, au lieu du φοβερώτερος des mss.

248. leur ravage. On entendait le bruit sourd des cadavres qui tombaient en bas de la muraille. Aux cris lamentables des femmes, qui s'élevaient de l'intérieur de la ville, répondaient au dehors les gémissements des

249. mourants. Tout le glacis placé en avant du lieu du combat ruisselait de sang, et les morts amoncelés formaient un chemin jusqu'au sommet

250. du rempart. L'écho des montagnes avoisinantes grossissait encore ces horribles clameurs ; bref, rien de ce qui peut terrifier les yeux ou

251. les oreilles ne manqua à cette nuit d'épouvante. Beaucoup des défenseurs de Jotapata périrent en combattant vaillamment ; beaucoup furent couverts de blessures. Enfin, vers l'heure où l'on relève la garde du matin, le mur, battu sans interruption par les machines,

252. finit par s'écrouler ; mais les assiégés, couvrant leurs corps de leurs armes, réussirent à combler la brèche avant que les Romains eussent le temps d'y appliquer leurs ponts volants pour l'escalade.

253. 24. Vespasien, après avoir accordé à ses troupes quelque repos des fatigues de la nuit, dispose dès l'aurore son armée pour l'assaut.

254. Pour chasser de la brèche les défenseurs, il fait mettre pied à terre aux plus braves de ses cavaliers et les forme en trois colonnes près des parties écroulées du mur ; couverts de leurs armures de pied en cap, la lance en arrêt, ils ont ordre, dès que les ponts volants seront jetés, d'entrer les premiers dans la place ; derrière eux, il place

255. l'élite de l'infanterie. Le reste de la cavalerie fait face aux remparts, rangé tout le long de la montagne, afin que nul fuyard, la ville une fois

256. prise, ne puisse s'échapper inaperçu. Plus en arrière [1] il dispose les archers, avec la consigne de tenir leurs flèches prêtes au tir ;

257. pareillement, les frondeurs et les servants des batteries. D'autres détachements ont mission d'appliquer les échelles aux endroits où le mur est encore intact, afin qu'une fraction des assiégés, occupée à les contenir, soit détournée de la défense de la brèche et que le reste, accablé sous une grêle de projectiles, soit contraint de livrer l'entrée de la place.

1. La position des archers a paru bien éloignée ; Destinon propose donc d'intervertir l'ordre des § 255 et 256 : les archers auraient été placés soit derrière les cavaliers démontés, soit derrière les fantassins d'élite. Mais, en réalité, le §255 est une sorte de parenthèse, et le § 256, dans l'ordre de bataille, fait suite au § 254.

258.   25. Josèphe, qui avait pénétré le dessein de l'ennemi, confia la garde de la partie intacte du mur aux hommes fatigués et aux vieillards, jugeant qu'il n'y avait rien de sérieux à redouter de ce côté. Au contraire, il plaça à la brèche les hommes les plus vigoureux, et, à la tête de chaque groupe, six chefs de file tirés au sort[1], auxquels il se

259.   joignit lui-même pour être au fort du danger. Il recommanda à ses hommes de se boucher les oreilles afin de n'être pas épouvantés par le cri de guerre des légions. Pour se préserver de la nuée des projectiles, il les instruisit à se mettre à genoux en se couvrant le haut du corps avec leur bouclier, et à reculer peu à peu[2] jusqu'à ce que les

260.   archers eussent vidé leurs carquois ; mais, sitôt qu'on jetterait les ponts volants, ils devaient y sauter eux-mêmes et affronter l'ennemi par ses propres chemins. Chacun d'eux luttera, non dans l'espoir de

261.   sauver la patrie, mais pour venger la patrie perdue ; il se représentera le sang des vieillards qu'on va égorger, les enfants et les femmes que l'ennemi va ravir[3]. A la pensée de ces désastres prochains, que leur fureur s'exaspère et se déchaîne contre les auteurs de leurs futures misères !

262.   26. Telles furent les dispositions qu'il prit de côté et d'autre. Mais quand la multitude désarmée des femmes et des enfants vit, de l'intérieur, la ville cernée d'un triple cordon de troupes — car les R mains n'avaient détourné pour le combat aucun des postes qu'ils avaient placés dès la première heure[4], — quand ils virent, au pied des murs ébranlés, les ennemis l'épée nue à la main, plus haut, la montagne tout étincelante d'armes, et les valets arabes présentant leurs flèches aux archers[5], un hurlement suprême s'échappa de leurs

1. καὶ πρὸ πάντων ἀνὰ ἓξ ἄνδρας : texte et sens douteux. Kohout suppose ingénieusement qu'il y avait trois groupes de défenseurs, opposés aux trois colonnes d'assaut romaines. Les six chefs de file sont les πρόμαχοι du § 270.

2. κατ'ὀλίγον (L) plutôt que πρὸς ὀλίγον de la plupart des mss.

3. ἀναιρεθησομένας de la plupart des manuscrits (εὑρεθησομένας PAL); la traduction latine a *capi*.

4. C'est le cordon d'investissement décrit plus haut, § 148.

5. Les mss. ont τά τε βέλη τοῖς τοξόταις (ou τοὺς τοξότας) ἐπανέχοντα (ou -ας) τῶν Ἀράβων, ce que je ne comprends pas. Je traduis comme s'il y avait τά τε βέλη τοῖς τοξόταις παρέχοντας τινὰς τῶν Ἀρ. (latin : *atque Arabum quemdam sagittariis tela suggerere*).

263. poitrines pour pleurer la chute de la ville, comme si la catastrophe n'était plus imminente, mais déjà arrivée. Josèphe, craignant que ces gémissements des femmes n'amollissent le courage des combattants, leur commanda de s'enfermer chez elles, avec de grandes menaces si

264. elles ne se taisaient. Lui-même se posta en avant de la brèche, à l'endroit que le sort lui avait assigné, sans se préoccuper des échelles qu'on appliquait sur d'autres points, et attendant avec impatience la première salve de traits.

265.   27. Alors, toutes les trompettes des légions sonnent à la fois la charge, l'armée pousse une formidable clameur, et, au signal donné, une nuée de traits lancés de toutes parts vient obscurcir le ciel.

266. Fidèles aux instructions de Josèphe, ses hommes défendent leurs

267. oreilles contre les cris et leur corps contre les projectiles ; et dès qu'ils voient les ponts volants jetés, ils s'y précipitent avant que ceux qui

268. les ont appliqués aient pu y monter eux-mêmes. Dans le corps-à-corps qui s'engage avec les assaillants, leurs bras, leurs âmes multiplient toutes sortes de prouesses. Dans l'extrémité de leur misère, ils s'efforcent de ne point paraître inférieurs à ceux qui, sans être stimulés

269. par leur propre salut, déploient tant de courage. Nul ne lâche prise

270. qu'il n'ait tué ou péri. Cependant les Juifs s'épuisent dans ce combat incessant, sans avoir de quoi remplacer ceux qui luttent au premier rang ; au lieu que, du côté des Romains, les hommes fatigués ou refoulés sont immédiatement relevés par des troupes fraîches, que les assaillants s'encouragent les uns les autres, et, flanc contre flanc, le haut du corps abrité par leur bouclier [1], forment une colonne inébranlable dont la masse, comme un seul corps, pousse devant elle les Juifs et couronne déjà la crête du rempart.

271.   28. Dans cette situation critique, Josèphe s'inspire de la nécessité, bonne conseillère quand le désespoir l'irrite. Il ordonne de verser sur

272. ce toit de boucliers en marche des flots d'huile bouillante. Les Juifs la tenaient toute préparée ; aussitôt, de toutes parts, ils en répandent sur les Romains d'énormes quantités et, après l'huile, ils jettent sur eux les vaisseaux eux-mêmes qui la contenaient, encore tout fumants.

---

1. C'est la manœuvre de la tortue (*testudo*).

273. Ce déluge embrasé brise enfin les rangs de la colonne d'assaut : se
      tordant dans d'atroces douleurs, les Romains roulent au bas de la
274. muraille. Car, sous l'armure de chaque homme, l'huile coulait instan-
      tanément de la nuque aux pieds, se répandant sur toute la surface du
      corps et dévorant les chairs comme une flamme, ce liquide étant, de sa
      nature, prompt à s'échauffer et, en sa qualité de corps gras, lent à se
275. refroidir. Empêtrées dans leurs casques et leurs cuirasses, les victimes
      ne pouvaient se soustraire à cette action corrosive : on les voyait,
      sous la souffrance, bondir, se tortiller, tomber à bas des ponts-levis.
      Ceux qui tentaient de s'enfuir se voyaient arrêtés par la poussée de
      leurs camarades montant à l'assaut et restaient exposés sans défense
      aux coups des Juifs, qui tiraient sur eux par derrière.
276.   29. Cependant, au milieu de ces épreuves, ni le courage ne trahissait
      les Romains ni l'esprit d'invention les Juifs. Les premiers, bien qu'ils
      vissent leurs camarades torturés par cette pluie brûlante, ne s'en
      ruaient pas moins contre ceux qui la leur lançaient : dans leur ardeur,
      chacun invectivait l'homme placé devant lui, lui reprochant de gêner
277. son élan [1]. Quant aux Juifs, ils imaginèrent un second stratagème
      pour faire échec à l'escalade romaine : sur le plancher des ponts
      volants ils jetèrent du fenugrec bouilli, qui le rendait glissant [2] et fai-
278. sait trébucher les assaillants. Soit qu'ils voulussent fuir, soit qu'ils
      voulussent avancer, les Romains ne pouvaient plus garder l'équilibre :
      les uns, s'effondrant sur le plancher même du pont volant, s'y laissaient
      fouler aux pieds ; d'autres retombaient sur 1 terrassement, où les Juifs
279. les perçaient de traits, car, devant cette débandade des assaillants, les
      défenseurs, débarrassés du corps-à-corps, avaient tout loisir de tirer à
280. distance. Après que cet assaut eut causé de fortes pertes, le général,
281. vers le soir, fit sonner la retraite. Les Romains comptaient plusieurs
      morts et beaucoup de blessés. Quant aux défenseurs de Jotapata, ils
      ne perdirent que six tués, mais plus de trois cents blessés furent
282. ramenés dans la ville. Ce combat fut livré le 20 du mois Daisios [3].

1. τῆς ῥύμης (Destinon) ou ὁρμῆς (Niese) mais, non ῥώμης.
2. A l'époque du siège (juin-juillet) le fenugrec (*trigonella fœnum græcum*) était
précisément en fleur. C'est une plante fourragère de la famille des papilionacées.
3. 8 juillet 67 (Niese).

283.   30. Vespasien chercha d'abord à consoler l'armée de son échec. Mais
quand il trouva les soldats pleins de colère et réclamant, non des
284. encouragements, mais de l'ouvrage, il leur commanda de surélever
les terrassements et d'y dresser trois tours hautes de cinquante pieds,
entièrement blindées de fer, pour les affermir par leur pesanteur et
285. les rendre à l'épreuve du feu ; il y fit monter, avec les machines de
jet les plus légères, des soldats armés de javelots, des archers et les
286. frondeurs les plus robustes. Ces gens de trait, dérobés à la vue de
l'ennemi par la hauteur même des tours et leurs épaulements, décou-
287. vraient, au contraire, fort bien les défenseurs de la muraille : ils ou-
rirent le tir contre eux, et ceux-ci ne trouvaient moyen ni d'éviter des
traits dirigés vers leurs têtes, ni de riposter à des adversaires invisi-
bles. Voyant ces hautes tours inaccessibles aux projectiles lancés avec
la main, voyant le fer qui les protège contre la flamme, ils descendent
du rempart et font des sorties contre ceux qui veulent tenter l'esca-
288. lade. Ainsi Jotapata continuait sa résistance : quantité de ses défenseurs périssaient chaque jour; incapables de rendre aux ennemis mal
pour mal, ils n'avaient d'autre ressource que de les contenir, au péril
de leurs vies.
289.   31. Une ville voisine de Jotapata, nommée Japha[1], avait fait défection, encouragée par la résistance imprévue des assiégés. Au cours de
ces mêmes journées, Vespasien détacha contre elle Trajan, légat de la
290. dixième légion[2], avec mille cavaliers et deux mille fantassins. Il
trouva une place très forte, non seulement par son assiette naturelle,
mais par la double enceinte qui la protégeait. Les habitants osèrent
s'avancer à sa rencontre, faisant mine de combattre : il les charge,
les disperse après une courte résistance et se lance à leur poursuite.
291. Comme ils se réfugiaient dans la première enceinte, les Romains,
292. s'attachant à leurs pas, y pénètrent avec eux. Les fuyards veulent
alors gagner l'enceinte intérieure de la ville, mais leurs propres
concitoyens les en repoussent, de peur que l'ennemi ne s'y jette en
293. même temps. Dieu lui-même accordait aux Romains la perte des Gali-

----

1. Aujourd'hui Yafa, à 3 kilomètres au Sud-Ouest de Nazareth, déjà mentionnée dans *Josué*, xix, 12. Cf. *Vita*, § 188 et 270.
2. C'est le père du futur empereur ; il fut plus tard gouverneur de Syrie.

léens : c'était par sa volonté que la population entière d'une ville était,
par la propre main de ses concitoyens, repoussée et livrée au fer des-

294. tructeur, pour être exterminée jusqu'au dernier. En vain la cohue des
fuyards, se ruant contre les portes, implore, en les appelant par leurs

295. noms, ceux qui les gardent : pendant même que les supplications
s'échappent de leurs lèvres, ils tombent égorgés. L'ennemi leur ferme

296. la première muraille, leurs concitoyens la seconde : ainsi acculés et
entassés entre les deux enceintes, les uns s'entre-tuent ou se tuent
eux-mêmes, les autres, en nombre prodigieux, périssent sous les coups
des Romains sans avoir même l'énergie de se défendre ; car, à la stupeur où les a jetés l'ennemi, s'ajoute la perfidie de leurs frères qui

297. achève de briser leur courage. Maudissant, dans leur agonie, non les
Romains, mais leur propre nation, ils finirent par succomber tous, au

298. nombre de douze mille. Trajan jugea dès lors que la ville était veuve
de défenseurs ou que, s'il en restait quelques-uns, la peur devait les
paralyser. Comme il estimait devoir réserver a son chef l'honneur de
prendre la place, il dépêcha à Vespasien pour le prier d'envoyer son fils

299. Titus achever la victoire. Le général supposa sur cet avis qu'il restait
encore quelque besogne à faire : il donna donc à son fils un corps

300. de cinq cents cavaliers et de mille fantassins. Titus les amène à
marches forcées ; sitôt arrivé, il range son armée en bataille, place
Trajan à l'aile gauche, prend lui même le commandement de l'aile

301. droite et ordonne l'assaut. Comme sur tous les points les soldats dres-
saient les écheiles contre la muraille, les Galiléens, après une courte

302. défense, l'évacuent ; les troupes de Titus escaladent alors le rempart
et se rendent aussitôt maîtresses de la ville. Toutefois, à l'intérieur, où
les Juifs s'étaient massés contre les assaillants, une lutte désespérée

303. s'engagea : les hommes valides chargeaient les Romains dans des
ruelles étroites ; du haut des maisons, les femmes jetaient sur eux

304. tout ce qui leur tombait sous la main. La résistance dura six heures ;
mais quand les combattants les plus robustes eurent été exterminés, le
reste de la population, jeunes et vieux, se laissa égorger en plein air ou
dans les maisons. Aucun habitant du sexe masculin ne fut épargné,

305. hormis les enfants, qu'on vendit comme esclaves avec les femmes. Au
total, soit dans la ville, soit dans la première rencontre, il périt quinze

mille personnes ; le nombre des captifs s'éleva à deux mille cent
306. trente. Ce désastre frappa les Galiléens le vingt-cinquième jour du
mois Daisios [1].

307.   32. Les Samaritains également eurent leur part de calamité.
Assemblés sur le Garizim, qui est leur montagne sainte, ils n'en
bougeaient point, mais leur réunion et leur attitude provocante
308. contenaient une menace de guerre. Les malheurs de leurs voisins ne
suffirent pas à les rendre sages : à chaque succès des Romains leur
déraison ne faisait qu'enfler leur faiblesse [2] et ils semblaient à deux
309. doigts de se révolter. Vespasien résolut donc de prévenir le mouvement et de briser leur élan ; car, bien que [3] le pays de Samarie fût
occupé par de nombreuses garnisons, l'importance du rassem-
blement et le fait même de la conspiration ne laissaient pas de l'in-
310. quiéter. Il envoya contre eux Cérialis, légat de la cinquième légion, avec
311. six cents chevaux et trois mille hommes de pied [1]. Le légat trouva scab-
reux d'escalader la montagne et d'engager la bataille, en voyant un si
grand nombre d'ennemis réunis au sommet : il se borna donc à cerner
avec sa troupe toute la base du mont Garizim et fit bonne garde
312. pendant toute la journée. Or il arriva que les Samaritains manquaient
d'eau : comme on était au fort de l'été, il régnait une chaleur intense,
313. et la multitude n'avait fait aucunes provisions. Plusieurs moururent
de soif ce jour-là même ; beaucoup d'autres, préférant à une pareille
314. mort l'esclavage, s'enfuirent chez les Romains. Cérialis, jugeant par là
dans quelle extrémité se trouvait le reste, gravit alors la montagne et,
ayant disposé sa troupe en cercle autour des ennemis, les invita tout
d'abord à traiter et à songer à leur salut : il leur promettait la vie
315. sauve s'ils rendaient leurs armes. Comme il ne put les convaincre, il
les chargea et les passa tous au fil de l'épée, au nombre de 11.600, le
vingt-septième jour du mois Daisios [5].

316.   33. Pendant que cette catastrophe fondait sur les Samaritains, les

---

1. 13 juillet 67 (Niese).
2. ἐν ἀλογίστῳ τὴν (ou τῇ) κατὰ σφᾶς ἀσθένειαν (ou ἀσθενείᾳ) ᾦδουν (ou ὠρρώδουν), texte
incompréhensible ; nous traduisons au jugé.
3. Nous traduisons le texte du Mediceus : καὶ γὰρ εἰ φρουραῖς, etc.
4. S. Cerealis Vettulenus, plus tard gouverneur de la Moesie inférieure.
5. 15 juillet 67 (Niese).

défenseurs de Jotapata s'opiniâtraient et, contre toute attente, supportaient encore les rigueurs du siège. Cependant, le quarante-septième jour, les terrassements des Romains dépassèrent la hauteur du mur ;

317. ce jour-là même, un transfuge vint trouver Vespasien et lui raconta combien le nombre des défenseurs était réduit et quel était leur état

318. de faiblesse : les veilles, les combats incessants, disait-il, les avaient épuisés au point qu'ils seraient incapables de soutenir un nouvel assaut ; si l'on osait même, on pourrait en finir par un coup

319. de main. En effet, vers le moment de la dernière veille, quand ils pensaient trouver quelque relâche à leur misère, a cette heure où le sommeil du matin envahit facilement l'homme surmené, il assurait que les gardes avaient coutume de s'endormir : c'est l'instant

320. qu'il recommandait pour tenter l'attaque. Le transfuge inspirait peu de confiance à Vespasien, qui connaissait l'extrême fidélité des Juifs les

321. uns envers les autres et leur indifférence aux supplices : précédemment un homme de Jotapata, tombé aux mains des Romains, avait subi sans broncher tous les tourments, même l'épreuve du feu, plutôt que de se laisser arracher par l'ennemi quelque renseignement sur l'état de la ville, et quand enfin on l'eut mis en croix, il avait accueilli la mort avec

322. un sourire. Pourtant la vraisemblance du récit donnait quelque créance au traître : peut-être, après tout, cet homme disait-il la vérité ; même s'il s'agissait d'un piège, on ne courait pas grand risque à s'y exposer. En conséquence, Vespasien ordonna de garder l'homme à vue et disposa son armée pour surprendre la ville.

323. 34. A l'heure indiquée, les troupes s'acheminèrent en silence vers le

324. rempart ; le premier, Titus y monte, avec un des tribuns nommé Domitius Sabinus et quelques soldats de la quinzième légion : ils égorgent les gardes et entrent dans la ville sans faire de bruit. Derrière eux, le tribun Sextus Calvarius et Placidus amènent les troupes

325. qu'ils commandent. Déjà la citadelle était occupée et l'ennemi répandu au cœur de la ville, déjà il faisait grand jour, et les vaincus ne se

326. rendaient pas encore compte de leur malheur : la plupart, en effet, étaient engourdis de fatigue et de sommeil et, si quelques-uns se levaient, un épais brouillard, qui par hasard vint à envelopper la ville,

327. leur dérobait la vue de l'ennemi. Enfin, quand toute l'armée romaine

328. fut entrée, ils se dressèrent, mais seulement pour constater leur désastre, et c'est le couteau sur la gorge qu'ils s'aperçurent que
329. Jotapata était prise. Les Romains, au souvenir des maux qu'ils avaient endurés pendant ce siège, ne voulurent connaître ni quartier ni pitié pour personne : refoulant le peuple du haut de la citadelle le long des
330. pentes de la colline, ils égorgeaient dans le tas. Ceux-là même qui avaient encore la force de combattre se voyaient paralysés par les difficultés du terrain; écrasés dans les ruelles étroites, glissant sur des descentes raides, ils se laissaient engloutir par le fleuve de carnage
331. qui dévalait du haut de la citadelle. Aussi, beaucoup des guerriers d'élite, groupés autour de Josèphe, résolurent-ils de se donner la mort : impuissants à tuer aucun des Romains, ils aimèrent mieux tomber sous leurs propres coups que sous ceux du vainqueur[1]. Ils se retirèrent donc à l'extrémité de la ville, et là se jetèrent sur leurs épées.
332.   35. Quelques hommes de garde, sitôt qu'ils s'aperçurent de la prise de la ville, s'étaient hâtés de prendre la fuite : ils se réfugièrent dans une des tours situées au nord[2] et s'y défendirent pendant quelque temps. Mais, cernés par un grand nombre d'ennemis, ils finirent par se rendre et tendirent avec sérénité la gorge à leurs
333. bourreaux. Les Romains auraient pu se vanter que cette dernière journée du siège ne leur avait causé aucune perte, si l'un d'eux, le
334. centurion Antonius, ne s'était laissé tuer en trahison : comme beaucoup de Juifs avaient cherché un refuge dans les cavernes, un des fugitifs supplia Antonius de lui tendre la main en gage de pardon et pour
335. l'aider à sortir ; le centurion s'y prête sans défiance ; alors l'ennemi le frappe au défaut de l'aine d'un coup de javelot, qui l'étend mort sur le champ.
336.   36. Ce jour-là les Romains massacrèrent tout ce qui s'offrit à leurs regards. Les jours suivants ils fouillèrent les cachettes, à la recherche de ceux qui s'étaient réfugiés dans les souterrains et les

---

1. τό γε πεσεῖν αὐτοὺς (ou αὐτοὶ, ὑπὸ Ῥωμαίων προέλαβον mss. Havercamp a tiré du ms. de Leyde la leçon τό γε μὴ πεσεῖν, mais le texte doit être plus profondément corrompu.

2 C'est le côté par lequel l'ennemi était entré ; voir *suprà*, § 158.

cavernes. Tous les âges furent exterminés, à l'exception des petits
337. enfants et des femmes. On ramassa douze cents captifs : quant au
nombre des morts, tant dans l'assaut final que dans les combats
338. précédents, il ne s'éleva pas à moins de quarante mille. Vespasien
ordonna de raser la ville de fond en comble et d'en brûler toutes les
339. fortifications. Ainsi fut prise Jotapata, dans la treizième année du
principat de Néron, le premier jour du mois Panémos [1].

VIII

*1-3. Josèphe, réfugié dans une caverne avec quarante compagnons,
est découvert par les Romains, qui l'invitent à se rendre. — 4-6. Les
compagnons de Josèphe s'opposent à son dessein ; longue controverse
sur le suicide. — 7. Ils s'entretuent et Josèphe se livre aux Romains.
— 8-9. Josèphe devant Vespasien. Il lui prédit l'empire et en reçoit
un bon traitement.*

340.   1. Les Romains mettaient beaucoup d'ardeur à rechercher Josèphe,
pour satisfaire à la fois leur propre rancune et le vif désir de leur
général, qui pensait qu'une grande partie de cette guerre dépendait
de cette capture. Ils fouillaient donc les cadavres et les recoins les
341. plus cachés de la ville [2]. Cependant Josèphe, au moment même de
la prise de Jotapata, aidé sans doute de quelque secours divin, avait
réussi à se dérober au travers des ennemis et s'était jeté dans une
citerne profonde où s'embranchait par le côté une caverne spacieuse
342. qu'on ne pouvait apercevoir d'en haut. Là, il rencontra quarante des
plus nobles Juifs qui s'y étaient cachés avec des provisions suffisantes
343. pour plusieurs jours. Pendant la journée, Josèphe resta dans sa

---

1. **20 juillet 67** (Niese).

2. En suivant le texte des mss. MVRC : τοὺς ἀποκρυφοὺς τῆς πόλεως μυχούς. Les
trois derniers mots manquent dans les autres mss., il faudrait alors traduire :
« et recherchaient ceux qui s'étaient cachés ».

cachette, par crainte des ennemis qui parcouraient toute la ville. La nuit, il sortait pour chercher quelque moyen de fuir et reconnaître les postes. Mais, comme les Romains se gardaient exactement de toutes parts[1], précisément à cause de lui, il ne trouvait aucun
344. espoir de fuite et s'en retournait dans sa caverne. Deux jours se passèrent sans qu'on le découvrit; le troisième jour, une femme de leur compagnie, qui avait été prise par les Romains, dénonça la cachette. Aussitôt Vespasien s'empressa d'y envoyer deux tribuns, Paulinus[2] et Gallicanus, avec ordre d'engager sa foi envers Josèphe et de l'inviter à sortir.

345. 2. Dès qu'ils furent sur les lieux, ils se mirent à l'exhorter et à lui
346. promettre la vie sauve, sans réussir à le persuader. Ses soupçons ne venaient pas du caractère des envoyés, qu'il savait humains, mais de la conscience du mal qu'il avait fait et qui devait lui mériter d'être châtié à proportion. Il craignait donc qu'on ne cherchât simplement à s'emparer de lui pour le mener au supplice. Enfin, Vespasien lui envoya un troisième messager, le tribun Nicanor[3], depuis longtemps
347. lié avec Josèphe, et son ami. Celui-ci, s'avançant vers la caverne, représenta à Josèphe quelle était la clémence naturelle des Romains à l'égard des vaincus; il ajouta que son courage lui avait valu, non
348. la haine des généraux, mais leur admiration; si Vespasien désirait si vivement l'extraire de sa retraite, ce n'était pas pour le châtier — ce qu'il pouvait faire sans que Josèphe se rendît — mais, au contraire, parce qu'il voulait conserver un homme aussi vaillant; enfin, si Ves-
349. pasien avait voulu lui tendre un piège, il ne lui aurait pas envoyé un de ses amis, couvrant ainsi de la plus belle des vertus, l'amitié, le plus hideux des crimes, la perfidie, et lui-même d'ailleurs, s'il avait cru qu'on voulût l'employer à tromper un ami, ne se serait pas prêté à une pareille mission.

1. πανταχόθεν πάντων. Au lieu du dernier mot, on trouve aussi τῶν πύργων ou πάντων τῶν πύργων. Mais on ne voit pas pourquoi les Romains n'auraient gardé que les tours.

2. Paulinus est sans doute un parent de Valerius Paulinus, ami de Vespasien (Tacite, *Hist.*, III, 43) et, à cette époque, gouverneur de la Narbonaise.

3. Nicanor, que nous retrouverons plus loin parmi les amis de Titus (V, 261), avait peut-être servi Agrippa, ce qui expliquerait sa liaison avec Josèphe (Kohout).

350.   3. Comme Josèphe balançait encore, même devant les assurances
de Nicanor, la soldatesque, furieuse, essaya de mettre le feu à la
caverne; mais leur chef, qui tenait à prendre l'homme vivant, sut les
351. en empêcher. Or, pendant que Nicanor redoublait ses instances et que
Josèphe apprenait les menaces de la troupe, soudain il se ressouvint
des songes que Dieu lui avait envoyés pendant la nuit pour lui annoncer les futures calamités des Juifs et les destinées des empereurs
352. romains. Il faut dire qu'il était versé dans l'interprétation des songes
et habile à deviner la vérité à travers les voiles dont il plaît à Dieu de
la couvrir; car, prêtre lui-même et descendant de prêtres, il n'ignorait
353. pas les prophéties des livres sacrés. Saisi donc à ce moment de l'esprit
divin qui en émane, évoquant de nouveau les terrifiantes visions de
354. ces songes récents, il adresse à Dieu une prière muette : « O Créateur
du peuple juif, puisqu'il t'a paru bon de briser ton propre ouvrage,
puisque la fortune a passé toute du côté des Romains, puisque tu as
choisi mon âme pour annoncer l'avenir, je me livre aux Romains de
mon plein gré, je consens à vivre, mais je te prends à témoin que
je pars, non comme un traître, mais en qualité de ton serviteur. »
355.   4. Sa prière achevée, Josèphe déclara à Nicanor qu'il se rendait.
Mais, quand les Juifs qui partageaient sa retraite apprirent qu'il cédait
aux invitations de l'ennemi, ils l'entourèrent de tous côtés en criant :
356. « O combien doivent gémir les lois de nos ancêtres, combien Dieu lui-
même doit se voiler la face [1], Dieu, qui fit aux Juifs des âmes pleines
357. de mépris pour la mort ! Quoi, Josèphe ! tu chéris donc à ce point la
vie ! tu supportes de voir le jour de la servitude ! Comme tu t'es vite
oublié ! Combien d'entre nous as-tu persuadé de mourir pour la liberté !
358. C'est donc à tort qu'on t'a fait une réputation de courage et une réputation de sagesse : est-ce sagesse d'espérer obtenir la grâce de ceux
que tu as tant combattus, et, à supposer qu'ils te l'accordent,
359. est-ce courage de l'accepter de leurs mains ? Mais si la fortune des
Romains t'a versé l'oubli de toi-même, c'est à nous de veiller sur la
gloire de nos ancêtres. Voici un bras, voici une épée. Si tu acceptes

---

1. Nous traduisons le texte de MVRC : καὶ κατηφήσαι θεός. D'autres mss. ont
οἷς (νόμους) κατέφησεν et c'est un texte de ce genre que Cassiodore avait sous les
yeux. Le passage paraît corrompu.

de plein gré la mort, meurs en capitaine des Juifs; s'il faut t'y con-
360. traindre, meurs comme un traître. » Ce disant, ils tirent leurs épées
et menacent de l'en percer s'il consent à se livrer aux Romains.

361. 5. Josèphe, redoutant leur violence et pensant que ce serait trahir
les commandements de Dieu que de mourir sans les révéler,
362. commença, dans cette extrémité, à leur parler philosophie. « D'où
vient donc, dit-il, mes chers compagnons, cette soif de notre propre sang ? Pourquoi vouloir séparer ces deux éléments que la nature
a si étroitement unis, le corps et l'âme ? On dit que je ne suis plus le
363. même : les Romains savent bien le contraire. On dit qu'il est beau de
mourir dans la guerre : oui, mais suivant la loi de la guerre, c'est-à-
364. dire, par le bras du vainqueur. Si donc je me dérobe au glaive des
Romains, je mérite assurément de périr par le mien et par mon bras ;
mais si c'est eux qui se décident à épargner un ennemi, à combien plus
forte raison dois-je m'épargner moi-même? n'est-ce pas folie de nous
infliger à nous-mêmes le traitement que nous cherchons à éviter en
365. les combattant ? On dit encore : il est beau de mourir pour la liberté ;
j'en tombe d'accord, mais à condition de mourir en luttant, par les
armes de ceux qui veulent nous la ravir : or, à cette heure, ils ne
viennent ni pour nous combattre ni pour nous ôter la vie. Il y a
pareille lâcheté à ne pas vouloir mourir quand il le faut et à vouloir
366. mourir quand il ne le faut pas. Quelle crainte peut nous empê-
367. cher de nous rendre aux Romains ? Celle de la mort? eh ! quelle
folie de nous infliger une mort certaine pour nous préserver
d'une qui ne l'est pas ! Celle de l'esclavage ? mais l'état où nous
368. sommes, est-ce donc la liberté ? On insiste : il y a de la bravoure à se
donner la mort. Je réponds : non point, mais de la lâcheté ; c'est un
peureux que le pilote qui, par crainte de la tempête, coule lui-même
369. son navire avant que l'orage n'éclate. Le suicide répugne à la commune
nature de tous les êtres vivants, il est une impiété envers Dieu, qui
370. nous a créés. Voit-on parmi les animaux un seul qui recherche volontairement la mort ou se la donne ? Une loi inviolable gravée dans tous
les cœurs leur commande de vivre : aussi considérons-nous comme
ennemis ceux qui ouvertement veulent nous ravir ce bien et nous châ-
371. tions comme assassins ceux qui cherchent à le faire par ruse. Et ne

croyez-vous pas que Dieu s'indigne quand un homme méprise le présent qu'il en a reçu ? car c'est lui qui nous a donné l'être, et c'est à lui

372. que nous devons laisser le pouvoir de nous en priver. Il est vrai que le corps chez tous les êtres est mortel et formé d'une matière périssable, mais toujours l'âme est immortelle : c'est une parcelle de la divinité qui séjourne dans les corps : et, de même que celui qui supprime ou détériore un dépôt qu'un homme lui a confié passe pour scélérat ou parjure, ainsi, quand je chasse de mon propre corps le dépôt qu'y a fait la divinité, puis-je espérer échapper à la colère de

373. celui que j'outrage ? On croit juste de punir un esclave fugitif, même quand il s'évade de chez un méchant maître, et nous fuirions le maître

374. souverainement bon, Dieu lui-même, sans passer pour impies ! Ne le savez-vous pas ? ceux qui quittent la vie suivant la loi naturelle et remboursent à Dieu le prêt qu'ils en ont reçu, à l'heure où le créancier le réclame, obtiennent une gloire immortelle, des maisons et des familles bénies ; leurs âmes, restées pures et obéissantes, reçoivent pour séjour le lieu le plus saint du ciel, d'où, après les siècles révolus,

375. ils reviennent habiter des corps exempts de souillures. Ceux au contraire dont les mains insensées se sont tournées contre eux-mêmes, le plus sombre enfer reçoit leurs âmes, et Dieu, le père commun, venge

376. sur leurs enfants l'offense des parents [1]. Voilà pourquoi ce forfait,

377. détesté de Dieu, est aussi réprimé par le plus sage législateur : nos lois ordonnent que le corps du suicidé reste sans sépulture jusqu'après le coucher du soleil, alors qu'elles permettent d'ensevelir même les

378. ennemis tués à la guerre [2]. Chez d'autres nations, la loi prescrit de trancher aux suicidés la main droite qu'ils ont dirigée contre eux-mêmes, estimant que la main doit être séparée du corps puisque le corps s'est

379. séparé de l'âme [3]. Nous ferons donc bien, mes compagnons, d'écouter

1. Nous traduisons au jugé. Le texte des mss. — τοὺς τῶν πατέρων ou τοὺς θάτερον ὑβριστάς — n'est pas intelligible.

2. Le Pentateuque ne renferme aucune disposition concernant le suicide. Josèphe a-t-il en vue quelque *halakha* qui avait, par analogie, étendu au suicide la prohibition du meurtre et certaines marques d'infamie comme celles des blasphémateurs (*Ant.*, IV, 202 et la note)?

3. Telle était en effet la disposition de la loi ou de la coutume athénienne. Cf. Eschine, *C. Ctésiphon*, 244 : ἐὰν τις αὐτὸν διαχρήσηται, τὴν χεῖρα τὴν τοῦτο πράξασαν

la raison et de ne pas ajouter à nos calamités humaines le crime d'im-

380. piété envers notre Créateur. Si c'est le salut qui nous est offert, accep-
tons-le : il n'a rien de déshonorant de la part de ceux qui ont éprouvé
tant de témoignages de notre vaillance : si c'est la mort, il est beau de

381. la subir de la main de nos vainqueurs. Pour moi, je ne passerai pas
dans les rangs de mes ennemis, je ne veux pas devenir traître à moi-
même : or, je serais mille fois plus sot que les déserteurs qui changent
de camp pour obtenir la vie, alors que moi je le ferais pour me la

382. ravir. Et pourtant je souhaite que les Romains me manquent de foi :
si, après m'avoir engagé leur parole, ils me font périr, je mourrai avec
joie, car j'emporterai avec moi cette consolation plus précieuse
qu'une victoire : la certitude que l'ennemi a souillé son triomphe
par le parjure. »

383.   6. Par ces raisonnements et beaucoup d'autres Josèphe cherchait à
384. détourner ses compagnons de l'idée du suicide. Mais le désespoir
fermait leurs oreilles, comme celles d'hommes qui depuis longtemps
s'étaient voués à la mort : ils s'exaspéraient donc contre lui, couraient
çà et là l'épée à la main en lui reprochant sa lâcheté, et chacun sem-

385. blait sur le point de le frapper. Cependant Josèphe appelle l'un par son
nom, regarde l'autre d'un air de commandement, prend la main de
celui-ci, trouble celui-là par ses prières ; bref, livré dans cette nécessité aux émotions les plus diverses, il réussit cependant à détourner
de sa gorge tous ces fers qui le menacent, comme une bête traquée
de toutes parts qui fait face successivement à chacun de ses persécu-

386. teurs. Ces hommes qui, même dans l'extrémité du malheur, révèrent
encore en lui leur chef, laissent mollir leurs bras et glisser leurs
épées ; plusieurs, qui déjà levaient contre lui leurs sabres de combat,
les jetèrent spontanément.

387.   7. Josèphe, qui dans cet embarras ne perdit pas sa présence d'esprit,

---

χωρὶς τοῦ σώματος θάπτομεν. Il est surprenant de rencontrer chez Josèphe une
erudition aussi précise, et l'on se demande si tout le développement n'est pas
emprunté à quelque rhéteur fortement imprégné de platonisme : dans ce cas le
σοφώτατος νομοθέτης du § 376 aurait bien pu être, dans l'original, Platon et non
Moïse. Platon, en effet, prescrit Lois, IX, 873 D) d'ensevelir le suicidé sans
honneur.

388. met alors sa confiance dans la protection de Dieu : « Puisque, dit-il,
nous sommes résolus à mourir, remettons-nous en au sort pour déci-
389. der l'ordre où nous devons nous entretuer : le premier que le hasard
désignera tombera sous le coup du suivant et ainsi le sort marquera
successivement les victimes et les meurtriers, nous dispensant d'atten-
ter à notre vie de nos propres mains. Car il serait injuste qu'après que
les autres se seraient tués il y en eût quelqu'un qui pût changer de
390. sentiment et vouloir survivre [1]. » Ces paroles inspirent confiance, et
après avoir décidé ses compagnons, il tire au sort avec eux. Chaque
homme désigné présente sans hésitation la gorge à son voisin dans
la pensée que le tour du chef viendra bientôt aussi, car ils préféraient
391. à la vie l'idée de partager avec lui la mort. A la fin, soit que le hasard,
soit que la Providence divine l'ait ainsi voulu, Josèphe resta seul avec
un autre : alors, également peu soucieux de soumettre sa vie au ver-
dict du sort ou, s'il restait le dernier, de souiller sa main du sang d'un
compatriote, il sut persuader à cet homme d'accepter lui aussi la vie
sauve sous la foi du serment [2].
392.   8. Ayant ainsi échappé aux coups des Romains et à ceux de ses propres concitoyens, Josèphe fut conduit par Nicanor auprès de Vespasien.
393. De toutes parts les Romains accouraient pour le contempler et, autour
du prétoire [3], il y eut une presse énorme et un tumulte en sens divers :
les uns se félicitaient de la capture du chef, d'autres proféraient des
menaces, quelques-uns se poussaient simplement pour le voir de plus
394. près. Les spectateurs les plus éloignés criaient qu'il fallait châtier cet
ennemi de Rome, mais ceux qui étaient à côté se rappelaient ses
belles actions et ne laissaient pas d'être émus par un si grand chan-
395. gement. Parmi les généraux il n'y en eut pas un qui, si fort qu'il eût
396. d'abord été irrité contre lui, ne se sentit quelque pitié à sa vue : Titus

---

1. Destinon supprime cette phrase comme interpolée. D'ailleurs, même avec le
procédé suggéré par Josèphe, il y aura toujours un dernier survivant qui devra
forcément se tuer lui-même.

2. Il est permis d'avoir des doutes sur l'authenticité de cette historiette qui a
fourni aux mathématiciens, depuis la Renaissance, un piquant sujet de pro-
blème.

3. Nous lisons avec Holwerda : περὶ τὸ στρατήγιον (mss. : τῷ στρατηγῷ, τοῦ στρα-
ηγοῦτ, etc.).

fut touché par la constance que Josèphe montrait dans l'adversité et saisi de compassion en voyant sa jeunesse [1]. En se rappelant avec quelle ardeur il les avait combattus naguère [2] et en le considérant tombé maintenant entre les mains de ses ennemis, il évoquait toute la puissance de la fortune, les rapides vicissitudes de la guerre, l'instabilité générale des choses humaines. Aussi amena-t-il dès lors beaucoup de Romains à partager sa pitié pour Josèphe et fut-il auprès de son père le principal avocat du salut de son captif. Cependant Vespasien commanda de garder celui-ci avec la plus grande exactitude, se proposant de l'envoyer le plus tôt possible à Néron [3].

9. Quand Josèphe entendit cette décision, il exprima le désir de s'entretenir avec Vespasien seul à seul pendant quelques instants. Le général en chef fit sortir tout le monde excepté son fils Titus et deux de ses amis. Alors Josèphe : « Tu te figures, Vespasien, en prenant Josèphe, n'avoir en ton pouvoir qu'un simple captif, mais je viens vers toi en messager des plus grands événements : si je ne me savais pas envoyé par Dieu, je me serais souvenu de la loi juive et comment un chef doit mourir. Tu veux m'expédier à Néron : t'imagines-tu donc que (Néron lui-même et) ses successeurs vont attendre jusqu'à toi [4] ? Tu seras César, ô Vespasien tu seras empereur, toi et ton fils que voici : charge-moi donc plutôt de chaînes plus sûres encore et garde-moi pour toi-même. Tu n'es pas seulement mon maître, ô César, tu es celui de la terre, de la mer et de toute l'humanité. Quant à moi, je demande pour châtiment une prison plus rigoureuse si j'ai prononcé à la légère le nom de Dieu. » En entendant ces paroles, le premier mouvement de Vespasien fut l'incrédulité : il pensa que Josèphe avait inventé ce stratagème pour sauver sa vie. Peu à peu cependant la confiance le gagna, car déjà Dieu le poussait vers l'Empire et par d'autres signes

1. Josèphe avait alors trente ans (*Vita*, c. 1).
2. οὗ πάλαι (VRC), mieux que πάλαι (PAML).
3. La décision définitive sur le sort d'un personnage de cette importance appartenait à l'empereur, qui n'était pas lié par la promesse de Vespasien. Kohout rapproche avec raison *Vita*, c. 74, où Vespasien veut envoyer à Néron Philippe fils de Jacime, qui s'est rendu sous capitulation.
4. τί γάρ; οἱ μετὰ Νέρωνα μέχρι σοῦ διάδοχοι μενοῦσιν ; le texte paraît altéré ou mutilé.

397.
398.
399.
400.
401.
402.
403.
404.

405. encore lui présageait le diadème. D'ailleurs, il constata sur d'autres points la véracité de Josèphe. Un des deux amis présents à l'entretien secret avait dit : « Si ces paroles ne sont pas autre chose que le vain babil d'un homme qui cherche à détourner l'orage de sa tête, je m'étonne que Josèphe n'ait point prédit aux habitants de Jotapata la

406. prise de leur ville ni à lui-même sa propre captivité. » Là-dessus Josèphe affirma qu'il avait en effet annoncé aux défenseurs de Jotapata que leur ville serait prise après quarante-sept jours de siège et

407. que lui-même deviendrait captif des Romains. Vespasien se renseigna en particulier auprès des captifs pour vérifier ce dire et, comme ils confirmèrent le récit de Josèphe [1], il commença à croire à la prédiction

408. qui concernait sa propre destinée. S'il ne délivra pas son prisonnier de sa garde et de ses chaînes, il lui donna un vêtement de prix et d'autres présents et continua à lui témoigner sa bienveillance et sa sollicitude, à quoi Titus ne manqua pas de l'encourager [2].

---

1. Il est singulier que dans le long récit du siège de Jotapata Josèphe n'ait fait précédemment aucune allusion à cette prédiction. D'autre part, on a vu (§ 336) que les seuls captifs faits par les Romains, à part quelques transfuges, étaient des femmes et des enfants — auxquels il faut ajouter le « compère » à qui Josèphe a persuadé de partager son sort, § 391, et dont le témoignage pouvait être un peu suspect.

2. On a contesté la véracité de tout ce récit et cherché à expliquer de différentes manières le traitement favorable dont Josèphe fut l'objet. Cependant le fait de la prédiction adressée à Vespasien est confirmé (d'après Pline?) par Suétone (*Vesp.*, 5) : *unus ex nobilibus captivis Josephus, cum coniceretur in vincula, constantissime asseveravit, fore ut ab eodem brevi solveretur, verum iam imperatore,* et par Dion Cassius (Xiphilin, LXVI, 1) qui précise même davantage, prétendant que Josèphe aurait annoncé l'élévation de Vespasien et sa mise en liberté μετ' ἐνιαυτόν. D'après Zonaras, XI, 16, Appien au livre XXII de son *Histoire romaine*, mentionnait également cette prédiction. Après la mort de Néron d'autres oracles firent à Vespasien des prédictions analogues (Tac., *Hist.*, I, 10 ; II, 1, 4, 78 ; Suet., *Tit.*, 5). Il est curieux que la tradition rabbinique attribue à Yohanan ben Zaccaï la prophétie de Josèphe. Ayant réussi à sortir de Jérusalem assiégée, le pieux docteur se présente devant Vespasien et le salue des mots (en latin) : *Vive domine imperator!* Surprise indignée de Vespasien ; alors le rabbin : « Si tu ne règnes pas encore, tu règneras un jour, car ceci (le Temple) ne sera détruit que par la main d'un roi » (*Midrasch Rabba* sur *Echa* cité par Derenbourg, *Essai*, p. 282). Cf. en dernier lieu Vincenzo Ussani, *Questioni Flaviane* III, dans *Rivista di Filologia* ; XXXIX (1911), p. 403.

IX

1. *Vespasien cantonne ses troupes à Césarée et à Scythopolis.* — 2-4. *Destruction des pirates de Joppé.* — 5-6. *Agitation de Jérusalem à la nouvelle de la prise de Jotapata : sentiments envers Josèphe.* — 7-8. *Vespasien dans le royaume d'Agrippa. Soumission de Tibériade.*

409.   1. Le quatrième jour du mois Panémos[1], Vespasien ramena ses troupes à Ptolémaïs et de là à Césarée-sur-mer, la plus grande ville
410. de la Judée et peuplée en majorité de Grecs. Les habitants accueillirent l'armée et son chef avec toutes les expressions de bénédiction et d'enthousiasme, écoutant sans doute leur attachement pour les Romains, mais surtout leur haine envers ceux que les Romains avaient vaincus. Aussi la foule réclamait-elle à grands cris le
411. supplice de Josèphe. Mais Vespasien écarta tranquillement cette
412. supplique émanant d'une multitude incompétente. De ses trois légions, il en laissa deux à Césarée en quartiers d'hiver, trouvant la ville fort appropriée à cet objet. Quant à la quinzième légion, il la cantonna à Scythopolis, afin de ne pas accabler Césarée du
413. poids de toute l'armée. Cette ville[2] jouit, elle aussi, en hiver d'un climat aussi agréable que l'été y est d'une chaleur suffocante, en raison de sa situation dans une plaine et au bord du fleuve[?].
414.   2. Sur ces entrefaites, des Juifs, que la sédition avait chassés des villes[3] ou qui avaient dû fuir leurs patries détruites, s'assemblèrent en une bande assez considérable et vinrent relever les murs de Joppé, naguère dévastée par Cestius et qu'ils choisirent comme place

1. 23 juillet 67 (Niese).
2. χἀκείνη c'est-à-dire Scythopolis ; mais alors, à la fin de la phrase, on ne peut conserver παράλιος (maritime), Scythopolis étant située fort loin de la mer, dans la plaine du Jourdain. Naber propose παραποτάμιος et nous avons traduit en ce sens, non sans réserve.
3. Nous lisons πόλεων avec le ms. V : les autres ont πολεμίων.

415. d'armes. N'y ayant rien à tirer de la campagne désolée par la
416. guerre, ils résolurent de prendre la mer : à cet effet, ils bâtirent
toute une flottille de brigantins et commencèrent à rançonner tous
les parages de la Syrie, de Phénicie et de l'Égypte, de manière à
417. rendre la navigation sur ces mers tout à fait impossible. Quand
Vespasien eut connaissance de ce repaire de brigands, il envoya
contre Joppé un corps de fantassins et de cavaliers : ils entrèrent la
418. nuit dans la ville qu'ils ne trouvèrent point gardée : les habitants
avaient bien prévu l'attaque, mais, n'osant pas s'engager avec les
Romains, ils s'étaient enfuis sur leurs navires, où ils passèrent la nuit
hors de la portée des traits.

419.   3. La nature n'a pas donné de port à Joppé. Elle s'élève sur un
rivage à pic qui court droit sur presque toute son étendue, mais dont
420. les deux extrémités se recourbent un peu en forme de croissant : ces
cornes sont une suite d'abruptes falaises et d'écueils qui s'avancent
loin au milieu des flots : on y montre encore l'empreinte des chaînes
d'Andromède pour faire ajouter foi à l'ancienneté de cette légende [1].
421. La bise, qui fouette de face le rivage, soulève contre les rochers qui la
reçoivent des vagues énormes et rend ce mouillage plus dangereux
422. pour des navires qu'une côte déserte [2]. C'est là que les gens de
Joppé avaient jeté l'ancre, lorsque, vers le point du jour, une violente
tempête vint fondre sur eux : c'était le vent que les marins qui navi-
423. guent dans ces parages appellent le « borée noir ». Une partie des
bâtiments furent brisés sur place en s'entrechoquant ; d'autres
vinrent se perdre contre les rochers. La plupart, craignant cette côte
escarpée et l'ennemi qui l'occupait, essayèrent de gagner le large en
cinglant droit contre le vent ; mais le flot, se dressant en montagne,

----

1. Cf. Pline, *H. N.*, V, § 69 : *Iope — insidet collem, praeiacente saxo, in quo vinculorum Andromedae vestigia ostendunt.* Strabon, I, 2, 35, et XVI, 2, 28, dit aussi que quelques-uns localisaient à Joppé la fable d'Andromède. Du temps de saint Jérôme (*in Jon.*, 1), on montrait encore les trous où avaient été passés les anneaux des chaînes. Pausanias (IV, 35, 9) mentionne une source, à l'eau rouge, où Persée s'était lavé du sang du monstre. La localisation est peut-être due à l'influence du mythe phénicien de Derceto. La source commune de Pline et de Josèphe est peut être Mucien. *Contra*, Ussani, *loc. cit.*, p. 399.

2. ἐρημίας « le désert » : texte douteux.

424. ne tarda pas à les engloutir. Il n'y avait donc ni moyen de fuir, ni espoir de salut si l'on restait en place : la fureur de la tempête les repoussait de la mer et celle des Romains, de la ville. Un gémisse-ment immense s'élève des embarcations quand elles s'entreheurtent,

425. un énorme fracas quand elles se brisent. Parmi cette multitude, les uns périssent submergés par les flots, les autres écrasés par les épaves ; plusieurs, trouvant le fer plus doux que l'abîme, se tuent de leurs

426. propres mains. Le plus grand nombre, poussé par les vagues, fut jeté sur les rochers et mis en pièces. La mer rougissait de sang sur une grande étendue ; le rivage foisonnait de cadavres, car les Romains,

427. postés sur la côte, massacraient ceux qui y étaient rejetés. Le nombre des cadavres charriés par les vagues s'éleva à quatre mille deux cents. Les Romains, après s'être emparés de la ville sans combat, la détrui-sirent de fond en comble.

428. 4. Ainsi, à peu de mois d'intervalle, Joppé fut deux fois prise par

429. les Romains. Vespasien, pour empêcher les pirates de s'y nicher à nouveau, établit un camp fortifié sur l'acropole et y laissa la cavalerie

430. avec un petit détachement de fantassins. Ces derniers devaient rester sur place et garder le camp, les cavaliers fourrager dans la région

431. et détruire les villages et les bourgades des environs. Les cavaliers, fidèles à cette consigne, parcouraient tous les jours la campagne, la ravageaient et en firent un véritable désert.

432. 5. Quand la nouvelle de la catastrophe de Jotapata parvint à Jéru-salem, la plupart d'abord ne voulurent pas y ajouter foi, tant le désastre était grand et parce qu'aucun témoin oculaire ne venait

433. confirmer ce bruit. Nul, en effet, ne s'était sauvé pour en être le mes-sager ; seule la renommée, qui, de sa nature, propage volontiers les

434. tristes nouvelles, avait spontanément transmis celle-ci. Peu à peu cependant la vérité chemina de proche en proche et bientôt ne laissa plus de doute chez personne ; l'imagination ajoutait même à la réalité : c'est ainsi qu'on annonçait que Josèphe avait été tué, lui

435. aussi, lors de la prise de la ville. Cette annonce remplit Jérusalem d'une affliction profonde ; tandis que les autres morts étaient regrettés par les maisons, par les familles où chacun d'eux était apparenté, la

436. mort du général fut un deuil public. Alors que les uns pleuraient un

hôte, les autres un proche, ceux-ci un ami, ceux-là un frère, tous
437. s'unissaient pour pleurer Josèphe : de sorte que pendant trente
jours¹ les lamentations ne cessèrent pas dans la ville et qu'on se
disputait les joueurs de flûte² pour accompagner les cantiques
funèbres.

438.   6. Mais quand le temps dévoila la vérité entière, quand on sut
comment les choses s'étaient passées à Jotapata, que la mort de
Josèphe n'était qu'une fiction, qu'il était vivant entre les mains des
Romains et recevait de leurs généraux plus d'égards qu'il ne convenait à un prisonnier, la colère contre Josèphe en vie s'éleva avec
autant de force que naguère la sympathie pour Josèphe cru parmi
439. les morts. Les uns le traitaient de lâche, les autres de traitre, et ce
440. n'était à travers la ville qu'indignation et injures à son adresse. En
outre, les revers ne faisaient qu'irriter les Juifs et le malheur les
enflammer davantage. L'adversité, qui apprend aux sages à mieux
veiller à leur sécurité et à se garder de disgrâces pareilles, ne leur
servait que d'aiguillon pour s'exciter à de nouveaux désastres, et
441. toujours la fin d'un mal devenait le commencement d'un autre. Ils
s'animaient avec d'autant plus de fureur contre les Romains qu'en
se vengeant d'eux, ils espéraient se venger également de Josèphe.
442. Voilà dans quel état d'agitation se trouvait la population de Jérusalem.

443.   7. Cependant Vespasien était allé visiter le royaume d'Agrippa, où le
roi l'invitait dans le double dessein de recevoir le général et son armée³
avec un éclat digne de sa propre opulence et d'apaiser, grâce à leur
aide, les désordres dont souffraient ses États. Parti de Césarée-sur-mer,
444. Vespasien se dirigea vers Césarée-de-Philippe. Là, il donna vingt jours
de repos à l'armée pendant que lui-même célébrait des festins et
445. rendait grâce à Dieu pour les succès qu'il avait obtenus. Mais quand il
apprit que la sédition agitait Tibériade et que Tarichées s'était révoltée

---

1. C'est la durée du deuil qui fut célébré pour Aaron (*Nombres*, XX, 30) et
pour Moïse (*Deut.*, XXXIV, 8).

2. Jérémie, XLVIII, 36, fait déjà allusion à l'emploi de la flûte dans les
lamentations funèbres. Cf. aussi *Év. selon Saint Mathieu*, IX, 23 (τοὺς αὐλητάς).

3. Ou plutôt une faible partie de son armée ; le reste ne viendra que plus
tard, § 446 et suiv.

— les deux villes faisaient partie du royaume d'Agrippa —, il jugea à propos de marcher contre ces rebelles, d'abord pour se conformer à sa règle d'écraser les Juifs partout où ils bougeaient, ensuite pour obliger Agrippa et reconnaître son hospitalité en ramenant ces villes dans le

446. devoir. Il envoya donc son fils Titus à Césarée sur mer) pour chercher les troupes qui s'y trouvaient et les amener à Scythopolis, la cité la plus

447. importante de la Décapole et voisine de Tibériade ; il s'y rendit lui-même pour recevoir son fils, puis, s'avançant avec trois légions, il vint camper à trente stades de Tibériade, dans un lieu d'étapes, bien en vue

448. des rebelles, qu'on nommait Sennabris[1]. De là, il envoya le décurion Valerianus avec cinquante cavaliers pour faire des offres de paix à ceux de la ville et les engager à traiter ; car il avait appris que le gros du peuple désirait la paix et n'était terrorisé que par quelques sédi-

449. tieux qui lui imposaient la guerre. Valerianus s'avança à cheval jusqu'au pied de la muraille : là il mit pied à terre et en fit faire autant à ses cavaliers pour qu'on ne s'imaginât pas qu'il venait escarmoucher.

450. Mais avant qu'il eût entamé les pourparlers, voici que les principaux séditieux s'élancent en armes à sa rencontre, ayant à leur tête un certain Jésus, fils de Sapphias[2], qui était comme le chef de cette troupe de

451. bandits. Valerianus ne voulait pas s'exposer à combattre au mépris des ordres de son général, la victoire fût-elle certaine ; d'autre part il croyait dangereux pour une petite troupe de s'engager avec une grande,

452. de lutter sans préparation contre des adversaires préparés. Bref, étonné par la hardiesse imprévue des Juifs, il s'enfuit à pied, suivi de ses cinquante compagnons[3], qui abandonnèrent également leurs montures. Les gens de Jésus ramenèrent en triomphe ces chevaux dans la ville, aussi fiers que s'ils les avaient pris dans un combat et non dans un guet-apens.

1. On identifie ce lieu avec un coteau *Sin en Nabra*, près de la rive O. du lac, où l'on aperçoit des traces de fortification (Saulcy, *Voyage en Syrie*, II, 482 ; Kasteren, *Zeitsch. des deutschen Palüst. Vereins*, XI, 241). Sennabris est probablement identique au Σνναβρίν de IV, 455.

2. La plupart des mss. ont ici παῖς Τοῦφα, mais il s'agit évidemment du Jésus, fils de Sapphias, qui a déjà été mentionné, *supra*, II, 599, comme « archonte » de Tibériade. Cf. *Vita*, 66 et 134.

3. ἕτεροί τε ὁμοίως πέντε. Comme Valerianus avait 50 cavaliers (§ 448), Hudson écrit πεντήκοντα. Tous, en effet, avaient mis pied à terre (§ 449).

53.   8. Inquiets des suites de cet incident. les anciens du peuple et les
54.   plus considérés s'enfuirent au camp des Romains et. après s'être
        assuré l'assistance du roi. vinrent tomber en suppliants aux genoux
        de Vespasien. le conjurant de ne les point regarder avec mépris et de
55.   ne pas imputer à la cité entière la démence de quelques-uns : qu'il
        épargne un peuple qui s'est toujours montré dévoué aux Romains et
        se contente de châtier les auteurs de la révolte. qui les tiennent eux-
        mêmes prisonniers jusqu'à ce jour. alors que depuis si longtemps
56.   ils ont envie de traiter. Le général se laissa fléchir par ces supplications.
        quoique l'enlèvement des chevaux l'eût irrité contre la ville entière :
57.   mais l'inquiétude où il vit Agrippa au sujet de Tibériade le toucha Les
        délégués capitulèrent donc au nom de la bourgeoisie : sur quoi Jésus
        et ses gens. estimant qu'ils n'étaient plus en sûreté à Tibériade. s'en-
58.   fuirent à Tarichées. Le lendemain. Vespasien envoya Trajan avec des
        cavaliers sur la hauteur voisine de la ville pour s'assurer si. dans le
59.   peuple, tout le monde avait des sentiments pacifiques. Ayant constaté
        que la multitude faisait cause commune avec les délégués. Vespasien
        rassemble son armée et marche vers la ville. La population lui en ouvrit
        les portes et s'avança à sa rencontre avec des acclamations. l'appelant
60.   sauveur et bienfaiteur. Comme l'armée était gênée par l'étroitesse des
        avenues. Vespasien fit abattre une partie de la muraille située au midi
61.   et ouvrit ainsi à ses soldats un large passage. Toutefois. par égard
        pour le roi. il défendit tout pillage et toute violence et. pour la même
        raison, laissa subsister les murailles de la ville, après qu'Agrippa se
        fût. pour l'avenir. porté garant de la fidélité des habitants. C'est ainsi
        qu'il recouvra cette ville. non sans qu'elle eût fort souffert par l'effet
        de la sédition.

X

1-6. Défaite des Juifs devant Tarichées ; prise de cette ville par Vespasien et Titus. — 7-8. Le lac de Tibériade et le Jourdain. — 9. Combat naval sur le lac ; destruction de la flottille juive. — 10. Les captifs vendus à l'encan.

462.   1. Vespasien, continuant sa marche, s'arrêta entre Tibériade et Tarichées[1] et y dressa son camp[2], qu'il fortifia plus qu'à l'ordinaire, en **463.** prévision d'hostilités prolongées. En effet, tout ce qu'il y avait de factieux s'était jeté dans Tarichées, confiant dans la force de la place et **464.** dans le voisinage du lac que les indigènes appellent Gennésar. La ville, bâtie comme Tibériade au pied de la montagne, avait été pourvue par Josèphe, sur tout le pourtour que ne baignait pas le lac, de **465.** remparts solides, moins forts cependant que ceux de Tibériade ; car il avait fortifié cette dernière ville au début de la révolte, dans la plénitude de ses ressources et de son autorité, tandis que Tarichées **466.** n'obtint que les reliefs de ses largesses[3]. Les habitants tenaient prêtes sur le lac un grand nombre de barques, pour s'y réfugier s'ils étaient battus sur terre ; ils les avaient équipées de manière à livrer au besoin

---

1. Il semble bien résulter de ce texte et de la direction S. N. de l'itinéraire de Vespasien que Tarichées était située au N. de Tibériade à 30 stades, soit moins de 6 kilomètres, suivant Josèphe, *Vita*, § 157), sur la rive O. du lac, à ou vers Medjdel *Magdala* et non, comme l'affirme Pline, *H N.*, V, 71, sur la rive sud (*a meridie Tarichea*), où l'on cherche son emplacement à Kerak, qui est au moins à 8 kilomètres de Tibériade. Rien ne prouve, comme le prétend Schürer (I, 615), que l'emplacement du camp de Vespasien Ἀμμαθοῦς soit identique au *Hammam* actuel. De plus, Kerak n'est pas au pied d'une montagne comme l'était Tarichées (§ 464). Voir l'excellente discussion dans Kohout, p. 637.

2. Au lieu dit Ἀμμαθοῦς, les Thermes (*infrà*, IV, § 11).

3. Ceci est en contradiction avec la *Vita*, où il est dit en propres termes (§ 156) que les gens de Tibériade insistèrent pour la réparation de leurs murailles lorsqu'ils apprirent que les fortifications de Tarichées étaient achevées (ἠκηκόεισαν δὲ τὰς Ταριχέας ἤδη τετειχίσθαι).

167. un combat naval. Pendant que les Romains fortifiaient l'enceinte de leur
camp, Jésus et ses compagnons, sans se laisser intimider par la mul-
168. titude et le bel ordre des ennemis, firent une sortie ; ils dispersèrent
au premier choc les travailleurs et arrachèrent une partie du retranchement. Cependant, dès qu'ils virent les légionnaires former leurs
rangs, ils se dépêchèrent de se retirer auprès des leurs, avant de
s'exposer à quelque dommage ; les Romains, s'élançant à leurs
169. trousses, les pourchassèrent jusqu'à leurs barques ; les Juifs y
montent et s'éloignent jusqu'à l'extrème portée des traits. Ils jettent
alors l'ancre et, serrant leurs vaisseaux les uns contre les autres à la
manière d'une phalange, engagent contre l'ennemi resté à terre une
170. sorte de combat naval. Cependant Vespasien, apprenant que la grande
masse des Juifs était rassemblée dans la plaine située aux portes de
la ville, envoie contre eux son fils avec six cents cavaliers de choix.

171. 2. Titus, trouvant l'ennemi en force prodigieuse, dépêcha à son
père pour demander des troupes plus importantes ; lui-même cependant, voyant que la plupart de ses cavaliers brûlaient de combattre
sans attendre l'arrivée des renforts, mais que pourtant quelques-uns
trahissaient une émotion secrète à la vue du grand nombre des Juifs,
monta sur un lieu d'où tous pouvaient l'entendre et leur dit :
172. « Romains, il est bon de vous rappeler en commençant le nom de
votre race, pour que vous sachiez qui nous sommes et contre qui
173. nous avons à combattre. Jusqu'à cette heure, aucune nation de
l'univers n'a pu se soustraire à la force de nos bras ; quant aux
Juifs, soit dit à leur éloge, ils ne se lassent jamais d'être vaincus.
Eh bien, puisque dans l'adversité ils restent debout, eux, ne serait-il
174. pas honteux de nous décourager, nous, en plein succès ? Je me réjouis
de lire sur vos visages une louable ardeur ; je crains pourtant que
la multitude des ennemis n'inspire à quelques-uns un secret effroi :
175. qu'ils réfléchissent donc de nouveau qui vous êtes et contre quels
adversaires vous allez livrer bataille. Ce sont des Juifs, c'est-à-dire des
hommes qui ne sont certes dépourvus ni d'audace ni de mépris pour
la mort, mais à qui manquent la discipline et la pratique de la guerre
et qui méritent plutôt le nom de cohue que celui d'armée. Au contraire,
ai-je besoin de rappeler quelle est notre expérience et notre discipline ?

Si, seul de tous les peuples, nous nous exerçons aux armes durant la paix, c'est pour ne pas avoir pendant la guerre à nous compter

476. devant l'ennemi. A quoi servirait cette préparation continuelle si nous n'osions aborder qu'à nombre égal les adversaires qui en sont

477. dénués ? Considérez encore que vous allez lutter, armés de toutes pièces, contre des gens presque sans armes, cavaliers contre fantassins, que vous avez des chefs et qu'ils n'en ont pas : ces avantages multiplient infiniment votre effectif, comme ces infériorités réduisent

478. infiniment le leur. Ce qui décide le succès dans la guerre, ce n'est pas le nombre, fût-il illimité [1], c'est le courage, même d'une petite troupe : peu nombreux, de bons soldats sont lestes à la manœuvre et prompts à l'entr'aide ; les armées trop considérables se font plus de dommage

479. à elles-mêmes qu'elles n'en éprouvent de la part de l'ennemi. Ce qui conduit les Juifs, c'est l'audace, la témérité, le désespoir : sentiments qui s'enflamment dans le succès et qui s'éteignent au moindre échec. Nous, c'est la valeur, la discipline et la fermeté, qui sans doute brillent du plus bel éclat dans la bonne fortune, mais qui, dans l'ad-

480. versité, tiennent bon jusqu'au dernier moment. J'ajoute que vous lutterez pour de plus grands intérêts que les Juifs : car s'ils affrontent la guerre pour la patrie et la liberté, qu'y a-t-il de plus important pour nous que la gloire et le souci, après avoir dompté tout l'univers, de ne pas laisser mettre en balance avec notre pouvoir celui du peuple

481. juif ? Aussi bien nous n'avons rien d'irrémédiable à redouter. Des renforts considérables sont là, à portée de main : mais il dépend de nous de brusquer la victoire et de devancer le secours que doit nous envoyer mon père. Le succès sera plus glorieux s'il n'est pas partagé.

482. J'estime qu'en ce moment, c'est mon père, c'est moi, c'est vous-mêmes qu'on va juger ; on saura s'il est vraiment digne de ses succès passés, si je suis digne d'être son fils et vous d'être mes soldats. La victoire est pour lui une habitude : de quel front oserais-je donc me présenter à lui,

483. abandonné par vous ? Et vous-mêmes, pourriez-vous souffrir la honte de reculer quand votre chef est le premier au péril ? car je le serai, soyez-

484. en sûr, et à votre tête je m'élancerai contre les ennemis. Ne m'aban-

---

1. Nous lisons avec Destinon χἂν ᾖ ἀμήχανον (μάχιμον mss.).

donnez donc pas, ayez la ferme confiance qu'un Dieu m'assiste et de
son bras soutient mon élan, et tenez aussi pour certain que notre
triomphe ne se bornera pas à disperser les ennemis qui sont devant
ces murs. »

485.   3. A ces paroles de Titus une sorte de fureur divine s'empare de ses
hommes et lorsque, avant même que le combat s'engage, Trajan vient
les rejoindre avec quatre cents cavaliers, ils s'en irritent comme si
486. ce secours venait diminuer le mérite de leur victoire. En même temps
Vespasien envoie Antonius Silo avec deux mille archers pour occuper
487. la montagne qui fait face à la ville et battre les remparts : ces archers
exécutent leur consigne et leur tir tient en échec ceux qui, du haut des
murs, voudraient intervenir dans la lutte. Quant à Titus, il dirige le
premier son cheval contre l'ennemi : derrière lui, ses escadrons s'é-
branlent en poussant des cris et se déploient à travers la plaine dans
toute l'étendue qu'occupaient les Juifs, de manière à faire illusion sur
488. leur petit nombre. Les Juifs, quoique frappés par l'impétuosité et le
bon ordre de cette attaque, soutiennent leurs charges pendant quelque
temps. Mais de toutes parts les pointes des lances les transpercent, la
489. trombe des cavaliers les renverse et les foule aux pieds. Quand la
plaine fut partout couverte de cadavres, ils se dispersèrent et chacun,
490. à toute vitesse, s'enfuit comme il put vers la ville. Titus les poursuit :
il sabre par derrière les traînards ou massacre ceux qui s'agglo-
mèrent : parfois il devance les fuyards, se retourne et les charge de
face : là où il voit des grappes humaines s'entasser les unes sur les
491. autres, il fonce sur elles et les taille en pièces. A tous, enfin, il cherche
à couper la retraite vers les murailles et à les rejeter vers la plaine,
jusqu'à ce qu'enfin leur masse réussisse à se frayer un passage et à
s'engouffrer dans la ville [1].

492   4. Mais là une nouvelle et terrible discorde les attendait. La population indigène, préoccupée de ses biens et de la conservation de la

---

1. C'est probablement au cours de ce combat de cavalerie qu'eut lieu l'épisode noté par Suétone. *Titus*, c. 4 : *legioni præpositus, Taricheas et Gamalam*
(erreur; cf. *infra*, IV, 1, 3, suiv.) *urbes Iudaeæ validissimas in potestatem redegit,
equo quadam acie sub feminibus amisso alteroque incenso, cuius rector circa se dimi-
cans occubuerat.*

ville, avait dès l'origine désapprouvé la guerre ; maintenant la défaite

493. l'en dégoûtait encore davantage. Mais la tourbe venue du dehors, qui était fort nombreuse, n'en était que plus enragée à l'y contraindre. Les deux partis s'exaspèrent l'un contre l'autre ; des cris, un tumulte

494. éclatent : peu s'en faut qu'on en vienne aux mains. De sa position peu éloignée des murailles, Titus entend ce vacarme : « Voici le moment, s'écrie-t-il : pourquoi tarder, camarades, quand Dieu lui-même livre les Juifs entre nos mains ? Accueillez la victoire qui s'offre.

495. N'entendez-vous pas ces clameurs ? Echappés à notre vengeance, voici les Juifs aux prises entre eux : la ville est à nous si nous faisons diligence, mais à la promptitude il faut joindre l'effort et la volonté ;

496. sans risques il n'y a pas de grand succès. N'attendons pas que l'accord se rétablisse entre nos ennemis : la nécessité ne les réconciliera que trop vite. N'attendons pas même le secours des nôtres : après avoir défait avec si peu de monde une si grande multitude, nous aurons encore l'honneur d'être seuls à enlever la place. »

497. 5. Tout en parlant ainsi, il saute à cheval, conduit ses troupes vers le lac, s'y engage lui-même [1] et pénètre le premier dans la ville, suivi

498. du reste de ses soldats. A la vue de son audace, l'effroi s'empare des

499. défenseurs de la muraille : personne n'ose combattre ni résister ; tous quittent leur poste et s'enfuient, les gens de Jésus à travers la campagne, les autres courant vers le lac. Mais ceux-ci donnent dans l'ennemi qui marchait à leur rencontre ; plusieurs sont tués au moment de monter sur les barques, d'autres le sont, tandis qu'ils cherchent à rejoindre, à la nage [2] leurs compagnons, qui

500. avaient précédemment pris le large [3]. Dans la ville même, on fit un grand carnage, non sans quelque résistance de la part de ceux des étrangers qui n'avaient pu fuir ; quant aux naturels, ils se laissèrent égorger sans combat, l'espoir du pardon et la cons-

---

1. δι'ἦς ἐλάσας : ce n'est pas simplement le long du lac, mais en empruntant la grève et le lit même du lac que Titus accomplit cet exploit. Cf. Saulcy, *Voyages*, II, 474. On n'oublie pas que du côté du lac la ville n'avait pas de murailles (§ 464) ; les défenseurs du rempart qui regardaient vers la plaine se virent tournés et pris à dos par les cavaliers romains.

2. Nous lisons avec Destinon προσνεῖν (προσπίπτειν ou προσμένειν mss.).

3. Il s'agit du détachement déjà embarqué dont il a été question au § 469.

cience de n'avoir pas voulu la guerre leur ayant fait jeter les armes.

501. Enfin Titus, après que les plus coupables eurent péri, prit en pitié
502. la population indigène et arrêta le massacre[1]. Quant à ceux qui s'étaient sauvés sur le lac, voyant la ville prise, ils gagnèrent le large et s'éloignèrent des ennemis le plus loin qu'ils purent.

503. 6. Titus envoya un cavalier annoncer à son père l'heureuse issue
504. du combat. Vespasien, charmé, comme on le pense, de la valeur de son fils et d'un succès qui semblait terminer une grande partie de la guerre, se rendit lui-même sur les lieux et donna l'ordre de faire bonne garde alentour de la ville, de n'en laisser échapper personne et de
505. tuer (quiconque tenterait de s'évader)[2]. Le lendemain il descendit au bord du lac et ordonna de construire des radeaux pour relancer les fugitifs. Comme il y avait abondance de bois et d'ouvriers, les embarcations furent bientôt prêtes.

506. 7. Le lac de Gennésar doit son nom[3] au territoire qui l'avoisine. Il mesure quarante stades de large sur cent[4] de long. Ses eaux sont
507. néanmoins d'une saveur douce et très bonnes à boire : plus légères que l'eau des marais, elles sont, en outre, d'une parfaite pureté, le lac étant partout bordé de rivages fermes ou de sable. Cette eau, au moment où on la puise, offre une température agréable, plus tiède que l'eau de rivière ou de source, et cependant plus fraîche que la grande
508. étendue du lac ne le ferait supposer. Elle devient aussi froide que la neige quand on la tient exposée à l'air, comme les habitants ont coutume de le faire en été pendant la nuit[5]. On rencontre dans ce lac plusieurs sortes de poissons qui diffèrent, par le goût et par la
509. forme, de ceux qu'on trouve ailleurs. Le Jourdain le traverse par son milieu. Ce fleuve prend en apparence sa source au Paniou : en réalité il sort de la fontaine de Phialé, d'où il rejoint le Panion en coulant sous
510. terre. Phialé — la coupe — se trouve en montant vers la Trachonitide,

---

1. ϛόνου (Hudson) et non πόνου (mss.).
2. Le texte présente une lacune. La variante ἐκώλυσεν du Lugd. (ἐξέλευσεν dans les autres mss.) ne donne aucun sens.
3. Ce nom apparaît pour la première fois dans I Macc., II, 67. Les dimensions données par Josèphe (7 kil. sur 18) sont un peu faibles (en réalité 9 et 21)
4. Les mots πρὸς τούτοις ἑτέρων semblent interpolés.
5. Sans doute dans des *alcarazas*, comme ils le font encore aujourd'hui.

à cent vingt stades de Césarée (de Philippe), à droite et à peu de
distance de la route [1] : c'est un étang ainsi nommé à cause de sa
forme circulaire ; l'eau le remplit toujours jusqu'au bord sans jamais
baisser ni déborder. Longtemps on ignora que le Jourdain y prenait sa
source, mais la preuve en fut faite par le tétrarque Philippe : il fit
jeter dans la Phialé des pailles qu'on trouva transportées dans le
Panion, où les anciens plaçaient l'origine du fleuve. Panion [2] est
une grotte dont la beauté naturelle a encore été rehaussée par la
magnificence royale, Agrippa l'ayant ornée à grands frais. Au sortir de
cette grotte, le Jourdain, dont le cours est devenu visible, traverse
les marais et les vases du lac Séméchonitis [3], puis parcourt encore
cent vingt stades [4] et, au-dessous de la ville de Julias, coule à travers
le lac de Gennésar, d'où, après avoir bordé encore un long territoire
désert, il vient tomber dans le lac Asphaltite.

8. Le long du lac de Tibériade s'étend une contrée aussi nommée
Gennésar [5], d'une nature et d'une beauté admirables. Il n'y a point de
plante que son sol fertile refuse de porter et, en effet, les cultivateurs
y élèvent toutes les espèces. L'air y est si bien tempéré qu'il convient
aux végétaux les plus divers : le noyer, arbre qui se plaît dans les climats
les plus froids, y croît en abondance, à côté des palmiers, que nourrit
la chaleur, des figuiers et des oliviers, qui aiment un climat modéré.
On dirait que la nature met son amour-propre à rassembler au même
endroit les choses les plus contraires et que, par une salutaire émulation, chacune des saisons veut réclamer ce pays pour elle. Non

---

1. Probablement le Birket Râm, ancien cratère volcanique ; de nos jours l'eau
ne le remplit que très incomplètement. Les géographes modernes assurent que la
nature des terrains exclut l'idée d'une communication entre le Birket et le Panion.

2. Le Panion ou Paneion, c'est-à-dire la grotte de Pan, est mentionné dès le
début du IIe siècle av. J.-C. (Polybe, XVI, 18) ; la grotte est reproduite dans
l'*Atlas* du *Voyage d'exploration* du duc de Luynes, pl. 62-63. Dans son voisinage
immédiat s'éleva la ville de Πανεάς, rebâtie par le tétrarque Philippe, et dont le
nom officiel était Καισάρεια ὑπὸ Πανείῳ aujourd'hui Banyâs). Cf. Schürer, II, 204.

3. Aujourd'hui Houleh.

4. Ce chiffre correspond à la distance réelle entre les deux lacs (environ
22 kilomètres)

5. C'est la plaine *el Ghuweir*, au N. O. du lac, entre Magdala (Tarichées ?) et
Capernaüm. Les rabbins la vantent également comme un paradis, et les voyageurs
modernes signalent sa fertilité, quoique la culture y soit presque abandonnée.

seulement. en effet, contre toute apparence, il produit les fruits les
519. plus divers, mais il les conserve : pendant dix mois, sans interruption.
on y mange les rois des fruits, le raisin et la figue ; les autres mûris-
sent sur les arbres pendant toute l'année [1]. A l'excellence de l'air
s'ajoute une source très abondante qui arrose la contrée : les habitants
520. lui donnent le nom de Capharnaüm [2] : quelques-uns prétendent que
c'est une branche du Nil. car on y trouve un poisson analogue au
521. coracin du lac d'Alexandrie [3]. Ce canton s'étend au bord du lac sur
une longueur de trente stades et sur une profondeur de vingt. Telle
est l'image qu'offre cette contrée bénie.

522.   9. Vespasien. dès que ses radeaux furent prêts. les chargea
d'autant de troupes qu'il croyait nécessaires pour venir à bout des Juifs
réfugiés sur le lac, et gagna le large avec cette flottille. Les ennemis
ainsi pourchassés ne pouvaient ni s'enfuir à terre, où la guerre avait
523. tout ravagé. ni soutenir un combat naval à armes égales. Leurs esquifs.
petits et propres à pirater. étaient trop faibles pour se mesurer avec
les radeaux ; chacun d'eux. d'ailleurs, n'était monté que par une
poignée d'hommes qui redoutaient d'affronter les équipages romains
524. bien fournis. Pourtant ils voltigeaient autour des radeaux, parfois
même s'en rapprochaient, tantôt lançant de loin des pierres contre les
Romains, tantôt frôlant le bord de leurs embarcations et les frappant à
525. bout portant. Mais l'une et l'autre manœuvres tournaient à leur confusion : leurs pierres ne produisaient qu'un fracas inutile en venant
se choquer contre des soldats bien protégés par leurs armures, tandis
qu'eux mêmes offraient aux traits des Romains une cible sans défense :
d'autre part, quand ils osaient approcher. avant d'avoir pu rien faire ils
526. se voyaient abattus et submergés avec leurs propres esquifs. Essayaient-

---

1. περιγηρασκονται αὐτοῖς ,ou ἑαυτοῖς . Texte douteux ; Holwerda propose αὐτοῖς
τοῖς δὲνδρεσιν.

2. L'emplacement de Capharnaüm est discuté : on se partage entre Tell Houm,
célèbre par les ruines de sa belle synagogue. et Han Minyé, plus au sud. Une
source très abondante, Ain et Tabigha, jaillit au-dessus de cette dernière
localité et communique par un canal avec la plaine.

3. Le lac Maréotis. Le coracin ou poisson-corbeau (*clarias macracanthus, cla-*
rias anguillaris du Nil) est un poisson d'un brun foncé, sans écailles, semblable
à une anguille. Cf. Athénée, III. p. 121 B.

ils de se frayer un passage, les Romains les transperçaient à coups
de lances ou, sautant dans leurs barques, les passaient au fil de
l'épée. Quelquefois les radeaux, en se rejoignant, les enfermaient
527. entre eux et écrasaient hommes et bateaux. Quand les naufragés
cherchaient à se sauver à la nage [1], un trait avait vite fait de les
atteindre ou un radeau de les saisir. Si, dans leur désespoir, ils montaient à l'abordage, les Romains leur coupaient la tête ou les mains.
528. Ainsi ces misérables périssaient par milliers en mille manières ; tant
que les survivants, fuyant vers le rivage, y virent refouler et entourer
529. leurs barques. Alors, cernés de tous côtés [2], beaucoup se jettent dans
le lac et y périssent sous les javelots : d'autres sautent à terre, où
les Romains les égorgent. On put voir tout le lac rouge de sang
530. et regorgeant de cadavres, car pas un homme n'échappa. Pendant les
jours suivants, tout le pays offrit une odeur et un spectacle également
affreux. Sur les rives s'entassaient les débris et les cadavres enflés :
ces corps, putréfiés par la chaleur ou par l'humidité, empestaient
l'atmosphère, et l'horrible catastrophe qui plongeait dans le deuil les
531. Juifs inspirait du dégoût même aux Romains. Telle fut l'issue de ce
combat naval. On compta six mille cinq cents morts [3], y compris ceux
qui étaient tombés dans la défense de la ville.

532.   10. Après le combat, Vespasien vint siéger sur son tribunal à Tarichées, pour y faire le triage des indigènes et de la tourbe venue du
dehors, car c'étaient ceux-là qui visiblement avaient donné le signal de
la guerre. Puis il se demanda, de concert avec ses lieutenants, s'il
533. fallait aussi faire grâce à ces derniers. Tous furent unanimes à dire
que la mise en liberté de ces hommes sans patrie serait funeste : une
fois graciés, ils ne se tiendraient pas tranquilles ; ils étaient même capables de forcer à la révolte ceux chez qui ils chercheraient un refuge.

---

1. ἀνανέοντας (Cobet) plutôt que ἀνανεύοντας des mss.
2. ἐκκλειόμενοι (MVRC) plutôt que ἐκχεόμενοι.
3. 6700 d'après les mss. PA. — C'est peut-être en souvenir de ce « combat
naval » que furent frappés plus tard les bronzes de Vespasien et de ses fils avec
la légende VICTORIA NAVALIS (Cohen-Feuardent, Vespasien, nᵒˢ 632-9 ;
Titus, 386-390 ; Domitien, 636-8). Quant à la pièce de la collection Leys avec
IVDAEA NAVALIS (Madden, Coins of the Jews, p. 222), elle semble bien n'être
qu'une surfrappe d'une pièce au type connu de la Iudæa capta. Au triomphe de
Vespasien et de Titus figurèrent « de nombreux navires » (infra, VII, 5, 5).

534. Vespasien ne pouvait que reconnaître qu'ils ne méritaient pas le pardon et qu'ils ne feraient qu'abuser de leur liberté contre leurs libérateurs [1] : mais il se demandait par quel moyen il pourrait s'en

535. défaire : s'il les tuait sur place, il risquait d'exaspérer la colère des indigènes, qui ne supporteraient pas de voir massacrer un si grand nombre de suppliants auxquels ils avaient donné asile : d'autre part, il lui répugnait de les laisser partir sous la foi de sa parole et de tomber

536. ensuite sur eux. Toutefois ses amis finirent par faire prévaloir leur avis, que, vis-à-vis des Juifs, il n'y avait point d'impiété, et qu'il fallait préférer l'utile à l'honnête quand on ne pouvait les faire marcher

537. ensemble. Vespasien accorda donc la liberté à ces émigrés en termes équivoques et leur permit de sortir de la ville par une seule route, celle

538. de Tibériade. Prompts à croire ce qu'ils souhaitaient, les malheureux s'éloignent en toute confiance dans la direction prescrite, emportant ostensiblement leurs biens. Cependant les Romains avaient occupé toute la route jusqu'à Tibériade, afin que nul ne s'en écartât. Arrivés

539. dans cette ville, ils les y enfermèrent. Vespasien, survenant à son tour, les fit tous transporter dans le stade et donna l'ordre de tuer

540. les vieillards et les infirmes au nombre de douze cents : parmi les jeunes gens, il en choisit six mille des plus vigoureux et les expédia à Néron, qui séjournait alors dans l'isthme de Corinthe [2]. Le reste de la multitude, au nombre de trente mille quatre cents têtes, fut vendu

541. à l'encan, hors ceux dont Vespasien fit présent à Agrippa, à savoir les Juifs originaires de son royaume : le général lui permit d'agir avec

542. eux à discrétion et le roi les vendit à son tour. Le gros de cette foule se composait de gens de la Trachonitide, de la Gaulanitide, d'Hippos et de Gadara pour la plupart : tourbe de séditieux et de bannis, qui, méprisés pendant la paix, avaient trouvé dans leur infamie de quoi les exciter à la guerre. Leur capture eut lieu le huit du mois Gorpiéos [3].

1. Texte altéré.
2. Evidemment pour être employés au percement du canal de Corinthe, dont Néron venait d'inaugurer les travaux (Suétone, *Néron*, 19 ; Dion, LXIII, 16 .
3. 26 septembre 67 (Niese).

ERRATA

P. 114 § 562), *au lieu de :* « fille du grand-prêtre Antipas : Archélaüs de
Malthacé », *lire :* « fille du grand-prêtre : Antipas *et* Archélaüs de
Malthacé ».

P. 245. note. *Au lieu de :* « septembre 66 », *lire :* « septembre 67 ».

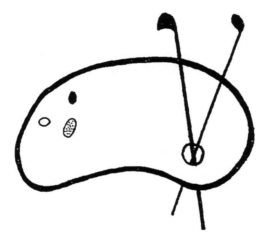

ORIGINAL EN COULEUR
NF Z 43-120-8

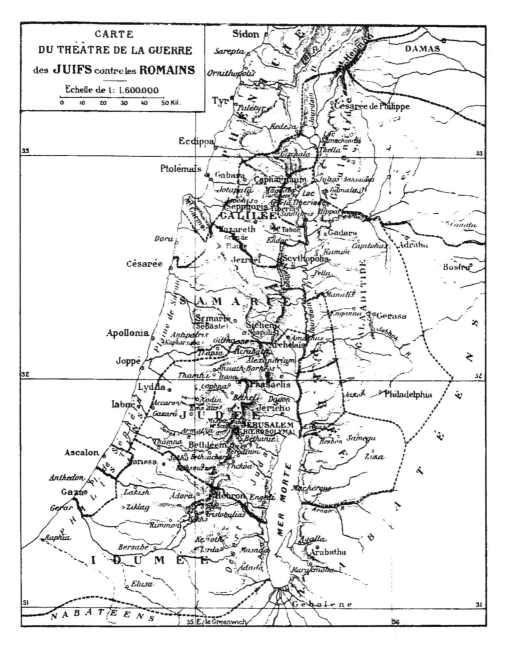

TABLE DES MATIÈRES

GUERRE DES JUIFS

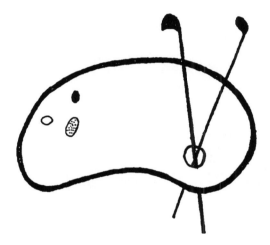

ORIGINAL EN COULEUR
NF Z 43-120-8

Imprimé en France
FROC02n1439040315
14305FR00016B/213/P